国家卫生健康委员会"十四五"规划教材
全国中等卫生职业教育"十四五"规划教材

供药剂、制药技术应用专业用

医药商品基础

第 2 版

主　编　詹晓如

副主编　周　敏　张春华　刘　慧

编　者（以姓氏笔画为序）

　　　　丁　方（河南应用技术职业学院）

　　　　刘　慧（肇庆医学高等专科学校）

　　　　李　雯（云南省临沧卫生学校）

　　　　杨艳娟（云南新兴职业学院）

　　　　吴　剑（江西省医药技师学院）

　　　　张春华（黑龙江护理高等专科学校）

　　　　陈德方（亳州中药科技学校）

　　　　周　敏（赣南卫生健康职业学院）

　　　　梁爱华（广东省新兴中药学校）

　　　　詹晓如（广东南方职业学院）

　　　　谭银平（佛山市南海区卫生职业技术学校）

人民卫生出版社
·北京·

图书在版编目（CIP）数据

医药商品基础 / 詹晓如主编 . —2 版 . —北京：
人民卫生出版社，2023.1（2025.4重印）
ISBN 978-7-117-33780-9

Ⅰ. ①医… Ⅱ. ①詹… Ⅲ. ①药品 —商品学 —医学院
校 —教材 Ⅳ. ①F763

中国版本图书馆 CIP 数据核字（2022）第 189973 号

人卫智网	www.ipmph.com	医学教育、学术、考试、健康，购书智慧智能综合服务平台
人卫官网	www.pmph.com	人卫官方资讯发布平台

医药商品基础
Yiyao Shangpin Jichu
第 2 版

主　　编：詹晓如
出版发行：人民卫生出版社（中继线 010-59780011）
地　　址：北京市朝阳区潘家园南里 19 号
邮　　编：100021
E - mail：pmph @ pmph.com
购书热线：010-59787592　010-59787584　010-65264830
印　　刷：三河市国英印务有限公司
经　　销：新华书店
开　　本：850 × 1168　1/16　印张：26　插页：1
字　　数：493 千字
版　　次：2015 年 5 月第 1 版　2023 年 1 月第 2 版
印　　次：2025 年 4 月第 5 次印刷
标准书号：ISBN 978-7-117-33780-9
定　　价：72.00 元

打击盗版举报电话：010-59787491　E-mail：WQ @ pmph.com
质量问题联系电话：010-59787234　E-mail：zhiliang @ pmph.com
数字融合服务电话：4001118166　E-mail：zengzhi @ pmph.com

出版说明

为全面贯彻党的十九大和全国职业教育大会会议精神，落实《国家职业教育改革实施方案》《国务院办公厅关于加快医学教育创新发展的指导意见》等文件精神，更好地服务于现代卫生职业教育快速发展，满足卫生事业改革发展对医药卫生职业人才的需求，人民卫生出版社在全国卫生职业教育教学指导委员会的指导下，经过广泛的调研论证，全面启动了全国中等卫生职业教育药剂、制药技术应用专业第二轮规划教材的修订工作。

本轮教材围绕人才培养目标，遵循卫生职业教育教学规律，符合中等职业学校学生的认知特点，实现知识、能力和正确价值观培养的有机结合，体现中等卫生职业教育教学改革的先进理念，适应专业建设、课程建设、教学模式与方法改革创新等方面的需要，激发学生的学习兴趣和创新潜能。

本轮教材具有以下特点：

1. 坚持传承与创新，强化教材先进性　教材修订继续坚持"三基""五性""三特定"原则，基本知识与理论以"必需、够用"为度，强调基本技能的培养；同时适应中等卫生职业教育的需要，吸收行业发展的新知识、新技术、新方法，反映学科的新进展，对接职业标准和岗位要求，丰富实践教学内容，保证教材的先进性。

2. 坚持立德树人，突出课程思政　本套教材按照《习近平新时代中国特色社会主义思想进课程教材指南》要求，坚持立德树人、德技并修、育训结合，坚持正确价值导向，突出体现卫生职业教育领域课程思政的实践成果，培养学生的劳模精神、劳动精神、工匠精神，将中华优秀传统文化、革命文化、社会主义先进文化有机融入教材，发挥教材启智增慧的作用，引导学生刻苦学习、全面发展。

3. 依据教学标准，强调教学实用性　本套教材依据专业教学标准，以人才培养目标为导向，以职业技能培养为根本，设置了"学习目标""情境导入""知识链接""案例分析""思考题"等模块，更加符合中等职业学校学生的学习习惯，有利于学生建立对工作岗位的认识，体现中等卫生职业教育的特色，将专业精神、职业精神和工匠精神融入教材内容，充分体现教材的实用性。

4. 坚持理论与实践相结合，推进纸数融合建设　本套教材融传授知识、培养能力、提高素质为一体，重视培养学生的创新、获取信息及终身学习的能力，突出教材的实践性。在修订完善纸质教材内容的同时，同步建设了多样化的数字化教学资源，通过在纸质教材中添加二维码的方式，"无缝隙"地链接视频、微课、图片、PPT、自测题及文档等富媒体资源，激发学生的学习热情，满足学生自主性的学习要求。

众多教学经验丰富的专家教授以严谨负责的态度参与了本套教材的修订工作，各参编院校对编写工作的顺利开展给予了大力支持，在此对相关单位与各位编者表示诚挚的感谢！教材出版后，各位教师、学生在使用过程中，如发现问题请反馈给我们（renweiyaoxue@163.com），以便及时更正和修订完善。

人民卫生出版社

2022年4月

前 言

  《医药商品基础》（第2版）是根据全国中等卫生职业教育药剂、制药技术应用专业新一轮教学计划和课程标准，在人民卫生出版社组织规划下编写而成的。本教材主要用于中等卫生职业教育药品类专业教学，也可作为医疗机构、药品生产企业、药品经营企业药学专业技术人员的参考用书。

  本教材的编写坚持"以学生为中心、以能力为本位、以就业为导向"，以职业技能的培养为根本的中等职业教育办学思想，本着"必需、够用"为度，力求体现中等卫生职业教育的类型特色，将专业精神、职业精神和工匠精神融入教材内容。正文中穿插了"学习目标""情境导入""案例分析""课堂活动""知识链接""学以致用""章末小结""思考题"等模块，使教材内容更加丰富多彩，增加了趣味性、拓展性和可读性。

  本教材分上、下两篇，共设23章，主要包括概论和医药商品的性质与分类、质量与管理、经营与管理、包装、商标、广告宣传、电子商务、信息、研发，以及常用化学药品、中药材、中成药、医疗器械类医药商品的作用与应用。书末附有实训指导，每章思考题的参考答案，课程标准，常见化学药品类医药商品通用名称索引。

  本教材编写分工为：詹晓如编写第一章；张春华编写第二、十一、二十一章；丁方编写第三、十二、二十三章；陈德方编写第四、五章；梁爱华编写第六、十章；谭银平编写第七、八、十四章；刘慧编写第九、十五章；李雯编写第十三章；周敏编写第十六、二十章；杨艳娟编写第十七、十八、十九章；吴剑编写第二十二章。各章由指定作者编写，最后由主编、副主编进行统稿。

  编写过程中，参阅了许多专家、学者的研究成果和论著，并得到各编委所在学校领导的大力支持和帮助，在此一并致谢！

  作为一门专业基础学科，本教材涉及知识面广泛，教材编写中在学科界定、编写框架构建及内容安排等方面难度较大，且编写时间仓促以及编者水平有限，书中存在不妥之处在所难免，敬请各位专家、广大师生和读者提出宝贵意见，以便进一步修订和完善。

编　者

2022年9月

目 录

总论

第一章
概 论

学习目标

- 掌握医药商品学研究的对象和内容。
- 熟悉医药商品学的基本概念。
- 了解医药商品学与商品的关系。
- 具备科学严谨的学习方法。

情境导入

情境描述：

    某校就读药剂专业的学生陈某到家附近的社会药房调研时发现，社会药房的一些药品也像超市一样摆放在自选区的药架上，供顾客自由选择。但还有一部分药品却被锁在了玻璃柜中，要凭医师处方并经店内药师指导方能购买，有的甚至要登记身份证信息。

学前导语：

    医药商品是具有特殊性的商品，随意使用会影响身体健康。本章将向大家介绍医药商品的概念与医药商品学的内容。

第一节 概述

一、药品与商品

（一）药品

《中华人民共和国药品管理法》（简称《药品管理法》）明确规定，药品是指用于预防、治疗、诊断人的疾病，有目的地调节人的生理机能并规定有适应证或者功能主治、用法和用量的物质，包括中药、化学药和生物制品等。

1. 新药、仿制药和进口药

（1）新药：《国务院关于改革药品医疗器械审评审批制度的意见》中明确，新药是指未在中国境内外上市销售的药品，是指化学结构、药品组分和药理作用不同于现有药品的药物。对已上市药品改变剂型、改变给药途径、增加新适应证的药品，均不属于新药，但药品注册按照新药申请的程序申报。

（2）仿制药：是指与原研药具有相同的活性成分、剂量组成、给药途径、作用、适应证以及安全性，在形状、赋形剂、释放机制、包装等方面有所不同的仿制品。专利药品保护期到期以后，其他国家和制药厂即可生产仿制药。

（3）进口药：是指境外生产的在中国境内合法上市销售的药品。进口药包括其他国家和我国香港、澳门与台湾地区生产的药品。

所谓的上市药品就是指能够在市场上合法购买的药品，包括新药、仿制药和进口药。其中新药和仿制药属于国产药，需要国家药品监督管理局核发批准文号，而进口药品要核发进口药品注册证或医药产品注册证。批准文号和注册证有效期均为5年。

2. 传统药与现代药

（1）传统药：一般是指在各国历史中流传下来的药物，主要是动、植物和矿物药，又称天然药物。我国的传统药又称中药。中医药是一个整体，它的基本理论建立在把人体、健康和环境视为一个整体的哲学观点上。中药治病的经验和理论，如性味、归经、功效、主治、用法、用量、禁忌，需要在中医辨证理论的指导下，根据药物的性能组合在方剂中使用。中药不仅历史悠久，至今仍是我国人民防治疾病不可缺少的药物，而且在世界范围内亦有很大影响。

（2）现代药：一般是指19世纪以来发展起来的化学药品、抗生素、生化药品、放射性药品、血清疫苗、血液制品等。它们是用合成、提取分离、化学修饰、生物技术等方法制取的物质，结构基本清楚，有控制质量的标准和方法。这些物质的药效是用现代医学的理论和方法来筛选确定的。这类药发展很快，目前已有数万种，最初由西方国家发展起来再传入我国，因此又称西药。

3. 假药与劣药 《药品管理法》规定禁止生产（包括配制，下同）、销售假药、劣药。

（1）有下列情形之一的，为假药：

1）药品所含成分与国家药品标准规定的成分不符的。

2）以非药品冒充药品或者以他种药品冒充此种药品的。

3）变质的药品。

4）药品所标明的适应证或者功能主治超出规定范围。

（2）有下列情形之一的，为劣药：

1）药品成分的含量不符合国家药品标准。

2）被污染的药品。

3）未标明或者更改有效期的药品。

4）未注明或者更改产品批号的药品。

5）超过有效期的药品。

6）擅自添加防腐剂、辅料的药品。

7）其他不符合药品标准的药品。

🔗 知识链接 ··

特殊药品

在《麻醉药品品种目录（2013年版）》中，麻醉药品共有121个品种，其中我国生产及使用的品种有22个，加上其复方制剂、提取物、提取物粉5个品种，共有27种。在《精神药品品种目录（2013年版）》中，共列出149个品种，第一类及第二类精神药品分别有68种及81种，其中我国生产及使用的第一类精神药品有7个品种，第二类精神药品有29个品种。根据《医疗用毒性药品管理办法》（国务院令第23号）及《关于将A型肉毒毒素列入毒性药品管理的通知》（国食药监办〔2008〕405号），我国毒性药品管理品种有毒性中药28种，毒性西药12种。

（二）商品

商品是提供给市场，用于满足社会和人们某种欲望和需要的任何事物，是为了交换或出售而生产的劳动产品，具有使用价值和价值两个基本属性。商品的主要特征如下：①必须是劳动产品，空气、河水等天然产物可自由取用的就不是商品，但纯净水装瓶后，则具有了商品的概念；②为了交换或出售，并非自用；③必须通过交换，没有实现交换的不是商品，只是产品或物品，因此，卖不出去的物品不是商品，交换之前的物品只能说是潜在的商品；④商品必须满足人和社会的需要。

　　商品的范畴涵盖了进行交换的所有事物。商品可以是有形的实物产品，如止痛药、血压计等，也可以是无形的非实物产品，如轻音乐等。以药品为例，药品消费者认为医药商品具有怎样的意义便是药品消费者的医药商品概念。例如，可以降低血压的药品是抗高血压医药商品；能有效缓解和解除哮喘患者痛苦的药品是抗哮喘类医药商品。

二、医药商品与医药商品学

（一）医药商品

　　医药商品泛指药品、医疗器械、化学试剂和玻璃仪器等商品。医药商品的范围很广，其主要作用是维护人类健康。医药商品一般分为六大类，即中药材和饮片、中成药、中医营养保健康复用品、化学药和生物药、医药原料药及中间体、医疗器具和医疗设备及医用材料等。

> **? 课堂问答**
>
> 不同的药品有不同的治疗目的及适应证，同学们能列举出你们所知道的药品吗？

（二）医药商品学

　　医药商品学是一门研究药品、医疗器械和其他医疗用品作为商品的使用价值及在流通过程中实现使用价值规律的一门应用型学科，是阐明医药商品质量形成、评价、维护、使用价值实现的内外因素及规律，解决与医药商品质量密切相关的商品质量标准、质量评价方法、质量管理，研究商品包装、广告、商标、保管、运输、贮藏、养护、维修及其使用方法等，从而使得医药商品的使用价值得以充分实现的重要学科。

三、医药商品与商品的关系

医药行业的劳动产品有原料药、药品、试剂、医疗器械与医药中间体等。医药商品的实质是，将医药行业的劳动产品，运用医药商品学的基本理论与实务，赋予价值的内涵，实行商品化或不同程度的商品化后，获取市场准入条件，在市场上进行有条件的交换的商品。

迄今为止，人类还不能研制出完全无害、无副作用的医药商品。医药商品具有使用价值与副作用的两面性，具有作用和功效的隐蔽性，具有市场需求的动态性，具有适用范围和使用的针对性，具有质量的严格性和唯一性。

医药商品是一种特殊商品。以药品为例，从使用对象上说，它是以人为对象，预防、治疗、诊断人的疾病，有目的地调节人的生理功能，有规定的适应证、用法和用量要求；从使用方法上说，除外观外，患者无法辨认其内在质量，许多药品需要在医生的指导下使用，而不由患者选择决定。同时，药品的使用方法、数量、时间等多种因素在很大程度上决定使用效果，误用不仅不能"治病"，还可能"致病"，甚至危及生命。

药品的特性主要有，①种类复杂性：我国《国家基本医疗保险、工伤保险和生育保险药品目录（2021年）》收载中药制剂1 374种，西药制剂1 486种，药品的种类复杂、品种繁多；②药品的医用专属性：药品不是一种独立的商品，它与医药学紧密结合，相辅相成，患者只有通过医生的检查诊断，并在医生的指导下合理用药，才能达到防治疾病、保护健康的目的；③药品质量的严格性：药品直接关系到人们的身体健康甚至生命存亡，其质量不得有半点马虎。我们必须确保药品的安全、有效、均一、稳定。此外，药品不像其他商品，有质量等级之分，如优等品、次等品、合格品等，都可以销售。药品只有符合规定与不符合规定之分，只有符合规定的药品才被允许销售。

第二节 医药商品学的研究对象及内容

一、医药商品学的研究内容和任务

（一）医药商品学的研究对象
医药商品学研究的客体是医药商品。医药商品学的宗旨是研究医药商品使用价值及医药商品使用价值的实现与提高。医药商品学具体研究医药商品的自然质量与市场质量管理，医药商品质量标准，医药商品评价方法；研究医药商品检验，医药商品分类、编码与包装，医药商品的商标与标识；研究医药商品的运输、贮藏、保管与养护；研究医药商品的相互作用与合理使用的理论与方法等。

（二）医药商品学的研究任务

医药商品学的主要研究任务是反馈药品信息，促进医药生产企业生产，满足社会需要，研究医药商品的市场准入条件、使用价值，指导消费者安全、合理用药。提高医药企业经济效益和社会效益，促进社会主义医药市场健康发展。医药商品学的具体任务有：

1. 指导医药商品使用价值的形成　通过医药商品资源和医药市场的调查研究与市场预测，医药商品的需求研究等手段，为有关部门实施医药商品的结构调整、医药商品的科学分类，医药商品的销售与进出口贸易管理，药品质量监督管理，医药商品的环境管理等制定医药商品标准和政策法规，为医药商品的发展规划提供科学的决策依据；为医药企业提供医药商品的质量要求与建议，指导医药商品质量的改进和新药的开发，提供医药企业的经营素质，保障医药商品的适销对路和医药市场的健康发展。

2. 评价医药商品使用价值的高低　通过医药检验与品种鉴定手段，保证医药商品的质量符合法定的药品标准，保护药品消费者的合法权益。

3. 防止医药商品的不合理流通与使用　通过确定适宜的药品包装、运输、储存保管与养护的条件与方法，防止医药商品的质量发生不良变化而造成企业和消费者的损失。

4. 促进医药商品使用价值的提高　通过普及各类医药商品临床应用相关知识，提高消费者、医药商品流通领域人员对医药商品的认知，学会合理选购和使用医药商品，掌握科学、合理的医药商品消费方式和方法，从而实现并提高医药商品的使用价值。

二、医药商品学的研究方法

（一）社会调查法

医药商品的使用价值不仅是对于个人的，而且是一种社会性的使用价值。全面考察医药商品的使用价值需要进行各种社会调查，特别是现代医药商品不断更新换代、各种新药层出不穷，社会调查法更加显得实际和重要。医药商品学研究的社会调查法对医药企业和药品消费者具有双向沟通的作用。其主要方法有现场调查法、调查表法、访谈法等。

（二）科学实验法

科学实验法是在实验室、研究室或药品检验所运用一定的检测仪器与设备，对医药商品成分、组方、功效进行理论分析鉴定的研究方法。此法具有良好的控制和观察条件，所得的结论准确可靠，是分析医药商品成分、鉴定医药商品质量、研制新药品常用的方法。这种方法需要一定的物质和技术设备。

（三）对比分析法

对比分析法是将不同时期、不同地区、不同国家的医药商品的资料收集积累，从而寻找提高医药质量、调整药品结构、拓展医药商品功能的新途径。利用医药流通部门联系面广、信息来源多的特点，运用对比分析法有利于正确识别各种医药商品的使用价值，尤其是同功效不同来源医药商品的横向比较。

（四）现场实验法

现场实验法是通过一些医药商品专家，或有代表性的药品消费者群，根据专家与消费者的理论及实践经验，由人体感官的直觉，对医药商品质量进行评价的研究方法。此法的正确性与参与者的技术水平和人为的因素有关，但简便易行，尤其适用于中药材等商品。

（五）技术指标法

技术指标法是根据国家对药品的有关法律和法规规定的标准与指标，在医药科学研究的基础上，对医药商品的效用与质量进行评估与鉴定。这种方法有利于保证医药商品质量符合法律和法规的标准，有利于药品的临床监控和疗效监测，有利于我国药品不良反应监测和报告制度的建立，有利于合理用药与用药安全。

（六）系统分析比较法

医药商品的研究还应考虑到医药商品与用药环境、医药商品与使用者、医药商品与国民经济的关系等，这是一个较为复杂的系统工程，单从一个方面或几个侧面来研究，有时难免有偏差，只有用系统论的观点，把医药商品作为一个子系统，将此子系统置于社会这个大系统中，运用系统论的原理加以分析、研究和考查，才有可能得出一个全面、公正、合理和科学的结论。

三、学习医药商品课程的意义

医药商品课程内容涉及医药商品质量、使用价值、有用性、效能等基本概念及这些概念间的相互关系，探讨医药商品科学的规律性、医药商品流通领域的质量及其变化规律；研究如何运用临床药学、临床医学、经济学、社会学、心理学的观点全面评价医药商品的质量、经济效益、医药商品的使用价值的实现与提高等问题；运用商品学关于质量价值与使用价值的辩证关系理论，研究与医药商品自然质量、市场质量的提高与医药商品使用价值密切相关的问题，例如医药商品的成分、结构、组成与理化性质；医药商品的检验；全面科学地介绍医药商品知识，指导医药商品的合理使用与安全使用；医药商品学注重医药商品开发和二次开发的理论与实务，强调从商品研发到流通与使用全过程如何保证医药商品使用价值的提高。

医药商品学是研究医药商品价值与使用价值的学科。在医疗保障制度改革的今天，尤其具有实际的指导作用。医药商品这门课程，对于培养掌握医药商品知识，具备正确养护药品、科学提供药品、指导用药基本技能的专业人才意义深远而重大。

● ···· **章末小结** ·····

1. 药品包括中药、化学药和生物制品等。
2. 商品要能够进行交换和使用。
3. 医药商品泛指药品、医疗器械、化学试剂和玻璃仪器等商品，属于特殊商品，有着特殊的生产、销售和使用要求。
4. 医药商品学主要研究医药商品的质量标准、评价方法、检验、分类、编码与包装、商标与标识、运输、贮藏、保管与养护以及各医药商品间的相互作用与合理使用等。

● ···· **思考题** ·····

一、 **多项选择题**

1. 上市药品应该包括（　　　　　　　）
   A. 新药　　　　　　B. 仿制药　　　　　　C. 进口药
   D. 医疗机构制剂　　E. 保健食品
2. 下列说法错误的是（　　　　　　　）
   A. 药品所含成分与国家药品标准规定的成分不符的定性为劣药
   B. 保健食品从安全角度来讲应该属于药品
   C. 医疗器械属于医药商品

D. 传统药一般称为中药，而现代药则称为西药

E. 新药是指未在中国境内外上市销售的药品

3. 医药商品学研究方法有（　　　　　）

A. 社会调查法　　　　B. 科学实验法　　　　C. 技术指标法

D. 对比分析法　　　　E. 现场实验法

二、实例分析题

药品安全问题关系着人民的生命安全，有资料显示，疾病死亡原因中有近三分之一是滥用药物、药物使用不当或由假劣药品引起。如"亮菌甲素注射液假药事件""欣弗事件""鱼腥草素注射液叫停事件"等，都造成了不同程度的人员伤亡。

请查阅资料，了解这三个事件的来龙去脉，解释"药品质量是生产出来的，而不是检验出来的"。

（詹晓如）

第二章
药品的性质与分类

学习目标

- 掌握药品的特殊性。
- 掌握药品的分类方法，学会区分处方药与非处方药。
- 了解药品的化学组成。
- 具有全心全意为患者服务的意识和基本能力。

情境导入

情境描述：

小杰帮同学去买感冒药，他跑遍了附近的商场都没有买到。经询问，旁边的药店才有他想买的药品。进药店后，小杰发现全部药品都被整齐地摆放在相应的位置上，这为他选购带来了很大的便利，他很快就找到了他想买的感冒药。

学前导语：

第一章中讲到药品属于商品，但为何在一般的商店里找不到药品？药品作为商品有哪些特殊之处？用于临床治疗的药品非常多，那它们是如何进行分类摆放的？其中又有何讲究呢？就让我们带着上述疑问一起学习本章内容吧。

第一节　药品的性质

一、药品的化学组成

药品都是由一定种类和数量的化学成分所组成的，这些化学组成成分的种类和数量对药品的质量、规格、疗效及储运有着决定性的影响。构成药品的化学成分主要有水、矿物质、碳氢化合物、有机酸、有机碱、蛋白质、糖类、脂肪、维生素等。研究药品的化学组成能够研究药品自然属性、质量及其变化规律；能够检验药品中的有效成分，制定质量控制标准；能够确定药品中的毒性成分含量以及使用的最大限度。

二、药品的特殊性

药品具有商品的一般属性，通过流通渠道进入消费领域。但是药品又是极为特殊的商品，人们不能完全按照一般商品的经济规律来对待药品，必须对药品流通的某些环节进行严格控制，才能保障药品安全、有效以及合理使用。医药商品的特殊性主要表现在以下几个方面。

（一）药品的专属性

药品的专属性表现在对症、对因治疗，必须在医生的指导下或按照药品说明书使用，对症用药。各类药品彼此之间不可随意互相替代。

（二）药品的双重性

药品的双重性是指药品有防病治病的一面，也具有不良反应的另一面。药品使用得当，可以治病救人，造福人类；使用不当，管理不善，则可危害健康，甚至致命。例如，盐酸吗啡使用合理是镇痛良药；管理不善、滥用，则是导致成瘾的毒品。

（三）药品质量的重要性

药品直接作用于人体，用于治病救人，关系到人的生命安全，只有符合法定质量标准的合格药品才能保证疗效。因此，药品只有合格与不合格之分，不合格的药品一律不得流通。药品不像一般商品可以根据质量的优劣分为一、二、三等品，甚至可以有次品等，按质按价在市场上销售。

（四）药品的限时性

人只有患病时才需要用药，但药品生产、经营部门平时就应有适当储备。只能"药等病"，不能"病等药"。有时药品虽然需用量少，效期短，宁可到期报废，也要有所储备；有些药品即使无利可图，也必须保证生产供应。

（五）药品价格的不敏感性

药品价格的变化不会明显影响人们对药品的需求。对于患病人群来说，药品属于必需品，为了治疗疾病、恢复健康、维持生命，患病人群不会因为药品价格的上涨而减少或停止购买、使用药品；而对于健康人群来说，药品是无用之物，他们不会因为药品价格的下降而购买、使用药品。经济学将这一供求现象称为缺乏需求价格弹性。

（六）药品的不可替代性

由于诊断、治疗用药需要专业的医药学知识，消费者一般不能自行诊断疾病、选择用药，需要听从医务人员的诊疗和用药指导。此外，为了用药安全、有效，国家规定处方药必须凭医师处方购买。所以消费者不可能自行选择使用处方药，药品消费方式属于被动消费，药品属于消费者选择性较低的商品。

🔍 **课堂活动** ————————————

某年，某学校发生特大砒霜中毒事件，急需特效解毒药"注射用二巯基二酸钠"。上海医药采购供应站接到任务后，在10小时内，组织了840瓶该药品运抵该地，中毒学生全部脱离危险。请问：该事件说明了医药商品特殊性的哪些方面？

第二节　药品的分类

一、按药品的剂型分类

（一）片剂

片剂系药物与辅料均匀混合后压制而成的片状或异形片状的固体制剂，是目前使用最广泛的剂型，也是药品中销售量最大的类别，如维生素C片、西瓜霜含片、阿莫西林分散片等。按制备方法的不同，可分为单压片（素片）、多层片（层压片、包心片）、包衣片、纸型片（薄型片）等；按使用方法的不同，可分为口服片、咀嚼片、口含片、舌下片、外用片、泡腾片等。

（二）注射剂

注射剂系指药物制成的供注入体内的无菌溶液（包括乳浊液和混悬液）以及供临用前配成溶液或混悬液的无菌粉末或浓溶液，是目前临床应用最广泛的剂型之一，其销量仅次于片剂，如氯化钠注射液、葡萄糖注射液、注射用青霉素钠等。按形态的不同，可分为液体注射剂（水针剂）、固体注射剂（粉针剂）；按给药途径，可分为皮下注射剂、皮内注射剂、肌内注射剂、静脉注射剂等。

（三）丸剂

丸剂系指饮片细粉或提取物加适宜的黏合剂或其他辅料制成的球形或类球形制剂，为临床常用的剂型之一，如乌鸡白凤丸、六味地黄丸、丹参滴丸等。按制备方法的不同，可分为：①塑制丸，如蜜丸、糊丸、部分浓缩丸、蜡丸等；②泛制丸，如水丸、水蜜丸、部分浓缩丸、糊丸等；③滴制丸（滴丸）。按赋形剂的不同，可分为水丸、蜜丸、水蜜丸、糊丸、蜡丸等。

（四）胶囊剂

胶囊剂系指药物或与适宜辅料充填于空心硬胶囊或密封于软质囊材中制成的固体制剂，可分为硬胶囊、软胶囊（胶丸）、缓释胶囊、控释胶囊和肠溶胶囊，主要供口服用，如头孢氨苄胶囊、维生素E胶丸、布洛芬缓释胶囊等。按胶囊的形状与硬度的不同，可分为硬胶囊和软胶囊（胶丸）；按释药速度的不同，可分为速释胶囊剂、缓释胶囊剂和控释胶囊剂。

（五）液体制剂

液体制剂系指药物分散在液体介质中所制成的内服或外用的制剂。

1. 内服的液体制剂　包括芳香水剂、露剂、合剂、糖浆剂、醑剂、滴剂、部分溶液剂（如氯化铵）、凝胶剂、乳剂等。

2. 外用的液体制剂　包括洗剂、搽剂、滴眼剂、滴耳剂、滴鼻剂、含漱剂、部分溶液剂（如过氧化氢溶液）、酊剂、灌肠剂等。

（六）软膏剂

软膏剂指药物与适宜基质均匀混合制成的具有一定稠度的半固体外用制剂，主要起保护、润滑和局部治疗作用，如红霉素软膏、阿昔洛韦乳膏等。常用基质分为油脂性、水溶性和乳剂型基质，其中用乳剂基质制成的易于涂布的软膏剂称乳膏剂。

（七）栓剂

栓剂指药物与适宜基质制成的具有一定形状的供人体腔道内给药的固体制剂。栓剂在常温下为固体，塞入腔道后，在体温下能迅速软化熔融或溶解于分泌液，逐渐释放药物而产生局部或全身作用。如吲哚美辛栓、痔疮栓、硝酸咪康唑阴道栓等。按药物发生作用范围的不同可分为局部作用栓剂和全身作用栓剂；按给药部位的不同可分为直肠栓、阴道栓、尿道栓等。

（八）气雾剂、粉雾剂和喷雾剂

气雾剂、粉雾剂和喷雾剂是一种或一种以上药物，经特殊的给药装置给药后，药物进入呼吸道深部、在腔道黏膜或皮肤表面等发挥全身或局部作用的一种给药系统，如云南白药气雾剂、扎那米韦吸入粉雾剂、鼻炎喷雾剂等。按用药途径的不同可分为吸入、非吸入和外用三类。

（九）其他剂型

其他还有膜剂、散剂、酊剂、微球剂等。

二、按药品的来源分类

（一）来源于动物的药品

指利用动物的部分脏器或分泌物制成的药，如肾上腺素、胰岛素等。

（二）来源于植物的药品

指利用植物制成的药，如吗啡、小檗碱、利血平、紫杉醇等。

（三）来源于矿物的药品

指直接利用矿物或经过加工而制成的药，如硫黄、硼砂等。

（四）生物制品

生物制品是用微生物及其代谢物、动物毒素、人或动物的血液或组织等经加工制成的，如抗生素、疫苗、血清、人血白蛋白等。

（五）人工合成药

人工合成药系指人们有目的地用化学方法合成的药，如阿司匹林、对乙酰氨基酚（扑热息痛）、头孢拉定等。

🔗 知识链接 ··

抗生素的历史

很早以前，人们就发现某些微生物对另一些微生物的生长繁殖有抑制作用，把这种现象称为"抗生"。随着科学的发展，人们终于揭示出抗生现象的本质，从某些微生物体内找到了具有抗生作用的物质，并把这种物质称为"抗生素"。1929年，英国细菌学家弗莱明在培养皿中培养细菌时，发现从空气中偶然落在培养基上的青霉菌长出的菌落周围没有细菌生长，他认为是青霉菌产生了某种化学物质，分泌到培养基里抑制了细菌的生长。这种化学物质便是最先发现的抗生素——青霉素。由于最初发现的一些抗生素主要对细菌有杀灭作用，所以一度将抗生素称为抗菌素。但是随着人们对抗生素研究的不断深入，陆续发现了抗病毒、抗衣原体、抗支原体，甚至抗肿瘤的抗生素，并用于临床，显然称为抗菌素就不妥了，还是称为抗生素更符合实际。

三、按我国药品管理制度分类

（一）处方药和非处方药

这是一种国际通用的重要的药品分类管理办法，全球发达国家和部分发展中国家先后实行了这种以推动和鼓励自我治疗为目的的药品管理制度，我国从2000年1月1日起施行《处方药与非处方药分类管理办法》（试行）。

1. 处方药（R_x）

（1）定义：处方药系指必须凭执业医师或执业助理医师处方才能调配、购买和使用的药品，简称R_x。

（2）特征：①刚上市的新药，对其活性或副作用还有待进一步观察；②有些药物可产生依赖性，如麻醉药品及精神药品；③有些药物本身毒性较大，如医疗用毒性药品和抗肿瘤药品等；④须由医师开具处方，并在医生指导下使用，如治疗心脑血管疾病的药品、抗感染药品或使用方法有规定的药品（如注射剂）等。

处方药必须由生产企业把"凭医师处方销售、购买和使用"的警示语醒目地印制在药品包装或药品说明书上。

2. 非处方药（OTC）

（1）定义：非处方药系指不需要凭借执业医师或执业助理医师处方即可自行判断、购买和使用的药品，简称OTC（over the counter，可在柜台上买到）。

（2）特征：①疗效确切，适应证或功能主治明确；②作用平和，安全性高，不良反应极低（正确使用前提下），即使连用多日也不易积蓄中毒，不会引起药物依赖性、成瘾性，无"三致"（致突变、致畸、致癌）作用；③用于治疗常见轻症，一般不用于治疗严重疾病或主要器官、脏器疾病，大多为对症治疗而非对因治疗的药品；④性质稳定，一般在室温下保存2年有效，少数需在特殊条件下保存；⑤使用方便，剂型、规格便于自行使用与携带，常用剂型有口服和外用2种；⑥说明书翔实、通俗、易懂。包装上有"OTC"字样，即国家非处方药专有标识（如图2-1、彩图2-1）。

甲类非处方药（红色）可　　　乙类非处方药（绿色）
在医院、药店销售　　　　可在医院、药店、超市、
宾馆等地方销售

图2-1　非处方药专有标识

（3）分类：根据药品的安全性，非处方药又可分为甲、乙两类。原则上是将非处方药中安全性更高的一些药品划为乙类，乙类非处方药除可在药店出售外，还可在经药品监督管理部门批准的超市、宾馆、百货商店等处销售。

非处方药必须由生产企业把"请仔细阅读药品使用说明书并按说明使用或在药师指导下购买和使用"的忠告语醒目地印制在药品包装或药品说明书上。

知识链接

非处方药必须具备的因素

在包装上印有"非处方药品"的明显标识；说明书的文字内容应通俗化、详细化，减少一般非专业人员看不懂的专业名词；按说明书使用既安全又有效；有明确的适应证；应用于"小毛病"的自我诊疗疗效迅速，能缓解疾病的初始症状或防止其进一步恶化；不良反应发生率低，例如不会诱发抗药性或药物的依赖性，有助于保持健康或促进健康。

处方药和非处方药的关系不是一成不变的。非处方药主要来自处方药。一般情况下，处方药经长期临床实践被证明其安全有效、使用方便、价格低廉，非医疗专业人员也能使用，即遵循"应用安全、疗效确切、质量稳定、使用方便"的原则，经所在地省级药品监督管理部门批准即可转为非处方药。几乎每年都有一些处方药转为非处方药。当处方药转为非处方药后，在适应证及剂量上都有所改变，甚至同一药品，由于剂型与剂量的不同，也可分为处方药与非处方药。与此同时，非处方药也可能被转换为处方药，经过临床监测评价不符合标准的已上市的非处方药，为保障安全有效，将被转为处方药。例如，2017年9月8日，国家食品药品监督管理总局发布公告通知将复方酮康唑软膏等3种非处方药调出非处方药目录，按处方药管理。

（二）国家基本药物和非国家基本药物

制订《国家基本药物目录》的目的在于加强药品生产、使用环节的管理，既保证广大人民群众安全、有效、合理地用药，促进国家基本医疗保险制度不断完善，减少药品浪费，又使国家有限的卫生资源得到有效的利用，达到最佳的社会效益和经济效益。同时也为我国实行处方药与非处方药管理制度奠定良好的基础。

1. 国家基本药物　系指从我国目前临床应用的各类药品中，经过科学评价而遴选出的在同类药品中具有代表性的药品。其特点是疗效好，不良反应小，质量稳定，价格合理，使用方便等。其遴选原则是"临床必需、安全有效、质量稳定、价格合理、使用方便、中西药并重"。以国产药品为主，同时也包括一些药品监督管理部门批准进口的新药。列入基本药物的品种国家要保证生产和供应，国家基本医疗保险以及社会医疗保险用药报销范围应先从《国家基本药物目录》中选用。

2. 非国家基本药物　系指未列入《国家基本药物目录》的品种，但国家仍允许继续生产、使用。

（三）国家基本医疗保险药品

国家基本医疗保险药品是指国家为了保障城镇职工医疗保险用药需要，合理控制药品费用，而规定的基本医疗保险用药的药品。纳入《国家基本医疗保险、工伤保险和生育保险药品目录》（简称《医保目录》）的药品，必须是临床必需、安全有效、价格合理、使用方便，市场能够保证供应的药品，并且具备下列条件之一：①《中华人民共和国药典》收载的药品；②符合国家药品监督管理部门颁发标准的药品；③国家药品监督管理部门批准正式进口的药品。

《医保目录》中的药品包括西药、中成药（含民族药）、中药饮片。这些药品在国家基本药物基础上遴选而定，并分为"甲类目录"和"乙类目录"。"甲类目录"的药品是临床必需、使用广泛、疗效好、同类药品中价格低的药品，其目录由国家统一制定，各地不得调整。"乙类目录"药品是可供临床治疗选择使用、疗效好，同类药品中比"甲类目录"药品价格略高的药品，其目录由国家制定，各省、自治区、直辖市可根据当地经济水平、医疗需求和用药习惯，适当进行调整，增加和减少的品种数之和不得超过国家制定的"乙类目录"药品总数的15%。

基本医疗保险参保人员使用"甲类目录"的药品所发生的费用，按基本医疗保险的规定支付。使用"乙类目录"的药品所发生的费用，先由参保人员自付一定比例，再按基本医疗保险的规定支付。个人支付的具体比例，由统筹地区规定，报省、自治区、直辖市劳动保障行政部门备案。

四、按药品的特殊性分类

（一）普通药品

普通药品系指医院常用的处方药和非处方药，在临床上已经被广泛使用或使用多年的常规药品。此类药品毒性较小、不良反应较少、安全范围较大、价格相对较低。如葡萄糖、阿司匹林、维生素B等。需要指出的是，任何药品凡非必要时候或过多地使用，都是不安全的。

（二）特殊药品

特殊药品系指是指国家制定法律制度，实行比其他药品更加严格的管制的药品。包括麻醉药品、精神药品、医用毒性药品、放射性药品。

1. 麻醉药品　系指连续使用后易产生生理依赖性、能成瘾癖的药品，如吗啡、阿片、可待因等。麻醉药品只限用于医疗和科研需要，购置麻醉药品必须办理"麻醉药品购用印鉴卡"，才能向指定的麻醉药品经营单位购置。

2. 精神药品　系指作用于中枢神经系统，能使之兴奋或抑制，连续使用可产生精神依赖性的药品。依据精神药品使人体产生的依赖性和危害人体健康的程度，分为第一类精神药品和第二类精神药品。第一类精神药品不能在药店零售，如氯胺酮、马吲哚、三唑仑等；第二类精神药品可凭盖有医疗单位公章的医师处方在零售药店购得，如咖啡因、去甲伪麻黄碱、巴比妥、苯巴比妥等。

3. 医用毒性药品　系指毒性强烈，治疗剂量与中毒剂量相近，使用不当会致人中毒或死亡的药品。分为毒性中药（如砒霜、雄黄等）和毒性西药（如阿托品、毛果芸香碱等）。医用毒性药品可凭盖有医疗单位公章的医师处方在药店购得。值得注意的是，它与人们常说的为满足嗜好吸毒用的"毒品"没有必然的联系。

4. 放射性药品　系指用于临床诊断或治疗的放射性核素制剂或者其标记化合物。

五、按药理作用和临床用途分类

药品按药理作用和临床用途分类，可分为作用于中枢神经系统、周围神经系统、心血管系统、呼吸系统、消化系统、泌尿系统、生殖系统、血液系统、内分泌系统、免疫系统的药物和抗微生物、抗寄生虫药以及诊断用药等，即通常的药理学分类方法。

这种分类方法的优点是可以指导医生和患者使用，使治疗不同疾病的药品名目清晰，便于学生在学习药理学的基础上学习医药商品学；缺点是每类药品剂型复杂，给储存与保管带来不便。

六、其他分类

按药品保管的习惯，可将品种繁多的药品简单地分为片剂类、针剂类、水剂类和粉剂类四大类；根据医学理论体系及中国人的传统习惯，药品可分为西药和中药两大类；《药品管理法》规定"国家发展现代药和传统药"，药品可分为现代药和传统药两大类；《药品管理法》指出"国家鼓励研究和创制新药"，药品又可分为新药和仿制药。

● · · · 章末小结 ·

1. 药品具有商品的一般属性，但它又是极为特殊的商品。

2. 药品的特殊性主要表现在：专属性、两重性、质量的重要性、限时性、价格的不敏感性、不可替代性。

3. 按药品的剂型分类，可分为：片剂、注射剂、丸剂、胶囊剂、液体制剂、软膏剂、栓剂、气（粉）雾剂和喷雾剂等。

4. 按药品的来源分类，可分为：来源于动物的药品、来源于植物的药品、来源于矿物的药品、生物制品、人工合成药等。

5. 按我国药品管理制度分类，可分为：处方药和非处方药、国家基本药物和非国家基本药物、国家基本医疗保险药品等。

6. 按药品的特殊性分类，可分为：普通药品和特殊药品。

一、 多项选择题

1. 构成药品的化学成分主要有（　　　　　）

   A. 水分　　　　　　B. 蛋白质　　　　　　C. 糖类

   D. 维生素　　　　　E. 有机酸

2. 药品包括（　　　　）

   A. 中药材　　　　　B. 抗生素　　　　　　C. 疫苗

   D. 中药饮片　　　　E. 中成药

3. 国家基本药物的遴选原则，除了临床必需，还包括（　　　　　）

   A. 安全有效　　　　B. 质量稳定　　　　　C. 价格合理

   D. 使用方便　　　　E. 中西药并重

二、 简答题

1. 药品的特殊性体现在哪几方面？

2. 纳入《医保目录》的药品须具备的条件是什么？

3. 请论述处方药和非处方药的关系？

（张春华）

第三章
医药商品的质量与管理

学习目标

- 掌握医药商品的质量监督管理机构、主要内容和规范；医药商品的质量标准。
- 熟悉商品质量的基本要求；商品质量管理与质量保证体系；医药商品质量的特征。
- 了解商品质量的基本概念；医药商品质量监督管理的主要手段。
- 学会运用PDCA循环。
- 具有与患者换位思考的意识。

情境导入

情境描述：

案例一：2009年1月17日和19日，新疆维吾尔自治区喀什地区两名糖尿病患者服用标示为广西平南制药厂生产的"糖脂宁胶囊"（批号081101）后出现疑似低血糖并发症的症状，相继死亡。之后半个多月，喀什地区各级（各类）医疗机构共接诊该药不良反应患者11人。经药监部门核查，涉案"糖脂宁胶囊"为冒充平南制药厂生产的假药。法院以生产、销售假药罪，判处主要涉案人员无期徒刑，剥夺政治权利终身，并处罚金。

案例二：2016年3月，山东警方破获案值5.7亿元非法疫苗案，疫苗未经严格冷链存储运输销往24个省市。疫苗含25种儿童、成人用二类疫苗。其中涉案的多家企业由于严重违反《药品经营与质量管理规范》，被依法撤销GSP证书。

学前导语：

上述案例一中的问题出现在医药商品质量管理的销售环节，而案例二的问题出现在医药商品质量管理的运输环节。药品不同于一般的商品，其质量与人们的生命安全息息相关。本章将带领同学们学习医药商品质量的相关知识。

第一节 商品质量管理

一、商品质量的基本概念

（一）商品质量

1. 广义的商品质量　是指商品满足规定或潜在要求（或需要）的特征和特性的总和。该含义中的"规定"可以理解为国家或国际有关法规、质量标准或买卖双方的合同要求等方面的人为的界定；"潜在要求（或需要）"可以理解为人和社会对商品在适用性、安全性、卫生性、耐久性、维修性、有效性、审美性、经济性、信息性等方面的人为期望；"特征"是指用来区分同类商品不同品种的特别显著的标志，如麻醉药中的针剂、酊剂、吸入剂等区分标志；"特性"是指不同类别商品所特有的性质，如解热镇痛药可以降低发热者的体温而不影响正常体温。因此，商品质量是商品具备适用功能，满足规定和消费者需求程度的一个综合概念。

2. 狭义的商品质量　仅指商品满足规定或潜在要求（或需要）的特性的总和。它是反映商品的自然有用性和社会适应性的尺度。可概括为商品的性能、精度、寿命、美观、安全性、可靠性、经济性及售后服务等。它以国家标准、行业标准、地方标准或订购合同中的有关规定作为评价的最低技术依据。

（二）影响商品质量的因素

1. 内在因素

（1）原材料：原材料是形成商品质量的物质基础，由于原材料的成分、结构、性质不同，决定着形成的商品质量也不同。例如，药品制剂的生产过程中需要使用各种原料药和辅料。不同纯度的原料药生产出来的药物制剂，其质量是不一样的，即使用同样的原料药生产的药物制剂，其辅料的差别也会影响药物制剂的质量，有时这种差别会对药物制剂的质量产生非常重要的影响。

（2）生产工艺：生产工艺是形成商品质量的关键，对商品质量起决定性作用。生产工艺主要是指商品在加工制造过程中的配方、操作规程、设备条件以及技术水平等。例如，中药的生产非常强调炮制方法，不同的炮制方法生产出来的中药在质量和疗效上都有显著的差别。在生产工艺过程中，对形成商品质量有重要影响的因素有配方、操作规程、设备条件和技术条件等。

2. 外在因素

（1）流通过程：是指商品离开生产过程进入消费过程前的整个区间。商品在流通过程中，都要经过时间和空间的转移，商品的储存和运输是不可避免的。流通过程对商品质量影响，主要体现在运输、储存、销售等方面。在药品的流通过程中，我国已经严格要求实施GSP管理，其目的就在于保证药品在流通中不会发生质量的变化。一些性质特殊的医药商品，如生物制品，其流通过程的要求更严格。一旦储存温度超过了规定的范围则会出现严重的质量变化，有时这种变化会导致严重的后果。

（2）使用过程：商品的使用对商品质量有直接影响。商品使用对商品的质量影响主要与商品使用与保养条件、商品安装及商品使用的方法等有关。如果方法不当，环境条件不利，违反了规定要求，不仅损坏了商品，降低了使用价值，而且有些能直接危及人身安全。所以须认真编制说明书，采取多种形式向消费者宣传、传授使用和养护知识，设立必要的咨询中心、维修网点等，这些都是使用过程中保证商品质量的重要途径和措施。由于医药商品的特殊性，在使用过程中，通常需要专业技术人员的指导和服务，且用于指导医药商品使用的说明书也应该按照严格的要求编写。

⊙ 课堂活动 ————————————————

老师列举一种具体药品，同学们分别从广义和狭义的角度对"商品质量"含义进行阐述。

二、商品质量的基本要求

（一）适用性要求

适用性是指商品为满足一定的用途（或使用目的）所必须具备的各种性能（或功能），它是构成商品使用价值的基本条件。如服装的遮体、御寒等功能，电冰箱的制冷保温功能，药品的防病治病功能。

（二）安全卫生性要求

安全卫生性是指商品在生产、流通，尤其是使用过程中保证人身安全与健康以及环境免遭危害的能力，它是评价商品质量极其重要的指标。主要体现在：①不给使用者造成损害，如家用电器必须有良好的绝缘性和防护装置，儿童玩具要避免发生刺伤和吞咽事故；②不给社会和人类生存环境造成公害，如空气污染、噪声、辐射等。许多国家专门制定了各项有关商品安全、卫生的法律，并对有关商品实行强制性的安全、卫生认证制度。

（三）审美性要求

审美性是指商品能够满足人们审美需要的属性，如商品的形状、色泽、质地、结构、气味、味道和品种多样化等。

（四）性价比要求

性价比全称性能价格比，指的是产品本身具有的特性和功能与其单个产品价格之间的比率关系。即统一在"物美价廉"基础上的最适质量，商品价格与使用费用的最佳匹配。如果产品的性能越好，价格越低，那么性价比就越高。商品性能包括商品的使用寿命、储存寿命、耐用性和易维修性等。

（五）信息性要求

信息性要求是指消费者有权获得的商品的有用信息，主要包括商品的名称、用途、规格、型号、重量、容量、尺寸、原材料或成分、生产厂名、厂址、生产日期、保质期或有效期、商标、质量检验标志、生产许可证、卫生许可证等。

三、商品质量评价

（一）商品质量评价的概念

商品质量评价按商品使用价值分为形成阶段和实现阶段两种。在形成阶段，是对潜在的使用价值的评价，包括商品真伪、商品检验等，又称为狭义的商品质量评价；在实现阶段，是对商品实际的使用价值的评价，包括商品鉴定、商品质量评比、售后质量调查，也称为广义的商品质量评价。

（二）商品质量评价的内容

1. 商品质量　包括商品质量抽样检验、商品标识抽检、假冒伪劣商品现场检查三项指标。商品质量抽样检验按照原国家工商行政管理总局发布的《流通领域商品质量监测办法》执行，检验商品是否有害人体健康、是否符合国家标准；标识抽检即在每个企业随机抽取特定品种的产品，重点检查商品的身份标识、质量安全标识、警示标识、信誉标识等标识是否齐全；假冒伪劣商品现场检查采取每个企业随机抽查特定数量商品的方式，现场抽查是否存在出售假冒伪劣、三无、过期等不合格商品的行为。

2. 自律管理　自律管理重点检查企业进货检查验收和商品质量管理等法定义务的履行情况，主要检查索证备案、进货台账、商品明示信息、下柜退市制度等四项指标。

3. 诚信经营　诚信经营分为虚假宣传和消费侵权两项检查指标。虚假宣传指标主要通过对各被检企业所发布的商品信息进行现场抽查核实，检查其是否存在虚假宣传、误导欺诈消费者的不良行为。消费侵权指标主要通过对评价周期内工商部门处理的12315申诉举报情况进行查看回访，检查企业是否存在侵害消费者权益的行为。

四、商品质量管理与质量保证体系

商品质量管理是对确定和达到质量要求所必需的职能和活动的管理，也是为保证和提高商品质量或工作质量所进行的质量调整、计划、组织、协调、控制、信息反馈等各项工作的总称。商品质量的高低、优劣是依据商品标准以及与其相适应的技术法规来确定的，而不是以人的主观意愿为基准的。商品质量标准是衡量商品是否合格的尺度。商品质量标准的制订要充分考虑使用要求，合理利用国际资源，做到技术先进，经济合理。对于医药商品而言，质量管理的重要依据是质量标准，一个国家制定的质量标准是否科学、合理将影响该国医药商品质量的形成。在实践中，一旦医药商品的质量标准制定以后就成为强制标准，要求行业内所有企业都必须执行。

（一）ISO 9000 族标准

ISO 9000 族标准是国际标准化组织（International Organization for Standardization，ISO）制定的质量管理和质量保证的一系列标准的总称。ISO 9000 族标准不是指一个标准，而是一系列标准的统称，是一个大的标准家族，即 ISO 9000《质量管理和质量保证》系列标准。

ISO 9000 族标准是总结了全球多个国家的质量管理经验而制定的，主要用于企业质量管理体系的建立、实施和改进，为企业在质量管理和质量保证方面提供指南，目前已成为国际公认的质量保证基础。

（二）质量保证体系的 PDCA 循环

1. PDCA 循环　　PDCA 质量管理循环保证体系是美国质量管理专家戴明提出来的，所以又称"戴明环"。它是由英语 plan（计划）、do（实施）、check（检查）、action（处理）四个词的首字母组成（见图 3-1、彩图 3-1）。

2. PDCA 循环的内容　　包括四个阶段和八个工作步骤。

（1）计划阶段（P）：①分析现状，找出质量问题；②分析产生问题的原因；③从各种原因中找出影响质量的主要原因；④制订计划，制定措施。

PDCA 方法的核心是计划，计划在实施、检查和处理阶段有其不同的内涵。把握好机会，就把握了 PDCA 方法的灵魂，其他阶段的工作也就能顺利有效地展开，达到计划要求的结果。例如：针对推行 GMP 实施的计划，首要前提是企业最高管理者对 GMP 有充分的理解和掌握，积极参与计划活动。

（2）实施阶段（D）：执行计划，落实措施。

总体质量体系计划完毕，形成文件后，则进入实施阶段。以药品生产企业为例，首先企业应组织员工学习体系文件，培训各相关岗位人员，研究分析实施过程中不可

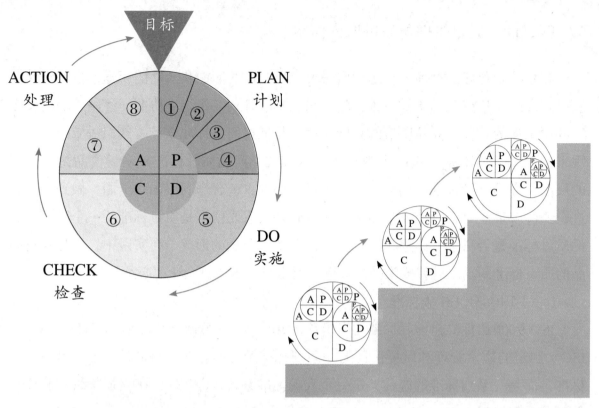

图3-1　PDCA循环

预见因素以及确定对突发性事件将采取的应变措施等。按循序渐进的原则推进实施，对药品生产、储存、销售以及相关的资源和活动均加以控制。实施过程必须有良好的沟通、交流和信息反馈渠道，以便企业的最高领导者和有关员工都能及时知晓体系的建立和运行状况，确保实施顺利进行。

（3）检查阶段（C）：检查计划执行情况和措施实行效果。

检查环节的重要性体现在为质量体系提供的自我完善、持续改进的机制。检查除对商品检验，还包括对人员、质量体系运作情况和各项改进措施的评价、审核和验证等，是推动PDCA方法不断向前转动的重要环节。

（4）处理阶段（A）：①把有效措施纳入各种标准或规程中加以巩固，无效的不再实施；②将遗留问题转入下一个循环继续解决。

处理既是PDCA方法中的最后一环，亦是启动下一轮PDCA转动的一环。通常根据检查环节中发现的问题，确定处理的方式和应采取的措施。但在GMP的质量体系建立和实施之初，有些症结在各部门运行过程中已表现出来，遇到这样的情况相关部门应及时采取措施加以解决，而不要等下一轮检查再处理。

PDCA循环具有大环带小环、阶梯式上升、周而复始等特点，在企业质量管理中有着广泛的应用。

② 课堂问答 ────────────────────────────────

请问你是如何理解上述内容中提到的"下一个循环""大
环带小环""阶梯式上升""周而复始"这几个词语？

⮕ 学以致用 ┈┈┈┈┈┈┈┈┈┈┈┈┈┈┈┈┈┈┈┈┈┈┈┈┈┈┈┈┈┈┈┈┈┈┈┈

工作场景：

某保健食品厂推出了一款新产品，上市不久就接到了消费者的投诉，称该胶囊容
易受潮。厂家随即进行自查，发现存放一定时间后，某些产品确实存在该问题，企业
相关人员立马召开会议，分析了各种可能导致该问题的原因，并最终找出了影响产品
质量的主要原因——铝箔包装机的温度设定不合理导致密封性欠佳。该厂技术人员重
新设置温度，并从质量管理部门中调派人手，加强对产品包装密封性的出厂前检查并
登记。经过一系列的措施，该产品不再存在类似的质量问题，保健食品厂也吸取了此
次教训，在产品质量管理中补充了一些细节性的措施加以巩固。

知识运用：

该保健食品厂采用了PDCA质量管理循环保证体系。包括了计划阶段（P）、实
施阶段（D）、检查阶段（C）、处理阶段（A）四个阶段以及其中的八个工作步骤。
PDCA质量管理循环保证体系反映了质量管理工作必须经过的四个阶段，也体现了全
面质量管理的思想方法和工作程序。

第二节　医药商品质量管理

医药商品作为特殊的商品，不仅具有一般商品的特点，而且与人类健康息息相
关，其质量的优劣直接关系到人类的健康、患者的安危以及医药企业的生存发展。医
药商品质量是对形成医药商品使用价值的各种客观属性和消费者使用医药商品的主观
满意程度的综合评价，是药品使用价值的市场表现形式，是衡量药品使用价值大小的
尺度。

一、医药商品的质量特性

（一）药品的质量特性

1. 药品质量的物质性

（1）有效性：有效性是指在规定的适应证、用法和用量条件下，能满足预防、治疗、诊断人的疾病，有目的地调节人的生理机能。有效性是人们使用药品的唯一目的，是药品的基本特征，也是评价药品质量最重要的指标之一。例如阿司匹林具有良好的解热镇痛作用，青霉素有明显的抑杀革兰氏阳性菌的作用。

（2）安全性：安全性是指医药商品在按规定的适应证、用法和用量使用的情况下，对使用者生命安全的影响程度。安全性也是药品的基本特征。例如，苯丙醇胺（PPA）曾经作为治疗感冒的辅助性药物而被广泛使用，但由于其存在严重的不良反应，已于2001年被禁止使用。各国政府在新药的审批中都要求研制者提供急性毒性、长期毒性、致畸、致癌、致突变等数据，就是为了保证药品的安全性。

（3）稳定性：稳定性是指药品在规定的条件下保持其有效性和安全性的能力。若物质不稳定，极易变质，虽然具有防治疾病的有效性和安全性，但也不能作为药品生产和使用。例如，青霉素钾因在胃中易被破坏而只能注射给药，又因在水溶液中稳定性差而只能制成注射用粉末，因遇光、热、水分子等易失效而必须严封于凉暗干燥处保存，并规定了有效期等。

（4）均一性：均一性是指药品的每一单位产品（制剂的单位产品，如一片药、一支注射剂等；原料药的单位产品，如一箱药、一袋药等）都应符合有效性和安全性的规定要求。倘若不均一，则可能因用量过小而无效，或因用量过大而中毒甚至死亡。

（5）经济性：经济性是指药品在生产、流通过程中形成的价格水平。提高药物的经济性就是要在保证符合各方面条件的要求和前提下，提高药物的安全性、有效性等与药品的生命周期成本的比值。如在国家基本药物的遴选中就强调了入选药物满足价格合理的要求，即药品应具有较好的经济性。

2. 药品质量的社会性

（1）时间性：医药科学技术不断发展，药品更新换代的速度越来越快，所以时间因素对药品质量的影响也越来越大。如磺胺类抗菌药在其问世之初获得了医药界的一致好评，认为它抗菌谱广、疗效确切等，但时至今日，其缺点不断暴露出来，如细菌易对其产生耐药性，可致肝脏、肾脏的损害等。

（2）区域性：主要体现在一些地方病的用药上。如吡喹酮是一个新型的广谱抗血吸虫药，在血吸虫病流行地区是必需药品，但对于非血吸虫病流行地区来说，其使用价值则难以体现。所以只有正确地掌握地方病的发病规律及特点，掌握药品质量的区域性，才能使药品很好地发挥其使用价值。

（3）个体性：因患者的年龄、性别、生理及病理状况、经济条件等不同，对药品质量的评价也不同。

（二）医疗器械的质量特性

医疗器械是用于人体、关系到人民生命健康的特殊产品，它有着和普通的产品不同的基本质量特性，既包括医疗器械的物理特性、化学特性和生物相容性等安全特性，也包括是否真正能达到使用说明书所示的有效的诊治、防病目的的有效性，还包括医疗器械的环境影响、生产条件、材料因素等过程特性。

1. 医疗器械的安全性　医疗器械的具体产品门类繁多，对安全性要求的内涵也有区别，但基本有以下两点。

（1）使用电源驱动的医疗器械：这类设备的安全性主要是电气安全，其中包括防电击危险和防机械危险等，由专门的医用电气设备安全标准加以规定。

（2）不使用电源驱动的医疗器械：包括植入人体的医疗器械和一次性医疗用品等。它们主要考虑的是细菌感染和生物相容性的安全要求。

当然，有的医用电气设备用于人体的部分也存在无菌和生物相容性问题，也需要考虑这类安全性。

2. 医疗器械的有效性　医疗器械的质量要求高，国家对其管理也越来越规范。2020年12月21日，经国务院第119次常务会议修订通过了《医疗器械监督管理条例》（以下简称《条例》），并于2021年6月1日起施行。医疗器械注册、生产监督、经营监督的管理办法等配套规章及其他规范性文件相继出台，这些法规的公布实施，对规范医疗器械研制、生产、经营和使用活动，加强医疗器械监督管理，提高我国医疗器械质量和安全整体水平等，都具有重要意义。

此外，根据医疗器械自身与外界环境的关系，可以将医疗器械质量特性分为内在特性和外在特性，内在特性包括大小、形状、色泽、操作方法、工作原理、专利技术、使用寿命、工艺过程、损耗程度等；外在特性包括产品包装、产地、品牌、标识、说明书、营销途径、价格等。

二、医药商品质量监督管理

医药商品的质量监督管理是指对确定或达到医药商品质量的全部职能和活动的监

督与管理，包括医药商品质量的相关政策法律法规制度，以及对医药商品从研制、生产、销售到消费者使用全过程的质量控制和质量保证的组织、实施的监督与管理。具体来说，医药商品质量监督管理是政府、药品监督管理部门，根据法律授予的职权，根据法定的药品标准、法律、行政法规、制度和政策，对本国研制、生产、流通、使用的药品质量，以及影响药品质量的工作质量、保证体系的质量进行的监督管理。

（一）医药商品监督管理分类

按照医药商品监督管理的过程，可分为一般性监督管理和预防性监督管理。

1. 一般性监督管理　是指各级药品监督管理部门定期或者不定期对辖区内发生的医药商品的研发、生产、流通、使用活动进行监督检查或抽查，以保证相关的法律法规得到正确的实施和贯彻，如监督抽检、定点监测及对已经通过GSP、GMP认证企业的跟踪检查等。

2. 预防性监督管理　指为防止危害后果的发生，各级药品监督管理部门依据相关法律法规，对医药商品的研发、生产、流通、使用活动进行事前审批、验收或审核等管理。如开办医药商品生产、经营企业的审批，GCP、GLP、GMP和GSP认证的审批，药品注册的审批等。

（二）医药商品的质量监督管理机构

医药商品的质量监督管理机构包括国家卫生健康委员会和国家药品监督管理局、中国食品药品检定研究院；各省、自治区、直辖市药品监督管理局，地市级药品监督管理部门和县区级药品监督管理部门；各级食品药品检验机构。

（三）医药商品的质量监督管理的主要手段

1. 监督检查与实施行政处罚　各级药品监督管理部门有权按照法律和行政法规的规定，对医药商品的研制、生产、流通、使用进行监督检查，接受监督检查的单位不得拒绝和隐瞒。

2. 监督抽验　质量抽查检验是医药商品监督管理工作的基础，通过抽查检验可以了解生产、流通、使用中的医药商品质量状况，从而对各个环节实施有效的监督管理，杜绝假劣商品，确保公众安全、健康。

3. 发布医药商品质量公告　医药商品质量抽验与医药商品质量公告密切相关，后者是前者的必然结果，是医药商品监督管理的重要方式。

4. 采取行政强制措施　药品监督管理部门对有证据证明可能危害公众健康的医药商品及有关材料可以采取查封、扣押的行政强制措施，医药商品需要检验的，必须自检验报告书发出后作出行政处理决定。

5. 对药品不良反应危害采取有效控制措施　药品监督管理部门应当组织药品不

良反应监测和上市药品再评价，对疗效不确切、不良反应大或者其他原因危害人体健康的药品，国务院和省、自治区、直辖市药品监督管理部门可以采取停止生产、销售、使用的紧急控制措施，并应当在5日内组织鉴定，自鉴定结论作出之日起15日内依法作出行政处理决定。

（四）医药商品质量监督管理的主要内容

1. 制定、执行药品标准。

2. 制定国家基本药物。

3. 实行新药审批制度，生产药品审批制度，进口药品检验、批准制度，负责药品检验工作。

4. 药品不良反应监测报告。

5. 药品品种的整顿和淘汰。

6. 对药品生产企业、经营企业、医疗机构和中药材市场的药品进行抽查、检验，及时处理药品质量问题。

7. 指导药品生产企业、经营企业的药品检验机构和人员的业务工作。

8. 调查及处理药品质量问题，调查及处理药品的中毒事故，取缔假、劣药品，处理不合格药品，执行行政处罚，对需要追究刑事责任的向司法部门提出控告。

9. 对药品实行处方药和非处方药管理等。

（五）医药商品的质量管理规范

1.《药品生产质量管理规范》 简称GMP（Good Manufacturing Practice），是药品生产过程中用以保证生产出优质药品的管理制度，是药品生产和质量管理的基本准则。

2.《药品经营质量管理规范》 简称GSP（Good Supply Practice），是药品流通过程中，针对计划采购、购进验收、储存、销售及售后服务等环节而制定的保证药品符合质量标准的一项管理制度，是药品经营管理和质量控制的基本准则。

3.《中药材生产质量管理规范》 简称GAP（Good Agricultural Practice），其内容涵盖了中药材生产的全过程，是中药材生产和质量管理的基本准则。

4.《药物临床试验质量管理规范》 简称GCP（Good Clinical Practice），是规范药物临床试验全过程的标准规定，其目的在于保证临床试验过程的规范，结果科学可靠，保护受试者的权益并保障其安全。

5.《药物非临床研究质量管理规范》 简称GLP（Good Laboratory Practice），是对从事实验研究的规划设计、执行实施、管理监督和记录报告的实验室的组织管理、工作方法和有关条件提出的法规性文件，适用于为申请药品注册而进行的非临床研究。

GCP 与 GLP 试验对象的区别

GCP，即《药物临床试验质量管理规范》。是指任何在人体（患者或健康志愿者）进行的药品系统性研究，以证实或揭示试验用药品的作用及不良反应等。

GLP，即《药物非临床研究质量管理规范》。是指非人体研究，在实验室条件下，通过动物实验进行非临床（非人体）的各种毒性实验。

三、医药商品的质量标准

医药商品的质量标准是指为保证医药商品的质量，国家对医药商品品种、规格、技术要求、试验检验方法、包装、标志、储运和保管等方面所作出的统一规定，是医药商品生产、经营、使用和管理的依据，属于强制性标准。包括药品标准、医疗器械标准及保健食品标准等。本章节重点介绍药品标准，有关医疗器械的内容将在第二十三章中介绍。

药品必须符合国家药品标准。国家药品标准是国家对药品的质量、规格及检验方法等的技术规定，是药品的生产、流通、使用及检验、监督管理部门共同遵循的法定依据。内容包括药品的名称、处方，含量及其检查、检验方法，制剂的辅料，允许的杂质及其限量要求、药品的类别、制剂规格及贮藏等。

国家药品标准属于强制性标准。药品标准是药品质量的衡量尺度和药品质量问题的处理依据，对维持药品质量的稳定性、均一性、一致性，保证用药安全至关重要，也有利于促进国际医药技术交流和推动医药进出口贸易的发展。

我国现行的药品标准分为二级：国家药品标准和地方药品标准。

（一）国家药品标准

包括《中华人民共和国药典》和局（部）颁药品标准。

1.《中华人民共和国药典》 药典是一个国家关于药品标准的法典，具有法律约束力，它的重要特点是执行的法定性和体例的规范化。药典是从本草学、药物学以及处方集的编著演化而来的，其发展历史源远流长。《神农本草经》是目前我国现存的最早的医学专著。唐代显庆四年颁布的《新修本草》是我国历史上第一部药典，也是现今发现的世界上最早的药典。

《中华人民共和国药典》（简称《中国药典》）是由中华人民共和国国家药典委员会主持编写，经国家药品监督管理局、国家卫生健康委员会颁布并实施的有关药品质量标准的法典，是法定的国家级药品标准，具有法律性和权威性。

目前，我国共出版了11版《中国药典》，现行版为《中国药典》（2020年版），自2020年12月30日起实施。《中国药典》（2020年版）由一部、二部、三部和四部构成，收载品种共计5 911种。一部中药收载2 711种。二部化学药收载2 712种。三部生物制品收载153种。四部收载通用技术要求361个，其中制剂通则38个（修订35个）、检测方法及其他通则281个（新增35个、修订51个）、指导原则42个（新增12个、修订12个）；药用辅料收载335种，其中新增65种、修订212种。

2. 局（部）颁药品标准　　是指未列入《中国药典》而由国家药品监督管理局和国家卫生健康委员会颁布的药品标准，以及与药品质量指标、生产工艺和检验方法相关的技术指导原则和规范。其性质与《中国药典》相似，亦具有法律约束力。

（二）地方药品标准

地方药品标准是由省、自治区、直辖市药品管理部门根据本地区药品生产情况而制定的药品标准，又称省（自治区、直辖市）药品标准。收载《中国药典》及局（部）颁药品标准中未收载的药品。地方标准制定的前提是不能与《中国药典》或局（部）颁标准相抵触。

由于各地地方标准不够统一，为统一和提高药品质量标准，贯彻《中华人民共和国药品管理法》有关取消药品地方标准（主要为化学药品）的规定，地方标准所收载的部分安全有效、疗效确切、处方合理、质量可控的品种，被规范整理后，报国家药品监督管理局药品注册司审批，可由地方标准提升为国家标准。

中药材和中药饮片必须符合国家药品标准；国家标准没有规定的，各省、自治区、直辖市可以根据当地的医疗需要，制定省级中药材标准和中药饮片炮制规范。

? **课堂问答**

如果某些药品在《中国药典》中查找不到，还可以查阅哪些药品标准？

▶ **边学边练**

在今后的学习、工作中，可以通过查阅《中国药典》了解相关药品的具体质量标准，请见实训1"国家药品标准的查阅"。

1. 商品质量的五大基本要求：适用性、安全卫生性、审美性、性价比、信息性。

2. PDCA循环的包括四个阶段和八个工作步骤，即计划阶段（P）：找出质量问题、分析原因、找出主因、制订计划、措施；实施阶段（D）：执行计划，落实措施；检查阶段（C）：检查计划执行情况和措施实行效果；处理阶段（A）：巩固有效措施，删除无效措施，将遗留问题转入下一个循环继续解决。

3. ISO 9000族标准不是指一个标准，而是一系列标准的统称，是一个大的标准家族。

4. 医药商品的国家级质量监督管理机构包括国家卫生健康委员会和国家药品监督管理局、中国食品药品检定研究院等。

5. 医药商品的质量管理规范包括GMP、GSP、GAP、GCP、GLP。

6. 国家药品标准包括《中国药典》和局（部）颁药品标准。

●····· 思考题 ···

一、 简答题

1. 商品质量的基本要求包括哪些？

2. 简述PDCA循环的四个阶段和八个工作步骤。

3. 医药商品的质量监督管理的主要内容有哪些？

二、 分析题

PDCA循环除了运用在商品的质量管理方面，也可用在自身的学习方面，请结合PDCA循环理论，记录下你本学期的学习情况，并于学期末上交该份作业。

（丁　方）

第四章
医药商品的经营与管理

学习目标

- 熟练掌握医药商品经营质量管理中的相关规定。
- 掌握药品经营企业的经营特点；GSP的相关规定。
- 熟悉药品经营企业的分类；医药商品价格的构成要素、制定形式。
- 了解药品经营企业的责任和任务。

情境导入

情境描述：

  药剂专业的小王今年中专毕业，取得了相关的学历证书，打算开一家零售药店，由于在校期间对药品经营与管理方面的知识学得不够全面，遇到了许多实际问题：如药店的人员设置和学历要求，药品的储存、陈列和销售的相关规定等。小王创业开药店的想法因此搁置了。

学前导语：

  很多药剂专业的学生都像小王一样，想拥有属于自己的药店，倘若不努力学习相关的专业知识，梦想也只是想想而已。本章重点讲述医药商品的经营与管理相关知识，可以在一定程度上帮助同学们实现自己的职业梦想，接下来就让我们一起进入本章的学习。

第一节 医药商品经营概况

一、医药商品经营企业

(一)药品经营企业

《中华人民共和国药品管理法》中规定：药品经营企业，是指经营药品的专营企业或兼营企业。其药品经营条件、经营行为对药品质量、合理用药及群众用药的安全、有效具有重要影响。

1. **药品经营企业的分类** 药品经营企业依据不同的分类标准有不同的名称。从生产资料所有制性质上看，药品经营企业可分为国有、集体和民营药品经营企业；从具体的经营范围和经营形式来看，药品经营企业可分为药品批发企业和药品零售企业。

药品批发企业，是指将购进的药品销售给药品生产企业、药品经营企业、医疗机构的药品经营企业。它介于药品生产企业与药品零售企业之间，是药品流通的中间环节，是组织药品流通的枢纽，其主要表现形式是医药集团公司。

药品零售企业，是指将购进的药品直接销售给消费者的药品经营企业。位于药品流通环节的终端，其主要表现形式是药房、药店。

2. **药品经营企业的经营特点** 药品的经营与一般商品的经营，既有共同点，又有一定的区别。相同的是：它们都属商品，受价值规律的支配和供求关系的影响。药品不同于一般商品体现在以下几个方面。

(1)严格的法律法规：药品用于预防、治疗、诊断人的疾病，与公众的生命健康密切相关。因此，必须要有严格的质量标准、专门的法规和行业规范来管理药品的经营行为，如我国的《中华人民共和国药品管理法》《药品经营质量管理规范》等。

(2)特殊的使用对象：药品的使用对象往往是患有疾病的特殊人群。

(3)专业的销售人员：应配备具有药学专业技术职称的人员，熟悉药品的用途、不良反应等，并且能给消费者提供满意的咨询服务。

(4)供货的特殊性：因药品的限时性，只有"药等病"，不能"病等药"。因此，药品经营企业要有超前性、预测性及适当的储备，特别是当有重大疫情、灾情发生时，要能够做到保证数量，及时抢运。

(二)医疗器械经营企业

医疗器械经营企业是医疗机构和医疗器械生产企业之间的重要联系桥梁，承担了医疗器械运输、医疗器械保存和提供医疗器械售后服务等重要职责。据国家药品监督管理局统计，截至2022年3月，全国医疗器械经营企业总数共计102.92万家，其中第二类医疗器械产品经营企业数量最多，达到68.44万家，占比66.5%。此外，药品监督管理部门根据医疗器械的风险程度、医疗器械经营企业业态、质量管理水平和遵守法规的情况，结合医疗器械不良事件及产品投诉状况等因素，将医疗器械经营企业分为三个监管级别，即风险最高级别的三级监管，风险一般级别的二级监管和风险较低级别的一级监管，并按照属地监管的原则，实施分级动态管理。

（三）其他医药商品经营企业

2022年，国内有超362万家保健品相关企业经营范围含"保健品、保健食品"，其中75%的企业成立时间在5年以内，80%的企业分布在批发和零售业。保健食品直接关系人民群众身体健康甚至生命安危，确保产品安全及规范经营行为是企业义不容辞的责任。与以往直销企业纵容经销商从事虚假宣传以及涉嫌传销行为相比，如今的保健食品市场经营环境已然得到了一定的改善。

二、医药商品的价格

（一）医药商品价格的构成要素

1. 生产成本　又称制造成本，包括：①原料、辅料、包装材料、燃料动力消耗费用的支出；②生产工人和管理人员的工资支出；③企业厂房和机械设备等固定资产的折旧；④其他直接支出。在市场经济中，医药商品的价格水平有一条最低界线，即生产成本。如果一个企业的医药商品价格低于其生产成本，就会导致企业的亏损甚至倒闭。

2. 流通费用　是指医药商品从生产领域到消费领域转移过程中所发生的劳动耗费的货币表现。包括企业的销售费用、财务费用（如利息）和管理费用。其中，销售费用对药品价格的影响最大。

生产成本加流通费用等于完全成本，即真正意义上的总成本。其中，不随药品种类及数量的变化而变动的成本叫固定成本，如厂房、机器的折旧等；随药品种类和数量的变化而变动的成本叫变动成本，如原材料、储运费用、销售提成等。

3. 国家税金　我国现行税法规定企业应交纳的税种，按其与医药商品价格的关系，可分为价外税和价内税。价外税（如所得税）是直接由企业利润来负担的，企业不能把这些税金再加入医药商品价格中转嫁给消费者；价内税（如增值税）可以加到医药商品价格中，随医药商品出售而转嫁出去。

4. 企业利润　是指企业在一定时期内生产经营的财务成果，等于销售产品的总收益与生产商品的总成本两者之间的差额。

老百姓经常抱怨药价虚高，药价虚高背后的原因有哪些？政府可以通过哪些途径整顿市场环境？

（二）医药商品价格的制定

我国政府对药品价格管理的总原则是宏观调控与市场调节相结合。药品价格的制定分为政府定价、政府指导价和市场调节价三种形式。政府定价是指由政府价格主管部门或其他有关部门，按照定价权限和范围制定的价格；政府指导价是指由政府价格主管部门或其他有关部门，按照定价权限和范围规定基准价及其浮动幅度，指导经营者制定的价格；市场调节价是指由经营者自主制定，通过市场竞争形成的价格。列入《医保目录》的药品以及《医保目录》以外具有垄断性生产、经营的药品，实行政府定价或政府指导价；对于规定之外的药品，实行市场调节价。

目前我国医疗器械尚不在政府定价范畴内，而是实行市场调节，由企业结合自身成本、市场需求和竞争情况确定产品价格，政府进行间接管理，一是集中采购或招标采购；二是通过医疗服务项目打包收费。另外，国家发展和改革委员会对植（介）入类医疗器械进行价格监测。

▶ 边学边练

对政府定价或政府指导价的药品展开价格调查，请见实训3"基本医疗保险药品的价格调查"。

第二节　药品经营质量管理

一、《药品经营质量管理规范》概述

《药品经营质量管理规范》简称GSP（Good Supply Practice），是药品经营管理和质量控制的基本准则，新修订的《药品经营质量管理规范》于2016年7月20日起施行，适用于中华人民共和国境内药品经营企业经营药品的活动。企业应当在药品采购、储存、销售、运输等环节采取有效的质量控制措施，确保药品质量。

二、《药品经营质量管理规范》重点摘要

以下将结合药学职称考试、执业考试大纲中的重要知识点，对《药品经营质量管理规范》进行节选。

第二章　药品批发的质量管理

第十九条　企业负责人应当具有大学专科以上学历或者中级以上专业技术职称，经过基本的药学专业知识培训，熟悉有关药品管理的法律法规及本规范。

第二十条　企业质量负责人应当具有大学本科以上学历、执业药师资格和3年以上药品经营质量管理工作经历，在质量管理工作中具备正确判断和保障实施的能力。

第二十一条　企业质量管理部门负责人应当具有执业药师资格和3年以上药品经营质量管理工作经历，能独立解决经营过程中的质量问题。

第二十二条　企业应当配备符合以下资格要求的质量管理、验收及养护等岗位人员：

（一）从事质量管理工作的，应当具有药学中专或者医学、生物、化学等相关专业大学专科以上学历或者具有药学初级以上专业技术职称；

（二）从事验收、养护工作的，应当具有药学或者医学、生物、化学等相关专业中专以上学历或者具有药学初级以上专业技术职称；从事疫苗配送的，还应当配备2名以上专业技术人员专门负责疫苗质量管理和验收工作。专业技术人员应当具有预防医学、药学、微生物学或者医学等专业本科以上学历及中级以上专业技术职称，并有3年以上从事疫苗管理或者技术工作经历。

（三）从事中药材、中药饮片验收工作的，应当具有中药学专业中专以上学历或者具有中药学中级以上专业技术职称；从事中药材、中药饮片养护工作的，应当具有中药学专业中专以上学历或者具有中药学初级以上专业技术职称；直接收购地产中药材的，验收人员应当具有中药学中级以上专业技术职称。

第二十三条　从事质量管理、验收工作的人员应当在职在岗，不得兼职其他业务工作。

第二十四条　从事采购工作的人员应当具有药学或者医学、生物、化学等相关专业中专以上学历，从事销售、储存等工作的人员应当具有高中以上文化程度。

第二十八条　从事特殊管理的药品和冷藏冷冻药品的储存、运输等工作的人员，应当接受相关法律法规和专业知识培训并经考核合格后方可上岗。

第三十条　质量管理、验收、养护、储存等直接接触药品岗位的人员应当进行岗前及年度健康检查，并建立健康档案。患有传染病或者其他可能污染药品的疾病的，不得从事直接接触药品的工作。身体条件不符合相应岗位特定要求的，不得从事相关工作。

第三十九条　企业应当建立药品采购、验收、养护、销售、出库复核、销后退回和购进退出、运输、储运温湿度监测、不合格药品处理等相关记录，做到真实、完整、准确、有效和可追溯。

第四十一条　书面记录及凭证应当及时填写，并做到字迹清晰，不得随意涂改，不得撕毁。更改记录的，应当注明理由、日期并签名，保持原有信息清晰可辨。

第四十二条　记录及凭证应当至少保存5年。疫苗、特殊管理的药品的记录及凭证按相关规定保存。

第七十二条　企业应当按照规定的程序和要求对到货药品逐批进行收货、验收，防止不合格药品入库。

第七十三条　药品到货时，收货人员应当核实运输方式是否符合要求，并对照随货同行单（票）和采购记录核对药品，做到票、账、货相符。

随货同行单（票）应当包括供货单位、生产厂商、药品的通用名称、剂型、规格、批号、数量、收货单位、收货地址、发货日期等内容，并加盖供货单位药品出库专用章原印章。

第七十七条　企业应当按照验收规定，对每次到货药品进行逐批抽样验收，抽取的样品应当具有代表性。

（一）同一批号的药品应当至少检查一个最小包装，但生产企业有特殊质量控制要求或者打开最小包装可能影响药品质量的，可不打开最小包装；

（二）破损、污染、渗液、封条损坏等包装异常以及零货、拼箱的，应当开箱检查至最小包装；

（三）外包装及封签完整的原料药、实施批签发管理的生物制品，可不开箱检查。

第七十九条　特殊管理的药品应当按照相关规定在专库或者专区内验收。

第八十三条　企业应当根据药品的质量特性对药品进行合理储存，并符合以下要求：

（一）按包装标示的温度要求储存药品，包装上没有标示具体温度的，按照《中华人民共和国药典》规定的贮藏要求进行储存；

（二）储存药品相对湿度为35%~75%；

（三）在人工作业的库房储存药品，按质量状态实行色标管理，合格药品为绿色，不合格药品为红色，待确定药品为黄色；

（四）储存药品应当按照要求采取避光、遮光、通风、防潮、防虫、防鼠等措施；

（五）搬运和堆码药品应当严格按照外包装标示要求规范操作，堆码高度符合包装图示要求，避免损坏药品包装；

（六）药品按批号堆码，不同批号的药品不得混垛，垛间距不小于5cm，与库房内墙、顶、温度调控设备及管道等设施间距不小于30cm，与地面间距不小于10cm；

（七）药品与非药品、外用药与其他药品分开存放，中药材和中药饮片分库存放；

（八）特殊管理的药品应当按照国家有关规定储存；

（九）拆除外包装的零货药品应当集中存放；

（十）储存药品的货架、托盘等设施设备应当保持清洁，无破损和杂物堆放；

（十一）未经批准的人员不得进入储存作业区，储存作业区内的人员不得有影响药品质量和安全的行为；

（十二）药品储存作业区内不得存放与储存管理无关的物品。

第八十五条　企业应当采用计算机系统对库存药品的有效期进行自动跟踪和控制，采取近效期预警及超过有效期自动锁定等措施，防止过期药品销售。

第三章　药品零售的质量管理

第一百二十五条　企业法定代表人或者企业负责人应当具备执业药师资格。

企业应当按照国家有关规定配备执业药师，负责处方审核，指导合理用药。

第一百二十六条　质量管理、验收、采购人员应当具有药学或者医学、生物、化学等相关专业学历或者具有药学专业技术职称。从事中药饮片质量管理、验收、采购人员应当具有中药学中专以上学历或者具有中药学专业初级以上专业技术职称。

营业员应当具有高中以上文化程度或者符合省级食品药品监督管理部门规定的条件。中药饮片调剂人员应当具有中药学中专以上学历或者具备中药调剂员资格。

第一百三十一条　企业应当对直接接触药品岗位的人员进行岗前及年度健康检查，并建立健康档案。患有传染病或者其他可能污染药品的疾病的，不得从事直接接触药品的工作。

第一百三十九条　企业应当建立药品采购、验收、销售、陈列检查、温湿度监测、不合格药品处理等相关记录，做到真实、完整、准确、有效和可追溯。

第一百四十条　记录及相关凭证应当至少保存5年。特殊管理的药品的记录及凭证按相关规定保存。

第一百五十八条　验收合格的药品应当及时入库或者上架，验收不合格的，不得入库或者上架，并报告质量管理人员处理。

第一百六十一条　药品的陈列应当符合以下要求：

（一）按剂型、用途以及储存要求分类陈列，并设置醒目标志，类别标签字迹清晰、放置准确。

（二）药品放置于货架（柜），摆放整齐有序，避免阳光直射。

（三）处方药、非处方药分区陈列，并有处方药、非处方药专用标识。

（四）处方药不得采用开架自选的方式陈列和销售。

（五）外用药与其他药品分开摆放。

（六）拆零销售的药品集中存放于拆零专柜或者专区。

（七）第二类精神药品、毒性中药品种和罂粟壳不得陈列。

（八）冷藏药品放置在冷藏设备中，按规定对温度进行监测和记录，并保证存放温度符合要求。

（九）中药饮片柜斗谱的书写应当正名正字；装斗前应当复核，防止错斗、串斗；应当定期清斗，防止饮片生虫、发霉、变质；不同批号的饮片装斗前应当清斗并记录。

（十）经营非药品应当设置专区，与药品区域明显隔离，并有醒目标志。

第一百六十七条　销售药品应当符合以下要求：

（一）处方经执业药师审核后方可调配；对处方所列药品不得擅自更改或者代用，对有配伍禁忌或者超剂量的处方，应当拒绝调配，但经处方医师更正或者重新签字确认的，可以调配；调配处方后经过核对方可销售。

（二）处方审核、调配、核对人员应当在处方上签字或者盖章，并按照有关规定保存处方或者其复印件。

（三）销售近效期药品应当向顾客告知有效期。

（四）销售中药饮片做到计量准确，并告知煎服方法及注意事项；提供中药饮片代煎服务，应当符合国家有关规定。

第一百七十三条　除药品质量原因外，药品一经售出，不得退换。

第一百七十九条　药品零售连锁企业总部的管理应当符合本规范药品批发企业相关规定，门店的管理应当符合本规范药品零售企业相关规定。

▶ 边学边练

利用所学过的知识，对药品进行规范的分类陈列，请见实训2"药品的分类陈列"。

● ···· 章末小结 ····

1. 从具体的经营范围和经营形式来看，药品经营企业可分为药品批发企业和药品零售企业。

2. 药品经营企业的经营特点包括严格的法律法规、特殊的使用对象、专业的销售人员及药品供货的特殊性；医药商品价格的构成要素，医药商品价格的制定形式。

3. 药品经营企业相关人员的学历要求。

4. 药品抽样检查的要求，药品储存、陈列的要求，药品销售的要求。

思考题

一、 多项选择题

1. 从具体的经营范围和经营形式来看，药品经营企业可分为（ ）
   A. 药品批发企业　　　　B. 药品零售企业　　　　C. 国有企业
   D. 民营企业　　　　　　E. 合资企业

2. 药品经营企业的经营特点包括（ ）
   A. 严格的法律法规　　　B. 特殊的使用对象　　　C. 专业的销售人员
   D. 药品供货的特殊性　　E. 药品品种规格批次少

3. 医药商品价格的构成要素包括（ ）
   A. 生产成本　　　　　　B. 流通费用　　　　　　C. 国家税金
   D. 企业利润　　　　　　E. 广告费用

4. 流通费用包括（ ）
   A. 广告、宣传费用　　　B. 销售人员工资、奖金　C. 国家税金
   D. 临床试验费用　　　　E. 市场调查费用

5. 实行政府定价或政府指导价的是（ ）
   A. 列入《医保目录》的药品
   B. 《医保目录》以外具有垄断性生产、经营的药品
   C. 所有处方药
   D. 所有非处方药
   E. 医疗机构制剂

二、 简答题

1. 药品批发企业的关键人员有哪些？各具备什么样的资质条件？

2. 药品经营企业的经营特点是什么？

（陈德方）

第五章
医药商品的运输

学习目标

- 熟练掌握医药商品装卸搬运原则；学会医药商品的发送、接收和质量保护。
- 掌握物流和商流的概念、流动形式和物流的合理化。
- 熟悉医药商品的运输方法。
- 了解医药商品的出入库及运输管理。
- 具有医药商品运输管理能力。

⤵ 情境导入

情境描述：

　　2008年5月29日，南昌某医院报告，6名使用人免疫球蛋白的病人出现严重不良反应而相继死亡，社会各界对冷藏药品中冷链运输管理提出质疑。

学前导语：

　　医药商品的流通分为物流和商流，流通过程中要注意物流的合理化，采取适当的运输工具，认真收发，严格注意质量保护，本章将向大家介绍医药商品运输的相关知识。

第一节　医药商品的流通

一、物流和商流

（一）物流

物流是指物品从供应地向接收地的实体流动过程。医药商品物流是指医药商品经营中药品的运输和流向，通过物流，完成从生产领域到消费领域的流通过程，实现医药商品使用价值的转移。

物流可以按以下四种方法进行分类。

1. 按系统性质分类

（1）企业物流：指货物实体在企业内部的流动。

（2）行业物流：指超出一家企业但又在同一行业内运行的物流。

（3）社会物流：指超越一家一户和一种行业，面向社会的物流活动。

2. 按物流在企业经济活动中的作用分类

（1）供应物流：指为生产企业提供原材料、零部件或其他物品时，物品在提供者与需求者之间的实体流动。

（2）生产物流：指在生产过程中，原材料、半成品、成品等在企业内部的实体流动。

（3）销售物流：指在生产企业、流动企业出售商品时，物品在供方与需方之间的实体流动。

（4）回收物流：指不合格品的返修、退货以及周转使用的包装容器从需方返回到供方所形成的物品实体流动。

（5）废弃物流：指将经济活动中失去原有使用价值的物品，根据实际需求进行收集、分类、包装、搬运、储存等，并分送到专门处理场所形成的物品实体流动。

3. 按物流活动的主体分类

（1）第一方物流：指供应商销售其产品而进行的物流活动。

（2）第二方物流：指用户从供应商处购进各种货物而形成的物流活动。

（3）第三方物流：指由供方与需方以外的物流企业提供物流服务的业务模式。

4. 按物流活动的空间范围分类

（1）地区物流：指地区局部范围内的物流活动，如广东物流、上海物流等。

（2）国内物流：指全国范围内的物流活动。

（3）国际物流：指不同国家之间的物流活动。

（二）商流

商流是指伴随物流而发生的商品所有权的转移。医药商品商流是指在医药商品经营中，医药商品价值形态上的转移。商流包括批发、零售、网上购物等交易活动，体现的是买与卖的关系。

（三）物流和商流的流动形式

1. 物流与商流相结合的形式　这种形式表现为商品所有权与商品实体的运动和转移所经过的流转环节相同，同步进行，即"商物一致"。

（1）自产自销：如在医药行业中，主要是一些规模不大的中小企业在企业所在地自行销售生产的产品，并将出卖商品所换回的货币，用来维持企业的经营，发放工资和购买扩大再生产的生产资料。

（2）以货易货：两个工厂之间需要对方的产品，可以各自用自己的产品相互交换，不经过任何中间环节或中介人。

（3）钱货两清：如医药生产企业将产品销售给医药商业企业，医药商业企业再把产品卖给消费者，在交易过程中，一手交钱，一手交货，钱货两清。

2. 物流与商流相分离的形式　这种形式是指物流不再完全依附于商流的转移路径，而是以满足商流的需求为前提，按自己的运行规律实现直线化的物质运动，即"商物分离"。

（1）时间上的分离：一是商流在前，物流在后，商品预购属于这种形式。物流是在商务谈判、签订合同、交付订金或预付货款后才发生的。二是物流在前，商流在后，商品的赊销属于这种情况。买方先由物流活动取得商品，过一段时间才进行结算，发生商流。

（2）环节上的分离：一是商流环节多，物流环节少，如某种医药商品流通过程为：医药生产企业→产地医药批发商→销地医药批发商→医药零售商→消费者。在这个流通过程中，医药商品的实体转移可以跳过1~2个环节，如医药生产企业→销地医药零售商→消费者。由于物流环节的减少，也就减少了运输过程中装卸、搬运的次数，有利于保护医药商品的使用价值。二是商流环节少，物流环节多，这种物流的多环节，会导致医药商品在途时间延长，途中商品消耗增多，资金周转慢，效益低。

（3）物质上的分离：如只有商流，没有物流，即商品的"买空卖空"现象。这种形式是商品流通过程中不正常的现象，它可导致一些紧缺药品（如流行病暴发时血清、疫苗等急需药品）和贵重中药材层层加价、倒卖等投机经营活动。

（四）物流的合理化

物流合理化的目标主要包括以下六个方面。

1. 距离短　物流距离移动的越长，费用越大，距离移动的越短，费用越小，所以，距离短是物流合理化的首要目标。

2. 时间少　时间少指的是产品从离开生产线算起至到达最终用户的时间。比如，运输时间少、保管时间少、装卸搬运时间少和包装时间少等。

3. 整合好　物流是一个整体性概念，是运输、保管、包装、装卸搬运、流通加工、配送以及信息的统一体，它是一个系统，强调综合性、整合性。只有这样，才能发挥物流的作用，降低成本、提高效益。

4. 质量高　质量高是物流合理化目标的核心。物流质量高的内容包括运输、保管、包装、装卸搬运、配送和信息各环节本身的质量要高，为客户服务的质量要高等。

5. 费用省　在物流实际操作过程中，可以减少交叉运输和空车行驶，这样会节省运输费用；利用计算机进行库存管理，充分发挥信息的功能，可以加快库存周转，避免货物积压，也会大大节省费用；机械化、自动化装卸搬运作业，既能大幅度削减作业人员，又能降低人工费用。

6. 安全、准确、环保　物流活动必须保证安全，物流过程中货物不能被盗、被抢、被冻、被晒、被雨淋，不能发生交通事故，确保货物准时、准地点、原封不动地送达，同时，诸如装卸、搬运、运输、保管、包装、流通加工等各环节作业，不能给周围环境带来影响，尽量减少废气、噪音、震动等公害，符合环境保护要求。

二、医药商品的装卸和搬运

装卸和搬运是医药商品在运输和保管活动前后发生的操作行为。

（一）装卸和搬运的要素

1. 装卸和搬运的主体　人是装卸和搬运的指挥、操作、执行者，是装卸和搬运的主体。

2. 装卸和搬运的对象　在医药商品的运输、保管过程中，医药商品始终是装卸和搬运的对象。

3. 装卸和搬运的场所　如车站、码头、机场、车间、仓库、商场、露天货场等。

4. 装卸和搬运的时间　医药商品装卸、搬运主要可分为连续流动式和间歇集中式两种方式，不同的方式所需的时间也是不同的。

5. 装卸和搬运的手段　通常有人工、机械、自动装卸搬运等。

（二）装卸和搬运的原则

1. 减少装卸搬运次数　由于货物装卸搬运不产生价值，作业的次数越多，货物破损和发生事故的频率越大，费用越高，因此首先要考虑尽量不装卸搬运或尽量减少装卸搬运次数。

2. 采取各种有利于装卸搬运的措施　如合理的运输包装设计、合理的货物堆码等。

3. 提高机械化、自动化和集装箱化的程度。

4. 轻拿轻放，文明装卸。

🔍 **案例分析**

2018年之前，××企业的物流运作是商流物流统一的。除总部仓库外，56个分公司各有一个仓库，物流运作是从总部仓库→分公司仓库→经销商自提，即××企业通过长途陆运或空运的方式，将货物从广州总部仓库运到全国56个分公司的仓库，然后由经销商到所属区域的各个分公司提取货物。然而，随着销售额的增长，这种方式的弊端也日益显现出来。一方面，随着销售品种、销售额的增加，库存额高居不下，库存周转天数越来越高，而分散在各地的56个仓库需要投入大量的人力来从事仓储、打单等工作；另一方面，物流不畅导致经销商满意度低，流失率高。该企业感到必须要对物流进行重新整合，构建高效的供应体系才能有效支撑业务，达到提高满意度、降低成本的目标。

提问：

（1）该企业物流不畅导致经销商满意度低、流失率高的原因是什么？

（2）该企业应该采取什么样的措施才能解决以上问题？

解析：

（1）物流和商流的一致或统一所致。

（2）应该采取物流和商流分离的形式。

第二节　医药商品的运输管理

一、医药商品的运输

（一）医药商品的运输方式

根据不同医药商品的性质、数量，可选择合理的运输方式。合理组织医药商品运输必须遵循"及时、准确、安全、经济"的原则。

1. 联合运输　联合运输就是交通运输部门把两种或两种以上的运输工具联合起来，使用同一运输凭证，多个区段相互衔接的运输方式。其种类有水陆联运、铁路公路联运等。选择联合运输方式，只要在发货地办理托运手续，中途变换运输工具，转运工作由交通部门负责，商品即可直达收货地。

2. "四就直拨"运输

（1）就工厂直拨：即批发企业从工厂收购产品，在经工厂验收后，不经过中间仓库和不必要的转运环节，直接调拨给销售部门或直接送到车站码头运往目的地的方式。

（2）就车站码头直拨：即外地运来的商品，到达车站码头后，经过验收不运入批发仓库，就地分拨，直接运往有关销售单位。

（3）就仓库直拨：即需要储存保管的商品，在发货时避免层层调运，越过不必要的环节，直接拨给销售单位或用户。

（4）就船过载直拨：即外地用船舶运来的商品，经过验收，直接分拨给要货单位或用户，而不运回本企业仓库。

3. 直线直达运输　直线直达运输是指把货物从产地或起运地直接运到销地或客户，减少中间环节的一种运输方式。这种运输方式的好处是减少了中间环节，节省了运输时间和费用，灵活度较大。

4. "五定"运输　即定商品、定运输路线、定起止站、定运输工具、定运输费用的简称。实行"五定"运输，可以把商品的生产、供销、运输联系起来，提高运输的综合效益，使得商品流通更趋合理。

5. 中转运输　中转运输是指商品在运输过程中不能直接到达目的地，先运到某一适当地点后，由商品经营企业组织再次发运的转运方式。中转运输不同于联合运输，其各种手续的办理需由商品经营企业负责。所以，采取这种方式必须加强中转商品的计划性，及时衔接和编制中转商品的运输计划，加强商品包装与包装标记的管理；必须做到单货相符、单货同行，交接手续清楚。

6. 集装箱运输　集装箱运输是指以集装箱这种大型容器为载体，将货物集合组装成集装单元，以使在现代流通领域中运用大型装卸机械和大型载运车辆进行装卸、搬运作业和完成运输任务的一种运输方式。

7. 整车运输　整车运输是指托运一批次货物至少占用一节火车车皮或一辆汽车进行铁路或公路运输。分为两种形式：①整车直达，按载重和运输里程向托运单位收费；②整车分卸，即起运站和运输方向相同，到达站不同的货物拼凑成整车，依次到达不同站分别卸货。

8. 零担运输 零担运输是指当一批货物的重量或容积不满一辆货车时，可与其他几批甚至上百批货物共用一辆货车装运的运输形式。

（二）医药商品的运输工具

1. 铁路运输工具 铁路运输的技术经济特征主要表现为适应性强、运输能力大、安全性好、速度较快、运输成本较低。主要承担中长距离的旅客运输、长距离大宗货物运输，在联合运输中发挥骨干作用。

2. 公路运输工具 公路运输的技术经济特征为动力性能好，安全性、舒适性好，送达快，原始投资少、资金周转快、回收期短，可实现门到门的运输服务。主要承担中短距离运输、鲜活易腐货物的运输，是联运体系衔接（集装箱多式联运、大陆桥运输等）不可替代的集散工具。

3. 水路运输工具 水路运输的技术经济特征为运输能力大、运输成本低、投资少、劳动生产率高、航速低。水路运输是最经济的运输方式，对大宗原料性物资的运输具有明显的优势。其适用范围主要为国际货物运输和长途大宗货物的运输，在综合运输体系中发挥骨干作用。

4. 航空运输工具 航空运输的技术经济特征为高科技性、高速性，高度的机动灵活性、安全可靠性和舒适性，建设周期短、回收快，运输成本高。航空运输主要适用于长距离、对时间性要求高的货物以及抢险救灾物资的运输。

二、医药商品的收发及质量保护

（一）医药商品的发送

医药商品的发送是指医药商品生产或经营单位将需货方所需要的医药商品，按照运输计划的要求，选择合适的运输工具和运输方式，在规定的日期内准确无误地将医药商品运送到需货方的一种活动。医药商品发送工作的主要内容有以下三项。

1. 编制医药商品发送计划 医药商品发送计划主要包括确定合理的运输途径、运输工具、中转环节，选择恰当的发送时间，以确保医药商品"及时、准确、安全、经济"地运送到需求单位。

2. 组织配载 其主要形式为"见单组配"，即根据医药商品发货单，将存放在仓库的医药商品，先集中起来并按照医药商品的性质及发送目的地，进行组合配置。

3. 办理托运 托运前需按规定填写货物运单，并提供必要的证明文件。运输部门受理后，发货方可按照指定的时间与地点送货，组织发运。

（二）医药商品的接收

医药商品的接收是指医药商品自发货地到达收货地后，收货单位根据药品到达通知单，向交通运输部门办理药品接收的具体业务活动，是药品运输的最后一道环节。其具体业务程序如下。

1. 接收准备　首先核对所到商品是否为合同中订购的医药商品，其产地、质量、品名、规格、等级、数量、包装和到货时间是否符合合同要求；其次通知有关部门准备仓位，落实收货、验货，安排入库。

2. 卸前检查　由接收单位会同承运部门对装货车或船的门窗、货物苫盖物、捆扎状况和集装箱封条进行检查，观察运达的医药商品是否完整，有无异常情况（如被盗、换货、受潮、受淋、变质等）。

3. 清点验收，办理接运手续　卸下的医药商品要依据运单清点核对名称、规格、件数、重量、包装、标志、起运和到达站是否一致；同时，逐一检查医药商品的外包装是否完好，有无破损、变形、受潮、污染等情况，并做好记录。如发现异常情况，应立即与承运方交涉、处理。

4. 组织驳运　药品收货单位办好交接手续后，即可组织药品的安置工作或进行车站、码头的直拨或入库储存。

（三）医药商品在运输中的质量保护

医药商品要实现其使用价值和价值，必须要从生产领域转移到消费领域，其间必然要经历时间和空间的转移，甚至受到各种环境和条件的考验，所以在运输中加强保护措施是必不可少的。

1. 良好包装　包装物的设计不仅要适应医药商品的性能、特点，更要考虑运输途中可能出现的损伤情况。如易碎的医药商品，应当采用牢固、可靠的外包装及良好的内衬，以防止震动、冲撞造成的医药商品外包装的破损。

2. 适当环境　为确保医药商品运输途中安全，应将怕热、怕冷、怕光、易分解的医药商品装入专用车厢，以保证医药商品质量的稳定、完好。

3. 合理堆码　堆放的高度和宽度应符合规定，堆码整齐有序、捆扎牢固。在堆码时，除应当轻装轻卸外，还应注意"向上标志""禁止倾斜标志"等。

4. 通常用帆布或塑料薄膜遮盖，车厢底座垫上垫板等，以防在运输途中风吹、日晒、雨淋、水淹及污染。

5. 轻装轻卸　在装卸过程中，根据医药商品的不同性质，参照包装标志中的注意事项轻装轻卸，减少人为损失。如注射剂等玻璃器皿装的药品要轻装轻卸。

🔍 案例分析 --

　　某销售企业，主要对自己的销售点和大客户进行配送，配送方法为销售点和大客户有需求就立即组织装车送货，结果经常造成送货车辆空载率过高，同时往往出现所有车都派出去而其他用户需求满足不了的情况。所以销售经理一直要求增加送货车辆，但由于资金原因一直没有购车。

　　讨论：

　　（1）如果你是公司决策者，你会通过购车来解决送货效率低的问题吗，为什么？

　　（2）如果你是公司决策者，你会如何解决此问题？

　　解析：

　　（1）不会。因为以上运输空载率过高，属于不合理运输。

　　（2）提高运输的载运效率。

● ···· **章末小结** ···

1. 医药商品的流通有物流和商流两种形式。

2. 物流合理化的目标主要包括距离短，时间少，整合好，质量高，费用省，安全、准确、环保六个方面。

3. 医药商品的运输包括医药商品的装卸搬运、发送接收、质量保护等。

4. 医药商品的运输要遵循"及时、准确、安全、经济"的原则。

● ···· **思考题** ···

一、　多项选择题

1.　合理组织医药商品运输，必须遵循的原则有（　　　　　　　）

　　A. 及时　　　　　　　B. 速度　　　　　　　C. 安全

　　D. 经济　　　　　　　E. 有效

2.　物流合理化的目标包括（　　　　　　　）

　　A. 环境好、运输装置全　　　　　　　　　B. 整合好、质量高

　　C. 费用省　　　　　　　　　　　　　　　D. 安全、准确、环保

　　E. 距离短、时间少

3. 按系统性质分类，物流可分为（　　　　　　）

    A. 企业物流　　　　　　B. 行业物流　　　　　　C. 社会物流

    D. 第三方物流　　　　　E. 中介物流

4. 以下属于"商物分离"的有（　　　　　　）

    A. 商流在前，物流在后　　　　　　　　　B. 换货交易

    C. 商流迂回，物流直达　　　　　　　　　D. 钱货两清

    E. 自产自销

二、简答题

1. 合理化的物流包括哪些方面？

2. 医药商品在运输中的质量保护措施有哪些？

三、分析题

随着物流业在我国社会经济运行中作用的不断显现，各个领域都在规划自己在物流方面的发展，并逐步形成具有本领域特点的物流体系。但这些物流系统之间缺乏沟通和协调，因此很难系统化。以铁路和公路两种运输方式而言，在各自的规划中，大部分都是"分立"的，也就是说有铁路站点的地方没有规划相应的公路及公路站点，有公路及公路站点的地方没有规划铁路及铁路站点。即使少数地方同时具备铁路、公路及其站点的条件，仍然是你干你的，我干我的。

请分析这样做可能出现什么后果？

（陈德方）

第六章
药品的储存与养护

学习目标

- 熟练掌握药品储存与养护的基本要求；学会药品储存与养护的方法。
- 掌握药品储存与养护的主要职责。
- 熟悉药品储存与养护的主要内容。
- 熟悉影响药品质量的因素。
- 具有药品储存与养护的风险评估意识。

情境导入

情境描述：

中药专业的李一同学到某中药饮片厂实践学习，发现一张药品销毁登记表。上面登记有药品销毁记录：药品名称为防风，销毁原因为储存养护不当，销毁金额为 55 000 元。这样大数额的销毁记录让李一同学既惊愕又好奇，他虚心向该企业质管员了解详细情况，该企业质管员向李一同学耐心介绍了这一销毁事件的来龙去脉。

学前导语：

医药商品的质量受多种因素的影响，储存与养护措施不当会造成损失，甚至会对健康造成严重的损害。本章将向大家介绍影响医药商品质量的因素和医药商品储存与养护的常识。

第一节 影响药品质量的因素

药品的质量特性包括安全性、有效性、稳定性、均一性、经济性。在药品储存中，存在很多影响其质量的因素，主要是本身的内在因素和储存环境的外界因素，且各种因素间对药品质量的变化是相互促进、相互影响的。因此必须根据药品的特性，全面考虑可能引起变质的各种因素，选择适当的储存条件和保管方法，以防止药品变质或减缓变质速度。

一、影响药品质量的内在因素

（一）药物的化学结构

药物的稳定性取决于药物的理化性质，药物的性质则是由药物分子的化学结构决定的。化学结构不稳定的药物包括如下品种。

1. 易水解的药品　化学结构中含有酯、酰胺、酰脲、酰肼、醚、苷键等具水解性结构的药物，可发生水解反应而导致失效，甚至产生不良反应。如青霉素分子中的β-内酰胺环，在酸性、中性或碱性溶液中易发生分解、失效，并可能引起过敏反应。

2. 易被氧化的药品　化学结构中含有酚羟基、巯基、芳伯胺、不饱和键、醇、醚、醛、吡唑酮、吩噻嗪等具有还原性基团的药物，易被空气中的氧气或其他氧化剂氧化而变质。如肾上腺素、吗啡等含酚羟基的药物，在日光、空气、湿气的作用下易被氧化成醌而变色、变质，导致失效。

此外具有氧化性的某些药物，如硝基化合物、银盐、过氧化物等久贮可被空气中的还原性物质还原而变质；具有光学异构体的药物，受外界因素的影响久置可发生异构化或变旋，从而使药效下降。

（二）药物的物理性质

药物的挥发性、吸湿性、吸附性、冻结性、风化性、色臭味的变化都会对药品质量产生影响。

1. 挥发性　挥发性是指液态药物变为气态扩散到空气中的性质。一般而言，沸点低的药物挥发性大。具有挥发性的药物如果包装不严或储存时的温度过高，可造成挥发减量，如乙醚、乙醇。药物的挥发还可引起串味，如碘仿、樟脑酮等。

2. 吸湿性　吸湿性是指药物自外界空气中不同程度地吸附水蒸气的性质。药物吸湿后可导致结块粘连（如蛋白银、枸橼酸铁铵）、潮解（如 $CaCl_2$）、稀释（如甘油、乳酸）、发霉（如胃蛋白酶）、分解变质（如注射用青霉素钠、洋地黄粉）等。

3. 吸附性　有些药物具有能够吸收空气中的有害气体或特殊臭气的性质，称为药物的吸附性。吸附性不仅降低药物本身的药效而且会引起"串味"。例如药用炭、白陶土等药物，因表面积大而具有显著的吸附作用，从而使本身具有所吸附气体的气味，称为"串味"。

4. 冻结性　冻结性是指以水或乙醇作溶媒的一些液体药物遇冷可凝结成固体的性质。主要可引起药品的体积膨胀而导致容器破裂，使乳浊液型药剂中的乳化剂失去作用析出结晶、分层，或使混悬液型药物发生沉降。

5. 风化性　某些含结晶水的药品在干燥空气中失去全部或部分结晶水，变成白色不透明的晶体或粉末的现象称为风化。风化后的药物药效虽然未变，但可导致剂量超标，造成医疗事故。

6. 色、臭、味　药品的色、臭、味是药物重要的外观性状，也是药物的物理性质之一，当色、臭、味发生变化时，经常意味着药物性质发生了变化，所以它们是保管人员实施感官检查的重要根据。如维生素C片被氧化后由白色变为黄色；阿司匹林片因吸湿水解出现针状结晶或有浓厚的醋酸味。某些药品的异臭、异味可能是微生物所引起的发酵、腐败等。

此外，药品的含水量及污染情况是发霉、虫蛀、变色的重要影响因素。药品的升华性、熔化性、溶解性等均是影响药品质量的内在因素。

二、影响药品质量的外在因素

影响药品质量的外在因素很多，如空气、光线、温度、湿度、微生物和昆虫、时间、包装等。这些因素对药品的影响往往是几种因素同时或交叉进行的，它们互相促进，互相作用而加速药品变质失效。因此医药商品的储存与养护应根据药品的特性，全面考虑可能引起变质的各种原因，选择适当的储存条件和养护方法，以防止药品变质或延缓其变质。现将影响药品稳定性的各种外在因素分述如下。

（一）空气

空气是不同气体的混合物，在工业城市或工厂附近，还混杂有二氧化硫、硫化氢和氨等气体。这些气体，除氮气等惰性气体外，其他都能促使药品变质，其中以氧气对药品的影响最大。因为许多具有还原性的药品可被空气中的氧气所氧化，发生分解、变色、变质，甚至出现毒性。

（二）光线

光线（日光中的紫外线）起着主要的作用，使药品变质，它能直接引起和促进药品发生分解、氧化、还原、水解等化学反应。如肾上腺素受到光照的影响可发生氧化反应逐渐变为红色至棕色，使疗效降低或失效。

在很多情况下，光线并不是孤立地发生作用，常常伴随着氧气、水分、温度等其他因素同时进行。

（三）温度

温度对药品质量的影响很大，尤其是生物制品、脏器制剂、抗生素对温度要求更严格，温度过高或过低都能使药品变质失效。

1. 温度过高　温度增高可促使氧化、水解、分解等化学反应；温度增高可导致昆虫和微生物的生长繁殖而加速药品变质；温度升高时可使药品及辅料加速挥发而造成损失，如挥发油、薄荷脑、樟脑、乙醚、乙醇、氨水等；温度增高可使含结晶水的药品加速风化；温度过高还可破坏剂型，如易使糖衣片熔化粘连，软膏熔化分层，胶囊剂、栓剂黏软变形，致使失去原有剂型的作用。

2. 温度过低　一般药品均宜储存于阴凉处，温度过低也能使一些药品产生沉淀、冻结、凝固，甚至变质失效，有的则使容器被破坏而造成损失。例如生物制品因冻结而失去活性；胰岛素注射液久冻后可发生变性；注射液及水溶液制剂在0℃以下能发生冻结，体积膨胀，玻璃容器被破坏。

（四）湿度

湿度是指水蒸气在空气中的含量，它是空气中最易发生变化的成分，随地区及温度高低而变化。正常的湿度一般在相对湿度45%~75%之间，45%以下过于干燥，容易使某些药品风化；75%以上则过于潮湿，使药品吸湿而发生潮解、稀释、水解、变形、发霉。这两种情况均会引起许多药物发生质量变化。

（五）微生物与昆虫

药品露置在空气中，微生物（细菌、霉菌、酵母菌）和昆虫、螨等极易侵入，它们的侵入和繁殖是药品腐败、发酵等变质的一个主要原因，尤其是含水制剂或含有营养性物质（如淀粉、糖类、蛋白质、油脂、生药等）的制剂，如合剂、糖浆剂、胶囊剂、片剂等，更能促使药品发生这些变化。

（六）其他因素

时间也是影响药品稳定性的一个重要外在因素，药品一定要在规定效期内销售使用。时间对药品质量的影响与储存条件有很大关系，如果保管不当，在其他外在因素（如空气、光线、温度、湿度、微生物）的影响下，虽储存时间不长或未到有效期，也可能变质失效。

药品的包装材料及容器等因素也可对药品的质量产生影响。

> **⊙ 课堂活动**
>
> 根据影响药品质量的因素，讨论采取什么措施可以提高药品的稳定性。

⚮ 知识链接

药品的稳定性

药品的稳定性是指药品的性质是否容易发生变化，不易发生变化的称为稳定性强，反之则称为稳定性差。药品的成分不同，化学结构不同，理化性质不一样，稳定性也会有很大的差别。例如，硫酸钡、苯甲酸、凡士林等化学性质稳定，不易受外界因素影响而发生变化，储存数年也不变质；而阿司匹林具有羧酸结构，易水解，在潮湿的空气中就可缓缓水解生成醋酸和对胃肠有刺激的水杨酸；又如苯酚、肾上腺素、水杨酸钠、吗啡等酚类或含有酚羟基的药品，在储存过程中易被氧化成有色的醌型化合物而变色变质。药品的稳定性还与剂型有关，同一成分不同剂型的药品稳定性也不同。

第二节　药品的储存与养护常识

一、药品的储存常识

（一）药品储存的概念

药品的储存是指药品离开生产过程到达消费者手中的一种暂时的停留，是药品流通过程的组成部分，是维护药品使用价值的一项重要工作，主要指药品流通企业待销商品的储存，也包括药厂储存、医院储存。

（二）药品储存的主要内容

药品都应按照《中国药典》"贮藏"项下规定的条件进行储存，亦可根据药品的性质、包装、出入库规律及仓库的具体条件等因地制宜进行储存，从而保证药品质量良好，数量准确，储存安全，其主要内容如下。

1. 实行药品保管责任制度，建立药品保管账和药品卡，正确记载药品的进、销、存动态，加强检查，定期盘点，保证账、卡、货相符。仓库人员必须根据验收人员验收合格并签名的"采购验收入库通知单"验收药品，应按药品的性质、剂型并结合仓库的实际情况，采取"分区分类，货物编码"的方法科学管理，分批分类存放。

2. 按照安全、方便、节约、高效的原则，正确选择仓位，合理使用仓容，"五距"适当，即货位之间的距离不小于100cm；垛与墙的间距不小于30cm；垛与屋顶（房梁）的间距不小于30cm；垛与散热器的间距不小于30cm；垛与地面的间距不小于10cm。堆码（也称堆垛）规范、合理、整齐、牢固，无倒置现象。不同品种药品不得混垛，要根据药品的种类、特性、包装、体积、重量、库房高度、设备条件等选择堆码形式、砖垛技术，防止发生错发混发事故。若同种药品规格相同，包装箱大小不一，应将大件放在下层，小件放在上层。对于包装不坚固或过重的，不宜堆码过高，以防下层受压变形。药品应按品种、批号及效期远近依序存放，并分开堆码。

3. 根据药品的性能及要求，将药品分别存放于常温库（0~30℃）、阴凉库（20℃以下）、冷库（2~10℃）；有特殊温湿度储存条件要求的药品，应设定相应的库房温湿度条件，以保证药品的储存质量。各库房的相对湿度均应保持在45%~75%之间，可采用吸湿剂（如石灰、木炭）、排气扇、抽湿机和空调控制湿度。

4. 根据季节、气候变化，做好温湿度调控工作，坚持每日上午、下午各观测一次并记录"温湿度记录表"，并根据具体情况和药品的性质及时调节温湿度，确保药品储存安全。

5. 药品存放实行色标管理。待验品、退货药品库（区）黄色；合格品库（区）、发货库（区）绿色；不合格库（区）红色。

6. 药品存放实行分区、分类管理，具体要求如下。

（1）药品与非药品、外用药与内服药应分区存放。

（2）中药材与中药饮片分库存放。

（3）品名和外包装容易混淆的品种分开存放。

（4）不合格药品单独存放，并有明显标志。

（5）特殊管理的药品应当按照国家有关规定储存。

7. 药品储存期间，应当采用计算机系统对库存药品的有效期进行自动跟踪和控制，采取早预警及超过有效期自动锁定等措施，对近效期的药品可设立近效期标志，应按月进行催销，防止过期药品销售。

8. 保持库房、货架的清洁卫生，定期进行清理，做好防盗、防火、防潮、防腐、防鼠、防污染等工作。

9. 发货人员在搬运、装卸药品时应轻拿轻放，严格按照外包装图示标志要求堆放并采取相应的防护措施。

10. 装运药品应标识清晰、包装牢固、数量准确、堆放整齐，不得将药品包装倒置、重压，堆放高度要适中。

（三）药品储存工作的主要职责

药品储存工作的主要职责主要包括以下几个方面。

1. 树立"质量第一"的观念，认真执行《药品管理法》等法律法规，保证在库药品的储存质量，对仓储管理过程中的药品质量负主要责任。

2. 负责对库房储存条件的监测，并采取正确措施有效调控。

3. 按照药品储存性质的要求，合理地对药品进行分类储存。

4. 按药品储存温湿度条件要求，储存于相应恒温库中。

5. 凭验收员签字或盖章的入库凭证收货，对货与单不符、质量异常、包装不牢或破损、标志模糊等情况予以拒收并报告质量管理部门。

6. 搬运和堆垛应严格遵守药品外包装图示或标志的要求，规范操作。怕压药品应控制堆放高度。"五距"规范，合理利用库容。

7. 做好色标管理及分区分类管理。

8. 药品应按批号、效期分类相对集中存放，按批号及效期远近依次或分开堆码。

9. 销后退回的药品，凭开具的退货凭证收货，存放于退货药品库（区），并做好退货记录。

10. 做好药品的效期管理工作，1年内近效期药品按月填写效期催销表。

11. 严格按先产先出、先进先出、近期先出和按批号发货的原则办理出库。

12. 做好药品复核管理工作，严格把好药品出库质量关。

🔗 知识链接 ....

家庭保管药品的注意事项

1. 药品应放在适宜的地方，避免日光直射、高温、潮湿。注意有无发霉变质的现象，遇有变质，不得应用。

2. 防止小儿误食误用。含毒剧药的药品尤应妥善保管。

3. 瓶装成药应注意按瓶签说明使用与保管。如糖浆剂、口服液、合剂等易发霉、发酵、变质的瓶装中成药，用多少取多少，只能倒出，不宜再倒回，更不宜将瓶口与口腔接触，以免污染；开瓶后要及时用完，未用完的最好放在冰箱内并及时用完。遇有变质，不可再用。

4. 注意检查批号、有效期，不使用超过有效期的药品。

5. 拆零药物贮放时要贴好标签，写清药名、规格，切勿凭记忆无标示存放，对名称、规格有疑问的药品，切勿贸然使用，以免发生意外。

二、药品的养护常识

（一）药品养护的概念

药品养护是指在药品储存过程中，对药品质量进行科学保养与维护。药品养护是保证药品质量，减少损耗，提高经济效益的重要手段。

（二）药品养护的主要内容

药品养护的主要内容包括以下几个方面。

1. 建立和健全药品养护组织　质量管理部门配备与经营规模相适应的养护人员，养护人员应具有高中以上文化程度，经岗位培训和地市级（含）以上药品监督管理部门考试合格，获得岗位合格证书后在质量管理部门的技术指导下具体负责药品储存过程中的养护工作。

2. 养护范围　包括一般养护品种和重点养护品种。

（1）一般养护品种：储存期超过3个月的品种。

（2）重点养护品种：包括主营品种、首营品种、质量不稳定的品种、有特殊储存要求的品种、储存时间超过2年的品种、近期内发生过质量问题的品种、近效期的品种、已发现不合格的相邻批号品种、药品监督部门重点监控的品种。

3. 药品养护过程中发现药品质量问题时，挂黄牌暂停销售，并在微机系统中对这一品种进行锁定，同时通过质量管理部门确认，如不合格填写"药品停售通知单"，及时通知仓库销售部门；如为合格药品应填写"解除停售通知单"并在微机系统中对这一品种进行解除锁定，通知仓库和营销部门解除停售。

4. 质量管理部门负责对养护工作的技术指导和监督，包括审核药品养护工作计划、处理药品养护过程中的质量问题、监督考核药品养护工作质量。

5. 养护人员应坚持按药品养护管理程序，每季度完成一次彻底的在库药品循环检查，并做好相关的养护记录。发现质量问题，及时与质量管理部门联系，对有问题的药品设置明显标志并暂停发货。

6. 经质量管理部门审批，确定重点养护品种，建立健全重点养护档案，结合经营品种的变化，定期分析、调整重点养护品种目录，不断总结经验，为药品储存养护提供科学依据。

7. 配合仓库管理人员对库存药品存放实行色标管理。

8. 对库房温湿度条件实施动态监测、控制工作，根据温湿度的变化，及时采取相应的通风、降温、除湿等措施并做好相关记录。

9. 报废、待处理及有质量问题的药品，必须与正常药品分开，并建立不合格药品台账，防止错发或重复报损，造成账货混乱和其他严重后果。

10. 养护员负责在库养护设备的使用和管理工作。

（三）药品养护工作的主要职责

药品养护工作的主要职责包括以下几个方面。

1. 按照企业的有关规定，对储存药品及储存环境实施有效的养护管理，确保药品储存质量。

2. 指导保管人员对药品进行合理储存。

3. 检查在库药品的储存条件，配合保管人员进行仓库温湿度储存条件的管理。

4. 对库存药品进行定期质量检查，并做好检查记录。发现变质、破碎及时下架，停止销售，对离效期只有6个月的药品催销或通知业务退货。

5. 对于因异常原因可能出现质量问题的药品和库存时间较长的药品，报请质量管理机构复查处理。

6. 对检查中发现的问题及时通知质量管理机构复查处理。

7. 定期向质量管理机构上报近效期及长时间储存药品的报表。

8. 负责验收养护仪器设备、仓储设施设备的管理工作。

9. 建立药品养护档案。

不同性质医药商品具体的储存与养护方法不尽相同，具体内容参见《药品储存与养护技术》教材。

◎ 课堂活动 —————————————————————

当地药品监督管理局对一药品批发企业进行《药品经营质量管理规范》（GSP）认证，老师扮演GSP检查员，学生扮演企业养护员，模拟药品储存与养护抽查。

1. 药品的质量特性包括安全性、有效性、稳定性、均一性、经济性。
2. 影响药品质量的因素包括内在因素和外在因素。
3. 药品的储存与养护对保证其质量至关重要。
4. 药品的储存与养护过程要恪守职责、严格遵守规章制度。

● ···· 思考题 ··

一、 多项选择题

1. 影响药品质量的内在因素是（　　　　　）
   A. 色、臭、味、风化性　　　　B. 湿度　　　　　C. 吸湿性
   D. 挥发性　　　　　　　　　　E. 以上都不是

2. 药品重点养护的品种是（　　　　）
   A. 主营品种　　　　　　　　B. 首营品种　　　　C. 近效期品种
   D. 质量不稳定品种　　　　　E. 有特殊储存要求品种

3. 药品分区分类管理的具体要求是（　　　　　　）
   A. 精神药品分区存放
   B. 药品与非药品、内服药与外用药应分区存放
   C. 一般药与性能相互影响及易串味的药品分库存放
   D. 品名和外包装容易混淆的品种分开存放
   E. 不合格药品单独存放，并有明显标志

二、 判断题

1. 有特殊温湿度储存条件要求的药品，应设定相应的库房温湿度条件，以保证药品储存的质量。（　　）
2. 实行药品效期储存管理，对近效期的药品不用按月进行催销。（　　）
3. 药品分区、分类管理中药材与中药饮片可以不分库存放。（　　）
4. 质量管理部门负责对养护工作的技术指导和监督，包括审核药品养护工作计划、处理药品养护过程中的质量问题、监督考核药品养护工作质量。（　　）
5. 空气中除氮气等惰性气体外，其他都能促使药品变质尤其是氧气。（　　）

（梁爱华）

第七章
医药商品的包装

学习目标

- 掌握药品的标签与说明书管理规定。
- 熟悉药品常用的包装材料及容器；医药商品包装上的标志与编码；药品说明书的内容。
- 了解医药商品包装的概念、作用和分类。
- 学会分析医药商品包装的合法性、科学性和辨别其真伪性。

➜ 情境导入

情境描述：

前几天，小君为了了解更多的医药商品学知识并学习相关的销售方法，到某家药店见习。有一天，医药公司运来一批医药商品，店员验收后，根据包装信息熟练地将药品、保健食品、医疗器械等分别摆到相应的货架上。小君很想帮忙，但是当她拿起商品准备摆放的时候，她困惑了：那么多的商品，到底哪些是药品，哪些是保健食品呢？应该摆在哪里才对呢？

学前导语：

医药商品的包装包含很多的信息，不同类别的商品在包装上有不同的标志。本章将向大家介绍医药商品的包装，让大家学会从包装上获取相关信息。

第一节 概述

一、医药商品包装的概念与作用

（一）医药商品包装的概念

医药商品包装是一种特殊的商品包装，在保护医药商品质量的同时，也必须是商品信息的载体，能使医生、药师、护士及消费者获取必要的医药商品信息。医药商品包装是指在流通过程中保护医药商品、方便医药商品储运、促进医药商品销售，按一定技术方法而采用的容器、材料及辅助物等的总称，亦指为了达到上述目的而采用容器、材料和辅助物的过程中施加一定技术方法的操作活动。

（二）医药商品包装的作用

医药商品的包装具有非常重要的作用，归纳起来主要有以下几个方面。

1. 容纳功能　是医药商品包装最基本的功能，是指一定容积的包装所具有的容入和纳置商品的功能。许多商品本身没有一定的集合形态，如液体、气体和粉状药品，依靠包装的容纳功能变成单位商品，如每瓶、每支、每袋、每盒等，以方便商品的运输、储存和销售。

此外，包装的容纳功能还可以延伸为成组、配套、适量功能。成组功能是将两个以上相同产品集合于一个包装内，以便于消费者购买、携带，并可促进销售；配套功能是将几种有关联的产品放置于同一包装内；适量包装是将适量物品置于小包装供一次使用，这样既方便销售，又利于消费。

2. 保护功能　是指包装对商品施加保护的功能。医药商品在生产、运输、储存、销售、使用等环节中，难免会跌落、碰撞、摩擦，还会受到空气、光线、水分及微生物的影响。医药商品包装一方面具有阻隔作用，能保证容器内药物不穿透、不泄露，也能阻隔外面的空气、水分、微生物等与药物接触；另一方面具有缓冲作用，可使药品在运输、储存过程中，免受各种外力的震动、冲击和挤压。

此外，商品包装的保护功能可延伸为防盗、保险功能。如某些药品采用防盗盖或防盗密封包装，以防药物被盗走或更换；有些药品将包装盖设计成儿童不易开启的锁口装置，以防止儿童误食。

3. 方便应用　医药商品在流通各个环节中，要进行装卸、搬运、堆码、陈列等操作，若无适当的包装，势必增加困难。商品包装必须要方便运输、装卸、陈列、销售、携带等。如许多糖浆类药物还配有一个带有刻度的塑料量杯，方便消费者按剂量使用；再如旅行保健药盒，内装风油精、索米痛片（去痛片）、小檗碱等常用药，方便消费者携带。

此外，医药商品中的药品包装还标示着药品名称、适应证、用法用量、不良反应、注意事项等信息，指导患者安全、正确使用药品。

4. 促进销售　医药商品包装一方面具有传达商品信息的功能，另一方面又有广告宣传、美化装潢的功能。好的包装，具有新颖别致的商品包装设计与造型，以及独特风格的美术装潢，能给人以美的享受，产生一定的亲和力，能诱导和激发消费者的购买欲望，提高市场竞争力。包装是"无声的推销员"，好的包装本身就是一则很好的广告。

二、医药商品包装的分类

医药商品包装的分类方法很多，常用的分类方法有以下几种。

（一）按形态不同分类

1. 小包装　也称销售包装，是指一个商品为一个销售单元的包装形式，或若干个单体商品组成一个小的整体包装。销售包装的特点一般是包装件小，对包装的技术要求美观、安全、卫生、新颖，易于携带，印刷装潢要求较高。销售包装一般随商品销售给顾客，发挥直接保护、宣传、促进销售的作用。常见的销售包装形式有：①方便陈列和便于识别的堆叠式、开窗式、展示式、透明式、可挂式包装；②便于消费者携带和使用的便携式、易开式、喷雾式、成套式、礼品式包装。

2. 内包装　系指直接与药品接触的包装（如安瓿、注射剂PVC软袋、铝箔等）。内包装应能保证药品在生产、运输、贮藏及使用过程中的质量，并便于医疗使用。药品内包装材料、容器（药包材）的更改，应根据所选用药包材的质量，做稳定性实验，考察药包材与药品的相容性。

3. 外包装　系指内包装以外的包装，按由里往外分为中包装和大包装。外包装应根据药品的特性选用不易破损、防潮、防冻、防虫鼠的包装，以保证药品在运输、贮藏、使用过程中的质量。

（二）按包装的技术与目的分类

1. 按销售包装技术与目的分类

（1）真空包装：也称减压包装，是将包装容器内的空气全部抽出密封，使容器处于高度减压状态，达到预定真空的包装办法。如某些不能用常规高温干燥灭菌处理的中药饮片采用真空包装，能有效防止出现虫蛀、霉变和走油等现象。

（2）充气包装：是采用CO_2或N_2等不活泼气体置换包装容器中空气的一种包装技术方法。

（3）脱氧包装：是在密封的包装容器中，使用能与氧气起化学作用的脱氧剂与之反应，从而除去包装容器中的氧气，以达到保护内装物的目的。

（4）无菌包装：是将产品、包装容器、材料或包装辅助物灭菌后，在无菌条件下进行填充和封合的一种包装方法。

（5）收缩包装：是用收缩薄膜裹包物品（或内包装件），对薄膜进行适当加热处理，使薄膜收缩而紧贴于物品（或内包装件）的包装技术方法。

2. 按运输包装技术与目的分类　可分为防震包装、防锈包装、防虫包装、防潮包装、集合包装。

（三）按销售地区分类

1. 内销包装　是产品在国内流通的包装，又可分为医药产品包装和医药商业包装两种。医药产品包装是以产品的运输或储存为主要目的的包装，包装对象包括各种原料、半成品及成品等，主要功能是对医药商品在远销过程中起保护作用。医药商业包装通常是以零售为目的，是在医药商品交易上作为商品的一个组成部分或分批所做的包装，主要功能是着重促进销售，便于提高零售效率。

2. 外销包装　是指产品出口国外的包装。外销包装要根据进口国家的国情进行设计，如地点、气候、风俗习惯、风土人情等，以满足进口国的不同要求。

（四）按运输方式分类

可分为铁路运输包装、公路运输包装、船舶运输包装、航空运输包装等。

（五）按包装材料分类

可分为纸类包装、塑料类包装、金属类包装、玻璃和陶瓷类包装、木材和复合材料类包装等。

三、医药商品常用的包装材料及容器

（一）医药商品常用的包装材料

1. 玻璃　玻璃具有防潮、易密封、透明、化学性质较稳定、光洁透明、可加有色金属盐改善遮光性等优点。但也有许多缺点，如较重、易碎等。我国药用玻璃分为四类：中性硼硅玻璃、高硼硅玻璃、低硼硅玻璃和钠钙玻璃。为了保证药品的质量，《中国药典》规定安瓿、大输液必须使用硬质中性玻璃；在盛装遇光易变质的药品时，应选用棕色玻璃制成的容器。

2. 塑料　塑料可用于药品的内、外包装，具有重量轻、包装牢固、容易封口、色泽鲜艳、透明美观、携带方便、价格低廉等优点。但是由于塑料在生产过程中常加入附加剂，如增塑剂、稳定剂、抗氧剂、防腐剂及着色剂等，作为直接接触药品的包装材料，这些附加剂可能会与药品发生化学反应，以致药品质量发生变化。塑料还具有耐热性差、废弃物不易分解而易污染环境的缺点。制备塑料瓶常用的塑料品种有聚乙烯（PE）、聚丙烯（PP）、聚酯（PET）等。

3. **纸制品**　纸制品的原料来源广泛、成本较低，刷上防潮涂料后具有一定的防潮性能，包装体积与形状可随需要而改变，具有回收使用的价值。缺点是易破损、易变形。常见的有纸盒、纸袋、纸罐及纸桶等。

4. **金属**　常用的是黑铁皮、镀锌铁皮、马口铁、铝箔等。金属包装耐压，密封性能好，但是成本比较高。一般用于盛装需要密封的软膏、液体药物、化学危险品、压缩气体等，如用于粉针剂包装的铝盖、气雾剂的瓶身等。

5. **木材**　木制品具有耐压性能，是常用的外包装材料，主要有木箱、胶合板箱、木桶、木格箱等。

6. **复合材料**　复合材料是用塑料、纸、铝箔等进行多层复合而制成的包装材料，具有良好的机械强度、耐生物腐蚀性能、保持真空性能及耐高压性能等。常用的有纸-塑复合材料、铝箔-聚乙烯复合材料、铝箔-聚氯乙烯复合材料等。

7. **橡胶制品**　药用包装上使用橡胶制品最多的是各种瓶塞，主要用于严封包装粉针剂、冻干粉、输液、血浆等瓶装药品。由于直接与药品接触，故要求具有非常好的生化稳定性及优良的密封性，以确保药品在有效期内不因空气及湿气的渗透而变质。我国的药用橡胶塞以往采用天然橡胶来制造，但至2004年年底前，所有药用胶塞（包括输液、口服液等各剂型用胶塞）停止使用普通天然胶塞，一律使用丁基胶塞。

8. **可服用的医药包装材料**　主要是胶囊、微胶囊和辅料，通常有食用淀粉、明胶、乙基纤维素、聚乙烯醇等。

（二）医药商品常用的包装容器

1. **密闭容器**　密闭容器指能防止尘埃、异物等混入的容器，如玻璃瓶、纸袋、纸盒、塑料袋、木桶及纸桶（内衬纸袋或塑料袋）等。凡受空气中氧、二氧化碳、湿度等因素影响不大，仅需防止损失或尘埃等杂质混入的药品均可使用此类容器。

2. **密封容器**　密封容器指能防止药品风化、吸湿、挥发或异物污染的容器，如带紧密玻璃塞或木塞的玻璃瓶、软膏管、铁听等，最好用适宜的封口材料辅助密封。适用于盛装易挥发的液体药品及易风化、潮解、氧化的固体药品。

3. **熔封和严封容器**　熔封和严封容器系指将容器熔封或以适宜的材料严封，能防止空气、水分进入与细菌污染的容器，如玻璃安瓿或输液瓶等。用于注射剂、血清、血浆及各种输液的盛装。

4. 遮光容器　遮光容器指能阻止紫外光的透入，保护药品不受光化作用的一种容器，如棕色玻璃瓶。普通无色玻璃瓶外面裹以黑纸或装于不透明的纸盒内也可达到避光的目的。主要用于盛装遇光易变质的药品。

🔗知识链接 ···

防伪包装

防伪包装是借助于包装，防止商品在流通与转移过程中被人为因素窃换和假冒的技术与方法。防伪包装主要针对销售包装，主要指那些需要进入商场流通，并在货架上或柜台上由消费者及用户进行挑选的产品包装。包装防伪技术主要有：纸张或特殊材质防伪技术、印刷油墨防伪技术、印刷工艺防伪技术、结构防伪技术、激光防伪技术、条码与电码防伪技术、综合防伪技术等。

第二节　医药商品的包装解读

一、医药商品包装上的标志和编码

（一）医药商品包装上的标志

1. 商标　商标是商品的生产者或经营者标明商品特性的标记。经核准注册的商标，应当在商标上加印"注册商标"字样，或使用"®"标记，"®"是"注册"的英文"register"的缩写，称为注册标记，未注册商标不准冒用注册标记。有些商标加注"TM"，"TM"是"商标"的英文"trademark"的缩写。"TM"和"®"都起提示性作用，通常都出现在一些标志的右上角，"TM"表明该标志是作为商标使用，而"®"则表明该标志已经是注册商标，享有商标专用权。出口商品商标应该注意的是未在该国家注册的商标，不能加注"®"的标记，否则出口商品到该国时，即成为冒充注册商标。

◎ 课堂活动 ───────────────

请同学们观察周围环境，找出各种商品（包括药品、保健食品、化妆品、食品、生活用品等）的商标，并指出哪些商标已注册，哪些商标未注册。

···

2. 保健食品标识　为天蓝色草帽样图案，下有保健食品字样。标志下方为批准文号和批准部门。

国产保健食品注册号格式为：国食健注G+4位年代号+4位顺序号；进口保健食品注册号格式为：国食健注J+4位年代号+4位顺序号。每个保健食品批准文号只能对应一个产品。消费者可以登录国家市场监督管理总局网站"服务"栏目查询产品的真实情况。保健食品标志见图7-1、彩图7-1。

2016年以后的国产保健食品　2016年以后的进口保健食品
批准文号、保健食品标识　批准文号、保健食品标识

图7-1　保健食品标识

➡ **学以致用**

工作场景：

年近春节，保健食品销售进入高峰时期，负责保健食品销售工作的小玉越来越忙。某天，周姨来到药店，拿起一款口服液看了又看，然后问小玉："我在电视上看了这款口服液的广告，想买来试试，但它到底是药品还是保健食品？是不是正规生产的产品啊？"小玉指着包装上的"小蓝帽"微笑着回答："周姨，你看，这是保健食品的标识，它是保健食品。这个产品是经过国家批准才生产的，你看标识下面有个批准文号，你可以登录国家市场监督管理总局网站，网址是www.samr.gov.cn，在'服务'栏目里面可以查到这个产品。"

知识运用：

1. 保健食品有专用的标识。

2. 保健食品必须经过国家市场监督管理总局注册，并发给保健食品的批准文号才可以生产或上市销售，凡是经过国家市场监督管理总局注册，并发给批准文号的保健食品在国家市场监督管理总局数据库都有备案，并可以在国家市场监督管理总局网站上查询。

3. 药品专有标识 《药品管理法》第四十九条规定：麻醉药品、精神药品、医疗用毒性药品、放射性药品、外用药品和非处方药的标签、说明书，应当印有规定的标志。药品专有标识见图7-2、彩图7-2。

| 精神药品 | 外用药品 | 麻醉药品 | 毒性药品 |

图7-2 药品专有标识

4. 包装储运指示标识 又名操作标识，是指正确对待货物的图案标识，它是根据盛装商品的特性，对商品的装卸、运输和保管中所提出的要求和注意事项，以保证商品安全。包装储运指示标识由图形和文字组成，常见的包装储运指示标识见图7-3。

| 小心轻放 | 向上 | 怕湿 | 怕热 | 远离放射源及热源 | 由此吊起 |
| 禁止手钩 | 重心点 | 禁止翻滚 | 堆码层数极限 | 堆码重量极限 | 湿度极限 |

图7-3 常见的包装储运指示标识

5. 危险品标识 是对爆炸品、易燃气体、有毒品、剧毒品、腐蚀性物品、放射性物品等，在包装上用文字和图形所做的明显标记。

（二）药品编码

1. 国家药品编码 根据《关于实施国家药品编码管理的通知》（国食药监办〔2009〕315号），国家药品编码是指在药品研制、生产、经营、使用和监督管理中由计算机使用的表示特定信息的编码标识。国家药品编码以数字或数字与字母组合形式表现。国家药品编码适用于药品研制、生产、经营、使用和监督管理等各个领域以及电子政务、电子商务的信息化建设、信息处理和信息交换。

国家药品编码包括本位码、监管码和分类码。国家药品编码本位码共14位，由药品国别码、药品类别码、药品本体码和校验码依次连接组成，不留空格。其结构可见图7-4。

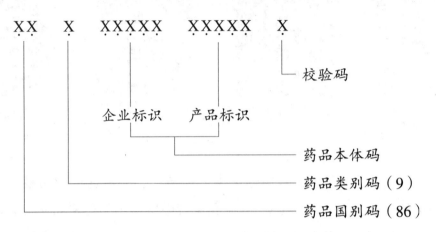

图7-4　国家药品编码结构图

国家药品编码本位码中，国别码为"86"，代表在我国境内生产、销售的所有药品；类别码为"9"，代表药品；前5位为药品企业标识；后5位为药品产品标识；最后一个字符是校验码，通过特定的数学公式来检验国家药品编码本位码中前13位数字的准确性，计算方法按照《全国产品与服务统一代码编制规则》（GB 18937—2003）执行。

2. 药品包装的条形码

（1）一维条形码：一维条形码是印在商品销售包装上的粗细不等的深色线条，线条下编有数码。是一种利用光电扫描阅读给计算机输入数据的特殊代码，可靠性高、输入快、适用性广、简便易行，凡是规则包装的商品都可适用条形码标志，每一种产品的条形码是不同的，故又称为商品代码。

一维条形码的数码由13位数码组成，第1~12位为产品代码（前3位是国别代码；中间4位为制造商代码，代表一个企业，具有唯一性；后5位是实际产品代码）；第13位为校验代码，是为了防止误入而设置的。部分商品条形码所在国家和地区的前缀码见表7-1。

（2）二维条形码：二维条形码是在水平和垂直方向的二维空间存储信息的条形码，可以用来表示数据文件、图像等。与一维条形码相比，二维条形码有着比较明显的优势：数据容量更大，超越了字母数字的限制，条形码相对尺寸小，具有抗损毁能力。通常情况下其密度是一维条形码的几十到几百倍，且保密性高（可加密），安全级别最高时污损50%后仍可读取完整信息，但是成本较高。

表7-1 部分商品条形码所在国家和地区的前缀码

国家或地区	中国	美国	法国	英国	日本
前缀码	690~695	001~019/ 030~039/ 060~139	300~379	500~509	450~459/ 490~499

国家或地区	加拿大	新加坡	中国香港	中国澳门	中国台湾
前缀码	754~755	888	489	958	471

二、药品说明书的内容

药品说明书的内容主要有药品名称、成分、适应证或功能主治、用法用量、不良反应、禁忌、注意事项、孕妇及哺乳期妇女用药、儿童用药、老年用药、药物相互作用、规格、贮藏、有效期、批准文号、生产批号、生产企业等内容。

1. 药品名称 是药品标签与说明书的首要内容，包括药品通用名、商品名、英文名、汉语拼音及其化学名称等。

（1）通用名：通用名是指列入国家药品标准的法定药品名称。我国通用名称使用的主要依据是《中国药典》中规定的药名和《中国药品通用名称》中收载的药名。任何单位和个人不对其拥有独占权，不可注册成为药品的商标。

（2）商品名：商品名是经国家药品监督管理部门批准的特定企业使用的商品名称。商品名是不同药厂生产的同一药品使用的不同名称，具有专属性，受到法律保护。

2. 药品的用法用量 应当包括用法和用量两部分。需按疗程用药或者规定用药期限的，必须标明疗程、期限。表示方法一般按照《中国药典》要求规范书写，有两种以上的应当分别列出。

3. 药品的有效期 是指在一定的储存条件下，能够保证质量的期限。药品有效期应根据药品的稳定性不同，通过稳定性实验研究和留样观察来合理制定。

4. 药品的批准文号 批准文号是经国务院药品监督管理部门批准生产该药品的文号。药品生产企业在取得药品批准文号后，方可生产该药品，禁止未取得药品批准证明文件生产药品。因此，药品批准文号是药品生产企业合法生产药品的标志，也是消费者从外观上判定药品合法性的标志。按照我国最新《药品注册管理办法》的规定，药品批准文号格式如下。

中国境内生产药品批准文号格式为：

国药准字H（Z、S）+四位年号+四位顺序号

中国香港、澳门和台湾地区生产药品批准文号格式为：

国药准字H（Z、S）C+四位年号+四位顺序号

境外生产药品批准文号格式为：

国药准字H（Z、S）J+四位年号+四位顺序号

其中，H代表化学药品，Z代表中药，S代表生物制品。药品批准文号不因上市后的注册事项的变更而改变。

5. 药品的生产批号　在规定的限度内具有同一性质和质量，并在同一连续生产周期中生产出来的一定数量的药品为一批，生产批号是用于识别"批"的一组数字或字母加数字，用于追溯和审查该批产品的生产历史。我国药品的生产批号一般用6位数字表示，前2位表示年份，中间2位表示月份，后2位表示产品在当月的批次，如060226；也可用8位数字表示，如20060626。

三、药品的标签与说明书管理规定

药品的标签与说明书是药品包装的重要组成部分，它既是医师、药师和消费者治疗用药的依据，也是医药企业向医疗卫生人员和消费者宣传介绍药品特性、指导合理用药和普及医药知识的主要媒介。药品生产企业不只对药品质量负责，而且对药品的标签与说明书的内容准确性和真实性负责。标签或者说明书应当注明药品的通用名称、成分、规格、上市许可持有人及其地址、生产企业及其地址、批准文号、产品批号、生产日期、有效期、适应证或者功能主治、用法、用量、禁忌、不良反应和注意事项。标签、说明书中的文字应当清晰，生产日期、有效期等事项应当显著标注，容易辨识。

（一）药品标签的管理规定

药品的标签是指药品包装上印有或者贴有的内容。相关规定如下。

1. 药品标签分为内标签与外标签。药品内标签是指直接接触药品的包装的标签，外标签是指内包装标签以外的其他包装的标签。

2. 药品的内标签应当包含药品通用名称、适应证或者功能主治、规格、用法用量、生产日期、产品批号、有效期、生产企业等内容。包装尺寸过小无法全部标明上述内容的，至少应当标注药品通用名称、规格、产品批号、有效期等内容。

3. 药品的外标签应当注明药品通用名称、成分、性状、适应证或者功能主治、规格、用法用量、不良反应、禁忌证、注意事项、贮藏、生产日期、产品批号、生产企

业等内容。适应证或者功能主治、用法用量、不良反应、禁忌证、注意事项不能全部注明的，应当标出主要内容并注明"详见说明书"字样。

4. 用于运输、贮藏的包装的标签，至少应当注明药品通用名称、规格、贮藏、生产日期、产品批号、有效期、批准文号、生产企业，也可以根据需要注明包装数量、运输注意事项或者其他标记等必要内容。

5. 原料药的标签应当注明药品名称、贮藏、生产日期、产品批号、有效期、执行标准、批准文号、生产企业，同时还需注明包装数量以及运输注意事项等必要内容。

6. 同一药品生产企业生产的同一药品，药品规格和包装规格均相同的，其标签的内容、格式及颜色必须一致；药品规格或者包装规格不同的，其标签应当明显区别或者在规格项中明显标注。

同一药品生产企业生产的同一药品，分别按处方药与非处方药管理的，两者的包装颜色应当明显区别。

7. 对贮藏有特殊要求的药品，应当在标签的醒目位置注明。

8. 药品标签中的有效期应当按照年、月、日的顺序标注，年份用四位数字表示，月、日用两位数表示。其具体标注格式为"有效期至xxxx年xx月"或者"有效期至xxxx年xx月xx日"；也可以用数字和其他符号表示为"有效期至xxxx.xx."或者"有效期至xxxx/xx/xx"等。

预防用生物制品有效期的标注按照国家药品监督管理局批准的注册标准执行，治疗用生物制品有效期的标注自分装日期计算，其他药品有效期的标注自生产日期计算。

有效期若标注到日，应当为起算日期对应年月日的前一天，若标注到月，应当为起算月份对应年月的前一个月。

（二）药品说明书的管理规定

药品说明书是载明药品重要信息的法定文件，是选用药品的法定指南。《药品说明书和标签管理规定》第二章作了以下规定。

1. 药品说明书应当包含药品安全性、有效性的重要科学数据、结论和信息，用以指导安全、合理使用药品。药品说明书的具体格式、内容和书写要求由国家药品监督管理局制定并发布。

2. 药品说明书对疾病名称、药学专业名词、药品名称、临床检验名称和结果的表述，应当采用国家统一颁布或规范的专用词汇，度量衡单位应当符合国家标准的规定。

3. 药品说明书应当列出全部活性成分或者组方中的全部中药药味。注射剂和非处方药还应当列出所用的全部辅料名称。药品处方中含有可能引起严重不良反应的成分或者辅料的，应当予以说明。

4. 药品生产企业应当主动跟踪药品上市后的安全性、有效性情况，需要对药品说明书进行修改的，应当及时提出申请。根据药品不良反应监测、药品再评价结果等信息，国家药品监督管理局也可以要求药品生产企业修改药品说明书。

5. 药品说明书获准修改后，药品生产企业应当将修改的内容立即通知相关药品经营企业、使用单位及其他部门，并按要求及时使用修改后的说明书和标签。

6. 药品说明书应当充分包含药品不良反应信息，详细注明药品不良反应。药品生产企业未根据药品上市后的安全性、有效性情况及时修改说明书或者未将药品不良反应在说明书中充分说明的，由此引起的不良后果由该生产企业承担。

7. 药品说明书核准日期和修改日期应当在说明书中醒目标示。

（三）药品说明书和标签的其他管理规定

1. 药品说明书和标签中标注的药品名称必须符合国家药品监督管理局公布的药品通用名称和商品名称的命名原则，并与药品批准证明文件的相应内容一致。

2. 药品通用名称应当显著、突出，其字体、字号和颜色必须一致，并符合以下要求。

（1）对于横版标签，必须在上三分之一范围内显著位置标出；对于竖版标签，必须在右三分之一范围内显著位置标出。

（2）不得选用草书、篆书等不易识别的字体，不得使用斜体、中空、阴影等形式对字体进行修饰。

（3）字体颜色应当使用黑色或者白色，与相应的浅色或者深色背景形成强烈反差。

（4）除因包装尺寸的限制而无法同行书写的，不得分行书写。

3. 药品商品名称不得与通用名称同行书写，其字体和颜色不得比通用名称更突出和显著，其字体以单字面积计不得大于通用名称所用字体的二分之一。

4. 药品说明书和标签中禁止使用未经注册的商标以及其他未经国家药品监督管理局批准的药品名称。

药品标签使用注册商标的，应当印刷在药品标签的边角，含文字的，其字体以单字面积计不得大于通用名称所用字体的四分之一。

5. 麻醉药品、精神药品、医疗用毒性药品、放射性药品、外用药品和非处方药品等国家规定有专用标识的，其说明书和标签必须印有规定的标识。

如何从医药商品的包装获得信息，分析医药商品包装的合法性、科学性和辨别其真伪性，详见实训7"医药商品的包装分析及真伪鉴别"。

章末小结

1. 医药商品包装在保护药品质量的同时，必须是药品信息的载体，同时也指为了达到上述目的而采用容器、材料和辅助物的过程中施加一定技术方法的操作活动。

2. 医药商品包装的主要作用包括容纳功能、保护功能、方便应用、促进销售。

3. 医药商品包装的分类方法包括按形态、按包装袋技术与目的、按销售地区、按运输方式、按包装材料分类。内包装与外包装最大的区别在于是否直接与药品接触。

4. 医药商品常用的包装材料有玻璃、塑料、纸制品、金属、木材等。

5. 医药商品常用的包装容器有密闭容器、密封容器、熔封和严封容器、遮光容器。

6. 医药商品包装上的标志包括商标、保健食品标志、药品专有标识、包装储运指示标识、危险品标识。

7. 药品的编码包括国家药品编码、药品包装的条形码等。

思考题

1. 什么是医药商品包装？
2. 医药商品包装有哪些作用？
3. 医药商品常用的包装材料有哪些？
4. 药品说明书的内容主要包括哪些？

（谭银平）

第八章
医药商品的商标

学习目标

- 掌握医药商品的商标设计原则。
- 熟悉商标的注册及医药商品的商标注册原则。
- 了解商标的概念、特性、意义及相关的法规知识。
- 具有知识产权的保护意识。

🔁 情境导入

情境描述：

　　小虹是药剂专业的学生，春节时候去表姐家，问了在药企工作的表姐很多关于药品销售的问题。谈话中，表姐提到："现在很多顾客买东西是看牌子的，大牌子的产品销售量大。"小虹听了不禁感叹：牌子竟然有那么大的作用！

学前导语：

　　"牌子"是商标的俗称。商标是品牌的重要组成部分，对市场经济具有非常重要的意义。本章内容将向大家介绍商标的有关知识。

第一节　概述

一、商标的概念、分类及意义

（一）商标的概念

1. 商标的定义　人们通常称它为"牌子"。根据《中华人民共和国商标法》（2019年修正），商标是指能够将自然人、法人或者其他组织的商品与他人的商品区别开的标志，包括文字、图形、字母、数字、三维标志、颜色组合和声音等，以及上述要素的组合。

2. 商标的特征

（1）商品标志性：商标是用于商品或服务上的标记。商标具有依附于商品或服务的从属性，只有商品或服务存在，才有商标存在。

（2）区别性：又称识别性或显著性。商标是区别商品或服务来源的标记，这是商标最主要的特征。

（3）财产性：商标是企业的无形资产，代表着商标所有人生产或经营的质量、信誉和企业信誉、形象。商标所有人通过商标的创意、设计、申请注册、广告宣传及使用，使商标具有了价值。

> **知识链接** ··

> 2021年全球企业品牌价值排行榜

> 全球知名品牌咨询公司Interbrand公布了"2021年全球企业品牌价值排行榜"。其中，"苹果"品牌价值4 082.51亿美元名列榜首，"亚马逊"以2 492.49亿美元名列第二，"微软"以2 101.91亿美元名列第三。中国"华为"品牌价值为61.96亿美元，名列第85位，成为首次闯入百强的中国品牌。

（4）竞争性：商标是参与市场竞争的工具。生产经营者的竞争就是商品或服务质量与信誉的竞争，其表现形式就是商标知名度的竞争，商标知名度越高，其商品或服务的竞争力就越强。

（5）表彰性：可以反映商品信息，暗示商品的品质，彰显消费者的身份或情趣，是消费者展示自我的一种手段。

（二）商标的分类

商标目前尚无统一标准进行分类，根据不同的划分依据有多种不同的类别。

1. **按注册与否分类** 可分为①注册商标：经商标局核准注册的商标为注册商标，商标注册人享有商标专用权，受到法律保护；②未注册商标：未经商标局核准注册的商标为未注册商标，不受法律保护。

2. **按商标标志的构成分类** 可分为文字商标、图形商标、字母商标、数字商标、三维标志商标、颜色组合商标、组合商标、音响商标等。

3. **按商标使用者分类** 可分为①制造商标：又称生产商标，是指商品制造者的商标，这种商标往往与厂标一致，使用这种商标是为了区别其他制造者与销售商；②销售商标：也称商业商标或推销商标，是指销售者、经营者销售商品而使用的商标，是销售者为了使自己经营的商品与其他销售者经营的商品相区别而使用的商标。

4. **按商标用途分类** 可分为①营业商标：是指生产或经营者把特定的标志或企业名称用在自己制造或经营的商品上的商标；②备用商标：也叫贮藏商标，是属于企业的已注册商标，但实际上还未被启用，其作用是以备在市场变化的情况下使用；③防御商标：也称联合商标，即同一个商标所有人在相同的商品上注册的一些相近似的商标，或者在同一类型的不同商品上注册几个相近似的商标，注册联合商标的根本目的是防止他人冒牌、影射或抢注；④其他：证明商标、等级商标、组集商标、亲族商标。

5. **按商标享誉程度分类** 可分为①普通商标：在正常情况下使用未受到特别法律保护的绝大多数商标；②驰名商标：也叫周知商标，是指在较大地域范围（如全国、国际）的市场上享有较高声誉，为相关公众所普遍熟知，有良好质量信誉，并享有特别法律保护的商标。驰名商标经由国家知识产权局组织调查，按一定程序进行评定。

（三）商标的意义

1. **商标是市场竞争的利器** 在竞争日趋激烈的经济大潮中，认牌购物已经成为人们的消费心理，驰名商标、著名商标往往就是人们心目中的"名牌"。一个企业经过不断累积所形成的带有优质声誉的商标，更能吸引消费者的注意，更容易取得消费者的信任，为企业带来巨大的经济利益。

2. **商标是企业的重要财产** 商标属于知识产权的范畴，对企业来说是一种无形资产。对企业而言，注册商标所获得的证书绝不是一个荣誉证书，而是一个财产凭证。它同企业的有形资产一样，构成了企业总资产的一部分，可以转让、可以质押、可以投资入股，具有排他的效力，也有请求权。

3. **商标是企业谋求竞争优势的战略手段** 随着全球经济一体化时代的来临，市场竞争日益激烈。有的企业能够在竞争中长盛不衰，有的却如昙花一现。从世界范围来看，世界500强企业之所以可以持续发展，是因为其都有着自己的核心竞争力，而作为无形资产之一的商标权是核心竞争力的源泉之一。

4. 商标是服务经济社会高质量发展的纽带　市场机制作用的发挥，离不开商标。商标伴随商品和商业活动的出现而产生，是商品经济的润滑剂。"十四五"国家知识产权保护和运用规划、专利和商标审查"十四五"规划的出台，旨在构建"创造是源头、保护是核心、运用是目的、管理是关键、服务是支撑"的商标事业新发展格局，助力知识产权治理体系和治理能力现代化，服务经济社会高质量发展。

二、商标法规知识

（一）商标法的概念

1. 我国的商标法律体系　1982年8月23日第五届人大常委会第二十四次会议颁布了我国第一部商标法《中华人民共和国商标法》（以下简称《商标法》）。该法于2019年4月23日进行了第四次修正，逐步完善了我国商标立法体系，同时实现了我国商标法制与国际惯例的彻底接轨。

2. 商标法的概念　商标法是调整因商标注册、使用和保护商标专用权等活动，在国家机关、企业、事业单位、个体工商户以及公民个人之间所发生的各种社会关系的法律规范的总和。本法由国家权力机关制定并颁布，以国家强制力保证实施，体现了人民的意志。

（二）商标专用权

1. 商标专用权的概念　简称商标权，通常是指商标所有人依法对其注册商标所享有的专有权利。我国《商标法》对此作了具体规定："经商标局核准注册的商标为注册商标，包括商品商标、服务商标和集体商标、证明商标；商标注册人享有商标专用权，受法律保护"；"自然人、法人或者其他组织在生产经营活动中，对其商品或者服务需要取得商标专用权的，应当向商标局申请商标注册"。

企业在注册机关注册了商标，获得了注册证，就拥有了对这件商标的专用权，商标专用权是最本质的权利，即受国家法律保护的合法利益。

2. 商标专用权的取得方式　根据来源的不同，可分为 ①原始取得：又称直接取得，即以法律规定为依据，具备了法定条件并经商标主管机关核准直接取得的商标权；②传来取得：又称继受取得，即商标权是以原商标所有人的商标权及其意志为依据，通过一定的法律途径实现商标权的转移。

3. 商标专用权的内容

（1）独占权：即商标权的排他性，只有商标注册人专用。

（2）使用权：商标注册人有权在其注册商标核准使用的商品和服务上使用该商标，在相关的商业活动中使用该商标。

（3）许可权：商标注册人可以通过签订商标使用许可合同，许可他人使用其注册商标。被许可使用注册商标的人，所得到的仅是该商标的使用权，而不是拥有专用权。

（4）转让权：是指注册商标所有人在法律允许的范围内，根据自己的意志，按照一定的条件，并通过必要的形式，将自己的注册商标所有权转让给他人并由受让人专用的权利。注册商标的转让有两种形式，一是通过合同行为转让；二是继承人事实转让。转让注册商标的，转让人和受让人应当签订转让协议，并共同向商标局提出申请。

（5）禁止权：即商标所有人有权禁止他人使用其商标。

（6）设立抵押权：商标注册人有权在经营活动中以其注册商标设立抵押。

（7）诉讼权：即在商标专用权受到侵犯时，商标所有人有权向司法机关提起诉讼，或者可以向工商行政管理机关投诉，请求法律保护。

（8）继承权：即商标在产权如属于某个家庭或个人，当商标所有人死亡或丧失民事能力时，其继承人可以依法继承被继承人的商标权。

○ 课堂活动

北京"同仁堂"始创于1669年，300多年来一直秉持"同修仁德，济世养生"的初心，以配方独特、选料上乘、工艺精湛、疗效显著的制药特色，成为家喻户晓的民族品牌。然而，1983年，日本某企业觊觎中国同仁堂的巨大市场和丰厚利润，抢先在日本注册了"日本同仁堂"。从此，我国"同仁堂"的药品进入日本，即为侵权。直至1989年，"同仁堂"商标被原国家工商行政管理局认定为中国驰名商标，并根据《保护工业产权巴黎公约》中关于"驰名商标特殊保护"的内容，将5年前"同仁堂"被抢注的问题诉诸日本商标主管机关，才使得"同仁堂"商标在日本失而复得。

讨论：该案例充分体现了商标专用权的哪项内容?

4. 商标专用权的保护　　商标权受法律所保护，是有一定范围限制的。

（1）时间的效力：注册商标的有效期为10年，自核准注册之日起计算。注册商标有效期满，需要继续使用的，商标注册人应当在期满前12个月内按照规定办理续展手续；在此期间未能办理的，可以给予6个月的宽展期。每次续展注册的有效期为10年，自该商标上一届有效期满次日起计算。期满未办理续展手续的，注销其注册商标。

（2）地域的效力：商标专用权保护不可越出国界，一个注册商标只在注册国家得到法律的保护，其余国家则不予以保护。

（3）核定使用商品的效力：注册商标的专用权，以核准注册的商标和核定使用的商品为限。即商标注册人必须严格按照商标注册证上核准的商品类别或品名来使用，不得擅自扩大适用范围。

5. 商标专用权的丧失　　商标专用权有可能因为以下原因而丧失。

（1）商标停止使用：注册商标成为其核定使用的商品的通用名称或者没有正当理由连续三年不使用的，任何单位或者个人可以向商标局申请撤销该注册商标。

（2）生产伪劣商品：使用注册商标，其商品粗制滥造，以次充好，欺骗消费者的，由各级工商行政管理部门分不同情况，责令限期改正，并可以予以通报或处以罚款，或者由商标局撤销其注册商标。

（3）滥用许可权：商标注册人可以依法许可他人使用其注册商标，如果不加约束地随意滥施许可，不关注被许可使用商品的质量，或超出注册核定的商品范围，注册商标就可能被撤销。

（4）自行其是：自行改变注册商标的注册人名义、地址或者其他注册事项的，自行转让注册商标的，有可能撤销其注册商标。

（5）司法判定无效：商标虽经注册，因事后发生争议或其他诉讼案等情况，经市场监督管理部门或执法部门调查核实，最后裁定或判决该商标注册或续展无效，则表示商标被撤销。

（6）过期未办续展：商标注册证有效期已过，而未能在宽展期内办理续展手续，或者虽提出续展申请，而被注册当局驳回的，商标专用权也随之丧失。

（7）主体灭失：商标注册人死亡或者终止。

（8）注册商标转让和移转：原注册商标所有人自然丧失了对被转让注册商标的权利。

（三）商标注册

1. 商标注册概念　　商标注册，是指商标所有人为了取得商标专用权，将其使用的商标，依照国家规定的注册条件、原则和程序，向商标局提出注册申请，商标局经过审核，准予注册的法律事实。只有经商标局审核注册的商标才是注册商标，商标注册人享有商标专用权，并受到法律的保护。使用注册商标应当标明"注册商标"字样或表明注册标记Ⓡ或®。

当未注册商标与注册商标相冲突时，未注册商标应当立即停止使用。

2. 商标注册程序　包括申请、审查、核准注册三个部分。

（1）商标注册的申请：所谓商标注册申请，是指商标所有人依据《商标法》及其实施细则的有关规定，就其所需获准注册的商标向商标局提交注册商标申请书、商标图样、证明文件，并缴纳规定费用的一种程序。

商标注册申请人申请商标注册和办理其他商标事宜，由地方工商行政管理部门核转。地方工商行政管理机关经初审同意注册的商标，报商标局审查。

（2）商标注册的审查：国家商标局接到省级工商行政管理机关核转的商标注册申请以后，按照形式审查和实质审查相结合的制度对其进行初步审查。

凡是符合商标法规定条件的，由商标局初步审定，予以公告。凡不符合法律规定的，由商标局驳回申请，不予公告；对驳回申请，当事人不服的，可以在收到通知15日内向商标评审委员会申请复审。商标评审委员会应当自收到申请之日起9个月内做出决定，并书面通知申请人。

（3）核准注册：对初步审定的商标，自公告之日起3个月内，无人提出异议，或异议不能成立，予以核准注册，发给商标注册证，并予公告。至此，申请人即取得注册商标专用权并产生法律效力。

第二节　医药商品的商标设计和注册原则

一、医药商品的商标设计原则

商标是识别商品及其生产企业的标志，可以反映企业的形象，设计一个好的商标，需要精心构思，巧妙设计，就像取个好名字一样，可以终生享用。

（一）医药商品的商标设计原则

1. 简洁明快，概括性高　商标要求简练，字要少、图形要简明，把一个企业，一个药品高度地"浓缩"在商标上，容易使公众认识及记忆。如"999""太极""养生堂"等商标。

2. 造型美观，构思新颖　给人一种构思好、产品新、质量高的感受。例如："相宜本草"以"本草养肤"作为该产品的基本属性与功能。图形和文字的结合，具有浓厚的古典医药气息。圆形设计预示万物循环、生生不息，上下相反的植物造型代表相宜本草由里到外为消费者提供最健康的护肤理念。

3. 彰显企业精神和医药商品特色　商标，体现着企业形象，是企业的精神名片。人们认识一个企业，往往是从其商标开始。因此商标应体现出企业不断进取，敢创名优产品的风格，同时也要体现名优产品的可靠安全感。

4. 药品商标设计的特殊性　药品商标设计必须符合医药行业的健康性、安全性、生命性的要求。医药商标标志是企业和企业产品的信誉、质量、安全、有效的代名词。

（二）商标禁用条款

1. 我国《商标法》第十条规定，下列标志不得作为商标使用。

（1）同中华人民共和国的国家名称、国旗、国徽、国歌、军旗、军徽、军歌、勋章等相同或者近似的，以及同中央国家机关的名称、标志、所在地特定地点的名称或者标志性建筑物的名称、图形相同的。

（2）同外国的国家名称、国旗、国徽、军旗等相同或者近似的，但经该国政府同意的除外。

（3）同政府间国际组织的名称、旗帜、徽记等相同或者近似的，但经该组织同意或者不易误导公众的除外。

（4）与表明实施控制、予以保证的官方标志、检验印记相同或者近似的，但经授权的除外。

（5）同"红十字""红新月"的名称、标志相同或者近似的。

（6）带有民族歧视性的。

（7）带有欺骗性，容易使公众对商品的质量等特点或者产地产生误认的。

（8）有害于社会主义道德风尚或者有其他不良影响的。

县级以上行政区划的地名或者公众知晓的外国地名，不得作为商标。但是，地名具有其他含义或者作为集体商标、证明商标组成部分的除外；已经注册的使用地名的商标继续有效。

2. 我国《商标法》第十一条规定，下列标志不得作为商标注册：①仅有本商品的通用名称、图形、型号的；②仅直接表示商品的质量、主要原料、功能、用途、重量、数量及其他特点的；③其他缺乏显著特征的。

二、医药商品的商标注册原则

（一）一般商品注册原则

1. 自愿注册与强制注册相结合原则　所谓自愿注册原则，是商标使用人是否申请商标注册取决于自己的意愿。所谓强制性注册原则，是指国家对生产经营者在某些商品或服务上所使用的全部商标，必须经依法注册才能使用的强制性规定。

2. 国家统一原则　是指我国的商标注册工作必须由国家商标主管部门统一审核批准注册。《商标法》明确规定"国务院工商行政管理部门商标局主管全国商标注册和管理的工作"。

3. 申请在先原则　又称注册在先原则，所谓注册在先原则是指两个或两个以上的申请人，在同一或者类似的商品上以相同或相似的商标申请注册时，注册在先的商标和申请人获得商标专用权，在后的商标注册申请予以驳回。

4. 使用在先原则　指在无法确认申请（注册）在先的情况下，采用最先使用者取得商标注册的原则。

（二）药品商标注册原则

进入21世纪后，为了适应新的经济环境，我国《药品管理法》取消了药品必须使用注册商标的规定。《商标法实施条例》也于2002年9月15日起取消人用药品必须使用注册商标的规定。至此，医药商品的商标注册原则与一般商品的商标注册原则一致。

> ●····· **章末小结** ······
>
> 1. 商标是指能将自己的商品或服务与他人的商品和服务区分开的标志。
>
> 2. 商标按注册与否可分为注册商标和未注册商标，注册商标受到法律保护。
>
> 3. 商标专用权包括独占权、使用权、许可权等。
>
> 4. 商标注册程序为申请、审查、核准注册。
>
> 5. 商标的设计需简洁明快，概括性高；造型美观，构思新颖；彰显企业精神和医药商品特色；药品商标体现其特殊性。
>
> 6. 《商标法》第十条、十一条规定，同中华人民共和国的国家名称、国旗、国徽、国歌、军旗、军徽、军歌、勋章等相同或者近似的标志，带有民族歧视性的标志，县级以上行政区划的地名或者公众知晓的外国地名，仅有本商品的通用名称、图形、型号的标志等12种情况不得作为商标注册。

1. 什么是商标?

2. 商标具有哪些主要特征?

3. 什么是商标注册?

（谭银平）

第九章
医药商品的广告宣传

学习目标

• 掌握医药商品广告宣传的意义及广告申报流程。

• 熟悉药品广告审查管理标准。

• 了解广告媒介与效果。

• 具备科学严谨的学习方法。

情境导入

情境描述：

　　某校学习药剂专业的黄同学发现看电视时能接触到大量的药品广告，如感冒药、胃药、退烧药等，偶尔会收到介绍药品的广告宣传单，他想知道这些药品广告与饮料、食品、日用品广告在审批上是否有区别。

学前导语：

　　药品作为特殊商品，其商品的特殊性决定了其广告审查标准也区别于一般商品广告。本章将向大家介绍医药商品广告申报及审查的相关知识。

第一节 概述

一、广告的概念

（一）广告的概念

> ❓ **课堂问答** ————————————————————————
> 请举例说明你见过的经济广告和非经济广告。
> ···

1. 广告的定义　《中华人民共和国广告法》（简称《广告法》）对"广告"的定义是：商品经营者或者服务提供者通过一定媒介和形式直接或者间接地介绍自己所推销的商品或者服务的商业广告活动。广告一词源于拉丁文advertere，其意为"注意、诱导及传播"，即"广而告之"之意。广告就其含义来说，有广义和狭义之分。广义的广告包括非经济广告和经济广告。非经济广告是指不以盈利为目的的广告，如政府行政部门公告，政党、宗教、教育、文化、市政、社会事业单位乃至个人等方面的启事、声明等。狭义的广告仅指经济广告，是指以盈利为目的的广告，通常是商业广告，是商品生产者、经营者等为推销商品或提供服务，以付费方式通过广告媒体向消费者或用户传播商品或服务信息的手段。

2. 广告的特点　广告区别于一般大众传播和宣传活动，主要表现在：①广告是一种传播工具，是将某一商品的信息，由这项商品的生产或经营机构（即广告主）传送给一群用户和消费者；②广告活动要通过一定的媒体传播信息，需要支付费用；③广告进行的传播活动是具有说服性的，可利用信息影响受众；④广告是有目的、有计划的，是连续的行为；⑤广告不仅对广告主有利，而且对目标对象也有好处，它可使用户和消费者均得到有用的信息，促进商品或劳务的销售。

（二）《广告法》中涉及的法律主体

1. 广告主　是指为推销商品或者服务，自行或者委托他人设计、制作、发布广告的自然人、法人或者其他组织。

2. 广告经营者　是指接受委托提供广告设计、制作、代理服务的自然人、法人或者其他组织。

3. 广告发布者　是指为广告主或者广告主委托的广告经营者发布广告的自然人、法人或者其他组织。

4. 广告代言人　是指广告主以外的，在广告中以自己的名义或者形象对商品、服务作推荐、证明的自然人、法人或者其他组织。

二、广告宣传的意义

（一）信息传递媒介

通过广告把产品与劳务的特性、功能、用途及供应厂家等信息传递给消费者，沟通产需双方的联系，如某地出现某些产品的积压滞销，而彼地却缺少货源，可借助广告沟通联系。为了沟通产需之间的联系，不仅生产、销售企业刊登广告寻找顾客，而且一些急需某种设备或原材料的单位，也刊登广告寻找货源。因此，广告的信息传递能加速商品流通和销售。

（二）激发和诱导消费

广告信息作为外界刺激，其造成的视觉、感觉印象将诱导消费者改变预期的观念和购买行为。如有些物美价廉、适销对路的新产品，由于不为消费者所知晓，所以很难打开市场，通过广告宣传后，消费者就纷纷购买。此外，广告的反复渲染、反复刺激，也将扩大产品的知名度，甚至会产生一定的信任感，促进购买量的增加。

（三）促进新产品、新技术发展

新产品、新技术的出现，依靠行政手段，推广过程麻烦又缓慢，存在局限性，而借助广告，直接与广大的消费者见面，促使新产品、新技术在市场上迅速站稳脚跟，获得成功。

（四）促进文化经济发展

广告促进了大众媒体、文学、艺术的发展。同时也对美化环境和丰富人们的文化生活发挥作用，广告可传承历史文化，传达着流行的时尚美，传递关爱的情感美。

三、《中华人民共和国广告法》简介

为了规范广告活动，保护消费者的合法权益，促进广告业的健康发展，维护社会经济秩序，制定《中华人民共和国广告法》（简称《广告法》）。2015年4月24日第十二届全国人民代表大会常务委员会第十四次会议修订通过，自2015年9月1日起施行。

（一）总则

1. 立法宗旨　为了规范广告活动，保护消费者的合法权益，促进广告业的健康发展，维护社会经济秩序，制定本法。

2. 适用范围　在中华人民共和国境内，商品经营者或者服务提供者通过一定媒介和形式直接或者间接地介绍自己所推销的商品或者服务的商业广告活动，适用本法。

3. 行政监督机构　国务院市场监督管理部门主管全国的广告监督管理工作，国务院有关部门在各自的职责范围内负责广告管理相关工作。县级以上地方市场监督管理部门主管本行政区域的广告监督管理工作，县级以上地方人民政府有关部门在各自的职责范围内负责广告管理相关工作。

4. 总体原则　广告行业组织依照法律、法规和章程的规定，制定行业规范，加强行业自律，促进行业发展，引导会员依法从事广告活动，推动广告行业诚信建设。

（二）广告内容准则

1. 广告内容要求　广告中对商品的性能、功能、产地、用途、质量、成分、价格、生产者、有效期限、允诺等或者对服务的内容、提供者、形式、质量、价格、允诺等有表示的，应当准确、清楚。广告中表明推销的商品或者服务附带赠送的，应当明示所附带赠送商品或者服务的品种、规格、数量、期限和方式。法律、行政法规规定广告中应当明示的内容，应当显著、清晰表示。

2. 广告应具有可识别性　广告应当具有可识别性，能够使消费者辨明其为广告。大众传播媒介不得以新闻报道形式变相发布广告。通过大众传播媒介发布的广告应当显著标明"广告"，与其他非广告信息相区别，不得使消费者产生误解。广播电台、电视台发布广告，应当遵守国务院有关部门关于时长、方式的规定，并应当对广告时长作出明显提示。

（三）广告行为规范

1. 前置性规定　广告主、广告经营者、广告发布者之间在广告活动中应当依法订立书面合同。广告主、广告经营者、广告发布者不得在广告活动中进行任何形式的不正当竞争。

2. 对广告主广告活动的规定　广告主委托设计、制作、发布广告，应当委托具有合法经营资格的广告经营者、广告发布者。广告主或者广告经营者在广告中使用他人名义或者形象的，应当事先取得其书面同意；使用无民事行为能力人、限制民事行为能力人的名义或者形象的，应当事先取得其监护人的书面同意。

3. 对广告经营者、广告发布者的广告活动的规定　广告经营者、广告发布者依据法律、行政法规查验有关证明文件，核对广告内容。对内容不符或者证明文件不全的广告，广告经营者不得提供设计、制作、代理服务，广告发布者不得发布。

广播电台、电视台、报刊出版单位从事广告发布业务的，应当设有专门从事广告业务的机构，配备必要的人员，具有与发布广告相适应的场所、设备，并向县级以上地方市场监督管理部门办理广告发布登记。

4. 对广告代言人的广告活动规定　广告代言人在广告中对商品、服务作推荐、证明，应当依据事实，符合本法和有关法律、行政法规规定，并不得为其未使用过的商品或者未接受过的服务作推荐、证明。

不得利用未满十周岁的未成年人作为广告代言人。

对在虚假广告中作推荐、证明受到行政处罚未满3年的自然人、法人或者其他组织，不得利用其作为广告代言人。

（四）监督管理

1. 广告审查　发布医疗、药品、医疗器械、农药、兽药和保健食品广告，以及法律、行政法规规定应当进行审查的其他广告，应当在发布前由有关部门（以下称广告审查机关）对广告内容进行审查；未经审查，不得发布。

2. 广告申请　广告主申请广告审查，应当依照法律、行政法规向广告审查机关提交有关证明文件。广告审查机关应当依照法律、行政法规规定作出审查决定，并应当将审查批准文件抄送同级市场监督管理部门。广告审查机关应当及时向社会公布批准的广告。

（五）法律责任

违反本法规定，发布虚假广告的，由市场监督管理部门责令停止发布广告，责令广告主在相应范围内消除影响，处广告费用三倍以上五倍以下的罚款，广告费用无法计算或者明显偏低的，处二十万元以上一百万元以下的罚款。

违反本法规定，隐瞒真实情况或者提供虚假材料申请广告审查的，广告审查机关不予受理或者不予批准，予以警告，一年内不受理该申请人的广告审查申请；以欺骗、贿赂等不正当手段取得广告审查批准的，广告审查机关予以撤销，处十万元以上二十万元以下的罚款，三年内不受理该申请人的广告审查申请。

违反本法规定，伪造、变造或者转让广告审查批准文件的，由市场监督管理部门没收违法所得，并处一万元以上十万元以下的罚款。

🔍 案例分析

北京某科技有限公司运营"今日头条"手机端应用程序。自2016年6月起，当事人通过"今日头条"手机端应用程序发布多条未取得医疗广告审查证明的医疗广告，广告内容包括"××葛根山药胶囊""××安欣胶囊"等保健食品和药品。2018年3月，北京相关行政监督机构对其作出行政处罚，责令停止发布上述内容违法广告，没收广告费230 000余元，罚款700 000余元。

讨论：

1. 该公司违反了《中华人民共和国广告法》的哪条规定？
2. 请说出上述作出行政处罚的具体部门。

第二节　药品广告

药品广告是指药品的生产者、经营者通过各种媒介和广告形式传播药品信息，以促销药品、指导患者合理用药为主要目的的一种宣传活动。《药品、医疗器械、保健食品、特殊医学用途配方食品广告审查管理暂行办法》规定：药品广告的内容应当以国务院药品监督管理部门核准的说明书为准。在药品管理法中未规定的药品广告，适用《中华人民共和国广告法》的规定。

一、药品广告申报

（一）药品广告审批机关

国家市场监督管理总局负责组织指导药品、医疗器械、保健食品和特殊医学用途配方食品广告审查工作。各省、自治区、直辖市市场监督管理部门、药品监督管理部门（以下称广告审查机关）负责药品、医疗器械、保健食品和特殊医学用途配方食品广告审查，依法可以委托其他行政机关具体实施广告审查。

（二）药品广告审批程序

欲发布药品广告的企业，首先必须向广告审查机关提出申请，征得同意，并取得广告批准文号后，方可在相应的媒体上发布广告。药品广告的审批程序如下。

1. 广告申请　申请药品、医疗器械、保健食品、特殊医学用途配方食品广告审查，应当依法提交广告审查表、与发布内容一致的广告样件，以及下列合法有效的材料：①申请人的主体资格相关材料，或者合法有效的登记文件；②产品注册证明文件或者备案凭证、注册或者备案的产品标签和说明书，以及生产许可文件；③广告中涉及的知识产权相关有效证明材料。经授权同意作为申请人的生产、经营企业，还应当提交合法的授权文件；委托代理人进行申请的，还应当提交委托书和代理人的主体资格相关材料。

2. 广告受理　广告审查机关收到申请人提交的申请后，应当在5个工作日内作出受理或者不予受理决定。申请材料齐全、符合法定形式的，应当予以受理，出具广告审查受理通知书。申请材料不齐全、不符合法定形式的，应当一次性告知申请人需要补正的全部内容。

3. 广告审查　广告审查机关应当对申请人提交的材料进行审查，自受理之日起10个工作日内完成审查工作。经审查，对符合法律、行政法规和本办法规定的广告，应当作出审查批准的决定，编发广告批准文号。对不符合法律、行政法规和本办法规定的广告，应当作出不予批准的决定，送达申请人并说明理由，同时告知其享有依法申请行政复议或者提起行政诉讼的权利。经审查批准的药品、医疗器械、保健食品和特殊医学用途配方食品广告，广告审查机关应当通过本部门网站以及其他方便公众查询的方式，在10个工作日内向社会公开。公开的信息应当包括广告批准文号、申请人名称、广告发布内容、广告批准文号有效期、广告类别、产品名称、产品注册证明文件或者备案凭证编号等内容。

🔗 知识链接

药品广告批准文号

药品广告批准文号的有效期与产品注册证明文件、备案凭证或者生产许可文件最短的有效期一致。产品注册证明文件、备案凭证或者生产许可文件未规定有效期的，广告批准文号有效期为两年。

药品广告批准文号格式为"X药广审（视）第0000000000号""X药广审（声）第0000000000号""X药广审（文）第0000000000号"。其中"X"为各省、直辖市、自治区的简称。"0"由10位数字组成，前6位代表审查年月，后4位代表广告批准序号。"视""声""文"代表用于广告媒介形式的分类代号。

二、药品广告审查管理和标准

为了进一步规范药品广告活动，禁止虚假广告欺骗和误导消费者，国家市场监督管理总局对药品广告的审查和审查管理及药品广告标准均做了严格规定。

（一）药品广告的审查管理

经国家市场监督管理总局2019年第16次局务会议审议通过《药品、医疗器械、保健食品、特殊医学用途配方食品广告审查管理暂行办法》，自2020年3月1日起施行。

1. **立法宗旨**　为加强药品、医疗器械、保健食品和特殊医学用途配方食品广告监督管理，规范广告审查工作，维护广告市场秩序，保护消费者合法权益，根据《中华人民共和国广告法》等法律、行政法规，制定本办法。

2. **适用范围**　药品、医疗器械、保健食品和特殊医学用途配方食品广告的审查适用本办法。

药品、医疗器械、保健食品和特殊医学用途配方食品广告中只宣传产品名称（含药品通用名称和药品商品名称）的，不再对其内容进行审查。

3. **广告发布**　广告主、广告经营者、广告发布者应当严格按照审查通过的内容发布药品、医疗器械、保健食品和特殊医学用途配方食品广告，不得进行剪辑、拼接、修改。已经审查通过的广告内容需要改动的，应当重新申请广告审查。

4. **广告注销**　申请人有下列情形的，不得继续发布审查批准的广告，并应当主动申请注销药品、医疗器械、保健食品和特殊医学用途配方食品广告批准文号：①主体资格证照被吊销、撤销、注销的；②产品注册证明文件、备案凭证或者生产许可文件被撤销、注销的；③法律、行政法规规定应当注销的其他情形。

（二）药品广告审查标准

发布药品广告，还应当遵守《中华人民共和国广告法》、《中华人民共和国药品管理法》和《中华人民共和国反不正当竞争法》及国家有关法规。

1. **禁止发布广告情形**　下列药品、医疗器械、保健食品和特殊医学用途配方食品不得发布广告：①麻醉药品、精神药品、医疗用毒性药品、放射性药品、药品类易制毒化学品，以及戒毒治疗的药品、医疗器械；②军队特需药品、军队医疗机构配制的制剂；③医疗机构配制的制剂；④依法停止或者禁止生产、销售或者使用的药品、医疗器械、保健食品和特殊医学用途配方食品；⑤法律、行政法规禁止发布广告的情形。

2. **处方药**　前款规定以外的处方药，只能在国务院卫生行政部门和国务院药品监督管理部门共同指定的医学、药学专业刊物上作广告。

不得利用处方药的名称为各种活动冠名进行广告宣传。不得使用与处方药名称相同的商标、企业字号在医学、药学专业刊物以外的媒介变相发布广告，也不得利用该商标、企业字号为各种活动冠名进行广告宣传。

3. **广告宣传**　药品广告不得违反《中华人民共和国广告法》第九条、第十六条、第十七条、第十八条、第十九条规定，不得包含下列情形：①使用或者变相使用国家机关、国家机关工作人员、军队单位或者军队人员的名义或者形象，或者利用军队装备、设施等从事广告宣传；②使用科研单位、学术机构、行业协会或者专家、学者、医师、药师、临床营养师、患者等的名义或者形象作推荐、证明；③违反科学规律，明示或者暗示可以治疗所有疾病、适应所有症状、适应所有人群，或者正常生活和治疗病症所必需等内容；④引起公众对所处健康状况和所患疾病产生不必要的担忧和恐惧，或者使公众误解不使用该产品会患某种疾病或者加重病情的内容；⑤含有"安全""安全无毒副作用""毒副作用小"，明示或者暗示成分为"天然"，因而安全性有保证等内容；⑥含有"热销、抢购、试用""家庭必备、免费治疗、免费赠送"等诱导性内容，"评比、排序、推荐、指定、选用、获奖"等综合性评价内容，"无效退款、保险公司保险"等保证性内容，怂恿消费者任意、过量使用药品、保健食品和特殊医学用途配方食品的内容；⑦含有医疗机构的名称、地址、联系方式、诊疗项目、诊疗方法以及有关义诊、医疗咨询电话、开设特约门诊等医疗服务的内容；⑧法律、行政法规规定不得含有的其他内容。

4. 广告内容　药品广告的内容应当以国务院药品监督管理部门核准的说明书为准。药品广告涉及药品名称、药品适应证或者功能主治、药理作用等内容的，不得超出说明书范围。

药品广告应当显著标明禁忌、不良反应，处方药广告还应当显著标明"本广告仅供医学药学专业人士阅读"，非处方药广告还应当显著标明非处方药标识（OTC）和"请按药品说明书或者在药师指导下购买和使用"。

药品广告应当显著标明广告批准文号。药品广告中应当显著标明的内容，其字体和颜色必须清晰可见、易于辨认，在视频广告中应当持续显示。

● ···· **章末小结** ··

1. 广告是一种通过媒体广泛发布信息的宣传手段。
2. 广告需依法审查，经批准后才能发布，违规发布广告将承担法律责任。
3. 药品是特殊的商品，其广告也具有特殊性，其内容需遵守《药品、医疗器械、保健食品、特殊医学用途配方食品广告审查管理暂行办法》的要求。
4. 各省、自治区、直辖市市场监督管理部门、药品监督管理部门是药品广告的审查机关。药品广告批准文号的有效期与产品注册证明文件、备案凭证或者生产许可文件最短的有效期一致。

一、 多项选择题

1. 广告中涉及的法律主体有（   ）

   A. 广告代言人   B. 广告主   C. 广告经营者

   D. 广告发布者   E. 消费者

2. 下列药品，不得进行广告宣传的是（   ）

   A. 精神药品   B. 麻醉药品   C. 医疗机构制剂

   D. 军队特需药品   E. 非处方药

3. 药品广告不得含有的内容有（   ）

   A. 保险公司保险

   B. 天然成分

   C. 请在药师指导下使用

   D. 安全无毒副作用

   E. 处方药广告的忠告语："本广告仅供医学药学专业人士阅读"

4. 不得继续发布审查批准的广告，并应当主动申请注销药品、医疗器械、保健食品和特殊医学用途配方食品广告批准文号的情形是（   ）

   A. 主体资格证照被吊销、撤销、注销的   B. 产品注册证明文件被撤销的

   C. 生产许可文件被注销的   D. 重新修改广告内容

   E. 法律、行政法规定应当注销的其他情形

5. 医药商品广告的功能有（   ）

   A. 医药企业市场信息的重要来源   B. 加速医药商品进入市场

   C. 树立品牌和维护品牌的必要条件   D. 促进医药商品更新换代

   E. 延长医药商品的市场成长期

二、 简答题

1. 不得发布广告的药品有哪些？

2. 简述药品广告中不得出现的情形。

3. 简述药品广告审批程序。

（刘　慧）

第十章
医药商品的电子商务

学习目标

- 掌握医药商品电子商务的概念。
- 熟悉医药商品电子商务的运作、管理的基本要求；医药商品电子商务的特点及意义。
- 了解我国医药商品电子商务的发展现状以及未来发展趋势。
- 学会利用所学知识在B2C网站了解医药商品相关信息，识别合法网站与购买药品。

情境导入

情境描述：

你有过网络购物的经历吗？随着互联网的普及，网络购物因其便捷、安全等优点被越来越多的消费者接受，"动动鼠标就能购物""网上购物，送货上门"，"网购大军"的规模越来越大。可是你知道吗，有些医药商品也可以在网上购买了！

学前导语：

网络购物是电子商务的重要形式之一。作为未来的药剂工作者，需要对医药商品的电子商务有所了解。你知道什么是医药商品电子商务吗？B2C、B2B分别代表什么？怎么在网上购买医药商品？本章将为你揭开医药商品电子商务的神秘面纱。

第一节 概述

一、医药商品电子商务的概念

（一）电子商务

电子商务是利用微电脑技术和网络通信技术进行的商务活动，是依靠电子设备和网络技术进行的商业模式。它不仅包括购物，还包括物流配送等附带服务，其特点是信息化、虚拟化、全球化、平等化、社会化。

电子商务与传统商务方式很大的不同是交易的当事人不见面，交易的虚拟性强，交易的各个环节，如合同签订、价格协商、支付等通过信息交换完成，客户、商家都作为交易平台的用户享有平等的权利，随着互联网的普及，2019年实施的《中华人民共和国电子商务法》将电子商务定义为通过互联网等信息网络销售商品或者提供服务的经营活动，电子商务日益社会化、全球化。

根据商务部电子商务和信息化司发布的数据显示，2019年，全国电子商务交易额达34.81万亿元。截至2020年底，中国电子商务市场交易规模达37.21万亿，中国电子商务市场规模持续引领全球。突如其来的新型冠状病毒感染疫情对全球经济发展造成巨大影响。在抗击疫情过程中，电子商务展示出强劲的活力和韧性，成为经济社会发展的稳定器。在保障物资供应方面，电商平台有效保障了居民生活必需品供应和部分医疗物资配送；在助力复工复产方面，电商企业积极推出远程办公、在线会议等新模式、新工具，有效解决了劳动力短缺和人员聚集风险之间的矛盾。因其给消费者提供了更广阔的环境、更广阔的市场、更快速的流通和低廉的价格，电子商务越来越受到欢迎。

（二）医药商品电子商务

医药商品电子商务是指以医药商品生产者、医药商品经营者、医疗机构、医药信息服务提供商、保险公司、银行等医药商品交易活动的参与者，通过互联网络系统以电子数据信息交换的方式进行的各类医药商品的交易和服务活动。医药商品电子商务的服务体现在以下三个层面。

1. 商务机构与商务机构之间（B2B） 包括合法的医药生产企业与生产企业（原料药和制剂）、流通企业及医院的网上交易，合法的医药流通企业与流通企业（批发、零售）及医院的网上交易。

2. 商务机构与消费者之间（B2C） 包括零售药店对消费者的网上销售等。

3. 第三方电子商务交易服务及资讯平台网站 主要是为药品生产企业、药品经营企业和医疗机构之间的互联网药品交易提供交易平台服务的企业。

二、医药商品电子商务的特点

医药商品电子商务除电子商务所具有的安全性、知识产权保护、网络营运提供商责任、域名注册与商标、电子合同效力、电子支付、消费者权益保护、电子签名效力、非法信息及病毒侵入、非法传播等一系列问题外，因为其行业本身的特殊性，它还具有以下优势和不足。

（一）医药商品电子商务的优势

1. 推动促进医药卫生体制改革　提高医药行业内部工作的效率和质量，促进技术创新；推动医药分开核算，分别管理，切断医疗机构与医药商品营销之间的经济利益关系，遏制医药商品购销活动中的不正之风；提高市场集中度，加快医药流通体制改革；网上药店能更好地利用医保数据系统；贸易双方的洽谈、签约、订货、支付等各个环节公开透明，有利于政府监管。

2. 更符合时代的要求　对忙于工作或因地处偏僻、远离药店的人们来说，网上购买更方便，且购买药品或向药师（或医师）咨询更隐蔽。符合现代人的生活节奏和人们的消费心理；许多网站和药品经营商向顾客提供自诊自疗的医学、药学知识以及详尽的药品信息和检索工具，信息的集中不仅便于消费者的比较、选择，而且因流通环节的减少，使药品价格也相对便宜。

3. 有利于提高企业活力　网上药店销售公开透明，再加上完善的交易制度和管理环境，使得商家会严格自律，有利于减少假劣药品的销售；商家为赢得消费者的口碑会想方设法优化产品，改善服务，从而提高竞争力；网上售药可打破行政区域界限，将信息和实物传到世界各地，将有利于增强世界对中医药的认同，实现中医在全球为人们服务的目的。

4. 显著提高经济效益　以信息技术为基础的医药商品电子商务可以改变医药企业决策中信息不正确和不及时的问题，减少市场风险，增加经济效益，改善经营管理、堵塞漏洞，保证患者和医药企业的经济利益。

（二）医药商品电子商务的不足

1. 贸易的安全性欠缺保障

（1）网上售药将药品销售各方完全隔离。这种既隐蔽又直接的方式容易被不法分子利用，进行无证经营、制售假劣药或实施其他欺诈行为。其结果不但使合法网站和药品经营商的利润与声誉受损，而且消费者的生命安全与健康也受到威胁。

（2）网络技术、功能尚不完备，网上售药业受到种种限制。

（3）我国药品分类管理制度刚刚启动，法律监管相对薄弱，在网上无法实现对处方的有效管理，处方真伪难以识别，加之消费者在网上得不到医生、药师的直接用药指导，因此从不法网站或合法网站购买药品的消费者都有可能遭受不当处方之害，或者购买的药物之间可能存在不良相互作用的危险。

（4）物流条件不完备，易导致药品质量变化。

（5）我国药品监督管理部门对医药商品电子商务尚缺乏具体、详细的监管办法，监管力度不大，医药商品电子商务的网上业务涉及范围广、隐蔽性强，对违法行为控制难、取证难。

2. 网上药店的经营范围受限制 《药品电子商务试点监督管理办法》第十五条明确规定，在药品电子商务试点网站从事药品交易的零售企业只能在网上销售国家药品监督管理局公布的非处方药。这一规定是为了保障网上药品零售的安全性，但也在很大程度上限制了网上药店的经营范围，影响了网上药店的盈利空间。

3. 无法满足中老年消费者的需求 作为医药商品消费主体的老年人大多不会上网，这对于医药商品电子商务是一个巨大的损失。

三、医药商品电子商务的意义

医药行业是国家的特殊行业之一，直接关系到人民的身体健康和生命安全。发展医药商品电子商务可以增强医药市场透明度和管理监控的力度，加强行业的信息化建设，提高药品流通的效率，降低药品流通的成本，将政府、市场、消费者联系在一起，对于我国药品生产、流通、销售中的不正当竞争行为也有着重要的意义。

1. 医药商品电子商务可有效改善对药品交易过程的监管效率。

2. 医药商品电子商务是医药企业发展的必由之路。

3. 医药商品电子商务是医药企业生存与发展的客观需要。

4. 医药商品电子商务将改善医疗机构的药品采购效率和"透明度"。

5. 医药商品电子商务将有利于医药商业企业做大做强。

6. 医药商品电子商务有利于药品交易中介机构的发育和完善。

7. 医药商品电子商务有利于我国医药流通体制的变革。

8. 医药商品自身具有很多适合网上交易的特点。

随着我国医疗体制的改革，药品分类管理制度、执业药师制度、医疗保险制度等的逐步实施，在客观上有利于推动医药商品电子商务的发展。

第二节 我国医药商品电子商务

一、我国医药商品电子商务发展现状

《国务院关于积极推进"互联网+"行动的指导意见》《国务院办公厅关于促进"互联网+医疗健康"发展的意见》等一系列国家政策的发布，使医药电子商务在"互联网+"新经济形态下展现出惊人的发展力，为医药商品电子商务争取到了空前的客户规模。此外，医疗改革的推动也促进了医药商品电子商务的发展。

随着发展观念和外部技术条件的基本成熟，我国近年来涌现出很多医药商品电子商务企业。在2016年以后，我国医药电商的产业格局已经形成，以运营方为核心，对外链接资源方、第三方服务商和用户，打通了药品的生产、流通、支付及消费环节，在各自细分领域都出现了一批代表性企业。

2018年4月12日，国务院常务会议明确对进口抗肿瘤药实施零关税并鼓励创新药进口，跨境电商成为此举的关键之一。"海外药绿色通道"等制度创新促进解决用药难的问题。2019年12月，北京"跨境医药电商试点"正式获批，多家拥有跨境电商资质的大型企业申请试点，为癌症患者架起"线上通道"。以此为契机，医药电商企业未来极有可能扬帆出海，既可以引进国外的优质药品提供给国内消费者，又可以借此机会熟悉海外市场，为以后走出国门奠定基础。随着"健康中国"战略的持续推进，以医药电商为代表的"互联网+医疗健康"模式正在成为新的趋势。

自2020年以来，越来越多的消费者（尤其是慢性病患者）逐渐开始接受远程医疗服务，越来越多的大型医药电商企业也开始布局互联网医疗，通过与医疗机构的紧密合作，持续提升慢性病全生命周期管理能力，实现保健、检测、诊断、治疗、用药和康复全场景覆盖，而不仅仅是药品零售服务。

虽然医药商品电子商务在我国已经进入快速发展期，但仍存在许多亟待解决的问题，如安全问题、支付问题、配送问题等，具体表现为以下几方面。

1. 基础条件差，投资不足　我国网络基础设施还不能适应电子商务的发展要求，当前投入医药行业信息化及医药商品电子商务方面的资金严重不足。

2. 信用制度亟待健全　电子商务要求整个社会的信用环境要好，我国目前的信用制度还不够健全。

3. 销售方式有待研究　医药商品作为特殊商品，如何在网上销售还有待进一步研究。药品包括处方药和非处方药，网上能不能售卖处方药？不同药品应如何区别销售、管理？

4. 管理规范是难题　医药商品电子商务不仅包括购物，还包括物流配送等附带服务。在医药商品电子商务迅速发展的今天，我们的立法相对落后，很多法律的真空地带容易给不法分子可乘之机。如何规范医药商品电子商务的各个环节是无法回避的问题。

5. 配送物流滞后问题　根据GSP要求，医药商品在运输途中必须采取一定的保护措施，如对温度、湿度都有严格控制。我国国内缺乏系统化、专业化、全国性的医药商品物流配送企业。

▶ 边学边练

进行医药商品B2C网站的相关操作，请见实训8"模拟网络购药"。

二、医药商品电子商务的运作与管理

（一）医药商品电子商务网站的运作

1. 开设医药商品电子商务网站的条件　医药商品电子商务网站是进行医药商品网络交易的平台，是沟通医药生产企业、医药经营企业和消费者的桥梁。医药商品电子商务网站必须注册，取得国家药品监督管理局的批准。

注册网站时应遵循以下规定：①必须是依法设立的企业法人，且有较强的经济实力，能为用户提供长期服务；②关键岗位工作人员必须具有一定的药品专业知识，且有执业药师负责网上咨询；③网站不直接参与药品经营，不从药品差价中获得利益；④有能力对上网企业所提供资料的真实性进行审查，并对审查失职负责；⑤必须完整保存交易记录；⑥符合国家药品监督管理局的其他相关规定。

2. 医药商品电子商务网站的运营要求　根据国家药品监督管理局颁布的《药品电子商务试点监督管理办法》，医药商品电子商务网站运营必须做到：①在网页首页标明经国家药品监督管理局审批同意的文件；②与进行药品网上交易的药品生产、经营企业和医疗机构签订书面协议，并负责对进入网站的企业、产品的合法性进行审核，未签订协议的单位和个人可以从试点网站获取相关信息，但不得利用试点网站进行药品商业信息发布或进行网上交易活动（个人从进入网站的零售企业购买非处方药品的除外）；③发布有关企业信息时，必须标明药品生产企业、经营企业名称、药品生产企业许可证、药品经营企业许可证及其编号；④发布有关药品信息时，必须同时标明药品名称、批准文号、生产批号、药品质量检验报告、生产企业名称、注册商标等，有关适应证及用法、用量和禁忌证必须符合药品标准的有关规定；⑤从事药品交易的零售企业只能在网上销售国家药品监督管理局公布的非处方药。

（二）医药商品电子商务网站的管理

医药商品电子商务的管理主要是利用现代化的信息技术手段，在传统医药市场管理的框架下，通过对交易双方、经营虚拟市场平台的第三方信息中介合法资格认定，以及对交易过程的实时监控和交易结果的合规审查，从而达到有效管理医药商品电子商务，加速我国医药商品电子商务规范化的目的。

1. 确保医药商品电子商务系统安全性的管理措施　要确保医药商品电子商务系统安全性，首先要按照法律法规严格监督管理，并建立健全相关监督制度，完善网络审核机制，做到网络信息公开透明。

我国与医药商品电子商务相关的法律、法规和技术规范有《中华人民共和国药品管理法》《药品电子商务试点监督管理办法》《互联网药品信息服务管理暂行规定》

《互联网药品交易服务审批暂行规定》等。

具体管理措施包括，①上网药品界定归类制度：如现行的处方药与非处方药分类管理办法；②处方审核制度：建立健全处方在线网络审核制度；③建立企业网络审核制度，做到合法企业网络证明在线备案和查询；④上网药品审核、广告审查制度：药品批准文号、通用名称、说明书、生产日期、生产批号、生产企业名称、药品广告批准文号等都应做到在线备案和查询；⑤实行药品信息公开制度；⑥建立健全网络售药监督制度；⑦实行行业自律和消费者监督制度：以行业自律的形式自发清理门户以维护行业的声誉和发展，同时提倡和引导由网民组建反欺诈信息中心和网上反欺诈监视站以增强医药商品电子商务的安全性。

2. 提高医药商品电子商务系统实施能力的管理措施　包括成立专门系统实施小组，数据标准化，加强医药商品电子商务网络建设、维护，提高医药商品电子商务技术人员素质，拓展医院网络服务等。

● · · · · 章末小结 ·

1. 医药商品电子商务是医药商品交易活动的参与者，通过互联网络系统进行的各类医药商品的交易和服务活动，包括B2B、B2C、第三方交易平台三种形式。

2. 医药商品电子商务能推动促进医药卫生体制改革、更符合时代的要求、有利于提高企业活力、显著提高经济效益、提高中医药的国际地位。同时医药商品电子商务也存在不足，如贸易的安全性欠缺保障、网上药店的经营范围受限制、无法满足中老年消费者的需求。

3. 实施医药商品电子商务符合时代发展，利于医疗改革，是医药商品行业发展的大趋势。

4. 根据国家药品监督管理局颁布的《药品电子商务试点监督管理办法》，医药商品电子商务网站必须在网页首页标明经国家药品监督管理局审批同意的文件；负责对进入网站的企业、产品的合法性进行审核；从事药品交易的零售企业只能在网上销售国家药品监督管理局公布的非处方药。

5. 进行药品电子商务试点必须获得国家药品监督管理局的批准，并取得相应批准文件。医药商品电子商务网站的开设和日常运营必须符合《药品电子商务试点监督管理办法》等相关法律、法规的规定。

6. 我国医药商品电子商务的发展还处在初期阶段，面临的问题还很多，同时，机遇也很多。

一、 多项选择题

1. 我国医药商品电子商务的交易平台主要有（　　　　　）

A. B2B
B. B2M

C. 第三方电子商务交易服务及咨询平台
D. B2C

E. B2A

2. 我国实施医药商品电子商务面临的主要问题有（　　　　　）

A. 医药商品品种较少　B. 销售方式有待研究　C. 信用制度亟待健全

D. 配送物流滞后问题　E. 基础条件差，投资不足

3. 经药监部门批准可以向个人消费者销售药品的网站必须具有（　　　　　）

A. 网站开办单位为依法设立的药品零售连锁企业，且经药品监督管理部门批准，拥有"互联网药品交易服务资格证书"（服务范围：向个人消费者提供药品）

B. 在网站的显著位置出示"互联网药品交易服务机构资格证书"的编号

C. 网站只能向消费者销售非处方药，网站具备网上查询、网上咨询（执业药师网上实时咨询）、生成订单、电子合同等交易功能

D. 企业法人的身份证号码

E. 执业药师的身份证号码

4. 相对于传统商务信息，网络商务信息具有哪些显著的特点（　　　　　）

A. 时效性强
B. 便于存储
C. 易于更新

D. 集中性好
E. 准确性高

5. 医药商品电子商务的优势有（　　　　　）

A. 推动促进医药卫生体制改革

B. 更符合时代的要求

C. 有利于提高企业的活力

D. 可以满足中老年消费者的需求

E. 信息集中便于消费者进行比较、选择

二、 实例分析题

1. 比较B2B、B2C模式的差别，分析二者的发展前景。

2. 分析医药商品电子商务的优势。

（梁爱华）

第十一章
医药商品信息

学习目标

- 掌握医药商品信息的概念。
- 熟悉医药商品信息收集的方法，能对所收集到的信息进行初步分析和归纳。
- 了解医药商品信息的分类。
- 能够体会到信息对医药商品企业发展的重要性，运用所学知识设计调查表收集医药商品信息，并对所收集到的信息进行初步处理。

➡ 情境导入

情境描述：

　　鱼精蛋白注射液作为某些心脏外科手术的必需用药，曾一度因短缺，导致很多医院都为寻找这种无法替代的药品而奔走。鱼精蛋白注射液属甲类医保药品，在临床上已使用了几十年，政府对其设定的最高零售价多年没有调整。由于价格低，利润薄，这个临床使用了多年的心脏外科手术必备药成了没有企业愿意生产的"孤儿药"。在物价整体上涨的背景下，廉价老药的最高零售价长期得不到调整，最终会被逐利的厂家以各种理由"抛弃"，这样下去，受害最大的还是患者。

学前导语：

　　鱼精蛋白注射液缺货这一事件，折射出医药商品信息不够公开、透明的事实及相关职能部门、企业对于医药商品信息漠视。相关职能部门只有充分了解医药商品信息，才能做出正确的决策；企业只有充分了解、利用相关医药商品信息，才能及时调整生产结构，把握市场主动权，赢得竞争优势。

　　什么是医药商品信息？我们如何获取有价值的信息，又如何进行整理、分析呢？让我们一起学习本章内容。

第一节　概述

一、医药商品信息的概念

在日常生活中，我们时刻都在与信息打交道。报纸、新闻、成绩、上下课的铃声、刮风下雨、节气变化……这些用文字、图像、声音、数字、现象、情景等所表示的内容，称为信息。在科技高速发展的今天，信息作为现代社会经济发展的三大要素之一，对人类社会的各个领域都产生了深远的影响。对医药行业来说，信息对医药商品的生产、流通，乃至使用过程都有着十分重要的指导意义。

信息是指物质存在的一种方式、形态或运动状态，也是事物的一种普遍属性，一般指数据、信息中所包含的意义，它可以使消息中所描述的事件不确定性减少。商品信息从狭义上讲是指关于商品生产、商品流通和商品消费的有用的知识和消息，即商品市场信息。从广义上讲，一切商品及其运动过程中有一定意义的情报、数据、消息、资料、知识等都是商品信息。医药商品信息是指在一定时间和条件下，医药商品交易活动的各种信息、情报、数据资料的总称，即反映医药商品生产与经营活动的信息、情报、数据资料，如药品的供应量、需求量、价格、品种数、市场占有率、知名度等。

医药商品信息的特征有以下三点。首先，医药商品信息具有明确的来源和目的性。医药商品经营活动中各类医药企业和医疗机构，各种交易行为、医药商品供求关系及其变化、国家政策、行业法律法规对医药商品主体行为及活动的影响都是构成医药商品信息的直接来源。其次，是医药商品信息具有复杂性和多样性。医药商品主要包括：信息、资金、技术、劳务和房地产等生产要素的信息；生产者、经销商、消费者等医药商品活动主体的信息；政府、新闻媒介、商品管理机构、广告商、咨询业等医药商品服务者的信息等。信息的内容不仅包括与生产经营活动直接相关的商品供应量、需求量、销售额、品种、质量和价格，还包括间接影响生产经营活动的商品需求潜力、销售前景、商品占有率、竞争状况、产品信誉、企业知名度、广告效果、消费趋势以及消费者的需要和动机偏好等。最后，医药商品信息还具有较强的可传递性、时效性和较强的专业性。

二、医药商品信息的分类

反映医药商品生产、经营中相关情况和资料的医药商品信息，在内容和形式上均表现出复杂多样的特点。因此，对医药商品信息进行科学的分类，有助于我们了解医药商品信息。

（一）按信息产生的过程分类

医药商品信息可以分为原始信息和加工信息。原始信息也称为初级信息，主要指医药企业生产、经营活动的原始记录，如产量、销售额、利润和费用等。将原始信息按照既定的管理目标和要求采用一定的方法和技巧进行处理后，就形成了加工信息，如综述、报道、合同、医药企业内部报表分析、医药商情动态报告等。

（二）按信息来源分类

医药商品信息可以分为内部信息和外部信息。内部信息是来自医药企业内部生产经营及管理活动的资料和数据，主要由计划、会计、统计、质检、销售等业务部门收集整理与储存保管。外部信息是指来自医药企业经营管理系统以外的商品环境系统的信息，它包括国家政策、法规条例、药品定价、商品供求变化、同行业竞争情况和消费趋向等信息，是企业管理层的决策依据。

（三）按信息的范围分类

医药商品信息可以分为宏观信息和微观信息。宏观信息是指与整个医药行业的商品经营活动状态和方式有关的信息，如各类医药商品在市场中供求状况、质量水平、有关行业政策和产业结构调整现状等，常作为国家和地方政府宏观决策与控制的判断依据。商品微观信息主要是反映单个企业或个别商品生产经营的相关信息，对企业的微观决策与各项管理功能开展具有重要的指导作用。

（四）按信息的时间属性分类

医药商品信息可以分为历史信息、现时信息和未来信息。

1. 历史信息　对已经发生的医药商品生产经营运行现象与过程的描述与评价，如抗生素类药品的发展史、药物剂型的发展历程、生产工艺流程的改进等。

2. 现时信息　反映正在进行的医药商品生产、经营活动的信息。主要包括正在生产、流通、消费过程中的医药商品运行状况，正在制定或实施的有关政策、法规的颁布或变动。

3. 未来信息　也称为预测信息，是指对商品未来运行方向和轨迹作出预测的相关信息。

（五）按信息的稳定程度分类

医药商品信息可以分为固定信息和流动信息。固定信息具有相对的稳定性，如统计资料、法律文件、各种标准等。流动信息是随时反映商品经济活动进程及变化动态的信息，如医药商品的供求变动、价格、消费趋势等。

（六）按信息载体分类

医药商品信息可以分为文件信息、音像信息、实物信息等。如客商来样加工的实物样品，包括商品的展览、展销、陈列等；经过设计的竞赛和表演的展示等；以实物样品形式传递的商品信息。

（七）按获取信息资料的过程分类

医药商品信息可以分为第一手信息和第二手信息。

1. 第一手信息　是指商品调查人员通过实地调查，直接向有关调研对象收集的信息。具有针对性强、适用性强、真实可靠的特点。

2. 第二手信息　是指经过他人收集、记录、整理所积累的各种数据和资料的总称，具有收集容易、来源广泛、收集方便等特点。

（八）按信息的内容分类

医药商品信息按照其内容可以分为商品情报信息、企业经营管理信息、营销环境信息、医药商品技术信息、医药商品管理信息等。

第二节　医药商品信息的收集、处理方法

一、医药商品信息的收集方法

（一）医药商品市场信息收集前的准备工作

明确问题、目标 → 确定信息内容、来源 → 设计问卷 → 确定进度、预算

1. 明确问题、目标　信息收集，必须首先根据企业医药商品经营的情况，把企业在发展过程中对信息的实际需求作为信息收集的目标。经过初步情况分析后确定目标，从而使信息收集更具有针对性。

2. 确定信息收集的内容、来源　围绕着问题和目标，确定信息收集的内容与来源。凡是直接或间接影响企业营销活动的情报资料都要广泛收集。医药市场信息收集主要内容包括宏观环境信息、消费者需求及市场需求容量信息、市场营销组合方面信息、竞争企业信息及医生方面信息等。确定信息的来源：依据信息资料的来源不同，可分为一手资料和二手资料。一手资料是为当前某种特定目的，通过实地调查而收集的原始资料；二手资料是已经存在，并已经为某种目的而收集起来的资

料。一手资料收集中，需明确向谁收集（个人、企业，还是其他部门），由谁来提供具体资料的问题。二手资料的收集来源，既可以来自企业内部，更多的来自企业外部。

3. 设计收集信息的问卷　要获取一手信息资料，收集信息方法确定后，就需要准备有关问卷，设计问卷是一项重要工作，问卷设计的好坏对结果影响很大。问卷是由一系列问题组成，提出问题的形式有是非题、选择题、自由题等。另外，还要根据收集的目标，设计观察记录表、实验记录表、统计表等。

4. 确定信息收集的进度、预算　信息收集本着节约高效、快速的原则，应合理安排人力、物力、财力以保证顺利开展信息收集。日程安排可增强紧迫感，详细地列出完成每一步骤所需的天数以及始终时间，但不可把时间拖得太长。在进行预算时，要将可能需要的费用尽可能考虑全面，以免影响信息收集工作的顺利进行（见表11-1）。

表 11-1　医药商品信息收集预算项目表

项目	金额	备注
医药商品信息收集方案设计费		
医药商品信息收集人员培训费		
问卷设计、印刷、装订费		
实地调查费		
数据处理费		
调查报告撰写费		
其他费用		
合计		

（二）医药商品信息收集的原则

医药商品信息收集的基本要求，首先是全面具体，即医药商品各个时期、各个方面和各个经营环节的系统信息。其次是真实可靠、灵敏迅速、经济实用。具体的收集原则如下。

1. 完整性　要求收集信息时尽量全面完整，即不仅收集直接医药商品信息，也要收集间接医药商品信息，以便生产经营者确定最佳的生产经营方案。

2. 准确性　要求所收集的医药商品信息能够真实反映医药商品及其运动的客观

情况，这样才能对医药商品及其生产、流通和消费的发展趋势作出正确的预测，由此作出正确的生产经营决策并采取相应的管理与技术措施，对医药商品生产经营活动进行合理的调整。医药商品信息获取准确性还要求所收集的信息要有较强的针对性，这样可以使决策者节省时间，缩短决策时间，进而提高医药商品生产经营的应变能力。

3. 及时性　收集医药商品信息应力求及时，并迅速作出反应，这样有利于在激烈的市场竞争中抓住有利时机，争取主动。因为获得信息时间的早晚，会给生产经营者的经济效益带来明显不同的影响。在市场竞争中，谁能抢先得到有用的相关信息，谁就有更大的把握获胜。

4. 系统性　医药商品信息收集工作也要努力做到系统性。系统性要求所收集的医药商品信息应一一对应地反映构成和影响医药商品及其运动的各个要素以及它们之间的关系。具体地说，所收集的情况和数据要完整和严密，要使信息的使用者通过这些形成体系的信息看到医药商品及其运动的全貌，以保证决策时减少失误；所收集的信息应事先根据系统的原则确定分类，再根据类别进行整理，以形成有组织、有条理的信息系统，从而方便利用；收集的信息还应注意连贯，时断时续地收集信息，很难达到掌握某种医药商品及其运动的变化趋势的目的。

（三）医药商品信息收集的常用方法

医药商品信息的收集包括原始资料的收集和现成资料的调查收集两个方面。现成资料是从企业内部和外部获取的已有资料，属于第二手资料。原始资料是通过实地调查得到的第一手资料。收集现成资料花时少，省费用，应充分利用。获取第一手资料则人力、财力、物力花费大，时间长，但针对性强，多用于医药企业进行市场预测和生产经营决策。

原始资料的调查一般分为三个阶段：①调查准备阶段，包括确定调查目的、内容与对象，制订调查计划，确定调查收集资料方法三个步骤；②正式调查阶段，包括检查调查前准备与设计调查表、进行实地调查两个步骤；③结果处理阶段，包括整理调查资料、写出调查分析报告两个步骤。

原始资料调查，按照其收集信息的形式，有普遍调查、重点调查、典型调查和抽样调查等几种。调查收集信息的方法有以下几种。

1. 询问法　是调查人员将拟定的调查事项以面谈、电话或书面形式向被调查者提出询问，以获得所需信息的方法。询问法在医药市场信息收集中应用广泛，主要形式有：入户访问、拦截访问、电话询问、邮寄询问等。

2. 观察法　是调查人员直接或通过仪器在现场观察和记录调查对象的行为反应

或感受的一种收集信息方法。在医药市场信息收集中经常使用此法。

3. 实验法　是指在一定条件下，通过实验对比，对某些变量之间的因果关系及其变化过程加以观察分析的一种方法。如将某一品种的药品改变其包装或价格或广告形式或改变销售渠道以后，对药品销售量的影响，先小范围实验，再决定是否推广。

4. 网络调查法　网络调查作为一种重要的现代调研技术和方法，如今得到越来越多的重视和运用。提高安全性是网络调查有待解决的一个重要问题。

二、医药商品信息的处理方法

（一）医药商品信息处理的概念

医药商品信息处理也称医药商品信息加工，是指将收集到的各类医药信息资料，按照一定的程序方法，通过判别、筛选、分类、排序、分析和再造等一系列过程，使之成为能够满足我们需要的商品信息资料的活动和过程，方便用户的使用。

医药商品信息处理的目的在于发掘信息的价值。信息处理是信息利用的基础，也是信息成为有用资源的重要条件。

（二）医药商品信息处理的重要性

1. 医药商品信息处理是商品调查的必要环节　在大量的原始信息中，不可避免地存在着一些虚假的信息，只有认真的筛选和判别，才能避免真假混杂。

2. 医药商品信息处理能够发现调查工作中的不足　最初收集的信息是一种初始的、凌乱的、孤立的信息，只有对这些信息进行分类和排序，才能有效地利用，才能使信息具有更高的使用价值。

3. 医药商品信息处理有利于提高医药商品信息的价值　通过医药商品信息处理和加工，可以创造出新的信息，才能使信息得到更有效的利用。

（三）医药商品信息处理的一般过程

鉴别、遴选可信信息　→　分类编码　→　制作图表　→　统计分析　→　编写报告

1. 鉴别、遴选可信信息　收集信息的质量直接决定着输出信息的质量，收集、整理的信息必须进行鉴别、遴选。首先，各个项目、属性、名称、词语要有明确统一的定义，以使各种信息之间有可比性；其次，对于各个属性要制定出属性值的描述模式，属性值有数值型和文字型两类。对于数值型属性值的描述模式，要注意规定计量单位与精度要求。对于文字型属性值的描述模式，应注意使用概括性强的描述符号，

并对每一符号的具体含义和界限范围作出明确规定。

2. 信息分类编码、制作图表、统计分析 信息加工主要包括筛选、分类排序、分析比较、整理统计、概括综合、鉴别编写等工作。其中分类排序是对原始信息进行初步整理，按其内容、时间、用途等标志分类，再编号登记。信息加工的目的是解决原始信息资料无序零乱、复杂多样、互无联系、量大模糊等矛盾，经过去粗取精、去伪存真的加工，提高信息的有序度、准确度、适用度和价值。分析比较是一种初步分析，从收集信息中分析有关因素的规律性，并与企业生产经营决策所需目标信息进行比较，若不符合要求则需再收集信息；整理统计是要通过这项工作将原始数据加工成系统的数据系列，概括综合要求工作人员经过研究分析，从复杂的数据、资料中；概括综合成符合企业要求的商品情报，鉴别编写是对整理的数据、资料的可信度进行鉴别，剔除不可信者，并对信息含量、时效、价值进行判断，按照企业用途，通过手工或计算机加工后形成新的有用信息。

3. 编写报告 对医药商品信息进行科学整理、分类比较，最后形成报告、报表、公文等形式。既能减轻信息加工、存贮、检索的工作量，又能提高信息的精度和适用性。

做好医药商品信息处理的措施包括：加强现场管理，对收集信息的鉴别，重视逻辑分析，数理分析的应用及全面系统的研究。

● ···· **章末小结** ·······································

1. 医药商品信息是指反映医药品生产与经营活动的信息、情报、数据资料。如药品的供应量、需求量、价格、品种数、市场占有率、知名度等。其有多种分类方法。

2. 医药商品市场信息收集前的准备工作：明确问题、目标；确定信息收集的内容、来源；设计收集信息的问卷；确定信息收集的进度、预算。

3. 医药商品信息收集的常用方法：询问法、观察法、实验法、网络调查法。

4. 医药商品信息处理是信息利用的基础，也是信息成为有用资源的重要条件。

5. 医药商品信息处理过程：鉴别、遴选可信信息；分类编码；制作图表；统计分析；编写报告。

（张春华）

第十二章
医药新产品的开发

学习目标

- 掌握新药的概念。
- 熟悉医药新产品开发的原理、程序、研发风险和成功条件。
- 了解新药的申报、审批、监测。
- 能够体会医药新产品开发的风险和意义。

情境导入

情境描述：

A医药企业致力于新药研发和推广，主要解决肺癌等恶性肿瘤治疗领域中未被满足的医疗需求。该医药企业致力于提高研发能力，持续加大研发投入，从2016年的1.6亿元，增长至2020年的7.4亿元，近五年的研发累计投入超25亿元，2018年内近一半的营业收入都投入了研发之中。研发上的重金投入，带来了丰厚的回报，该公司除了2款已上市产品外，有5款处于后期临床研究或已递交上市申请的药物，20余种临床早期或临床前候选药物。

学前导语：

产品要有竞争力，最基本的要求是能够满足市场的基础需求，如能高质量地满足市场的需求产品竞争力则更强。提高产品性能，避免同质化，提高竞争力，医药产品开发同样适用这条规律。

医药新产品的开发对于医药行业良性发展意义重大，本章内容将向大家介绍医药新产品开发的有关知识。

第一节　医药新产品概述

医药商品是与人们生命健康息息相关的商品。疾病谱的变化和耐药性的提高对医药商品开发的客观需求较一般产品更加迫切，不仅有较强的永续性要求，还有较为突出的时限性要求。只有不断地开发医药商品，才可能确保对新型疾病的有效预防和治疗，才可能使耐药性导致的疗效降低的药物被适时替代和更换，确保用药安全、有效、适当。

医药新产品是指第一次生产上市的医药商品，包括各类新药、新保健食品及新医疗器械等。

医药新产品一般具有以下特点：具有新的原理、构思和设计；采用新的原料；具有新的用途和新的功能，能满足消费者新的需求；能推广应用和提高经济效益。医药新产品的开发是人类最复杂的智力活动之一，也是衡量一个国家综合科技实力的一个重要标志。随着世界财富的增长和人口的老龄化，人们对健康的重视程度和支付能力不断提高，而已有的医药产品还远远不能满足社会的需求。现在癌症、糖尿病、阿尔茨海默病等患病率较高的疾病尚缺乏有效的治疗手段。统计分析发现，今后国际医药产品市场发展的取向和趋势可以概括为以下五点。

1. 适合老龄人口疾病特点的医药产品需求量增大。

2. 凡是能够缩短住院日，特别是能够改变住院治疗为门诊治疗的新药都有极好的发展前景。能提高生物利用度和便于服用的控释、缓释等药品将进一步发展。

3. 一些医疗领域尚缺乏高效、特效药物，从而为新药创制提供了机遇。

4. 以基因工程为核心的治疗用生物药品、诊断试剂、疫苗将迅速发展。

5. 非专利药品、预防性药品及与保健相关的医药产品将更受到人们的关注。

第二节　医药新产品的开发与管理

一、医药新产品开发概述

（一）医药新产品开发的战略

当前，医药商品市场竞争激烈，同一产品往往有数家甚至数十家企业在同时生产、经营，要使新产品能够异军突起，必须及早规划，制定详尽的开发战略。

1. 顺应市场的发展趋势　医药企业从新产品的立项开始，就要注意对医药产品市场进行细分，明确产品的潜在客户群体，并进行市场需求分析。注意选择临床上疗效高、应用范围广的药，注意选择具有开发潜力的"冷门"药，注意选择具有较高技术含量和预期效益的新药。医药产品是为人服务的，在其开发过程中，要注重新产品的创造性、新颖性，更要注重设计的人性化，从而针对性地制定出产品的最终形式，突出优势。

2. 结合企业自身对开发投资规模的承受力　医药新产品开发是一项非常复杂的工作，需要对科学技术、生产工艺、市场需求等方面进行研判，企业必须提前做好各项准备工作，储备创新型人才，引进先进技术手段，筹集充足资金，做好充分的市场调研分析。

（二）医药新产品开发的特点

1. 独创型　独创型开发，就是企业根据国内外市场情况和医疗要求，独自组织研究人员从事新产品的开发。通过这种开发模式，企业拥有独立产权，有利于抢占市场，国外许多著名的大企业都是依靠这种方式在竞争中取胜的。但是，这种方式费用高昂，风险大。

2. 引进型　引进型开发是指通过引进国内外比较先进的技术或材料，如购买专利，来研发自己的产品。采用这种模式开发新产品，能在相对较短的时间内开发出新产品，是一条迅速、有效的途径。日本就是沿用这种模式迅速成为世界医药大国的。

3. 综合型　将企业内外的技术力量结合起来，开发新产品。采用这种模式时，科学研究部分由科研机构或高等院校承担，企业将其研究成果实现规模化生产，也可以是企业和科研单位组成一个联合科研小组，共同攻关；或企业与研究单位签订技术合同，进行新产品技术转让。这种模式适合我国目前大多数科研单位经费不足而大多数企业科技力量不足的实际情况，是一种"优化组合"，有利于缩短新产品的开发周期。

◎ 案例分析 --

工作场景：

中医药是个伟大的宝库，是我国在自然科学领域最有优势、最具特色的学科。中药是开发新药的"金矿"，中药工业是我国新的经济增长点。医药开发要解决的关键问题之一就是疗效和剂型的改造，只有改变"丸散膏丹"给人们的"粗大黑"印象，中药才能真正被世界接受。值得一提的是，许多已进入销售平台期的中药通过疗效和剂型改革，取得了商品开发的理想效果。

讨论：

1. 说说你了解的中药。

2. 你有哪些好的医药开发的思路吗？

（三）医药新产品开发的程序

医药新产品的开发程序以新药为例，具体包括以下六个阶段。

1. 临床前试验　由制药公司进行实验室和动物研究，观察化合物对目标疾病的生物活性，同时对化合物进行安全性评估。

2. 申请临床研究　在临床前试验完成后，制药公司向国家药品监督管理局提交新药临床研究申请，获批后方可进行药物的人体试验。

3. Ⅰ、Ⅱ、Ⅲ期临床试验　Ⅰ期一般需要征集20~100名正常和健康的志愿者，主要研究药物的安全性，了解药物在人体内的吸收、分布、消除的规律；Ⅱ期一般需要征集100~500名相关患者，初步评价药物对目标适应证患者的治疗作用和安全性；Ⅲ期一般需要征集1 000~5 000名临床和住院患者，进一步验证药物对目标适应证患者的治疗作用和安全性。

4. 新药申请　通过前三期的临床试验，国家药品监督管理部门依照法定程序，对拟上市销售的药品安全性、有效性、质量可控性等进行系统评价。

5. 药物批准上市　一旦国家药品监督管理部门批准新药申请，该药物即可正式上市销售，供医生和患者选择。

6. 药物上市后监测　即Ⅳ期临床试验，新药上市后的进一步研究，目的是在广泛使用条件下考察其疗效和不良反应。

◎ 案例分析 --

工作场景：

2014年，中山大学医学院某课题组发现了一种被命名为M1的天然病毒。它可以选择性地感染并杀伤包括肝癌、结肠癌、直肠癌、膀胱癌、黑色素瘤在内的多种体外培养的癌细胞，而正常器官不受影响。消息被报道后，课题组每天都会收到许多癌症病患咨询，最多的一天收到了近280封邮件。有的肿瘤患者甚至主动上门，苦苦哀求要以志愿者身份参加人体病毒试验。你如何理解这一现象呢？

知识运用：

按照我国法律规定，新药研发需通过产品研制，临床前实验，临床Ⅰ、Ⅱ、Ⅲ期试验、申请注册新药等阶段，才可以上市销售，用于临床治疗患者。在科学发现面前，癌症患者家属及社会公众还需保持冷静，给科研人员营造静心研究的环境。

二、医药新产品开发原理

（一）医药新产品开发的市场调研

医药新产品开发的市场调研是根据市场预测、决策等的需要，运用科学的方法，有目的、有计划地搜集、整理、分析有关医药产品市场信息，为市场预测和企业决策提供依据的一系列活动过程。医药新产品的开发，不能盲目地仅仅得到新产品，而是要求推向市场的都是有竞争优势和市场前景的产品，尽可能地保证有前途的创意和产品设计不被遗漏，同时保证没有前途的产品尽早地被淘汰，避免资源浪费。

1. 医药新产品开发市场调研的意义

（1）了解医药产品市场的情况，更好地满足消费者需求：通过对医药产品市场购买力、消费水平、消费结构、消费趋势等调研，了解医药市场需求总量及需求结构；通过对医药产品生产、库存、进口等货源的调研，了解市场的供应情况。企业可以根据实际情况，开发适销对路的医药新产品，更好地满足消费者需求。

（2）有利于发挥潜在的竞争优势，为新产品概念的形成提供指导：通过市场调研可以使医药企业充分认识市场状况，获取竞争者的信息，掌握医药市场的发展规律，发现消费者的潜在需求，从而根据企业本身的实力情况，指导新产品概念的形成。

（3）有利于确定开发策略，评估项目前景、风险与可行性：新产品开发应该是一个系统的有计划性地开展的工作，投入多少资金和资源、耗费多长时间、开发出什么样的产品、达到什么样的财务目标，在项目运行初期和全过程中都是应该考虑的。市场调研的方法可以有效地衡量一个构思中的产品的市场前景、风险与可行性。

2. 医药新产品开发市场调研的方法

（1）观察法：观察法是信息收集人员亲自到经济活动现场，或借助一定的设备，对信息收集对象的活动进行观察并如实记录的收集方法。这种方法既可以用来收集消费者信息，也可以用来了解竞争对手的情况。

（2）询问法：通过与信息收集对象进行直接交流来获取信息的方法被称为询问法。在市场调研中，询问法是使用较为普遍的一种信息收集方法。该方法主要用于了解观念性或概念性的信息。根据交流方式的不同，询问法可以分为访谈调研和问卷调研两大类。

（3）实验法：实验法是将所要调研和解决的问题置于一定的市场条件下进行小规模试验，收集市场资料，测定其整体实施效果的一种方法。如新产品的销售试验（试用）、小批量产品的试销等。

3. 医药新产品开发市场调研的步骤　市场调研是一种有计划、有组织的活动，必须遵行一定的工作程序，才能有条不紊地实施调研，取得预期的效果。

（1）确定调研的主题和目标：市场调研的第一步是确定具体研究的问题。设计调研方案之前，必须围绕选定的课题进行一些探索性调研研究，通过初步探索，正确地确定市场调研的起点和重点，确定调研主题。通过确定调研目标，可以明确为什么要调研，调研什么问题，具体要求是什么，搜集哪些资料等。只有明确目标才能确定调研对象、内容和采取的方式、方法。

（2）设计调研方案：市场调研方案是整个医药市场调研工作的行动纲领，科学设计调研方案是保证市场调研取得成功的关键。药品市场调研方案一般包括以下主要内容：确定具体调研项目；确定收集资料的方法；确定调研对象和范围；确定资料整理和分析的方法；确定调研预算；组织人员和安排工作进度。

（3）实施调研：①搜集二手资料，通常是市场调研中获取信息的第一步。具体方法有直接查阅、索取、交换、购买以及通过情报网搜集和复制等。②搜集一手资料，一手资料的搜集方法又称实地调研法或直接调研法。实地调研是调研人员进行现场搜集资料的过程，是市场调研的主体，也是调研能否成功的关键。实地调研的方法有询问法、观察法和实验。③整理和分析调研资料，主要任务是对市场调研收集到的资料进行鉴别与整理，制定统计表和统计图，并对整理后的市场资料做统计分析和开展研究。医药市场信息资料大多是零散的，通过调研资料的整理和分析，达到去粗取精、去伪存真的目的，提高资料的准确性、针对性和适用性。④撰写市场调研报告，是市场调研最后阶段的主要任务，即总结调研工作，评估调研结果，是用文字、图表的形式反映调研内容和结论的书面材料，是整个调研研究成果的集中体现，是制定医药新产品开发决策的依据。

开发一种治疗心脑血管疾病的药物的市场调研思路

1. 了解心脑血管类药物的市场总容量以及主要同类品种的年销售量等，对产品的市场前景有一个大致的判断。

2. 分析医生和患者的用药心理和行为习惯。通过对医生和患者的调研得知，心脑血管疾病患者在急性发作期一般在医院住院治疗，这一阶段大量使用注射剂、吸入剂、舌下含服剂等。而疾病控制后有一段相当长的缓解恢复期，这一阶段主要使用口服制剂，而且由于长期服药，患者喜欢每日服用次数较少的中长效固体制剂。因此，开发的新产品可以是速效的注射剂、吸入剂、舌下含服剂，也可以是中长效的口服固体剂型，如缓释胶囊或片剂，而不能选择颗粒剂、口服液之类的剂型。

3. 分析市场上类似品种的信息，包括产品成分、功效、不良反应、剂型、服用方法、价格、包装等各方面的产品特征，分析优缺点，确保设计的新产品具有足够的综合优势。

（二）医药新产品开发的风险

医药新产品开发周期长、投入大、科技含量高，开发成功与否受多方面因素的影响。新药研发作为技术创新具有高风险、低成功率的特点。结合新药研发的实际情况，新药研发的风险可以分为技术风险、财务风险、管理风险、生产风险、环境风险、市场风险6类。

1. 技术风险　是指以现有的技术能力能否完成对新药项目的研制，其来源于两方面：一方面是对于创新药物的开发，由于技术本身还存在若干缺陷而使药品开发面临可能失败的风险，包括技术上的不确定性、药品生产和售后服务的不确定性、技术效果的不确定性、技术寿命的不确定性。新药研发的技术风险另一方面的原因是科学技术的发展，使得技术的后果面临新的风险。

2. 财务风险　高投入意味着高风险，但不一定有高回报。通常新药研发过程中在财务上有可能出现如下问题：①由于决策者盲目决策，在项目立项过程中，没有科学地进行投资可行性分析，净现金流为负值；②在项目决策时没有事先做好资金和融资渠道的筹划准备，造成新药研发项目的失败，导致前期投入无法收回；③融资渠道选择不当，使得技术创新的资金成本上升，降低了技术创新的收益；④资金分配、运用不合理，企业或组织未能根据自身的特点和发展阶段合理地分配使用资金；⑤在项目决策时对项目阶段划分不细，未能做好对具体项目的资金使用计划，使得项目中途无以为继。

3. 管理风险　即项目的管理能否有效保障项目的顺利组织实施，它是指由于项目的有关各方面关系不协调以及管理不善等引起的风险，包括新药研发过程管理的方方面面。管理风险可以用项目的决策者素质、管理激励体制、进度风险、进入市场时机等指标来衡量。

4. 生产风险　是指在现有的生产条件下能否实现对药品的制造。生产过程中产生的风险可以用两个指标来衡量，一是项目所用的原材料能否顺利采购以及采购的原材料能否达到要求的指标；二是生产能力能否满足最终的合同要求。生产风险应根据制药企业的自身情况具体对待。

5. 环境风险　是指由于新药研发项目环境的制约及变化而造成财产损失和损害以及人员伤亡的风险，具体可分为地理环境风险、法律法规风险以及政治风险等。药品是特殊商品，与人类的健康息息相关，因此新药研发必须遵循一定的法律法规，进入市场也有相关的法规限制。

6. 市场风险　市场风险可能有以下几个方面：①市场范围及消费者接受程度所带来的风险：准确地分析市场需求，选择合适的药品适应证范围至关重要，范围过宽会增加市场营销策划、组织、实施、控制的难度，使营销成本上升，范围过窄则不能充分挖掘市场潜力。②产品定价风险：新药的定价是一项难度很大的工作，一方面是由于新药的市场需求特点差异很大，没有可以照搬的模式；另一方面新药的市场需求也比较难以确定。③产品替代风险。

从实验室研究到新药上市是一个漫长的历程，要经过合成提取、生物筛选、药理、毒理等临床前试验，制剂处方及稳定性试验，生物利用度测试和放大试验等一系列过程，还需要经历人体临床试验、注册上市和售后监督等诸多复杂环节，如此复杂的过程会出现许多令人无法预料的情况，每一个阶段都有可能失败，一旦企业开发失败，就会使其巨额投入血本无归。

（三）医药新产品开发的成功条件

1. 认真全面的市场调研　包括科学技术新动向、消费者需求变化趋势、竞争对手的新产品开发情况等。

2. 医药企业要有足够的开发能力　领导者的重视、雄厚的技术和资金支持、优秀的合作团队，这些都是医药新产品开发不可或缺的重要因素。

3. 产品本身要有独特的风格。

4. 上市时机要恰当　时机不成熟或错失良机都可能导致前功尽弃。

三、药品注册管理

（一）药品注册的概念

药品注册是指国家药品监督管理部门根据药品注册申请人的申请，依照法定程序，对拟上市销售药品的安全性、有效性、质量可控性等进行审查，并决定是否同意其申请的审批过程。

（二）新药注册分类

目前，我国新药注册分类包括中药和天然药物、化学药品、生物制品三大部分。

1. 中药、天然药物注册分类

（1）未在国内上市销售的从植物、动物、矿物等物质中提取的有效成分及其制剂。

（2）新发现的药材及其制剂。

（3）新的中药材代用品。

（4）药材新的药用部位及其制剂。

（5）未在国内上市销售的从植物、动物、矿物等物质中提取的有效部位及其制剂。

（6）未在国内上市销售的中药、天然药物复方制剂。

（7）改变国内已上市销售中药、天然药物给药途径的制剂。

（8）改变国内已上市销售中药、天然药物剂型的制剂。

（9）仿制药。

2. 化学药品注册分类　《化学药品注册分类改革工作方案》（国家食品药品监督管理总局2016年第51号文件，2016年3月4日发布实施）对化学药品注册分类类别进行调整，化学药品新注册分类共分为5个类别，具体如下。

1类：境内外均未上市的创新药。指含有新的结构明确的、具有药理作用的化合物，且具有临床价值的药品。

2类：境内外均未上市的改良型新药。指在已知活性成分的基础上，对其结构、剂型、处方工艺、给药途径、适应证等进行优化，且具有明显临床优势的药品。

3类：境内申请人仿制境外上市但境内未上市原研药品的药品。该类药品应与原研药品的质量和疗效一致。

原研药品指境内外首个获准上市，且具有完整和充分的安全性、有效性数据作为上市依据的药品。

4类：境内申请人仿制已在境内上市原研药品的药品。该类药品应与原研药品的质量和疗效一致。

5类：境外上市的药品申请在境内上市。

🔗 知识链接 ·····································

磺胺类药物的研发过程

1932年，德国化学家合成了一种名为"百浪多息"的红色染料，因其中包含一些具有消毒作用的成分，所以曾被零星用于治疗丹毒等疾患。然而它在试管内却无明显的杀菌作用，因此没有引起医学界的重视。同年，德国生物化学家格哈特·杜马克发现，"百浪多息"对于感染溶血性链球菌的小白鼠具有很高的疗效，对兔、狗同样有效。这时，他的女儿得了链球菌败血病，奄奄一息，他在焦急不安中，决定使用"百浪多息"，结果女儿得救。后来，巴黎巴斯德研究所的特雷富埃尔和他的同事对"百浪多息"的有效成分进行分析，分离出"氨苯磺胺"。"磺胺"的名字很快在医疗界广泛传播开来。1937年制出了"磺胺吡啶"，1939年制出了"磺胺噻唑"，1941年制出了"磺胺嘧啶"……这样，医生就可以在一个"人丁兴旺"的"磺胺家族"中挑选适用于治疗各种感染的药了。1939年，格哈特·杜马克被授予诺贝尔生理学或医学奖。

3. 生物制品注册分类

（1）未在国内外上市销售的生物制品。

（2）单克隆抗体。

（3）基因治疗、体细胞治疗及其制品。

（4）变态反应原制品。

（5）由人的、动物的组织或者体液提取的，或者通过发酵制备的具有生物活性的多组分制品。

（6）由已上市销售生物制品组成新的复方制品。

（7）已在国外上市销售但尚未在国内上市销售的生物制品。

（8）含未经批准菌种制备的微生态制品。

（9）与已上市销售制品结构不完全相同且国内外均未上市销售的制品（包括氨基酸位点突变、缺失，因表达系统不同而产生、消除或者改变翻译后修饰，对产物进行化学修饰等）。

（10）与已上市销售制品制备方法不同的制品（例如采用不同表达体系、宿主细胞等）。

（11）首次采用DNA重组技术制备的制品（例如以重组技术替代合成技术、生物组织提取或者发酵技术等）。

（12）国内外尚未上市销售的由非注射途径改为注射途径给药，或者由局部用药改为全身给药的制品。

（13）改变已上市销售制品的剂型但不改变给药途径的生物制品。

（14）改变给药途径的生物制品（不包括上述12项）。

（15）已有国家药品标准的生物制品。

（三）新药的监测

国家药品监督管理局根据保护公众健康的要求，可以对批准生产的新药品种设立监测期。监测期自新药批准生产之日起计算，最长不得超过5年。监测期内的新药，国家药品监督管理局不批准其他企业生产、改变剂型和进口。药品生产企业应当考察处于监测期内的新药的生产工艺、质量、稳定性、疗效及不良反应等情况，并每年向所在地省、自治区、直辖市药品监督管理部门报告。

● ····· 章末小结 ···

1. 医药新产品是指第一次生产上市的医药商品，包括各类新药、新保健食品及新医疗器械等。

2. 老龄人口疾病所需的医药产品、基因类医药产品等是医药新产品开发的重要领域。

3. 新药是指未曾在中国境内外上市销售的药品，已上市药品改变剂型、改变给药途径的，按照新药管理。

4. 医药新产品开发的战略是顺应市场趋势，结合自身实际。

5. 医药新产品开发包括独创型、引进型、综合型三种模式。

6. 药品注册是指国家药品监督管理部门根据药品注册申请人的申请，依照法定程序，对拟上市销售药品的安全性、有效性、质量可控性等进行审查，并决定是否同意其申请的审批过程。

7. 我国新药注册分类包括中药和天然药物、化学药品、生物制品三大部分。

一、 多项选择题

1. 根据新药的定义，新药可以分为（   ）

   A. 中药   B. 天然药物   C. 化学药品

   D. 生物制品   E. 医疗器械

2. 按新药注册申请管理的情况有（   ）

   A. 未曾在中国境内外上市销售的药品

   B. 已上市药品改变剂型

   C. 已上市药品改变给药途径

   D. 已上市药品增加新适应证

   E. 已有国家药品标准的原料药或者制剂

二、 简答题

1. 新药研发的风险有哪些?

2. 简述医药新产品的特点。

3. 简述新药注册分类。

（丁　方）

下篇

各论

第十三章
常用抗感染及抗肿瘤药

学习目标

- 掌握常用抗生素类和人工合成抗菌类药的作用与应用、不良反应、用药指导。
- 熟悉一线抗结核类、常用抗真菌类和抗肿瘤类药的作用与应用、不良反应、用药指导。
- 了解抗寄生虫、抗麻风病类药的作用与应用。

情境导入

情境描述：

  秋冬季节交替患感冒人数激增，小李在药店上班时遇到一位顾客前来购药，自述有发热、流黄涕、咳嗽等症状，需要开抗生素进行治疗。小李询问该顾客是否有医生开具的处方，顾客回答没有。小李告知顾客抗生素属于处方药，需要执业医师或执业助理医师的处方才能购买，自己作为药师没有处方权，请顾客前去诊所或医院就诊。

学前导语：

  抗生素是本次工作学习中重要的一个章节，抗生素这一伟大的医药发明现在由于滥用已经成为威胁全球公共卫生的因素之一。因此，学好本章内容有助于本专业学生奠定扎实的合理用药基础，给予患者正确的用药指导，让抗生素发挥它强大的作用，继续成为人类健康的守护者。

第一节　抗生素类药

　　抗生素是指由微生物（包括细菌、真菌、放线菌属等）产生的具有抑制或杀灭其他微生物的物质。

　　抗生素分为天然抗生素和人工半合成抗生素两类。前者由微生物培养液中直接提取而获得，后者是对前者进行结构改造之后获得的。

　　抗生素根据化学结构的不同可以分为：β-内酰胺类、氨基糖苷类、大环内酯类、四环素类、酰胺醇类和其他类。

一、β-内酰胺类抗生素

（一）青霉素类

1. 青霉素

【别名】盘尼西林

【作用与应用】本品属于繁殖期杀菌药，对革兰氏阳性（G^+）菌作用较强，对革兰氏阴性（G^-）菌作用弱甚至无效。其抗菌谱为：①大多数革兰氏阳性（G^+）菌，如肺炎链球菌、敏感金黄色葡萄球菌、溶血性链球菌、甲型溶血性链球菌等；②G^+杆菌，如白喉棒状杆菌、炭疽杆菌、破伤风杆菌等；③革兰氏阴性（G^-）菌，如脑膜炎奈瑟菌、淋病奈瑟菌等；④螺旋体、放线菌。

【不良反应】本品的主要不良反应为过敏反应。当治疗梅毒、钩端螺旋体感染时可由于病原体被大量杀死释放出的物质引发赫氏反应。青霉素大剂量或者鞘内注射时可发生反射亢进、抽搐、幻觉、昏睡等神经精神症状，严重时可发生青霉素脑病。

【用药指导】用药前详细询问患者有无过敏史，对青霉素过敏者禁用，如无过敏史方可进行青霉素皮试。初用、间隔3天以上或者换批号者必须做皮试。青霉素遇酸、碱、醇、重金属离子、氧化剂均易被破坏，应避免配伍。避免饥饿注射，使用时现用现配，注射过程中如果出现过敏反应立即停止使用该药物，并进行抢救，首选药物为肾上腺素，必要时可加入糖皮质激素和抗组胺药。注射完毕需观察30分钟，无反应方可离开。

2. 青霉素V

【别名】青霉素V钾、苯氧甲基青霉素

【作用与应用】本品属于耐酸青霉素类，常用钾盐。口服不易被破坏，且吸收不受胃内食物的影响。抗菌谱与青霉素类似，作用不及青霉素，常用于预防感染或轻度感染。

【不良反应】青霉素钾盐静脉大剂量注射时可出现高钾血症，患者容易发生心律失常，故钾盐禁止静脉推注。

【用药指导】同青霉素。

3. 苯唑西林

【别名】新青霉素 II

【作用与应用】本品属于耐酶青霉素类。主要用于耐青霉素的金黄色葡萄球菌感染。

【不良反应】【用药指导】同青霉素。

4. 阿莫西林

【别名】羟氨苄青霉素

【作用与应用】本品属于广谱青霉素类，耐酸，不耐酶。与克拉霉素、奥美拉唑合用抑制和杀灭幽门螺杆菌，治疗胃及十二指肠溃疡。

【不良反应】【用药指导】同青霉素。

5. 哌拉西林

【别名】氧哌嗪青霉素

【作用与应用】本品属于抗铜绿假单胞菌青霉素类，不耐酸，需注射给药。适用于铜绿假单胞菌和敏感革兰氏阴性菌所致的尿路感染、败血症、呼吸道感染、胆道感染等。

【不良反应】【用药指导】同青霉素。

6. 美洛西林

【别名】美洛林、磺唑氨苄青霉素

【作用与应用】本品属于抗革兰氏阴性杆菌类青霉素，对该类细菌的抗菌作用较强。对大肠埃希菌感染者疗效好。

【不良反应】【用药指导】同青霉素。

🔗 知识链接 ··

青霉素的发展史

1928 年英国细菌学家弗莱明在培养葡萄球菌的平板培养皿中发现，被某未知霉菌污染的周围没有葡萄球菌生长，形成一个无菌圈，后来人们称这种现象为抑菌圈。弗莱明意识到这是由于霉菌分泌了一种能够杀死葡萄球菌或阻止葡菌球菌生长的物质所致，他将这种物质取名为青霉素，但受当时的技术制约没有提取出青霉素单体。

1940年前后英国病理学家弗洛里和德国化学家钱恩开始了青霉素提取，弗洛里从飞行员在世界各地机场带回的泥土中分离出青霉菌菌种，极大地提升了青霉素的产量。最终二人利用冷冻干燥法成功提取了青霉素晶体。

1943年制药公司开始大批量生产青霉素，此时正处于二战末期，青霉素拯救了无数士兵的生命，并于战后得到非常广泛的应用。

1944年我国农业微生物学家樊庆笙带着三支青霉素菌种沙土管历经艰难回到中国，开始了青霉素的生产、提取和临床试验工作，终于在同年年底第一批中国制造的5万单位/瓶盘尼西林面世。

1945年弗莱明、弗洛里和钱恩因"发现青霉素及其临床效用"而共同荣获诺贝尔生理学或医学奖。

（二）头孢菌素类

头孢菌素类可根据研发时间、抗菌谱、抗菌活性、对酶的稳定性以及肾毒性分为五代。详见表13-1。

表13-1 头孢菌素类的作用特点及用途

分代	代表药	抗菌活性			酶稳定性	肾毒性	作用及用途
		G+菌	G-菌	铜绿假单胞菌			
一代	头孢氨苄（先锋霉素Ⅳ） 头孢羟氨苄 头孢唑林（先锋霉素Ⅴ） 头孢拉定（先锋霉素Ⅵ） 头孢噻吩	+++	+	−	+	++	敏感菌所致呼吸道、软组织、尿路等感染

分代	代表药	抗菌活性			酶稳定性	肾毒性	作用及用途
		G⁺菌	G⁻菌	铜绿假单胞菌			
二代	头孢孟多酯钠 头孢呋辛 头孢克洛	++	++	−	+	+	敏感菌所致呼吸道、皮肤软组织、胆道及尿道感染
三代	头孢噻肟 头孢他啶 头孢曲松钠 头孢哌酮 头孢克肟	+	+++	++/+	++	−	敏感肠杆菌科细菌等革兰氏阴性杆菌所致严重感染
四代	头孢匹罗 头孢匹胺钠 盐酸头孢吡肟	++	+++	+	+++	−	对三代头孢菌素耐药的细菌感染
五代	头孢洛林酯 头孢吡普	+++	+++	−	+++	−	社区获得性肺炎、复杂性皮肤和皮肤组织感染；对MRSA有较强的抗菌作用

【不良反应】常见不良反应为过敏反应。大剂量使用一代、二代头孢菌素可出现肾毒性。部分患者在用药期间或用药后1周内，饮酒后会出现面部潮红、皮肤瘙痒、头痛腹痛等，甚至眩晕、低血压、休克等双硫仑样作用。

【用药指导】与青霉素有交叉过敏现象，对青霉素过敏的患者慎用。使用一代、二代头孢菌素类药物时应注意观察尿量及尿液颜色的改变，长期使用时应定期做肾功能检查。不得与同样具有肾毒性的氨基糖苷类、万古霉素等药物联合使用，肾功能不全患者慎用。在用药期间、用药1周内避免饮酒及含酒精类饮品或同服含酒精药物。

1. 头孢氨苄

【别名】先锋霉素Ⅳ、福林

【作用与应用】属第一代头孢菌素类。对除肠球菌、耐甲氧西林葡萄球菌外的大部分革兰氏阳性球菌，包括肺炎链球菌、溶血性链球菌、产或不产青霉素酶葡萄球菌等敏感。对部分革兰氏阴性菌，包括大肠埃希菌、奇异变形杆菌、肺炎杆菌、沙门菌属、志贺菌属等，有一定抗菌作用。可用于敏感菌所致的急性扁桃体炎、咽喉炎、鼻窦炎、中耳炎、支气管炎、肺炎等呼吸道、尿道及皮肤软组织感染。

【不良反应】服药后可出现恶心、呕吐、腹泻、食欲缺乏。少数患者可出现肾功能损害，主要表现为肌酐、尿素氮值增高。少数患者可出现药热、药疹，偶见过敏性休克。

【用药指导】胃肠道反应明显者饭后服用。肾功能减退者禁用或者减量服用。青霉素过敏者禁用。

2. 头孢呋辛

【别名】头孢呋肟

【作用与应用】属第二代头孢菌素类。对革兰氏阳性菌的抗菌作用低于第一代头孢菌素，但对葡萄球菌和革兰氏阴性杆菌，如流感嗜血杆菌、淋球菌、脑膜炎球菌、大肠埃希菌、肺炎克雷伯菌、奇异变形杆菌、柠檬酸杆菌、沙门菌属、志贺菌属等细菌的作用强于第一代头孢菌素。主要用于敏感的革兰氏阴性菌所致的下呼吸道、泌尿生殖道、皮肤软组织、骨关节感染。

【不良反应】静脉给药以皮疹多见，约5%患者血清氨基转移酶增高，偶见假膜性小肠结肠炎、嗜酸性粒细胞增多、血胆红素升高、血红蛋白降低、肾功能改变。

【用药指导】避免肌内注射引起的局部疼痛时可用1%的利多卡因溶解本药后使用。对青霉素过敏者禁用，发生过敏反应后应立即停止注射。

3. 头孢噻肟

【别名】头孢氨噻肟

【作用与应用】属第三代头孢菌素类。对革兰氏阳性菌作用比第一代头孢菌素稍弱，对链球菌（肠球菌除外）抗菌作用较强，对革兰氏阴性菌的抗菌作用较强。对奈瑟菌、革兰氏阴性杆菌及部分厌氧菌具有广谱抗菌作用。对脑膜炎球菌、大肠埃希菌、肺炎克雷伯菌、奇异变形杆菌、肠杆菌属、柠檬酸杆菌、沙门菌属、志贺菌属等）产生的β-内酰胺酶相对稳定。主要用于治疗血液病合并感染患者，还可用于治疗下呼吸道感染，泌尿生殖系统感染，腹腔感染，骨、关节、皮肤及软组织感染等。

【不良反应】以过敏反应和胃肠道反应多见。过敏反应表现为皮疹、荨麻疹、红斑、药热等，胃肠道反应表现为腹泻、恶心、呕吐、食欲减退等。

【用药指导】对青霉素过敏者禁用。不可与氨基糖苷类在同一注射容器中注射。不可与高效能利尿药（如呋塞米）联合应用，以免造成肾功能损害。

（三）其他 β- 内酰胺类

1. 碳青霉烯类

【作用与应用】本类药物具有抗菌谱广，对革兰氏阳性菌和革兰氏阴性菌均有效，抗菌活性强大，对 β- 内酰胺酶稳定等优点。主要用于多重耐药菌引起的严重感染以及严重的需氧菌和厌氧菌混合感染。

【不良反应】大剂量应用可引起肾损害以及头痛、惊厥、抽搐等中枢神经系统反应。

【用药指导】本品无法透过血脑屏障不适用于脑膜炎。亚胺培南在体内可被肾脱氢肽酶水解灭活，故需与肾肽酶抑制剂西司他丁按 1:1 联合应用才能发挥作用。临床常用帕尼培南与倍他米隆的复方制剂，倍他米隆可阻断肾皮质摄入帕尼培南而减轻帕尼培南的肾毒性。

2. 头霉素类

【作用与应用】本类药物抗厌氧菌作用强大。主要用于治疗需氧菌和厌氧菌引起的腹腔、盆腔、妇科的混合感染。

【不良反应】主要见皮疹、静脉炎。

【用药指导】头霉素类药物与其他具有肾毒性药物合用可能增加肾毒性，应谨慎使用。头孢米诺和头孢美唑影响酒精代谢，可使血中乙醛浓度上升，产生双硫仑样作用，在用药期间、用药1周内避免饮酒及含酒精类饮品或同服含酒精药物。

3. 氧头孢烯类 该类药物抗菌谱广，对革兰氏阴性菌作用强，对 β- 内酰胺酶稳定。临床常用于治疗呼吸道、尿道、妇科感染以及脑膜炎、败血病等。

4. 单环 β- 内酰胺类 该类药物对革兰氏阴性菌作用强大，耐酶，毒性较低。主要用于呼吸道、尿道、妇科感染以及脑膜炎、败血病的治疗。

（四）β- 内酰胺酶抑制剂

β- 内酰胺酶是一种可使 β- 内酰胺环结构破坏而失去抗菌活性的酶，是细菌对抗生素耐药的一个重要原因。β- 内酰胺酶抑制剂本身没有很强的抗菌活性，但是该类药物可以抑制该酶破坏 β- 内酰胺环，恢复或提升细菌对 β- 内酰胺类药物的敏感性。

常用的 β- 内酰胺酶抑制剂主要有克拉维酸钾、舒巴坦、他唑巴坦三种。

1. 克拉维酸

【别名】棒酸

【作用与应用】最早的天然广谱β-内酰胺酶抑制剂。可与多数的β-内酰胺酶牢固结合，生成不可逆的结合物。临床上单独应用无效，常与青霉素类药物联合应用，如制成复方制剂阿莫西林克拉维酸钾（奥格门汀）用于克服细菌由于产生β-内酰胺酶而引起的耐药性，提高抗菌作用。

【不良反应】常见胃肠道反应表现为恶心、呕吐、腹泻等。过敏反应表现为皮疹、发热、支气管哮喘。偶见血清氨基转移酶、嗜酸性粒细胞增多和二重感染。

【用药指导】本品毒性小，不良反应少见。对青霉素过敏者禁用。

2. 舒巴坦

【别名】舒巴克坦、青霉烷砜钠

【作用与应用】为半合成不可逆竞争型β-内酰胺酶抑制剂。通过竞争而抑制β-内酰胺酶Ⅱ、Ⅲ、Ⅳ、Ⅴ等型（对Ⅰ型酶无效）对青霉素和头孢菌素类的破坏，而达到增强抗菌作用，对革兰氏阳性及阴性菌（除铜绿假单胞菌外）所产生的β-内酰胺酶均有抑制作用。单独使用仅对淋球菌和脑膜炎球菌感染有效，很少单独使用，多与氨苄西林、头孢哌酮、哌拉西林、美洛西林等联合治疗敏感细菌所致的呼吸道、尿道、腹腔内、皮肤软组织、眼耳鼻喉科和骨关节感染，以及败血症、脑膜炎、妇产科感染等。

【不良反应】常见的有注射区疼痛、腹泻、静脉炎。肝脏毒性，表现为血清氨基转移酶、碱性磷酸酶、乳酸脱氢酶升高。偶见过敏反应，表现为皮疹、药热、面部潮红或苍白、气喘、心悸、胸闷、腹痛，严重者可出现过敏性休克。

【用药指导】舒巴坦常与β-内酰胺类制成复方制剂，对青霉素过敏者禁用。注射给药时应注意控制时间和速度，减轻患者的疼痛感并预防静脉炎的发生。老年患者及肾功能减退者须适当减量或延长给药时间间隔。

3. 他唑巴坦

【别名】三唑巴坦

【作用与应用】为舒巴坦的衍生物。对β-内酰胺酶的抑制性强于舒巴坦和克拉维酸，只有弱的抗菌活性，抗酶谱广。用于治疗对该品敏感的产β-内酰胺酶细菌引起的上呼吸道、下呼吸道、泌尿系统等中、重度感染。

【不良反应】最常见的是胃肠道反应，表现为恶心、呕吐、稀便、腹泻。过敏反应，表现为斑丘疹、荨麻疹、嗜酸性粒细胞增多和药物热。个别病例长期使用该品导致可逆性中性粒细胞减少症、血小板减少、凝血酶原时间延长、凝血酶原活力降低，出现凝血异常，可用维生素K预防和控制。肝功能异常表现为急性肝炎，谷丙转氨酶、谷草转氨酶升高，黄疸等。其他不良反应有头痛、寒战、发热、输注部位疼痛和静脉炎。

【用药指导】在使用本品前，应询问患者对青霉素类药物、头孢类药物、β-内酰胺酶抑制剂有无过敏史，并进行皮肤敏感试验，呈阳性者禁用。治疗中如发生过敏反应，应立即停药。严重过敏反应者，应立即给予肾上腺素急救，给氧与静脉注射皮质激素类药物。肝功能不全患者，使用该品时需调整用药剂量与给药间隔，并应监测血药浓度。凝血功能障碍者慎用，注意防止出血。长时间使用该药时，应定期检查患者肝肾功能及血象。

二、氨基糖苷类抗生素

氨基糖苷类是由氨基糖与氨基环醇以苷键相连接成苷的一类药物。主要包括天然抗生素和半合成抗生素两大类。前者包括链霉素、卡那霉素、庆大霉素、妥布霉素、新霉素等。后者包括阿米卡星、奈替米星等。

（一）氨基糖苷类抗生素的共性

【理化性质】氨基糖苷类为强的有机碱，在碱性环境下抗菌活性可增强。易溶于水，性质较稳定，解离度大，脂溶性强。

【体内过程】本品因极性和解离度均较大，口服难吸收，全身感染多采用肌内注射给药，吸收迅速而完全。氨基糖苷类药物血浆蛋白结合率低，消除时间快，作用时间短。药物穿透力弱，主要分布在细胞外液，不易透过血脑屏障，可通过胎盘屏障，孕妇慎用。约90%以原型经肾排泄，故尿中药物浓度高，有利于尿路感染的治疗。

【抗菌作用】氨基糖苷类抗生素主要作用于细菌蛋白质的合成过程，合成异常蛋白，阻碍已合成蛋白的释放，使细菌细胞膜通透性增加，导致一些生理物质的外漏，引起细菌死亡。本类药物对静止期细菌的杀灭作用较强，为静止期杀菌剂，且具有较长的抗菌后效应。

氨基糖苷类的抗菌谱主要是革兰氏阴性杆菌，包括大肠埃希菌、克雷伯菌属、肠杆菌属、变形杆菌属、沙雷菌属、不动杆菌、志贺菌属、产碱杆菌属、沙门菌属、柠檬酸杆菌等。本类药物中有些对铜绿假单胞菌、金黄色葡萄球菌和结核分枝杆菌有效。

【临床用途】主要用于敏感需氧阴性杆菌所致的全身感染以及呼吸道、尿道、皮肤软组织、胃肠道、骨关节感染及烧伤、创伤感染等。对脑膜炎、肺炎、败血症等严重感染单用效果欠佳，需联合应用其他抗阴性杆菌的抗菌药，如广谱半合成青霉素、第三代头孢菌素及氟喹诺酮类等。此外，链霉素、卡那霉素可作为结核病的治疗药物。

【不良反应】氨基糖苷类主要的不良反应包括耳毒性、肾毒性、过敏反应、神经肌肉接头阻断作用。耳毒性，表现为耳蜗神经和前庭神经的损害，耳蜗神经损害可表现为听力下降、耳鸣，甚至耳聋。前庭神经损害，表现为眩晕恶心、呕吐、眼球震颤、平衡障碍、共济失调等。肾毒性，表现为尿量减少、血尿、蛋白尿，严重时可出现无尿、肾衰竭。过敏反应主要是在使用链霉素时，表现为皮疹、发热，严重的可发生过敏性休克。神经肌肉接头阻断作用可引起心脏抑制、血压下降、四肢无力、呼吸衰竭等症状。

【用药指导】本类抗生素之间禁止合用，以免增强毒性。用药时注意做好听力检测，告知患者若出现耳鸣、听力减退等症状马上停止使用药物。避免大剂量腹腔、胸腔给药或者静脉滴注速度过快，也不可与肌肉松弛药及麻醉药联合使用，若出现神经肌肉接头阻断症状可使用新斯的明和葡萄糖酸钙进行解救。长期使用氨基糖苷类药物时应定期做听力、肾功能检查。

（二）常用氨基糖苷类抗生素

1. 庆大霉素

【别名】正泰霉素

【作用与应用】对大肠埃希菌、产气杆菌、肺炎克雷伯菌、变形杆菌、铜绿假单胞菌、沙雷杆菌等革兰氏阴性菌敏感，对金黄色葡萄球菌有一定敏感性。用于上述敏感菌所致的严重感染，如败血症、下呼吸道感染、肠道感染、盆腔感染、腹腔感染、皮肤软组织感染、尿路感染等。治疗盆腔和腹腔感染须与厌氧菌合用，与青霉素合用可治疗细菌性心内膜炎。

【不良反应】长期或者大剂量使用可引起耳毒性、肾毒性。偶见过敏反应。

【用药指导】对老年患者及肾功能减退者应调整剂量或延长给药时间间隔。禁止与同样有肾毒性的强效利尿药（如呋塞米）合用。长期或大剂量使用时要注意耳毒性和肾毒性。

2. 链霉素

【作用与应用】用于多重耐药的结核病，是治疗结核病的一线药物，可渗入胸腔、腹腔、结核性脓腔和干酪化脓腔内达到有效浓度，但需与其他抗结核药如利福平、异烟肼等联合应用，以增强疗效，并延缓耐药性的产生。治疗鼠疫和兔热病（土拉菌病），常为首选药。也可用于溶血性链球菌、甲型溶血性链球菌及肠球菌等引起的心内膜炎，常与青霉素合用。

【不良反应】本药的不良反应多，耳毒性和神经肌肉接头阻滞最常见，也可引起过敏性休克。

【用药指导】用药前应做皮试，一旦发生过敏性休克，应立即注射葡萄糖酸钙、肾上腺素等药物抢救。

🔗 知识链接

药源性耳聋

药源性耳聋是指使用某些药物治病或人体接触某些化学制剂所引起的耳聋，现已发现耳毒性药物达100多种，药物致聋成为我国聋儿的主要发病原因。药源性耳聋主要表现为听觉系统的慢性中毒，以耳聋、耳鸣为主。耳聋多在用药后1~2周出现，逐渐加重，半年后逐渐稳定。能诱发药源性耳聋的药物包括抗生素类和非抗生素类，以抗生素类致耳聋者最为严重。具有耳毒性的药物应避免联合应用、大剂量应用，尤其是对于肾功能不全者，以免发生永久性耳聋。儿童由于听神经尚未发育完全，在使用该类药物时应当更加谨慎！

三、大环内酯类抗生素

大环内酯类抗生素是一类具有12~16碳内酯环化学结构的抗生素。通过阻断50s核糖体中肽酰转移酶的活性来抑制细菌蛋白质合成，属于快速抑菌剂。本类药物种类较多，目前可分为三代：第一代红霉素、麦迪霉素、乙酰螺旋霉素等，第二代罗红霉素、克拉霉素、阿奇霉素等，第三代泰利霉素和喹红霉素等。

大环内酯类抗生素属于广谱抗生素，主要是对革兰氏阳性菌（特别是耐青霉素的金黄色葡萄球菌）、部分革兰氏阴性菌、部分厌氧菌、支原体、衣原体、军团菌、弯曲杆菌、螺旋体、立克次体等有效。

1. 红霉素

【别名】艾狄密新、红霉素碱

【作用与应用】本品不耐酸，在碱性环境下抗菌作用增强。对大多数革兰氏阳性菌如葡萄球菌属、链球菌、白喉杆菌、炭疽杆菌等具有较强抗菌活性，对部分革兰氏阴性菌如奈瑟菌属、流感嗜血杆菌、百日咳杆菌、布鲁氏菌、军团菌等高度敏感，对螺旋体、支原体、衣原体、立克次体也有抑制作用。

主要用于耐青霉素的金黄色葡萄球菌感染及对青霉素过敏的患者。红霉素是治疗军团菌、螺杆菌所致败血症或肠炎、支原体肺炎、沙眼衣原体所致婴儿肺炎及结肠炎、白喉带菌者的首选药。也可用于其他革兰氏阳性球菌如肺炎球菌、溶血性链球菌等引起的感染。还可替代青霉素用于治疗炭疽、气性坏疽、放线菌病、梅毒等。

【不良反应】以胃肠道反应多见，表现为恶心、呕吐、腹痛等。偶见过敏、心律失常、血栓性静脉炎、二重感染。依托红霉素或琥乙红霉素可引起肝损害，表现为氨基转移酶升高、肝大、胆汁淤积性黄疸等，停药后可自行恢复。具有心脏毒性，主要表现为Q-T间期延长和尖端扭转型室性心动过速。

【用药指导】口服易被胃酸破坏，且容易受到食物影响，须使用肠溶制剂或酯化物，也可饭后服用，减少对胃肠道的刺激。配制时先用灭菌用水溶解，再用生理盐水或其他溶液配制。局部刺激性强，不宜肌内注射。长期用药时应定期检查肝功能和心电图。孕妇和哺乳期妇女禁用。

2. 阿奇霉素

【别名】阿奇红霉素

【作用与应用】抗菌谱与红霉素相近，增加了对革兰氏阳性菌的抗菌作用，对革兰氏阴性菌作用明显强于红霉素，对肺炎支原体的作用最强。用于上述敏感菌所致的呼吸道、泌尿生殖道、皮肤软组织感染，是治疗由肺炎支原体引起的社区获得性肺炎的主要药物。

【不良反应】同红霉素。

【用药指导】用药时定期检查肝功能。孕妇和哺乳期妇女禁用。

四、四环素类抗生素

四环素是一类具有氢化骈四苯结构的广谱抗生素。包括天然四环素和半合成四环素，天然四环素包括四环素、土霉素、金霉素等，半合成四环素包括美他霉素、多西环素、米诺环素等。目前可分为三代：第一代四环素等，第二代多西环素、米诺环素等，第三代替加环素等。

（一）四环素类抗生素的共性

【作用与应用】四环素类属于广谱抑菌药，对革兰氏阳性菌、革兰氏阴性菌、立克次体、支原体、衣原体、螺旋体、放线菌均有抑制作用，还能间接抑制阿米巴原虫，但对铜绿假单胞菌、结核分枝杆菌、病毒与真菌无效。目前，本类药物首选用于立克次体感染如斑疹伤寒和恙虫病等，支原体感染如非特异性尿道炎等，衣原体感染如鹦鹉热、肺炎和性病性淋巴肉芽肿等，螺旋体感染如回归热和慢性游走性红斑等，也可首选治疗鼠疫、布鲁氏菌病、霍乱、幽门螺杆菌感染引起的消化性溃疡等。

【不良反应】对骨骼的影响，表现为四环素类能与新形成的骨骼、牙齿中所沉积的钙结合，引起牙釉质发育不全；还能沉积在胚胎和幼儿的骨骼中，影响牙齿发育和骨骼的生长。长时间使用四环素类药物可致二重感染，即敏感菌被抑制，不敏感菌趁机大量繁殖，由原来的劣势菌群变为优势菌群，造成新的感染。口服可引起胃肠道反应。长期大量使用有肝、肾毒性。

【用药指导】许多金属离子，如钙、镁、铝、铋、铁等与四环素类药物结合可形成络合物而影响四环素类药物的吸收，因此应避免和抗酸药、钙剂、铁盐等同服。四环素抑制肠道菌群，影响甾体类避孕药的肝肠循环，影响避孕效果，不可与避孕药同服。长期使用四环素类药物应定期做肝、肾功能检查。孕妇、哺乳期妇女及8岁以下的儿童禁用。

（二）常用四环素类抗生素

1. 四环素

【别名】盐酸四环素

【作用与应用】属广谱抗生素，主要是抑菌作用，抗菌谱包括多数革兰氏阳性和阴性菌，立克次体、支原体、衣原体、放线菌等。主要用于立克次体病、布鲁氏菌病、支原体感染、衣原体感染等。也可用于敏感的革兰氏阳性和阴性菌引起的轻度感染。

【不良反应】可发生胃肠道反应、过敏反应、肝肾损害、二重感染，牙釉质发育不良和骨骼生长抑制。偶可发生溶血性贫血、血小板减少等血液系统症状。

【用药指导】对四环素过敏者、孕妇、哺乳期妇女、儿童禁用。肝肾功能异常、凝血功能障碍的患者慎用。

2. 多西环素

【别名】强力霉素

【作用与应用】抗菌谱与四霉素相近。主要用于敏感的革兰氏阳性球菌和革兰氏阴性杆菌所致的上呼吸道感染、扁桃体炎、胆道感染、淋巴结炎、蜂窝织炎、慢性支气管炎，也可用于斑疹伤寒、恙虫病、支原体肺炎、霍乱、恶性疟疾、钩端螺旋体病。

【不良反应】【用药指导】与四环素相似。

五、酰胺醇类抗生素

酰胺醇类抗生素是由一个芳香环和一个短的侧链组成的一类抗生素，包括氯霉素和甲砜霉素。两者抗菌谱和抗菌作用相似，后者的不良反应较多，现已基本不用。

氯霉素

【作用与应用】属广谱抑菌药，抑菌谱包括需氧的革兰氏阳性菌和革兰氏阴性菌、厌氧菌、立克次体、支原体、衣原体、螺旋体等。主要用于伤寒、副伤寒和其他沙门菌、脆弱拟杆菌感染。与氨苄西林合用于流感嗜血杆菌性脑膜炎和由脑膜炎球菌或肺炎链球菌引起的脑膜炎，不宜用青霉素治疗的脑膜炎。

【不良反应】最严重的不良反应是抑制骨髓造血功能。新生儿、早产儿的葡糖醛酸结合能力差，肾脏排泄功能尚未发育成熟，易导致氯霉素在身体内蓄积引起灰婴综合征，表现为恶心、呕吐、腹胀、进行性皮肤苍白、循环衰竭等。

【用药指导】本药可引起严重的抑制骨髓等毒性反应，临床上不作为全身治疗用药。对氯霉素过敏者、孕妇、哺乳期妇女、儿童禁用。肝肾功能异常的患者、老年人慎用。

六、其他类抗生素

万古霉素

【别名】凡可霉素、凡古霉素

【作用与应用】属糖肽类窄谱抗生素，主要对革兰氏阳性菌有杀菌作用，对多数革兰氏阴性菌、立克次体、衣原体、真菌等均无效。用于革兰氏阳性菌感染（特别是耐甲氧西林金黄色葡萄球菌）、肠球菌、青霉素耐药肺炎链球菌所致的败血症、心内膜炎、脑膜炎、肺炎、骨髓炎等。

【不良反应】局部注射刺激性较大容易引起静脉炎。具有耳毒性，可致听力下降、耳鸣。具有肾毒性。

【用药指导】不宜肌内注射或静脉注射。静脉滴注时应尽量避免药液外漏。肝、肾功能异常者慎用。不可与其他具有肾毒性的药物联合使用。使用该药期间定期检查听力、肝功能、肾功能。

第二节　人工合成抗菌药

一、喹诺酮类

喹诺酮类是一类含有4-喹诺酮基本母核的人工合成抗菌药。根据上市时间及抗菌性能可分为四代：第一代为萘啶酸，由于不良反应较多，已经被淘汰；第二代为吡哌酸（PPA），现较少使用；第三代为氟喹诺酮类，如诺氟沙星、氧氟沙星、环丙沙星、司帕沙星等；第四代为莫西沙星、加替沙星、吉米沙星等。

1. 诺氟沙星

【别名】氟哌酸

【作用与应用】第一个用于临床的氟喹诺酮类药物，抗菌谱广、作用强，尤其对革兰氏阴性菌，包括铜绿假单胞菌、大肠埃希菌、肺炎克雷伯菌、奇异变形杆菌、产气杆菌、沙门菌、沙雷菌、淋球菌等。对金黄色葡萄球菌的作用也较庆大霉素强。该药口服后在血液中浓度低，在尿道、肠道、胆道中的浓度高，主要用于肠道、泌尿生殖系统的感染。

【不良反应】常见胃肠道反应，表现为恶心、呕吐、腹痛、腹泻等。中枢神经系统反应，该类药物对神经系统损害较为突出，表现为失眠、头晕、共济失调等，严重者可出现精神异常。过敏反应，表现为发热、寒战、多汗、乏力等。光敏反应，表现为剥脱性皮炎、疱疹样皮炎、瘙痒等，司帕沙星、美洛沙星、氟罗沙星最易诱发光敏反应。影响软骨发育，年龄越小受损害越严重，儿童用药后表现为关节肿胀、疼痛等。其他不良反应还包括心脏毒性、泌尿系统损害、肝毒性等。

【用药指导】孕妇、哺乳期妇女及18岁以下青少年儿童禁用。使用该药后禁止暴露于强烈阳光下，若需接触阳光应当做好防护工作。该药在碱性尿液中以晶体的形式析出，会引起患者出现结晶尿、血尿、蛋白尿等，严重者可致肾衰，患者在使用药物期间应大量饮水。

2. 左氧氟沙星

【作用与应用】属第三代喹诺酮类，对多数肠杆菌科细菌，如大肠埃希菌、克雷伯菌属、变形杆菌属、沙门菌属、志贺菌属、淋球菌、军团菌、流感嗜血杆菌等抗菌作用较强。对革兰氏阳性菌，如金黄色葡萄球菌、肺炎链球菌、化脓性链球菌，以及支原体和衣原体也有抗菌作用。对厌氧菌和肠球菌的作用差。用于上述敏感菌引起的呼吸道、尿道、胃肠道、皮肤软组织、骨关节、盆腔和五官等部位的感染。

【不良反应】【用药指导】同诺氟沙星。

3. 莫西沙星　本药是第四代喹诺酮类药物，口服吸收好，分布广泛，生物利用度可达到90%。与第三代药物相比，增加了对革兰氏阳性菌、厌氧菌、结核分枝杆菌、衣原体和支原体的杀灭作用。主要用于呼吸道、泌尿生殖系统、皮肤软组织等感染。不良反应少，几乎不出现光敏反应。

◎ 案例分析 --

患者，女，15岁。因呕吐、腹痛、水样腹泻伴头痛1天入院。自述于前一天晚上在夜市吃烧烤后出现不适。体格检查：体温39.2℃，血压115/90mmHg，腹软，脐周正中压痛，无反跳痛，肠鸣音7~8次/min。辅助检查：白细胞计数18.8×10⁹/L，中性粒细胞0.96。诊断为急性胃肠炎。给予静脉滴注盐酸左氧氟沙星0.2g，输液30分钟左右患者出现胸闷、心悸、咳嗽、呼吸困难、面色苍白、全身皮肤瘙痒，并出现风团样皮疹，血压下降。

讨论：

1. 患者为什么会出现胸闷、心悸、咳嗽、呼吸困难、面色苍白、全身皮肤瘙痒，并出现风团样皮疹，血压下降的症状？该如何处理？

2. 本案例中给予患者左氧氟沙星是否合理？为什么？

二、磺胺类

磺胺类药物是最早用于防治全身感染的人工合成抗菌药，曾广泛用于临床，现基本被抗生素类或喹诺酮类药物代替。但是由于其性质稳定、使用方便、价格低廉、对某些感染性疾病，如鼠疫、流行性脑脊髓膜炎等有特殊治疗作用，在抗感染治疗中仍旧占有一定的地位。

1. 磺胺甲噁唑

【别名】磺胺甲基异噁唑、SMZ

【作用与应用】磺胺类药物的结构类似细菌代谢所必需的对氨基苯甲酸，从而与之竞争性结合二氢叶酸合成酶，阻止细菌所必需的四氢叶酸合成而起到抑菌作用。对许多革兰氏阳性菌和革兰氏阴性菌都有作用，此外，在体外对沙眼衣原体、星形诺卡菌、疟原虫和弓形虫也有活性。尤其是对脑膜炎奈瑟菌、肺炎链球菌、淋球菌、溶血性链球菌的抑制作用较强。对螺旋体、立克次体、支原体无效。适用于急性支气管炎、肺部感染、尿路感染、伤寒、布鲁氏菌病、菌痢的治疗。

【不良反应】磺胺类药物在尿中的溶解度低，特别是在酸性环境下易析出晶体，损害肾小管，出现结晶尿、蛋白尿、血尿等泌尿系统损害。长期用药可出现血液系统反应，表现为抑制骨髓造血，引起粒细胞减少、血小板减少等症状，若患者缺乏葡萄糖-6-磷酸脱氢酶（G-6-PD）可引起溶血。其他不良反应可见胃肠道反应、过敏反应、神经系统反应等。

【用药指导】首剂加倍，增加抗菌效果。长期大剂量服用时应多喝水或服用等量碳酸氢钠减少结晶析出，可有效地保护肾脏。细菌易对磺胺类药物产生耐药性，磺胺类药物间也存在交叉耐药性，且耐药性一旦出现非常稳定，可与甲氧苄啶合用缓解耐药性的产生。

2. 磺胺嘧啶

【别名】磺胺达嗪、SD

【作用与应用】抗菌作用机制和抗菌谱与磺胺甲噁唑相似，但抗菌作用强于磺胺甲噁唑。首选防治流行性脑脊髓膜炎、诺卡菌属引起的肺部感染、脑炎及脑脓肿，与链霉素合用作为治疗鼠疫的首选药，与乙胺嘧啶合用于急性弓形虫病的治疗。

【不良反应】【用药指导】同磺胺甲噁唑。

三、甲氧苄啶类

甲氧苄啶

【别名】甲氧苄氨嘧啶、TMP

【作用与应用】抗菌谱与磺胺类相近，能抑制细菌二氢叶酸还原酶，阻碍四氢叶酸的合成。用于敏感菌引起的呼吸道、尿道、皮肤软组织、败血症、伤寒、菌痢、脑膜炎等，一般与SMZ联用，属于磺胺增效剂。

【不良反应】可发生血液系统反应，如白细胞减少、血小板减少、高铁血红蛋白血症等。

【用药指导】本品单用易产生耐药性，与磺胺类药物合用可起到增效的作用。用药期间定期进行血象检查，不宜和其他叶酸拮抗药合用，以免产生骨髓再生抑制和巨幼红细胞贫血。本品有致畸作用，孕妇禁用。

四、硝基咪唑类

1. 甲硝唑

【别名】灭滴灵

【作用与应用】对大多数厌氧菌具有强大的抗菌作用，对需氧菌无效。对阿米巴原虫、滴虫、蓝氏贾第鞭毛虫也有抑制作用。用于治疗敏感厌氧菌引起的败血症、腹腔和盆腔感染、口腔感染，幽门螺杆菌所致胃及十二指肠溃疡的治疗。

【不良反应】最常见的不良反应为胃肠道反应，表现包括恶心、呕吐、食欲缺乏、腹部绞痛、口腔金属味等。神经系统反应，表现为头痛、眩晕、感觉异常、共济失调、抽搐等。与酒精及含有酒精的饮料同服可发生双硫仑样反应。偶见皮疹、白细胞减少等，停药后可恢复。

【用药指导】胃肠道反应明显者饭后服用，可减轻症状。为避免发生双硫仑样作用，禁止与酒精、含有酒精的药物或饮料合用。

2. 替硝唑

【别名】替尼达唑

【作用与应用】抗微生物作用与甲硝唑基本相仿。用于各种厌氧菌感染，如败血症、骨髓炎、腹腔感染、盆腔感染、口腔感染等，肠内及肠外阿米巴病，阴道滴虫病，蓝氏贾第鞭毛虫病，还可作为甲硝唑的替代药用于幽门螺杆菌所导致胃及十二指肠溃疡的治疗。

【不良反应】【用药指导】同甲硝唑。

五、硝基呋喃类

1. 呋喃妥因

【别名】呋喃坦啶

【作用与应用】该药口服吸收良好，40%以原型经过肾脏排泄，属于广谱抗菌药物。对葡萄球菌、肠球菌、大肠埃希菌、淋球菌、枯草杆菌、痢疾杆菌、伤寒杆菌有良好抗菌作用，对变形杆菌、肺炎克雷伯菌、肠杆菌属、沙雷杆菌等也有抑制作用。主要用于敏感菌所致的泌尿系统感染。

【不良反应】周围神经炎，表现为手足麻木、肌肉萎缩。过敏反应，表现包括皮疹、药热、嗜酸性粒细胞增多。中毒性精神症状，表现为幻听、幻觉、烦躁等。葡萄糖-6-磷酸脱氢酶缺乏（G-6-PD）患者可引起溶血性贫血。

【用药指导】空腹时疗效好，应用肠溶片或栓剂直肠给药可减轻胃肠反应。

2. 呋喃唑酮

【别名】痢特灵

【作用与应用】该药口服吸收少，肠内浓度高，抗菌谱类似呋喃妥因，对消化道大多数细菌有效。对梨形鞭毛虫、滴虫也有抑制作用。主要用于菌痢、肠炎，也可用于伤寒、副伤寒、梨形鞭毛虫和阴道滴虫病。对胃炎和胃及十二指肠溃疡也有治疗作用（与抗幽门螺杆菌有关）。

【不良反应】可见胃肠道反应，表现为恶心、呕吐。过敏反应，表现为皮疹、药热、哮喘。葡萄糖-6-磷酸脱氢酶缺乏（G-6-PD）患者可引起溶血性贫血。

【用药指导】胃肠道反应明显者饭后服用。禁止与酒精、含有酒精的药物或饮料合用。

第三节　抗结核药与抗麻风病药

一、抗结核药

结核病是由结核分枝杆菌引起的一种慢性传染病，可侵入人体多个器官（如肺、肾、脑、肠和淋巴），以肺部感染最为多见，称为肺结核。临床上多呈慢性过程，常见症状有午后低热、全身乏力、夜间盗汗、消瘦等，人与人之间呼吸道传播是本病传染的主要方式。结核分枝杆菌的繁殖有三种情况：位于空洞损害组织中的快速繁殖菌、干酪样病灶中间断缓慢繁殖菌、巨噬细胞或单核细胞中的缓慢繁殖菌。理想的抗结核药是对上述三种繁殖菌均有抑制或杀灭作用。

目前，临床上抗结核的药物分为一线抗结核药和二线抗结核药。一线抗结核药主要有异烟肼、利福平、乙胺丁醇、链霉素、吡嗪酰胺，该类药物疗效好，不良反应少，患者可以耐受。二线抗结核药主要有对氨基水杨酸、乙硫异烟胺、利福喷汀、卡那霉素、阿米卡星、氧氟沙星等，该类药物疗效差，不良反应多，患者不容易耐受。

1. 异烟肼

【别名】雷米封、INH

【作用与应用】对结核分枝杆菌具有高度的选择性，低浓度抑菌，高浓度杀菌，尤其对繁殖期细菌作用明显，但对其他细菌几乎无效。主要用于各种类型结核病。

【不良反应】长期或大剂量使用可引起周围神经炎和中枢神经系统症状，表现如四肢麻木、肌肉萎缩、失眠、兴奋等，严重时可导致惊厥、精神错乱等。肝毒性表现为血清氨基转移酶升高、黄疸，严重时可出现肝小叶坏死。

【用药指导】为增加异烟肼的作用，延缓耐药性的出现，本品应与其他一线抗结核病药联合应用。维生素 B_6 可预防周围神经炎和中枢神经系统反应。异烟肼为肝药酶抑制剂，在与其他药物联用时注意剂量和时间的调整。用药期间定期做肝功能检查。癫痫及精神疾病患者慎重使用。

2. 利福平

【别名】甲哌利福霉素、RFP

【作用与应用】对宿主细胞内、外的结核分枝杆菌和其他分枝杆菌（包括麻风杆菌等）均有显著杀灭作用，对脑膜炎双球菌、流感嗜血杆菌、金黄色葡萄球菌、表皮葡萄球菌、肺炎军团菌都有一定的抗菌作用。主要用于肺结核和其他结核病，以及麻风病的治疗，也可用于耐甲氧西林金黄色葡萄球菌（MRSA）的感染。

【不良反应】胃肠道反应，表现为恶心、呕吐、上腹部不适、腹泻。大剂量间歇疗法后可出现流感样综合征，具体表现为畏寒、寒战、高热、急性肾衰竭。其他不良反应可见溶血性贫血、肝损害、过敏反应。

【用药指导】长期用药时应定期检查肝功能。服药期间患者体液如尿液、唾液、汗液等可呈橘红色，可事先告知患者避免出现恐慌。对利福平及利福霉素类药物过敏者禁用。

3. 乙胺丁醇

【作用与应用】本品可渗入分枝杆菌菌体内干扰RNA的合成，从而抑制细菌的繁殖，只对生长繁殖期的分枝杆菌有效。主要用于治疗各型结核病，特别是经链霉素和异烟肼治疗无效的结核。

【不良反应】视神经炎，表现为视力模糊、眼痛、红绿色盲或视力减退、视野缩小等。过敏反应，表现为皮疹、发热、关节痛等。肝毒性，表现为黄疸、肝大、氨基转移酶升高，原有肝病、嗜酒者或与异烟肼合用时发生率明显增加。

【用药指导】服药期间应定期进行眼科检查。痛风、视神经炎患者、对乙胺丁醇过敏者禁用。

4. 吡嗪酰胺

【别名】氨甲酰基吡嗪

【作用与应用】pH在5.0～5.5时抗菌作用最强，尤其对处于酸性环境中缓慢生长的巨噬细胞内的结核分枝杆菌杀灭作用最强。吡嗪酰胺仅对分枝杆菌有效，常与其他抗结核药合用，用于结核病的治疗。

【不良反应】长期或大剂量使用可引起肝功能损害，表现为食欲缺乏、发热、乏力、皮肤和巩膜黄染。高尿酸血症，表现为关节疼痛、变形等。

【用药指导】痛风、肝功能减退者禁用。服药期间应定期进行肝功能检查。用药期间避免光线照射。

5. 链霉素

【作用与应用】第一个治疗结核病的抗生素。对结核分枝杆菌、布鲁氏菌、土拉弗朗西斯菌、鼠疫杆菌、小螺菌、肉芽肿荚膜杆菌等有良好的抗菌作用。临床上主要用于结核分枝杆菌感染，也用于布鲁氏菌病、鼠疫以及其他敏感菌所致的感染。

【不良反应】耳毒性、肾毒性。过敏反应表现为荨麻疹、药热、血管神经性水肿，偶可见过敏性休克。

【用药指导】用前询问过敏史，再进行皮试。长期或大剂量服药要注意对听力和肾功能的影响。

二、抗麻风病药

麻风病是由麻风杆菌通过接触感染引起的慢性传染病,主要侵犯皮肤及周围神经,麻风病较少引起死亡,但可致肢体残疾或畸形。麻风杆菌与结核分枝杆菌同属分枝杆菌,在形态和对药物反应上有相似之处。抗麻风病主要的药物是砜类药物。

氨苯砜

【别名】DDS

【作用与应用】作用机制与磺胺类相似,通过抑制麻风杆菌的生长繁殖发挥作用。主要用于治疗各型麻风病,也可用本品治疗系统性红斑狼疮、痤疮、银屑病、带状疱疹。

【不良反应】较常见为贫血,偶尔可引起溶血性贫血。部分患者出现发热、皮损加重、急性神经炎、睾丸炎、黄疸伴肝坏死等麻风反应。

【用药指导】对磺胺类过敏者,严重的肝、肾功能不全者,贫血和精神病患者禁用该药。患者出现麻风反应时可使用沙利度胺防治。

第四节　抗真菌药

抗真菌药是指对真菌具有抑制或杀灭作用的药物,用于治疗真菌感染。真菌感染按侵害部位不同分为浅部真菌感染和深部真菌感染两类。浅部真菌感染发病率高,多由于皮肤癣菌属、小孢子菌属、毛癣菌属等引起皮肤、头发和指(趾)甲感染,如手足癣、体癣、股癣、甲癣等。深部真菌感染发病率低,但危害性大,多见于免疫缺陷患者、癌症晚期患者等,是由白念珠菌(白假丝酵母菌)、新型隐球菌、粗球孢子菌、荚膜组织胞浆菌等引起的感染,主要侵犯肺、脑、皮肤、深层黏膜、内脏和骨骼等部位。抗真菌的药物分为:①治疗浅部真菌感染的药物,包括灰黄霉素、制霉菌素、克霉唑、特比萘芬等;②治疗深部真菌感染的药物,包括两性霉素B、氟胞嘧啶等;③广谱抗真菌药物,包括咪康唑、酮康唑、氟康唑、伊曲康唑等。

1. 特比萘芬

【别名】兰美抒

【作用与应用】丙烯胺类药物,在真菌细胞内聚集,抑制皮肤癣菌中麦角固醇的生物合成,干扰细胞膜的功能及细胞壁的形成,使真菌死亡。用于浅表真菌引起的体癣、股癣、足癣、甲癣等。

【不良反应】最常见的不良反应是胃肠道反应，表现为腹胀、腹痛、恶心、呕吐、食欲缺乏。个别患者会出现过敏反应。

【用药指导】肝、肾功能不全者慎用，出现皮肤过敏、味觉改变应该停药。

2. 两性霉素B

【别名】二性霉素

【作用与应用】多烯类抗深部真菌药，本品与真菌细胞膜上的甾醇结合，改变膜的通透性，导致细菌细胞内钾离子、核苷酸、氨基酸等外漏，破坏正常代谢而起到抑菌作用。静脉滴注治疗深部真菌感染性疾病，鞘内注射治疗真菌性脑膜炎，口服给药作用于肠道真菌感染。

【不良反应】不良反应多且严重。静脉滴注时可引起寒战、高热、头痛、恶心，易发生血栓性静脉炎，滴注速度过快易致心律失常。鞘内注射可引起惊厥、下肢疼痛甚至瘫痪。肾功能损害，表现为血肌酐和尿素氮升高，尿中出现红细胞、白细胞、蛋白和管型。

【用药指导】肝、肾功能不全者慎用。定期监测血象，肝、肾功能。静脉注射时，避免药液外漏。

3. 咪康唑

【作用与应用】咪唑类广谱抗真菌药，注射给药用于弯曲菌、新型隐球菌等所致的深部真菌感染，外用时治疗皮肤癣菌所致的浅表皮肤真菌感染，如手癣、足癣、体癣、股癣、头癣及白念珠菌所致的皮肤感染和外阴阴道炎。

【不良反应】个别患者可出现局部刺激，如红斑、灼烧感，偶见过敏反应。

【用药指导】孕妇和哺乳期妇女、对本品过敏者禁用。

4. 氟康唑

【别名】大扶康、三维康

【作用与应用】三唑类广谱抗真菌药，对真菌有高度选择性，主要对新型隐球菌、白念珠菌及其他念珠菌、黄曲菌、烟曲菌、皮炎芽生菌、粗球孢子菌、荚膜组织胞浆菌有抗菌作用，用于上述敏感菌所致的各种真菌感染，如隐球菌性脑膜炎、复发性口咽念珠菌病等。

【不良反应】偶见剥脱性皮炎（常伴肝功能损害）。胃肠道反应，表现为恶心、腹痛、腹胀、味觉异常。肝损害，表现为氨基转移酶升高、肝坏死。其他可见头痛、头晕、瘙痒、面部水肿、血管神经性水肿等。

【用药指导】孕妇和哺乳期妇女、肝功能不全者禁用。用药中要注意监测肝、肾功能。

第五节　抗病毒药

病毒是细胞型微生物，不具有细胞的结构，由核酸核心和蛋白质外壳组成，根据其核酸类型，分为RNA病毒和DNA病毒。病毒由于其严格的胞内寄生特性和病毒复制时依赖于宿主细胞等许多原因，因此疗效确切、安全低毒的高选择性抗病毒药很少。临床上常见的病毒引起的疾病包括流行性感冒、腮腺炎、传染性肝炎、小儿麻痹症、尖锐湿疣等。

根据抗病毒谱，将抗病毒药分为广谱抗病毒药、抗人类免疫缺陷病毒药、抗疱疹病毒药、抗流感病毒和抗肝炎病毒药。

1. 利巴韦林

【别名】病毒唑

【作用与应用】人工合成的广谱抗病毒药，对呼吸道合胞病毒、流感病毒、单纯疱疹病毒等多种DNA或RNA病毒均有抑制作用，既可用于流感（由流感病毒A和B引起）、腺病毒性肺炎、甲型肝炎、疱疹、麻疹的治疗，也可用于单纯疱疹病毒性脑炎，免疫抑制患者的带状疱疹和水痘感染的治疗。

【不良反应】致畸作用。大剂量引起白细胞减少、心脏损害。对原有呼吸系统疾病患者可致其呼吸困难、胸痛等。

【用药指导】孕妇和哺乳期妇女禁用。

2. 齐多夫定

【别名】叠氮胸苷

【作用与应用】FDA批准的第一个用于抗HIV的药物，能有效阻止病毒复制，是治疗获得性免疫缺陷综合征（AIDS）的首选药。

【不良反应】骨髓抑制作用，表现为可引起意外感染、疾病痊愈延缓和牙龈出血等。味觉发生改变，唇、舌肿胀和口腔溃疡。剂量较大时可出现焦虑、精神错乱等神经系统症状。

【用药指导】用药期间要进行定期监测血象，补充叶酸和维生素B_{12}可改善叶酸和维生素B_{12}缺乏引起的血象变化，用药时要注意防治出血和感染。

3. 阿昔洛韦

【别名】无环鸟苷

【作用与应用】对病毒DNA聚合酶有强大的选择性抑制作用，对RNA病毒和牛痘病毒无效。本品为治疗疱疹病毒的首选药，尤其是单纯的疱疹病毒感染如角膜炎、皮肤黏膜感染等，也可用于治疗乙肝病毒感染。

【不良反应】常见注射部位的炎症或静脉炎、药疹、胃肠道系统反应，严重者可致急性肾衰竭。

【用药指导】专供静脉滴注的本品不宜肌内或皮下注射，静脉滴注时速度宜缓慢。肾功能不全者、孕妇慎用。长期使用要注意监测肾功能。严重免疫功能缺陷者长期或多次使用本品治疗后可引起单纯疱疹病毒和带状疱疹病毒对本品耐药。

4. 奥司他韦

【作用与应用】本品能有效抑制病毒颗粒释放，阻止甲、乙型流感病毒传播，是目前流行性感冒最常用的药物之一，也是公认的抗禽流感、甲型 H_1N_1 流感最有效的药物之一。临床主要用于成人、1岁及以上未成年人的甲型和乙型流行性感冒的治疗，也可用于成人、13岁及以上青少年甲型和乙型流行性感冒的预防。

【不良反应】本品刺激性较大，易引起注射部位的疼痛或静脉炎。胃肠道系统反应，表现为恶心、呕吐、腹痛等，首次用药时发生。呼吸系统反应，表现为支气管炎、咳嗽等。中枢神经系统反应，表现为眩晕、头痛、失眠、疲劳等。偶见血尿、嗜酸性粒细胞减少、肝损害。

【用药指导】用药时控制药物的浓度和给药速度。饭后用药有助于缓解胃肠道系统的不良反应。

5. 拉米夫定

【作用与应用】核苷类似物，对病毒DNA链的合成和延长有竞争性抑制作用。用于伴丙氨酸氨基转移酶升高和病毒活动期的慢性乙肝代偿期的治疗。

【不良反应】乏力，呼吸道感染，头痛，腹部不适和腹痛、恶心、呕吐、腹泻。

【用药指导】对拉米夫定过敏者及孕妇、哺乳期妇女慎用。

第六节　抗寄生虫药

一、抗疟药

疟疾是由雌性按蚊叮咬或输入带疟原虫的血液而感染疟原虫引起的寄生虫性传染病。疟疾的一次典型发作表现为寒战、高热和出汗退热三个连续阶段，可引起贫血及脾大。疟原虫引起的传染病，是对人类危害最大的寄生虫病。能够引起疟疾的疟原虫分为间日疟原虫、三日疟原虫和恶性疟原虫，分别引起间日疟、三日疟和恶性疟。前两种为良性疟，其中三日疟症状轻微而不常见，恶性疟感染最广，症状较重。在我国主要感染的是间日疟原虫和恶性疟原虫。现有的抗疟药中尚无一种能对疟原虫生活的各个环节均具有杀灭作用。

按照抗疟药的作用可分为两类：第一类为控制症状药，如氯喹、奎宁、青蒿素、蒿甲醚等；第二类为控制复发与传播药，如伯氨喹、乙胺嘧啶等。

1. 氯喹

【别名】磷酸氯喹啉

【作用与应用】本品能杀灭红细胞内期疟原虫，可迅速、有效地控制疟疾的临床发作，对阿米巴滋养体也有强大的杀灭作用。口服后肝内药物浓度是血浆药物浓度的200~700倍。大剂量的氯喹能抑制免疫反应。本品主要用于治疗疟疾急性发作，是控制疟疾临床症状的首选药。还可用于治疗肝阿米巴病、华支睾吸虫病、肺吸虫病、结缔组织病、类风湿关节炎等。

【不良反应】本品不良反应有头昏、头痛、眼花、食欲缺乏、恶心、呕吐、腹痛、腹泻、皮肤瘙痒、皮疹、耳鸣、烦躁等，停药后可自行消失。当用药剂量大、疗程长时可能会有较重的不良反应。常见眼毒性，表现为角膜和视网膜损害。孕妇大量服用可造成小儿先天性耳聋、智力迟钝等。对肝功能、肾功能、造血系统也有较大的毒性。

【用药指导】肝肾功能不全、心脏病、重型多形红斑、血卟啉病、牛皮癣及精神病患者慎用。由于本品可引起胎儿脑积水、四肢畸形及耳聋，孕妇禁用。用药中建议患者佩戴墨镜，定期进行眼科检查。长时间、大剂量使用本品时要定期检查视力、听力、肝肾功能和血象。

2. 青蒿素

【别名】黄蒿素

【作用与应用】本品主要作用于疟原虫的红内期，能影响疟原虫的膜系结构，是新型、高效、速效、低毒的抗疟药。主要用于对氯喹耐药的疟原虫感染和脑型疟抢救。

【不良反应】不良反应少，偶见部分患者可能会出现轻度恶心、呕吐、腹泻。少数患者可有一过性氨基转移酶升高及轻度皮疹。浅部肌内注射可致局部疼痛与硬结。超剂量使用可出现红细胞减少、外周网织红细胞消失、心肌损伤与肾上皮细胞肿胀等不良反应。

【用药指导】存在胚胎毒性，孕妇慎用。单用青蒿素代谢快、血药浓度维持时间短，易出现复发和耐药性，应使用复方制剂或与伯氨喹合用。

屠呦呦与青蒿素

屠呦呦教授是我国中医科学院终身研究员，因为青蒿素的发现获得2015年诺贝尔生理学或医学奖。

20世纪60年代，疟原虫对奎宁类药物产生抗药性，使得疟疾患者面临无药可治的局面，死亡率急剧上升。在此紧要关头，国家于1967年5月23日召开全国疟疾防治药物研究大协作会议，开展新的抗疟疾药物研发工作，简称"523任务"。

初筛时青蒿素并未表现出良好的抗疟作用，复筛时屠呦呦在东晋葛洪《肘后备急方》中找到了答案："青蒿一握，以水二升渍，绞取汁，尽服之。"考虑到有效成分可能是遇热不稳定成分，改用乙醚提取，这样动物效价有了显著提高，由以前的30%~40%提高到95%以上。1972年屠呦呦教授的团队成功分离出青蒿素有效单体，并于1975年成功测定出青蒿素化学结构式。

2000年世界卫生组织把青蒿素类药物作为首选抗疟药物，在全球大力推广，使得上亿人免受疟疾的折磨，青蒿素类药物作为治疗疟疾的主导药物发挥了至关重要的作用。

屠呦呦与青蒿素的名字，自此响遍世界。

3. 伯氨喹

【别名】伯氨喹啉

【作用与应用】本品对红外期与配子体有较强的杀灭作用，为阻止复发、中断传播的有效药物。本品抗疟作用原理可能是其代谢产物具有氧化性质，干扰疟原虫红外期三磷酸吡啶核苷酸的还原过程，影响疟原虫的能量代谢和呼吸而导致其死亡。主要用于根治间日疟和控制疟疾传播，常与氯喹或乙胺嘧啶合用。对红内期作用较弱，对恶性疟红内期则完全无效，不能作为控制症状的药物应用。对某些疟原虫的红前期也有影响，但因需用剂量较大，已接近极限，不够安全，故也不能作为病因预防药应用。

【不良反应】毒性比其他抗疟药大。易出现疲乏、头昏、恶心、呕吐、腹痛、发绀、药热等症状，停药后可自行恢复。少数特异质者可发生急性溶血性贫血。

【用药指导】孕妇、1岁以下幼儿、有溶血史者禁用，肝、肾、血液系统疾患及糖尿病患者慎用。用药过程中如发生急性溶血性贫血，应立即停药，给予地塞米松或泼尼松进行治疗，严重者需输血。如发生高铁血红蛋白血症，可静脉注射亚甲蓝解救。

4. 乙胺嘧啶

【别名】息疟定

【作用与应用】本品可抑制疟原虫的二氢叶酸还原酶，因而干扰疟原虫的叶酸正常代谢，对恶性疟及间日疟原虫红细胞前期有效，常用作病因性预防药。此外，也能抑制疟原虫在蚊体内的发育，故可阻断传播。临床上用于预防疟疾和休止期抗复发治疗，是病因性预防的首选药。

【不良反应】长期大量口服可致叶酸缺乏而影响消化道黏膜及骨髓等细胞的增殖功能，引起恶心、呕吐、腹痛及腹泻，较严重者可出现巨幼红细胞性贫血或白细胞减少。本品可透过血胎屏障并可进入乳汁，引起胎儿畸形并干扰叶酸代谢。误服（特别注意小儿误服）或超剂量使用时引起急性中毒，可引起惊厥、抽搐，甚至死亡。

【用药指导】G-6-PD缺乏者和巨幼红细胞性贫血患者，服用本品可能引起溶血性贫血并影响叶酸代谢，应慎用。孕妇和哺乳妇女禁用。

二、抗阿米巴药

阿米巴病是由食入溶组织阿米巴原虫所引起。阿米巴原虫在人体肠道寄生时有包囊和滋养体两种基本形式。包囊被人体吞食后，滋养体破囊而出，在肠腔里生活，溶化组织并穿入肠黏膜下组织内分裂增殖，使肠壁发生溃疡，引起急性或慢性阿米巴痢疾。在遇到环境不适合时，滋养体就变为具有厚囊壁的包囊，随粪便排出体外，再传染新宿主。阿米巴滋养体有时随肠壁血流移到肝、肺、脑组织内停留繁殖，引起肠外阿米巴病如肝脓肿、肺脓肿、脑脓肿。

抗阿米巴药主要作用于滋养体，对包囊几乎无作用，按照作用部位分为三类：对肠内阿米巴有效的如双碘喹啉、喹碘方、依米丁等；对肠外阿米巴有效的如氯喹；对肠内外阿米巴有效的如甲硝唑、替硝唑等。

甲硝唑

【作用与应用】对肠内、肠外阿米巴滋养体均有强大的杀灭作用，是治疗肠内、肠外阿米巴病的首选药。

【不良反应】最主要的不良反应为胃肠道反应，表现为恶心、呕吐、腹泻等。大剂量可致肝功能减退。甲硝唑可抑制乙醛脱氢酶，导致乙醛堆积，出现血压下降、意识模糊，甚至昏迷等中毒症状，出现双硫仑样作用。

【用药指导】本品肠腔内的药物浓度偏低，单用甲硝唑治疗阿米巴痢疾时复发率较高，宜与抗肠内阿米巴病药合用。用药时及用药一周内应禁酒，也包括含有乙醇的制剂或饮料等。对碘过敏，甲状腺肿大，严重肝肾功能不良者，妊娠早期、哺乳期妇女禁用。

三、抗血吸虫药

血吸虫病是由血吸虫寄生于人体而引起。生活史过程中有成虫、虫卵、毛蚴、母胞蚴、子胞蚴、尾蚴与童虫7个发育阶段，尾蚴为感染阶段，尾蚴、童虫、成虫、虫卵均可致病，虫卵是最主要的致病阶段。血吸虫寄生在门静脉血管内，卵随患者大便排出，在水中孵出毛蚴，毛蚴侵入钉螺体内繁殖，最后形成尾蚴，尾蚴入水，碰到人体皮肤即钻入其内，进入血管，随血流到达肝脏门静脉，发育成为成虫，以后产卵。临床上分三期：急性期表现为发热、肝大与压痛、腹泻，或排脓血便，血中嗜酸性粒细胞升高；慢性期表现为肝脾大或慢性腹泻；晚期出现门静脉周围纤维化，表现为巨脾、腹水。

吡喹酮

【别名】环吡异喹酮

【作用与应用】本品达到有效浓度后引起虫体痉挛收缩，失去吸附能力，脱离宿主，是治疗日本、埃及和曼氏血吸虫病、绦虫病的首选药。

【不良反应】口服后可出现腹部不适、腹痛、腹泻、头痛、眩晕、嗜睡等。偶见发热、瘙痒、荨麻疹、关节痛、肌痛等，与虫体杀死后释放异体蛋白有关。少数出现心电图异常，未发现该药有致突变、致畸和致癌作用。

【用药指导】较大剂量可导致流产，孕妇禁用。服药期间避免驾车和从事高危工作。

四、驱肠虫药

肠道内寄生的蠕虫有线虫、绦虫和吸虫三大类。在我国肠蠕虫病以线虫（如蛔虫、蛲虫、钩虫、鞭虫）感染最为普遍。

1. 阿苯达唑

【别名】肠虫清

【作用与应用】为高效低毒的广谱驱虫药。在体内代谢为亚砜类或砜类后，抑制寄生虫对葡萄糖的吸收，阻碍ATP的产生，使寄生虫无法存活和繁殖。用于治疗蛔虫、蛲虫、绦虫、鞭虫、钩虫、粪类圆线虫等感染。

【不良反应】少数病例有轻度头痛、头昏、恶心、呕吐、腹泻、口干、乏力等反应，不需处理可自行消失。在治疗囊虫病过程中，部分患者会出现不同程度的头晕、头痛、发热、荨麻疹等反应，反应程度与囊虫数量、寄生部位及机体反应有关。

【用药指导】2岁以下小儿及孕妇禁用。急性病、蛋白尿、化脓性或弥漫性皮炎、癫痫等患者，哺乳期妇女，有严重肝、肾、心脏功能不全及活动性溃疡病患者慎用。少数患者用药后可能在第3~10日始出现驱虫效果。

2. 甲苯达唑

【别名】甲苯咪唑

【作用与应用】为广谱驱肠虫药，对蛔虫、钩虫、蛲虫、鞭虫、绦虫和粪类圆线虫等肠道蠕虫均有效。甲苯达唑能杀灭蛔虫、钩虫、鞭虫、蛲虫的成虫和幼虫，还能杀灭蛔虫和鞭虫的虫卵。用于治疗上述肠蠕虫单独感染或混合感染。

【不良反应】少数病例可见短暂腹痛、腹泻。大剂量偶见过敏反应、粒细胞减少、血尿、脱发等。有胚胎毒作用和致畸作用。

【用药指导】孕妇、肝功能不全者、肾功能不全者，对本品过敏者及2岁以下儿童禁用。

第七节 抗恶性肿瘤药

肿瘤是机体在各种致瘤因素的作用下，局部组织细胞异常增生而形成的新生物，常表现为局部肿块。根据肿瘤对人体的危害程度，可分为良性肿瘤和恶性肿瘤。良性肿瘤一般对生命威胁不大，而恶性肿瘤则可导致死亡。临床上恶性肿瘤的治疗主要采用手术治疗、放射治疗、化学治疗（又名药物治疗）。

按性质及来源，分为烷化剂、干扰核酸合成药、抗肿瘤抗生素、抗肿瘤植物药、抗肿瘤激素、其他类。

按细胞增殖周期，分为细胞周期非特异性药物和周期特异性药物。周期非特异性药物对处于各种增生状态，包括休止期在内的细胞均可起杀伤作用，如烷化剂；细胞周期特异性药物只能选择性杀伤处于增殖周期某一时相的细胞，如干扰核酸合成药。

按作用机制，分为直接破坏DNA结构并阻止其复制的药物，包括烷化剂、铂类抗肿瘤药，还有丝裂霉素C、博来霉素等；干扰核酸合成的药物，又称抗代谢抗肿瘤药；抑制转录过程阻止RNA合成的药物，主要是抗生素类抗肿瘤药，包括放线菌素

D、柔红霉素、多柔比星等；影响蛋白质合成的药物，主要是抗肿瘤植物药，包括长春碱、长春瑞滨、羟喜树碱、紫杉醇、鬼臼毒素、三尖杉酯碱等；影响体内激素平衡的药物，如肾上腺皮质激素、雄激素、雌激素等。

一、常用烷化剂

1. 环磷酰胺

【别名】环磷氮芥、CTX

【作用与应用】本品抗瘤谱广，是应用最广的烷化剂。在体外无抗肿瘤活性，在体内经肝药酶转化为磷酰胺氮芥，磷酰胺氮芥对肿瘤细胞有细胞毒作用。临床主要用于恶性淋巴瘤、急性或慢性淋巴细胞白血病、多发性骨髓瘤，疗效较好，对乳腺癌、睾丸肿瘤、卵巢癌、肺癌、头颈部鳞癌、鼻咽癌、神经母细胞瘤、横纹肌肉瘤及骨肉瘤也有一定疗效。

【不良反应】骨髓抑制，表现为白细胞减少，血小板减少更常见，最低值在用药后1~2周，多在2~3周后恢复。对肝功能有影响。胃肠道反应，表现为食欲缺乏、恶心及呕吐等。尿道反应，表现为出血性膀胱炎，患者出现少尿、血尿及蛋白尿。其他反应包括脱发、口腔炎、中毒性肝炎、皮肤色素沉着、月经紊乱、无精子或精子减少及肺纤维化等。

【用药指导】本品的代谢产物对尿路有刺激性，应鼓励患者多饮水，大剂量应用时可给予尿路保护剂美司钠缓解泌尿系统损害。本药水溶液不稳定，输液剂配制后应在2~3小时内输完。定期监测血象、肝功能、肾功能。凡有骨髓抑制、感染、肝肾功能损害者禁用或慎用。孕妇及哺乳期妇女禁用。

2. 塞替派

【别名】三胺硫磷

【作用与应用】属乙酰亚胺类烷化剂，能与细胞内DNA组成的碱基结合，抑制肿瘤细胞的分裂。用于治疗乳腺癌、卵巢癌、肺癌、宫颈癌、黑色素瘤、食管癌、胃癌、肠癌、鼻咽癌、喉癌等。

【不良反应】最常见的不良反应为骨髓抑制，表现为白细胞及血小板下降，多在用药1~6周后发生。胃肠道反应，表现为恶心、呕吐、食欲缺乏及腹泻等。有较明显的生殖毒性，可表现为男性患者无精子、女性无月经。偶见发热及皮疹等。

【用药指导】酸性环境下易降解，注射剂稀释时如出现浑浊则不可使用。常规监测血象，若白细胞急剧下降或白细胞偏低，持续静脉注射时间较长者，需对症处理。

在白血病、淋巴瘤患者化疗时，应给予大量补液，碱化尿液，防止尿酸性肾病或高尿酸血症，必要时可给予别嘌醇。因本品有致突变、致畸作用，孕妇禁用。有痛风史、骨髓抑制、肝肾功能损害、感染、泌尿系统结石史患者慎用。

3. 白消安

【别名】马利兰、1,4-丁二醇二甲磺酸酯

【作用与应用】此药为周期非特异性药物，主要作用于G_1及G_0期细胞，对非增殖细胞也有效，是治疗慢性粒细胞性白血病的首选药。

【不良反应】常见造血系统不良反应，表现为粒细胞缺乏、血小板减少、骨髓抑制、并发药物性再生障碍性贫血。长期用药或用药量过大可出现肺纤维化、皮肤色素沉着、高尿酸血症及性功能减退，男性乳房女性化、睾丸萎缩，女性月经不调等。罕见的不良反应包括白内障、多形红斑皮疹、结节性多动脉炎。

【用药指导】慢性粒细胞白血病有急变时应停止使用本品。长期使用定期检测血象。孕妇及哺乳期妇女、急性白血病、再生障碍性贫血患者禁用。肾上腺皮质功能低下者慎用。

◎ 案例分析

张某，女，45岁。近几个月来体重明显下降，自述常感腹胀、腹痛，腹部有下坠感，排便次数增加，并伴有腹泻症状，粪便中偶带血。经纤维结肠镜检查、病理检查，诊断结果为结肠癌。

讨论：

1. 对该患者应选择何种药物进行治疗？
2. 如何对患者及其家属进行用药指导？

二、干扰核酸合成药

1. 甲氨蝶呤

【别名】氨甲蝶呤、MTX

【作用与应用】抗叶酸类抗肿瘤药，通过竞争二氢叶酸还原酶的结合阻碍肿瘤细胞的合成，抑制肿瘤细胞的生长与繁殖。主要适用于急性白血病、乳腺癌、绒毛膜上皮癌及恶性葡萄胎、头颈部肿瘤、骨肿瘤、白血病脑膜脊髓浸润、肺癌、生殖系统肿瘤、肝癌、顽固性牛皮癣、系统性红斑狼疮、皮肌炎等自身免疫性疾病。

【不良反应】常见消化道黏膜损伤，表现为口腔炎、口唇溃疡、咽炎、胃炎、便

血及腹泻；口腔溃疡是毒性反应的首发特征之一。骨髓抑制，主要表现为白细胞下降，对血小板亦有一定影响，严重时可出现全血下降，皮肤或内脏出血。肝脏毒性，表现为大量应用可致血清谷丙转氨酶（GPT）升高或药物性肝炎，小量持久应用可致肝硬化。肾脏损害常见于高剂量时，出现血尿、蛋白尿、尿少、氮质血症、尿毒症等症状。偶见脱发、皮炎、色素沉着及药物性肺炎等。鞘内或头颈部动脉注射剂量过大时，可出现头痛、背痛、呕吐、发热及抽搐等症状。妊娠早期使用可致畸胎，少数患者有月经延迟及生殖功能减退。

【用药指导】患者在用药期间应注意口腔卫生，避免使用过硬刷头的牙刷。使用本品一定时间后应同服亚叶酸钙保护骨髓正常细胞。与乙醇或其他对肝脏有损害药物合用时，可增加肝脏的毒性。本品增加血液中尿酸的含量，痛风或高尿酸血症患者应相应增加别嘌醇等药剂量。增加抗凝血作用，引起肝脏凝血因子的缺少和/或血小板减少症，慎与其他抗凝血药合用。氨苯蝶啶、乙胺嘧啶等药物均有抗叶酸作用，如与本品合用可增加其毒副作用。定期检查肝肾功能及血象。孕妇、哺乳期妇女禁用。

2. 氟尿嘧啶

【别名】5-氟尿嘧啶、5-Fu

【作用与应用】本品需经过酶转化为5-氟脱氧尿嘧啶核苷酸而具有抗肿瘤活性。用于结肠癌、直肠癌、胃癌、乳腺癌、卵巢癌、绒毛膜上皮癌、恶性葡萄胎、头颈部鳞癌、皮肤癌、肝癌、膀胱癌等。

【不良反应】常见胃肠道反应，表现为食欲不振、恶心、呕吐、口腔炎、胃炎、腹痛及腹泻，严重者有血性腹泻或便血。骨髓抑制，表现为白细胞及血小板减少。脱发、皮肤或指甲色素沉着。局部刺激性可引起静脉炎。偶见肝肾损害。

【用药指导】用药期间不宜驾驶车辆、操作机械或高空作业。应定期检查肝功能与血象。孕妇和哺乳期妇女禁用。心脏病尤其是心绞痛、药物引起的急性中枢神经抑制、癫痫、肝功能损害、青光眼、甲亢或毒性甲状腺肿、肺功能不全、肾功能不全、尿潴留等患者慎用。

三、抗肿瘤抗生素

1. 放线菌素D

【别名】更生霉素

【作用与应用】由我国桂林土壤中分离出的放线菌的发酵液中得到的抗生素。细胞周期非特异性抗肿瘤药，能抑制RNA的合成，对G_1期前半段作用最显著，从而妨碍蛋白质合成而抑制肿瘤生长。用于肾母细胞瘤、恶性葡萄胎、绒毛膜上皮癌、恶性淋巴瘤、横纹肌肉瘤、睾丸肿瘤等。与放射治疗合用，提高肿瘤对放射治疗的敏感性。

【不良反应】胃肠道反应，表现为恶心、呕吐、食欲缺乏、腹泻、腹痛、胃及十二指肠溃疡、口腔炎、口角炎、喉炎及直肠炎。骨髓抑制，表现为血小板减少、白细胞下降及贫血。静脉注射可引起静脉炎，发生漏药可引起疼痛、局部硬结及溃破。偶见脱发、皮肤红斑、脱屑、色素沉着、痔疮样皮疹、肝肾损害、过敏等。

【用药指导】用药期间应严格检查血象、肝肾功能。毒副作用出现后可考虑减量或停药。注射时防止药液漏出血管外。有痛风病史，肝功能损害，感染，有尿酸盐性肾结石病史，近期接受过放射治疗或抗肿瘤药治疗者慎用。对本品过敏者、孕妇、有水痘病史者、严重骨髓抑制者、严重肝肾功能损害者禁用。

2. 丝裂霉素

【别名】自力霉素

【作用与应用】从放线菌的培养液中分离出的抗肿瘤药，属细胞周期非特异性药物，在细胞内通过还原酶活化后起作用，可使DNA解聚，同时拮抗DNA的复制，高浓度时对RNA和蛋白质的合成亦有抑制作用。主要用于各种实体肿瘤如胃癌、结肠癌、肝癌、胰腺癌、非小细胞肺癌、乳腺癌和癌性胸腔积液与腹水等。

【不良反应】骨髓抑制呈剂量性，表现为白细胞、血小板减少。胃肠道反应，表现为食欲缺乏、恶心、呕吐，可有腹泻及口腔炎。肝肾功能损害较轻。药物刺激性较大，静脉注射使用易发生静脉炎，可引起组织缺血、坏死。

【用药指导】用药期间应注意监测血象及肝功能。注射时应避免药液漏出血管外。本品对肾脏、肺有毒性作用。本药溶解后应在4~6小时内使用完毕。

四、抗肿瘤植物药

1. 长春碱

【别名】长春花碱

【作用与应用】由夹竹桃科植物长春花中提取的干扰蛋白质合成的抗肿瘤药。可与细胞分裂中期形成的纺锤丝微管蛋白结合并使其变性，抑制细胞的有丝分裂。用于实体瘤的治疗，对恶性淋巴瘤、睾丸肿瘤、绒毛膜癌疗效较好，对肺癌、乳腺癌、卵巢癌、皮肤癌、肾母细胞瘤及单核细胞白血病也有一定疗效。

【不良反应】血液系统毒性，表现为骨髓抑制作用，停药后迅速恢复。消化道反应，表现为食欲缺乏、恶心、呕吐、腹泻、腹痛、口腔炎等。周围神经毒性，表现为指（趾）尖麻木、四肢疼痛、肌肉震颤、腱反射消失等。局部刺激可引起注射部位出现血栓性静脉炎，漏于血管外可引起局部组织坏死。偶见患者出现直立性低血压、脱发、失眠、头痛等。

【用药指导】本品对骨髓造血功能抑制明显，应定期监测血象。静脉注射时避免日光直接照射，漏于血管外必须及时处理，可用生理盐水注射冲洗，或用普鲁卡因局部封闭。急性尿酸性肾病者、有痛风病史或有尿酸盐性肾结石病史者、神经肌肉性疾病者、肺功能障碍者、近期进行过放射或抗肿瘤药治疗者、肝功能损害者、有感染者、白细胞减少者、哺乳期妇女、2岁以下儿童慎用。孕妇禁用。

2. 长春瑞滨

【别名】去甲长春花碱

【作用与应用】本品为半合成长春花生物碱，有广谱抗肿瘤活性，且毒性低。通过抑制微管蛋白的聚合而产生细胞毒作用，使细胞分裂停止于有丝分裂中期，属于细胞周期特异性药物。用于治疗非小细胞肺癌、乳腺癌、卵巢癌、软组织及内脏转移癌、淋巴瘤等。

【不良反应】血液系统毒性，表现为粒细胞减少、中度贫血。神经系统毒性，表现为腱反射消失、下肢感觉异常，长期用药可出现下肢无力。胃肠道反应，表现为轻微的恶心、呕吐、便秘等。呼吸系统反应，表现为注药后数分钟或几小时后，出现呼吸困难和支气管痉挛。少数患者用药后出现中度脱发、下颌痛。

【用药指导】避免本品沾染眼球，以免致角膜溃疡，不慎进入眼内可用大量清水或生理盐水进行冲洗。静脉注射时不可渗出血管外，发生渗出应立即停止原处注药，所余药物经另一静脉输入。置于冰箱内（4℃）并避光保存。本品用生理盐水或5%葡萄糖液稀释，在密闭玻璃瓶中室温下保存24小时有效。肝、肾功能不全患者慎用。

3. 紫杉醇

【别名】泰素、紫素、特素

【作用与应用】本品是新型抗微管药物，通过促进微管蛋白聚合抑制解聚，保持微管蛋白稳定，抑制细胞有丝分裂。可阻断细胞于细胞周期 G_2 与 M 期，使癌细胞复制受阻断而死亡。主要用于治疗卵巢癌和乳腺癌，对肺癌、大肠癌、黑色素瘤、头颈部癌、淋巴瘤、脑瘤也有一定疗效。

【不良反应】过敏反应，表现为支气管痉挛性呼吸困难、荨麻疹和低血压。骨髓抑制，表现为中性粒细胞减少、血小板减少、贫血。神经毒性，表现为轻度麻木和感觉异常。心血管毒性，表现为低血压和无症状的短时间心动过缓。胃肠道反应，表现为恶心、呕吐、腹泻和黏膜炎。肌肉关节疼痛发生于四肢关节。肝毒性，表现为

GPT、GOT和AKP升高。偶见脱发和静脉炎。

【用药指导】治疗前应用地塞米松、苯海拉明或H_2受体拮抗剂进行预处理。未稀释的浓缩药液不能接触聚氯乙烯塑料器械或设备和进行静脉滴注。稀释的药液应贮藏在瓶内或塑料袋中，采用聚氯乙烯给药设备滴注。给药期间应注意有无过敏反应及生命特征的变化。对聚氧乙基代蓖麻油过敏者和中性粒细胞过低者禁用。

五、抗肿瘤激素药

他莫昔芬

【别名】三苯氧胺

【作用与应用】合成的抗雌激素药，结构类似雌激素，能与雌二醇竞争雌激素受体，与雌激素受体形成稳定的复合物，并转运入核内，阻止染色体基因开放，从而使癌细胞的生长和发育受到抑制。主要用于雌激素受体阳性者（特别是绝经后，年龄60岁以上的患者疗效较好）、晚期乳腺癌或治疗后复发者。对皮肤、淋巴结及软组织转移疗效较好。

【不良反应】胃肠道反应，表现为食欲缺乏、恶心、呕吐、腹泻等。继发性抗雌激素作用，表现为面部潮红、外阴瘙痒、月经失调、闭经、白带增多、阴道出血等。神经精神症状，表现为头痛、眩晕、抑郁等。骨髓抑制，表现为少数患者可有一过性白细胞和血小板减少。大剂量长期应用可导致视力障碍，如白内障。其他反应有皮疹、脱发、体重增加、肝功能异常等。

【用药指导】乳腺癌患者服用本药期间禁止授乳。不宜与雌激素同用，雌激素可影响本品治疗效果。因抗酸药在胃内改变pH值，使本品肠衣提前分解，对胃有刺激作用，不宜与抗酸药如西咪替丁、雷尼替丁等同用。孕妇、对本药过敏者、有深部静脉血栓史者、肺栓塞史者禁用。长期大剂量使用可引起卵巢肥大，卵巢囊肿者禁用。白细胞、血小板减少者慎用。

六、其他类

顺铂

【别名】顺氯氨铂

【作用与应用】是二价铂与两个氯原子、两个氨基结合的重金属化合物。进入体内将氯解离后，二价铂与DNA上的碱基鸟嘌呤、腺嘌呤和胞嘧啶形成交叉联结，破坏DNA的结构和功能。对多种实体肿瘤有效，如睾丸肿瘤、卵巢癌、膀胱癌、乳腺癌、肺癌、头颈部癌、前列腺癌等，尤对非精原细胞性睾丸肿瘤最为有效。也可用于治疗恶性淋巴瘤及肺癌，为联合化学治疗较常用的药物，常与环磷酰胺、长春碱和博来霉素等合用。

【不良反应】主要为肾毒性、耳毒性，消化道反应，骨髓抑制相对较轻。

【用药指导】应注意监测血象、肝肾功能。本类药物的输液容器应避光。大剂量用药应指导患者多饮水，必要时配伍呋塞米、甘露醇利尿。

●····· 章末小结

1. β-内酰胺类通过抑制细菌细胞壁合成而产生杀菌作用，属于繁殖期杀菌剂。氨基糖苷类通过抑制细菌蛋白质合成而产生杀菌作用，属于静止期杀菌剂。大环内酯类属于广谱抗生素，常伴随胃肠道反应。四环素类是治疗立克次体、支原体、衣原体感染的首选药。可影响钙的吸收，出现骨骼生长发育抑制。

2. 目前常用的人工合成抗菌药主要有喹诺酮类、磺胺类、甲氧苄啶类、硝基呋喃类、硝基咪唑类等。

3. 抗结核一线药物：异烟肼、利福平、乙胺丁醇、链霉素、吡嗪酰胺。单独使用可增加耐药性，一般联合用药。

4. 临床常用抗真菌药为唑类。其中三唑类药物为治疗深部真菌感染的首选药之一，咪唑类大多用于浅表部位的真菌感染。

5. 抗病毒药按临床主要用途分为四类①抗疱疹病毒药：阿昔洛韦等；②抗流感病毒药：奥司他韦等；③抗乙型肝炎病毒药：干扰素等；④抗HIV药：齐多夫定等。

6. 甲硝唑是治疗滴虫病、蓝氏贾第鞭毛虫病的首选药。吡喹酮是治疗血吸虫病、绦虫病的首选药。阿苯达唑是常用的广谱驱肠蠕虫药。

7. 抗肿瘤药可分为烷化剂、干扰核酸合成药、抗肿瘤抗生素、抗肿瘤植物药、抗肿瘤激素、其他类6大类。主要不良反应有骨髓抑制、胃肠反应、脱发、肝及肾损害、免疫抑制等。

实例分析题

1. 某日班上男同学张某打篮球后淋雨，晚上突然发高热，同学帮其测量体温，高达39.6℃，并伴有全身肌肉酸痛，右胸疼痛，深呼吸时加重，吐少量铁锈色痰。诊断为大叶性肺炎。

（1）宜首选的药物是什么？

（2）该药物的常见不良反应是什么，如何预防或解救？

（3）请对张某予以合理的用药指导。

（李　雯）

第十四章
解热镇痛抗炎药与抗痛风药

第十四章
数字内容

学习目标

- 掌握解热镇痛抗炎药的别名、作用与应用、不良反应、用药指导。
- 熟悉抗痛风药的别名、作用与应用、不良反应、用药指导。

情境导入

情境描述：

零售药店实习生小明，正在药店实习，一位老人走进药店，告诉小明说她2岁的孙子感冒，发热37.8℃，希望买点退热药。小明想了想，结合在学校学习的知识，告诉老人儿童发热要注意四点：第一，针对病因进行治疗，常见的以病毒或细菌感染居多，常选用抗菌或抗病毒的药物；第二，一般儿童发热低于38.5℃给予物理降温，即用毛巾擦拭腋窝、腘窝、髂窝等处，如果体温仍然上升至38.5℃，可给予退热药；第三，儿童退热禁用阿司匹林，以免对儿童的大脑和肝脏造成危害；第四，儿童服用退热药后会大量出汗，应注意补充水分，以免脱水。

学前导语：

掌握本章每种药物的通用名、别名、作用与应用、不良反应、用药指导，可帮助我们奠定解热镇痛抗炎药和抗痛风药使用的基础。

第一节　解热镇痛抗炎药

本类药物主要是通过抑制环氧合酶而使体内组织中的前列腺素合成减少，起到解热、镇痛的作用，除此之外，该类药物中许多还有抗炎、抗风湿作用。因为其化学结构与肾上腺皮质激素不同，没有后者所有的甾体结构，所以又称非甾体抗炎药。该类药物的代表药有阿司匹林、对乙酰氨基酚、布洛芬、吡罗昔康、吲哚美辛。

1. 阿司匹林

【别名】乙酰水杨酸

【作用与应用】

（1）解热作用：通过抑制前列腺素合成使下丘脑的体温调节中枢的体温调定点下调，使散热增加、产热减少。用于治疗感冒、流感等引起的发热。

（2）镇痛作用：主要是通过抑制前列腺素及其他痛觉物质（如缓激肽、组胺）的合成而对外周疼痛有抑制作用。用于治疗头痛、牙痛、神经痛、肌肉痛、月经痛和痛风等。

（3）抗炎、抗风湿作用：通过抑制前列腺素或其他炎性介质（如组胺）的合成而起消炎作用；本品抗风湿的机制除解热、镇痛作用外，主要是使风湿的炎症减轻，用于治疗风湿热、风湿性关节炎、类风湿关节炎等。

（4）抑制血小板聚集作用：通过抑制血小板的环氧合酶而使血栓素 A_2（TXA_2）的生成减少，发挥抑制血栓形成的作用。可用于预防暂时性脑缺血发作、心肌梗死、心房颤动，以及人工心脏瓣膜、动静脉瘘或其他手术后的血栓形成，也可用于治疗不稳定型心绞痛。

【不良反应】胃肠道反应，表现为恶心、呕吐、上腹部不适或疼痛，长期使用可增加消化性溃疡的发生率，严重者可导致上消化道出血。过敏反应，主要表现为呼吸困难、气促、哮喘、皮肤瘙痒、荨麻疹或药疹等。凝血功能障碍，表现为延长出血时间，致出血倾向，可用维生素K防治。水杨酸反应，大剂量长期应用阿司匹林易发生水杨酸中毒的症状，可出现头痛、眩晕、恶心、耳鸣、听视力减退，甚至精神失常等。瑞氏综合征，儿童或青少年病毒性感冒服用该药后可出现严重肝坏死和脑水肿，甚至导致死亡。

【用药指导】有出血症状的溃疡病或其他活动性出血、血友病或血小板减少症、溃疡病、葡萄糖-6-磷酸脱氢酶缺乏者（可引起溶血性贫血）禁用；儿童和青少年禁用；肝、肾功能不全者慎用。

阿司匹林的历史

在人类历史上，阿司匹林堪称全世界最著名、最传奇、最经久耐用的药物之一。

1874年，苏格兰医师麦克拉根用柳树皮提取物成功降低了风湿病患者的体温，缓解了患者的疼痛和水肿，两年后他的实验报告发表在医学杂志《柳叶刀》上。此后，人们从柳树皮中分离并制备出水杨酸钠，证明了它的退热和止痛消炎功效。

1899年2月，德国制药企业拜耳公司首次以"阿司匹林"（aspirin）的名字注册该药。

1982年，英国药理学家约翰由于首次发现阿司匹林有抗血小板聚集的作用，获得了诺贝尔生理学或医学奖。

1988年，美国的一项研究表明，阿司匹林可使首次心肌梗死的发生率降低44%，从此掀开了阿司匹林预防冠心病、脑血栓的新篇章。

2. 对乙酰氨基酚

【别名】扑热息痛

【作用与应用】本品具有良好的解热镇痛作用。与阿司匹林相比，解热作用相似，镇痛作用较弱，几乎无抗炎作用。本品主要用于缓解轻中度疼痛，如头痛、关节痛、神经痛、肌肉痛、牙痛及痛经等，尤适用于不宜应用阿司匹林（对阿司匹林过敏、不能耐受阿司匹林、消化性溃疡、胃炎等）的患者。也可用于退热，如感冒的发热等。本品用于解热和镇痛是对症治疗，必要时应辅以对因治疗。

【不良反应】偶见皮疹、荨麻疹、药物热及粒细胞减少；长期大量用药会导致肝、肾功能异常。

【用药指导】严重的肝、肾功能不全者禁用。

3. 布洛芬

【别名】异丁苯丙酸、异丁洛芬

【作用与应用】通过抑制前列腺素合成酶减少前列腺素的合成而起到解热、镇痛及抗炎作用。本品是各种急性疼痛和慢性风湿性疾病的镇痛药，对一些轻、中度疼痛，如手术后、创伤疼痛、牙痛、痛经、头痛都有疗效。对各种肌肉关节疾病，如类风湿关节炎、骨关节炎、强直性脊柱炎、痛风性关节炎、软组织风湿均能较长期服用，但所用剂量宜大于镇痛所需。本品对高热有解热作用。虽然本品能缓解肿痛、发热，但非病因性治疗，故应用本品时宜同时进行病因治疗。

【不良反应】偶见轻度的消化不良、皮疹、胃肠道溃疡及出血、氨基转移酶升高等。

【用药指导】哮喘、鼻息肉综合征及血管水肿患者禁用；心、肾功能不全，高血压，出血性疾病，有消化道溃疡史的患者慎用；孕妇及哺乳期妇女不宜应用；对阿司匹林及其他非甾体抗炎药过敏者，使用本品有交叉过敏反应；用药期间应定期检查肝、肾功能及血象。

案例分析

一天下午，在药店工作的小王遇到了一位大姐，她急匆匆的去买退热药，大姐自述身上疼，头疼，嗓子干痛，体温39.5℃。大姐说她是昨天晚上开始发热的，体温38.3℃，没有服用退热药，也没有进行其他治疗，体温一直上升。

分析：

1. 感冒发热不能仅使用退热药，应该明确病因，进行有效的对因治疗。

2. 感冒引起的发热低于38.5℃可以不选择退热药，只采用物理降温。

4. 吡罗昔康

【别名】吡氧噻嗪

【作用与应用】本品通过抑制环氧合酶使组织局部前列腺素的合成减少及抑制白细胞的趋化性和溶酶体酶的释放而起到药理作用。可以缓解疼痛和肿胀，用于各种关节炎及软组织病变的对症治疗。

【不良反应】本品副作用少，连续治疗2~4周时有少数病例出现轻度的头晕、胸闷、水肿、恶心，停药后将很快消失。

【用药指导】如发现头晕、胸闷、恶心、浮肿等副作用立即停药，长期应用时宜注意血象及肝、肾功能。

5. 吲哚美辛

【别名】消炎痛

【作用与应用】本药有抑制环氧合酶的作用，致使前列腺素的合成减少以达到抗炎、镇痛、解热作用。解热用于各种原因引起的发热，尤其对癌症发热和一些不易控制的发热效果较好；镇痛用于各种非炎症性疼痛，尤其是偏头痛、痛经、胆绞痛和肾绞痛等；抗炎用于各种关节炎、肌炎等炎症反应，也有人用于结核性胸膜炎的辅助治疗等。

【不良反应】与其他解热镇痛药相比，本品胃肠道反应相对较常见，可出现恶心、呕吐、胃痛、腹泻等，可引起消化性溃疡，甚至上消化道出血或穿孔。中枢神经系统症状头晕、头痛等。肝毒性，可引起黄疸、氨基转移酶增高。血液系统毒性，少数患者出现粒细胞减少，偶见再生障碍性贫血等。也可见肾毒性等。

【用药指导】如发现头晕、胸闷、恶心、水肿等副作用立即停药，长期应用时宜注意血象及肝、肾功能。

第二节 抗痛风药

痛风是由体内嘌呤代谢紊乱所引起的一种疾病，主要表现为高尿酸血症，尿酸盐在关节、肾脏及结缔组织中析出结晶，可引起关节局部炎症及粒细胞浸润。目前，痛风的治疗主要是通过抑制尿酸的生成和促进尿酸的排泄，降低尿酸沉积所引起的不良反应。常用的药物有丙磺舒、别嘌醇、秋水仙碱等。

1. 丙磺舒

【别名】羧苯磺胺

【作用与应用】作用于肾，部分抑制近端肾小管对肾小球过滤出来的尿酸进行重吸收，使血尿酸保持在正常的水平，防止尿酸在体液中结晶、沉着，甚至有使痛风石重新溶解的作用。主要用于慢性痛风和高尿酸血症的治疗。

【不良反应】消化道反应，主要表现为恶心、呕吐、腹部不适、食欲缺乏等。过敏反应，可有发热、皮炎、皮疹和皮肤瘙痒。严重毒性反应罕见，可表现为再生障碍性贫血、溶血性贫血、肝细胞坏死和肾病综合征。其他可有头晕、头痛、面部潮红、尿频、齿龈肿痛等。

【用药指导】本品与磺胺有交叉过敏反应，对磺胺有过敏反应者禁用。急性痛风发作和肾、输尿管有尿结石者不宜使用，如必须使用，可与小剂量秋水仙碱或吲哚美辛合用，并大量饮水和碱化尿液。用药期间需定期测定血尿酸、血常规、酸碱平衡，根据测定结果调整药量。消化性溃疡、血液系统异常者和孕妇慎用。肝肾功能减退者、老年人、2岁以下儿童禁用。

2. 别嘌醇

【别名】别嘌呤醇

【作用与应用】本药的主要代谢物羟嘌呤能有效地抑制黄嘌呤氧化酶，从而阻止次黄嘌呤转化为黄嘌呤继而再转化生成尿酸这个过程。用于慢性原发性及继发性痛风的治疗，而对急性痛风无效；治疗伴有或不伴有痛风症状的尿酸性肾病；反复发作性尿酸结石患者，以预防结石的形成；预防白血病、淋巴瘤或其他肿瘤在化疗或放疗后继发的组织内尿酸盐沉积、肾结石等。对已经形成的尿酸结石，也有助于结石的重新溶解；非尿酸性结石如复发性钙结石尤其是草酸钙结石，它可显著降低新石的形成。

【不良反应】过敏反应，以皮疹、皮肤瘙痒或荨麻疹等较常见，严重者可有其他系统毒性包括粒细胞减少、骨髓抑制等。全身过敏性血管炎，能导致不可逆的肝脏中毒，应及早发现，及时停药。

【用药指导】孕妇、哺乳期妇女，特发性血液病患者，肾、肝功能损害者及老年人慎用；治疗初期可诱发痛风，应与小剂量秋水仙碱或吲哚美辛合用加以预防；服药期间应大量饮水，并维持尿液呈中性或偏碱性，以促进尿酸排出；本品不能控制痛风性关节炎的急性炎症症状，不能作为抗炎药使用；本品必须在痛风性关节炎的急性炎症症状消失后（一般在发作后两周左右）方开始应用；本品必须由小剂量开始，逐渐递增至有效量维持正常血尿酸和尿酸水平，以后逐渐减量，用最小有效量维持较长时间。

3. 秋水仙碱

【别名】秋水仙素

【作用与应用】能抑制白细胞等吞噬尿酸结晶盐，减少或终止炎症介质的释放，从而有抗炎止痛的作用，达到治疗痛风的目的。主要用于急性痛风、白血病、皮肤癌、乳腺癌、贝赫切特综合征的治疗。

【不良反应】骨髓抑制，表现为白细胞、血小板减少，贫血，与个体差异有关。胃肠道反应多见，表现为食欲不振、恶心、呕吐、腹胀、便秘，重者出现肠麻痹。抑制呼吸中枢，增加对中枢抑制剂的敏感性，增强拟交感神经药的反应，使血管收缩。还可以通过对血管运动中枢的兴奋而引起高血压。也可出现四肢酸痛、静脉炎，漏出血管外可引起局部组织坏死。

【用药指导】年老体弱者，骨髓造血功能不全者，严重肾、心功能不全者慎用；胃肠疾病者慎用。孕妇、哺乳期妇女及2岁以下儿童禁用。治疗急性痛风，每个疗程期间应停药3天，以免发生蓄积性中毒，患者疼痛一旦消失立即停药。胃肠道反应是严重中毒的前驱症状，一旦出现应立即停药，否则会引起毒性反应。治疗期间应定期检查肝、肾功能，血常规，造血功能。静脉注射本药只限于禁食患者。

1. 解热镇痛抗炎药可解热、镇痛，大多数还有抗炎、抗风湿作用，主要通过抑制环氧合酶，减少前列腺素（PG）的生物合成和释放而发挥作用。
2. 丙磺舒增加尿酸排泄，可用于治疗慢性痛风。别嘌醇治疗痛风是通过使尿酸生成及排泄都减少，避免尿酸盐微结晶的沉积，防止发展为慢性痛风性关节炎或肾病变。秋水仙碱通过抑制急性发作时的粒细胞浸润使急性痛风性关节炎的炎症减轻。

1. 简述解热镇痛抗炎药的主要作用。
2. 阿司匹林的主要药理作用和临床用途有哪些？
3. 简述抗痛风药的作用及临床应用。

（谭银平）

第十五章
中枢神经系统药

学习目标

- 掌握中枢神经系统药的分类和常用药的名称。
- 熟悉中枢兴奋药、镇痛药、镇静催眠药、抗癫痫药的适应证。
- 了解抗精神病药的不良反应。
- 能够掌握镇静催眠药的使用方法，学会开展用药咨询服务。
- 具备敬业奉献的职业道德和素质。

情境导入

情景描述：

  患者，男，40岁，诊断为重度哮喘引发急性呼吸衰竭，呼吸8次/min，脉搏微弱，血压为0。医生立即给予气管插管，呼吸机控制呼吸，同时将尼可刹米0.375g×2支加于250ml生理盐水中静脉滴注，至呼吸频率恢复至20~30次/min停止滴注；患者血压恢复至110/60mmHg。

学前导语：

  尼可刹米为呼吸中枢兴奋药，临床常用于呼吸衰竭早期出现嗜睡和浅昏迷者，但剂量过大会导致惊厥。本章我们将带领同学们学习中枢兴奋药的基本知识。

第一节 中枢兴奋药

中枢兴奋药是具有兴奋中枢神经系统功能，提高脑活动功能的药物。根据其作用部位的不同，可分为三类：①主要兴奋大脑皮层的药物，如咖啡因等；②主要兴奋延髓呼吸中枢的药物，又称呼吸兴奋药，如尼可刹米等；③促进大脑功能恢复的药物，又称促智药，如吡拉西坦、胞磷胆碱等。不过，上述分类是相对的，随着剂量的增加，上述药物作用于中枢的范围也随之扩大，均可引起中枢各部位广泛兴奋，过量可诱发惊厥，过度兴奋可转为抑制，甚至导致死亡。

一、主要兴奋大脑皮层的药物

1. 咖啡因

【别名】咖啡碱

【作用与应用】小剂量（50~200mg）可兴奋大脑皮层，使睡意减少，精神振奋，思维敏捷，疲乏感减轻；较大剂量（200~500mg）直接兴奋延髓呼吸中枢及血管运动中枢，使呼吸运动加快，血压升高，当呼吸中枢受抑制时作用更为显著；能收缩脑血管，减少脑血管搏动；刺激胃酸、胃蛋白酶分泌，舒张胆管和支气管平滑肌等。用于解救因急性感染中毒及催眠药、麻醉药、镇痛药中毒引起的呼吸、循环衰竭；配伍解热镇痛药制成复方制剂用于一般性头痛；可与麦角胺合用治疗偏头痛。

【不良反应】胃部不适、恶心、呕吐、头痛及失眠等；长期习惯性地过多服用可出现头痛、紧张、激动和焦虑，中毒剂量（800mg）可致惊厥；久用可产生耐受性。

【用药指导】孕妇及哺乳期妇女慎用；消化性溃疡病患者不宜使用；婴幼儿高热时易诱发惊厥，因此不宜使用含咖啡因的复方解热制剂。

【商品信息】咖啡因因具有药物依赖性，被列为第二类精神药品。

2. 哌甲酯

【别名】利他林

【作用与应用】本品可增强大脑皮层兴奋过程，改善精神活动，减少疲劳；较大剂量可兴奋延髓呼吸中枢；过量可致惊厥。用于儿童多动症，此病症由于脑干网状结构上行激动系统内多巴胺、去甲肾上腺素、5-羟色胺等递质缺乏引起，哌甲酯能促进此类递质的释放；解除中枢抑制剂过量引起的呼吸抑制和昏睡。用于小儿遗尿症，兴奋大脑皮层使病儿被尿意唤醒。

【不良反应】最常见食欲减退,故需选用可口食物,并加用健胃药可减轻此症状。经以上处理食欲减退仍十分严重者,应考虑减量。偶有焦虑、失眠、心悸等,应避免傍晚后服药。大剂量使用可出现头痛、眩晕、血压升高等,甚至出现惊厥。长期连续使用可产生耐受性。

【用药指导】孕妇及哺乳期妇女慎用。高血压、癫痫患者禁用。儿童长期应用可抑制生长发育,产生食欲减退、失眠,偶见腹痛、心动过速等;6岁以下小儿应慎用。

【商品信息】哌甲酯可产生精神依赖性,被列为第一类精神药品。

二、兴奋延髓呼吸中枢的药物

1. 尼可刹米

【别名】可拉明

【作用与应用】本品可直接兴奋延髓呼吸中枢,使呼吸加快加深;也可通过刺激颈动脉体和主动脉体化学感受器反射性兴奋呼吸中枢,提高呼吸中枢对二氧化碳的敏感性;对大脑皮质、血管运动中枢及脊髓也有较弱的兴奋作用,对其他器官则无直接兴奋作用。常用于中枢性呼吸抑制及各种原因引起的呼吸抑制。

【不良反应】治疗量不良反应较少,大剂量可致血压升高、心悸、出汗、肌震颤及僵直。过量可致惊厥。

【用药指导】本品选择性不高,作用维持时间较短,需多次给药,因此必须严格掌握给药剂量和间隔时间。中毒时可引起惊厥,小儿尤易出现,应及时停药并选用地西泮静脉注射抗惊厥。

🔗 知识链接

呼吸衰竭

呼吸衰竭(简称呼衰)为各种原因引起的肺通气和/或换气功能严重障碍,从而不能进行有效的气体交换,导致缺氧伴(或不伴)二氧化碳潴留,继而引起一系列生理、功能和代谢紊乱的临床综合征。按病程可分为急性和慢性呼吸衰竭。急性呼衰往往是由脑血管意外、呼吸肌麻痹、肺梗死、药物中毒抑制呼吸中枢、急性呼吸窘迫综合征(ARDS)等原因引起,如抢救不及时,会危及生命。慢性呼衰多见于慢性呼吸系统疾病,如重度肺结核、慢性阻塞性肺疾病等,其呼吸功能损害逐渐加重,虽有缺氧,或伴二氧化碳潴留,但通过机体代偿适应，仍能从事日常活动。治疗措施包括无创正压通气、气管插管、气管切开等机械通气，同时使用呼吸兴奋剂（尼可刹米、贝美格、洛贝林）、解除支气管痉挛和祛痰药、抗感染药等药物。

2. 洛贝林

【别名】山梗菜碱

【作用与应用】本品通过刺激颈动脉体和主动脉体化学感受器而反射性兴奋呼吸中枢；还反射性兴奋迷走神经中枢和血管运动中枢；对自主神经节先兴奋而后抑制。常用于治疗新生儿窒息、一氧化碳中毒引起的窒息、中枢抑制剂（如阿片、巴比妥类）的中毒及肺炎、白喉等疾病引起的呼吸衰竭。

【不良反应】本品安全范围大，不易引起惊厥。

三、促进大脑功能恢复的药物

1. 吡拉西坦

【作用与应用】本品为脑代谢改善药，具有激活和保护、修复脑细胞的作用，促进氨基酸和磷脂的吸收、蛋白质的合成以及葡萄糖的利用；改善由于缺氧等原因导致的脑功能损伤，同时可以增强记忆，提高学习能力。常用于急慢性脑血管病、脑外伤、各种中毒性脑病等多种原因所致的记忆减退及轻、中度脑功能障碍，也可以用于儿童智力发育迟缓的治疗。

【不良反应】偶见失眠、口干、呕吐、食欲不振等。

【用药指导】本品与华法林联合用药，可抑制血小板聚集，延长凝血酶原时间。在接受抗凝治疗的患者中，同时应用吡拉西坦时应调整抗凝治疗的药物剂量和用法，并注意监测凝血时间，防止出血危险。孕妇、新生儿、肝肾功能不良者、锥体外系疾病及亨廷顿病者禁用。

2. 胞磷胆碱

【别名】尼可林、胞胆碱

【作用与应用】本品可改善大脑循环，通过降低脑血管阻力，增加脑血流而促进脑物质代谢，促进大脑功能恢复和促进苏醒。主要用于急性颅脑外伤，脑手术后意识障碍等，也可用于帕金森综合征的治疗。

【不良反应】不良反应少，对呼吸、脉搏、血压无影响，偶有一过性血压下降、失眠、兴奋及给药后发热等，停药后可消失。

3. 奥拉西坦 本品为促智药，可促进磷酰胆碱和磷酰乙醇胺合成，使大脑中蛋白质和核酸的合成增加。适用于轻中度血管性痴呆、阿尔茨海默病以及脑外伤等症引起的记忆与智能障碍。

4. 茴拉西坦 又名阿尼西坦，本品为脑功能改善药，对抗缺氧引起的记忆减退，能有效改善某些原因引起的记忆障碍。适用于中、老年记忆减退和脑血管病后的记忆减退。不良反应有口干、嗜睡、头昏、便秘、失眠，停药后消失。

第二节 镇痛药

疼痛是由于组织损伤或潜在的组织损伤而引起的症状，常引起恐惧、紧张、焦虑不安、肌体回缩等现象。疼痛既是机体的防御反应，也是许多疾病的常见症状。剧烈疼痛不仅给患者带来痛苦，还可引起生理功能紊乱，甚至休克。因此，适当地应用药物缓解疼痛，防止可能产生的生理功能紊乱非常必要。

镇痛药是指作用于中枢神经系统，选择性抑制和缓解各种疼痛，镇痛的同时不影响患者意识和其他感觉（如知觉、听觉、触觉等）的药物。本类药物镇痛作用强大，同时产生镇静作用，但反复应用易导致躯体依赖性，一旦停药患者会产生戒断症状，故又称为成瘾性镇痛药或麻醉性镇痛药，属于麻醉药品。本类药物的生产、销售、使用必须严格遵守《麻醉药品和精神药品管理条例》的相关规定，严格管理，控制使用。

常用的镇痛药可分为三类：①阿片生物碱类镇痛药，如吗啡、可待因等；②人工合成阿片类镇痛药，如哌替啶等；③其他镇痛药，如罗痛定等。

一、阿片生物碱类

阿片是罂粟科植物未成熟蒴果的干燥物，含有20多种生物碱，如吗啡、可待因、罂粟碱等。

1. 吗啡

【体内过程】口服易吸收，但肝脏首过效应大，生物利用度低，一般采取注射给药。吸收后仅有少量吗啡通过血脑屏障，但也能产生高效的镇痛作用。可通过胎盘到达胎儿体内。主要经肝脏代谢为3-葡糖醛酸结合物而经肾排出，少量经胆汁和乳汁排出。

【药理作用】

（1）中枢神经系统：镇痛作用强大，对各种疼痛均有效，还有明显的镇静作用，能产生欣快感，可改善疼痛患者的紧张情绪；治疗量即可抑制呼吸中枢，降低呼吸中枢对二氧化碳的敏感性，呼吸抑制是吗啡急性中毒死亡的主要原因；兴奋缩瞳中枢，引起缩瞳，针尖样瞳孔是诊断吗啡中毒的重要特征；兴奋延髓催吐化学感应区，引起恶心、呕吐。

（2）心血管系统：扩张血管，外周阻力降低，引起直立性低血压；同时由于呼吸抑制，使二氧化碳蓄积，导致脑血管扩张，颅内压升高。

（3）平滑肌：可兴奋胃肠道平滑肌，增加其张力，减慢蠕动，导致便秘；增加胆道平滑肌张力，诱发胆绞痛；提高膀胱括约肌张力，导致尿潴留；降低妊娠子宫平滑肌张力，对抗催产素，延长产程；增加支气管平滑肌张力，诱发支气管哮喘。

【临床应用】用于其他镇痛药无效的急性锐痛，如严重创伤、手术后、烧伤及癌症晚期的疼痛；麻醉前给药及心源性哮喘；用于急、慢性消耗性腹泻，可选用阿片酊或复方樟脑酊。如伴有细菌感染，应同时服用抗生素。

【不良反应】治疗量可引起眩晕、恶心、呕吐、便秘、排尿困难、呼吸抑制、直立性低血压等；连续反复多次应用易产生耐受性及成瘾，一旦停药，即出现戒断症状，表现为惊恐不安、震颤、失眠、流泪、流涕、呕吐、腹泻，甚至虚脱、意识丧失等，表现明显的觅药行为。使用吗啡过量可引起急性中毒，主要表现为昏迷、深度呼吸抑制、针尖样瞳孔、血压下降甚至休克，最后呼吸麻痹而死亡。抢救措施为吸氧、人工呼吸，静脉注射阿片受体拮抗剂纳洛酮和呼吸兴奋剂尼可刹米等。

【用药指导】颅内压高、昏迷、支气管哮喘、肺源性心脏病患者，吗啡过敏者，严重肝肾功能不全者，哺乳期及临产妇女，以及婴儿禁用；胆绞痛、肾绞痛需与阿托品合用；要对成瘾者进行教育，同时采用逐渐减量的戒除方法，必要时可用美沙酮、可乐定进行成瘾的戒除治疗。

🔗 知识链接

癌症三阶梯止痛法

1986年，世界卫生组织（WHO）推荐了三阶梯止痛法，按照患者疼痛的程度和性质选用不同阶梯的止痛药物。①第一阶梯：轻度疼痛，选用非甾体抗炎药，如对乙酰氨基酚、阿司匹林等，对轻度疼痛疗效肯定，有封顶效应；②第二阶梯：中度疼痛，可选用弱阿片类药物，如可待因、二氢可待因、曲马多等，并可合用非甾体抗炎药，有封顶效应；③第三阶梯：重度疼痛，强阿片类药，以吗啡为代表，合理使用将使90%以上的中重度疼痛患者免除疼痛，并可合用非甾体抗炎药。

如果患者诊断为神经病理性疼痛，应首选三环类抗抑郁药或抗惊厥类药等。

2. 可待因　又称甲基吗啡，其镇痛作用为吗啡的1/12～1/7，但强于一般解热镇痛药，作用持续时间与吗啡相似；镇咳作用为吗啡的1/4；无明显的镇静作用；其抑制呼吸、致便秘、耐受性及依赖性等均较吗啡弱。临床用于中等程度疼痛，尤其适用于伴有胸痛的剧烈干咳和刺激性咳嗽。

不良反应较吗啡轻，偶有恶心、呕吐等不良反应，反复应用也可产生耐受性和依赖性，应严格控制使用。

二、人工合成阿片类

人工合成阿片类镇痛药成瘾性较小，已成吗啡的代用品，在临床上广泛应用。

1. 哌替啶

【别名】度冷丁

【体内过程】口服易吸收，皮下注射和肌内注射吸收更迅速。

【作用与应用】本品为全合成镇痛药，作用与吗啡相似，但弱于吗啡。其镇痛作用相当于吗啡的1/10，维持2～4小时；镇静、呼吸抑制、致欣快感和扩血管作用弱于吗啡，无明显镇咳、缩瞳作用；兴奋平滑肌与吗啡相似，但维持时间短，较少引起便秘和尿潴留；不对抗缩宫素对子宫的影响，不延长产程。

因成瘾性较轻，常替代吗啡用于各种剧痛、内脏剧烈绞痛（胆绞痛、肾绞痛需与阿托品合用）、心源性哮喘、麻醉前给药；哌替啶与氯丙嗪、异丙嗪组成人工冬眠合剂，用于人工冬眠。

【不良反应】治疗量可引起眩晕、直立性低血压、口干、恶心、呕吐等。过量中毒可致瞳孔散大、惊厥、心动过速、幻觉、血压下降、呼吸抑制、昏迷等，中毒解救时需合用抗惊厥药；久用可产生耐受性和依赖性。禁忌证同吗啡。

【用药指导】本品多为注射剂，有局部刺激性，不宜皮下注射，应采用深部肌内注射或静脉注射。异丙嗪、氯丙嗪、三环类抗抑郁药可加重本药的呼吸抑制，引起休克等不良反应，不宜同用。

2. 美沙酮

【别名】阿米酮、非那酮

【作用与应用】为阿片受体激动剂，属强效镇痛药，作用与吗啡相似，镇痛效力与吗啡相等或略强，镇静作用较轻，对呼吸中枢有明显的抑制作用，具有缩瞳和平滑肌兴奋作用。用于创伤性、癌症剧痛及外科手术后镇痛。采用替代递减法，用于各种阿片类药物依赖的替代维持治疗，用于吗啡、海洛因等成瘾的脱毒治疗。

【不良反应】副作用有头痛、眩晕、恶心、出汗、嗜睡、便秘和直立性低血压等，但较轻。皮下注射有局部刺激作用，可致疼痛和硬结。久用可成瘾。

【用药指导】禁用于分娩止痛。呼吸功能不全者及幼儿禁用。不宜作静脉注射，忌麻醉前和麻醉中给药。中毒时可应用纳洛酮注射剂抢救。与西咪替丁复合可增强其镇痛作用，与利福平、苯妥英钠合用可加快其代谢而诱发戒断症状。服药期间慎用镇静催眠药，禁饮酒。

3. 芬太尼

【作用与应用】为阿片受体激动药，为强效麻醉性镇痛药，镇痛作用为吗啡的100倍，镇痛作用起效快，但持续时间较短。适用于各种剧痛及手术前、中、后的镇痛；也用于防止或减轻手术后出现的谵妄；作为麻醉辅助用药，可与麻醉药合用；与氟哌利多配伍制成"安定镇痛剂"，用于大面积换药及进行小手术。

【不良反应】常见不良反应为眩晕、恶心、呕吐、出汗、嗜睡等。静脉注射时可能引起胸壁肌肉强直，如一旦出现，需用肌肉松弛剂对抗。静脉注射过快时，还可能出现呼吸抑制。

【用药指导】本品与哌替啶存在交叉敏感。与中枢抑制剂及其他麻醉性镇痛药以及全麻药等有协同作用，合用时应慎重并适当调整剂量。本品过量易引起呼吸抑制，可用纳洛酮等拮抗。孕妇、心律失常患者慎用。支气管哮喘、呼吸抑制、对本品特别敏感的患者以及重症肌无力患者禁用。有弱成瘾性。

4. 喷他佐辛

为阿片受体的部分激动药。镇痛作用为吗啡的1/3；呼吸抑制作用为吗啡的1/2，对胃肠道平滑肌作用与吗啡相似，但对胆道括约肌作用较弱。大剂量可引起血压升高、心率加快等；还可产生烦躁不安、梦魇等精神症状，可用纳洛酮拮抗。适用于各种慢性剧痛。本品列入第二类精神药品管控，但仍有产生依赖性的倾向，切不可滥用。

5. 丁丙诺啡

为阿片受体部分激动药。本品镇痛作用强于哌替啶，起效慢，作用持续时间长，呼吸抑制作用较轻。与喷他佐辛相比，较少引起烦躁等精神症状。成瘾性比吗啡小。常制成透皮贴剂或舌下含服制剂，临床主要用于癌症、各种术后和心肌梗死后疼痛。因生理依赖性低，戒断症状较轻，可单独或与纳洛酮组成复方制剂用于阿片类药物成瘾者脱毒治疗，用于戒毒效果与美沙酮相似。不良反应常见头晕、嗜睡、恶心、呕吐等。本品按第一类精神药品管制。

6. 曲马多　为全合成镇痛药，镇痛作用与喷他佐辛相当，镇咳效果为可待因的1/2，无呼吸抑制作用，依赖性小。临床用于中重度急、慢性疼痛，如手术、创伤、分娩及晚期癌症疼痛等。不良反应有多汗、头晕、恶心、呕吐、食欲减退及排尿困难。少见心悸、心动过缓或直立性低血压或循环性虚脱。偶见胸闷、口干、疲劳、瘙痒、皮疹。静脉注射过快可引起颜面潮红、一过性心动过速。长期应用也可成瘾。不能与单胺氧化酶抑制剂合用。与中枢抑制剂（如酒精，镇静催眠药如地西泮等）合用时需减量。本品按第二类精神药品管理。

三、其他类

罗通定　具有镇静、催眠、镇痛和中枢性肌肉松弛作用。其镇痛作用与阿片受体无关，镇痛作用较哌替啶弱，但强于一般解热镇痛药，无呼吸抑制作用，无明显的成瘾性。对慢性持续性钝痛效果较好，临床用于胃肠系统钝痛、一般性头痛、脑震荡后头痛，也可用于痛经及分娩止痛。对产程及胎儿均无不良影响。本品能阻断脑内多巴胺受体，促进脑啡肽和内啡肽释放，过量可致帕金森综合征。

第三节　镇静催眠药

睡眠障碍严重影响着人们的工作和生活，还会危害身体健康。镇静催眠药是一类能抑制中枢神经系统而达到缓解过度兴奋和引起近似生理性睡眠的药物。因所用剂量的不同而表现出不同的药理作用，小剂量时可引起安静和嗜睡，称为镇静作用，随着剂量加大，依次出现催眠、抗惊厥和抗癫痫作用，甚至还有麻醉作用。

常用镇静催眠药分为三类：苯二氮䓬类、巴比妥类及其他类。其中苯二氮䓬类药物因作用效果好、不良反应少、使用安全，成为临床上最常用的镇静、催眠和抗焦虑药。

一、苯二氮䓬类

1. 地西泮

【别名】安定

【作用与应用】本品具有抗焦虑、镇静、催眠、抗惊厥、抗癫痫及中枢性肌肉松弛作用。用于治疗焦虑症及各种神经症；对失眠，尤其对焦虑性失眠疗效极佳；用于辅助治疗破伤风、子痫、小儿高热惊厥和药物中毒性惊厥，静脉注射地西泮为癫痫持续状态首选；治疗中枢神经病变和局部病变引起的肌张力升高及肌肉痉挛。

【不良反应】连续用药可出现嗜睡、头晕、乏力和记忆力下降。偶见共济失调。静脉注射速度过快可引起昏迷和呼吸抑制，严重者可致呼吸及心搏停止。长期应用可致耐受性与依赖性，突然停药有戒断症状出现，宜从小剂量用起。过量急性中毒可致昏迷和呼吸抑制，可用氟马西尼进行鉴别诊断和抢救。

【用药指导】孕妇和哺乳妇女禁用，粒细胞减少、肝肾功能不良者慎用。

【商品信息】本品为新的苯二氮䓬类药物，用量小，作用强，毒副作用小，安全范围大。按第二类精神药品管理。

2. 艾司唑仑

【别名】三唑氯安定

【作用与应用】属短效类，具有较强的镇静、催眠、广谱抗惊厥、抗焦虑作用，解痉和抗胆碱作用弱。适用于各种类型的失眠，焦虑症及癫痫大、小发作，亦可用于术前镇静。

【不良反应】不良反应较少，常见乏力、口干、嗜睡、头昏等，大剂量可出现共济失调、震颤。罕见的有皮疹、白细胞减少。个别患者发生兴奋、多语、睡眠障碍，甚至幻觉，停药后上述症状很快消失。有依赖性，但较轻，长期应用后停药可能发生停药反应，表现为激动或忧郁。

【用药指导】老年人对本药较敏感，抗焦虑时宜从小剂量开始，注意调整剂量。对本品或其他苯二氮䓬类药物过敏者、重症肌无力者、急性闭角型青光眼患者禁用。孕妇禁用。

【商品信息】本品为高效镇静催眠药，有广谱抗癫痫作用，按第二类精神药品管理。

3. 阿普唑仑

【作用与应用】具有抗焦虑、抗惊厥、抗抑郁、镇静、催眠及肌肉松弛等作用。用于治疗焦虑症、抑郁症、失眠，可作为抗惊恐药。能缓解急性酒精戒断症状，亦可用于药源性顽固性呃逆。

【不良反应】不良反应与地西泮相似，但较轻微。少数患者有恶心、便秘、口干、视力模糊、倦乏、头晕、精神不集中等症状。久用后停药有戒断症状，应避免长期使用。

【用药指导】长期用药应逐渐停药，不可骤停或减量过快，避免出现反跳或戒断症状。服用本品者不宜驾驶车辆或操作机器。与中枢抑制剂、酒、含酒精饮料合用时，可增强中枢抑制作用，合用时应注意调整剂量。苯二氮䓬类药物过敏、青光眼、睡眠呼吸暂停综合征、严重呼吸功能不全、严重肝功能不全者，孕妇及哺乳期妇女禁用。

【商品信息】本品为新的苯二氮䓬类药，按第二类精神药品管理。

二、巴比妥类

巴比妥类药根据半衰期长短分为：①长效类，如巴比妥和苯巴比妥；②中效类，如异戊巴比妥和戊巴比妥；③短效类，如司可巴比妥；④超短效类，如硫喷妥钠，用作静脉诱导麻醉。

【作用与应用】巴比妥类药物随剂量由小到大，相继出现镇静、催眠、抗惊厥和麻醉作用。目前已很少用于镇静和催眠，其中苯巴比妥和戊巴比妥仍用于治疗癫痫大发作和控制癫痫持续状态；硫喷妥钠偶尔用于小手术或内镜检查时作静脉麻醉。

【不良反应】可致眩晕、困倦，精细运动不协调。偶可引起剥脱性皮炎等严重过敏反应。中等量即可轻度抑制呼吸。长期连续服用可引起精神依赖和躯体依赖。成瘾后停药，戒断症状明显，表现为激动、失眠、焦虑，甚至惊厥。

【用药指导】本类药物具有肝药酶诱导作用，可加速自身及其他药物的代谢，与其他药物合用时应注意调整剂量。孕妇禁用。

三、其他类

1. 丁螺环酮　抗焦虑作用与地西泮相似，但无镇静、催眠、抗惊厥和顺行性健忘作用。临床用于治疗广泛性焦虑。无明显的生理依赖性和成瘾性，因而无滥用危险。不良反应有胃肠道不适、恶心、腹泻、头痛、眩晕、激动、失眠。严重肝肾功能不全、重症肌无力患者，青光眼、癫痫患者，对本品过敏者，儿童、妊娠期妇女及分娩期禁用。

2. 佐匹克隆　别名唑比酮，是第三代镇静催眠药。具有抗焦虑、镇静、催眠、抗惊厥和肌肉松弛作用。与其他镇静催眠药相比，起效快，维持时间长，能减少梦境，改善睡眠，后遗效应轻。临床用于各种失眠症。不良反应有口干、肌无力、困倦、头痛等；长期用药后突然停药可出现戒断症状。

第四节　抗癫痫药

癫痫是一类因多种病因引起大脑局部神经元出现异常高频放电，并向周围正常脑组织扩散所导致的大脑功能短暂失调综合征。表现为慢性、突发性、反复性和短暂性的运动、感觉、意识和/或精神障碍。临床分为原发性（功能性）癫痫和继发性（症状性）癫痫两种。前者可能与遗传等因素有关，后者与肿瘤、感染、脑血管疾病、脑外伤、发育异常、某种代谢异常等有关。

癫痫的主要类型及治疗药物见表15-1。

表15-1　癫痫的主要类型及治疗药物

癫痫类型	临床症状	治疗药物
强直-阵挛性发作（大发作）	全身性发作。发作时，全身肌肉强直、呼吸停顿，头眼可偏向一侧，数秒钟后有阵挛性抽搐，口吐白沫或血沫	苯妥英钠、苯巴比妥
典型失神性发作（小发作）	突然发生，短暂（5~10秒）的意识障碍或丧失，无全身痉挛现象；节律性眨眼、低头、两眼直视、上肢抽动	乙琥胺、丙戊酸钠、氯硝西泮
精神运动性发作（复杂部分性发作）	发作突然，意识模糊，有不规则及不协调动作，如吮吸、咀嚼、寻找、叫喊、奔跑等	卡马西平、苯妥英钠
单纯局限性发作	表现为一侧肢体或肌群抽动或感觉异常，可扩散至身体一侧	苯妥英钠、卡马西平

长期服用药物是目前治疗癫痫的主要方法。当单药治疗癫痫无效时，通常会采用多药联合治疗，长期治疗过程中需考虑药物之间的相互作用。

常用抗癫痫药如下。

1. 苯妥英钠

【别名】二苯乙内酰

【作用与应用】本品是治疗癫痫大发作和单纯部分性发作的首选药，也可用于精神运动性发作及癫痫持续状态，对小发作无效。具有抗心律失常作用，尤适用于强心苷中毒时所致的室性心动过速。还可治疗三叉神经痛和坐骨神经痛。

【不良反应】常见齿龈增生（儿童发生率高，用钙盐可减轻）。长期服用可能引起恶心、呕吐，甚至胃炎，饭后服用可减轻。神经系统不良反应与剂量相关，常见眩晕、头痛，严重时可引起眼球震颤、共济失调、精神错乱和意识模糊，调整剂量或停药后可消失。可影响造血系统，致白细胞、粒细胞和血小板减少，罕见再生障碍性贫血；常见巨幼红细胞性贫血，可用叶酸加维生素 B_{12} 防治。可引起过敏反应。

【用药指导】服用维生素C可预防或减轻牙龈增生；本品久用骤停可使发作加剧，更换药物时需要交叉用药一段时间；作为肝药酶诱导剂，可降低合用药物的效应。长期使用应定期检查血常规和肝功能，孕妇和哺乳期妇女慎用。

【商品信息】本品为乙内酰脲类抗癫痫药，最早应用于癫痫的治疗，因疗效较好、价格便宜，在临床上应用广泛。

2. 卡马西平

【别名】酰胺咪嗪、卡巴咪嗪

【作用与应用】本品用于治疗癫痫精神运动性发作效果最好，是精神运动性发作的首选药；对大发作和混合型癫痫也有效，为单纯局限性发作和大发作的首选药之一。对于三叉神经痛、舌咽神经痛，其疗效优于苯妥英钠。此外还可用于治疗躁狂症、预防躁狂抑郁症。

【不良反应】常见不良反应有恶心、呕吐、头晕、嗜睡、疲劳、共济失调；偶见头痛、复视、视物模糊，较少见皮肤过敏反应、骨髓抑制、肝损害等。

【用药指导】本品具有肝药酶诱导作用，可加速自身代谢。用药期间应定期检查血常规、尿常规和肝功能等，当出现贫血，白细胞 $<4 \times 10^9$/L 或血小板减少应立即停药。不可骤然停药，以免癫痫突然发作，症状加重。严重肝功能不全者、妊娠初期及哺乳期妇女禁用；青光眼、严重心血管疾患和老年患者慎用。

【商品信息】本品起初用于癫痫的治疗，后发现其对三叉神经痛具有较好的疗效。

3. 其他抗癫痫药

（1）乙琥胺：治疗癫痫小发作的首选药。对大、小发作混合型癫痫的治疗应合用苯巴比妥或苯妥英钠。常见的不良反应为恶心、呕吐、上腹部不适、食欲减退等胃肠反应；其次为眩晕、头痛、嗜睡、幻觉及呃逆；偶见粒细胞减少、白细胞减少、再生障碍性贫血；有时可引起肝肾损害。长期用药应定期检查血象及肝肾功能。

（2）丙戊酸钠：为广谱抗癫痫药，也有抗惊厥作用。可用于各型癫痫，是癫痫大发作合并小发作首选药，对顽固性癫痫可能有效。不良反应以胃肠道反应多见，较轻微；极少数患者出现淋巴细胞增多、血小板减少、脱发、嗜睡、无力、共济失调；少数患者出现肝脏毒性。

（3）拉莫三嗪：是一种新型的抗癫痫药，作用特点类似卡马西平，可作为成人局限性发作辅助药物。本品抗癫痫适用于12岁以上儿童及成人部分发作或全身僵直阵挛性癫痫发作的单药治疗，不良反应有头痛、疲倦、皮疹、恶心、头晕、嗜睡和失眠，发生率与给药剂量相关。本品服用时需少量水整片吞服；用药期间需监测患者体重，保证治疗剂量的维持，在体重发生变化时要核查剂量。

第五节　抗精神失常药

精神失常是由多种原因引起的认知、情感、意志、行为等精神活动障碍的一类疾病，包括精神分裂症、躁狂症、抑郁症和焦虑症。治疗这类疾病的药物统称为抗精神失常药。根据临床用途，分为抗精神分裂药、抗躁狂药、抗抑郁药及抗焦虑药。

一、抗精神分裂药

1. 氯丙嗪

【别名】氯普马嗪

【药理作用】主要阻断中枢的多巴胺受体产生抗精神病作用，还可拮抗 α 受体、M受体，故作用广泛而复杂。

（1）中枢神经系统作用：本品为中枢多巴胺受体拮抗剂，作用广泛。精神病患者用药后，可迅速控制躁狂症状，使患者的思维活动及行为趋于正常，一般需连续用药6周~6个月才能充分显效；小剂量时拮抗延髓催吐化学敏感区的多巴胺受体，大剂量时直接抑制呕吐中枢，产生强大的镇吐作用。但对刺激前庭所致的呕吐无效；抑制下丘脑的体温调节中枢，使体温调节功能失灵，使体温随环境温度的变化而变化；可增强镇静催眠药、麻醉药、镇痛药等中枢抑制药作用。若与上述药物合用时，应适当减量，避免加深对中枢的抑制。

（2）自主神经系统作用：无临床治疗意义，主要表现为副作用。拮抗 α 受体，直接扩张血管，引起血压下降，可翻转肾上腺素的升压作用。由于连续用药可产生耐受性，且副作用较多，故不宜用于高血压的治疗；拮抗M受体，可引起口干、视物模糊、心率加快、便秘、尿潴留等。

（3）对内分泌系统的影响：阻断下丘脑结节-漏斗通路的多巴胺受体，使催乳素抑制因子的释放减少，催乳素分泌增加，出现乳房肿大、溢乳；抑制促性腺激素的分泌，雌激素和孕激素分泌减少，出现排卵延迟、月经紊乱、停经等；抑制促肾上腺皮质激素，糖皮质激素分泌减少；抑制生长激素分泌，生长激素减少，儿童的生长发育迟缓。

【临床应用】

（1）精神分裂症：氯丙嗪能显著缓解进攻、妄想、幻觉等阳性症状，对冷漠等阴性症状效果不显著。主要用于Ⅰ型精神分裂症治疗，尤其是急性发作和具有明显阳性症状的精神分裂症患者。但无根治作用，必须长期服药甚至终身治疗，减少复发。

（2）呕吐和顽固性呃逆：可用于多种药物（如洋地黄、吗啡、四环素等）和疾病（如尿毒症和恶性肿瘤）引起的呕吐，对顽固性呃逆也有显著疗效，但对晕动症呕吐无效。

（3）低温麻醉与人工冬眠：与物理降温（冰浴、冰袋）配合应用于低温麻醉。与哌替啶和异丙嗪合用组成冬眠合剂，使患者深睡，体温、基础代谢及组织耗氧量均降低，增强患者对缺氧的耐受力，减轻机体对伤害性刺激的反应，呈现"人工冬眠"状态。多用于辅助治疗严重创伤、感染性休克、高热惊厥、中枢性高热及甲状腺危象等病症。

【不良反应】

（1）一般不良反应：中枢抑制症状，如嗜睡、无力、淡漠等；α受体拮抗症状，如直立性低血压、鼻塞等；M受体拮抗症状，如口干、视物模糊、眼压升高、便秘等；内分泌系统紊乱，如乳腺增大、泌乳、月经推迟、儿童发育缓慢等；其他不良反应，如过敏反应、局部刺激、血栓性静脉炎等。

（2）锥体外系反应：长期服用主要的不良反应有四种类型。①帕金森综合征，多见于中老年人，表现为肌张力增高、面容呆板（面具脸）、动作迟缓、肌肉震颤、流涎等；②静坐不能，多见于青年人，患者表现为坐立不安、反复徘徊；③急性肌张力障碍，多见于青壮年人，常出现在用药后第1至第5天，出现强迫性张口、伸舌、斜颈、呼吸运动障碍及吞咽困难等现象。以上三种症状可用抗胆碱药（苯海索）来缓解，减少药量或停药亦可自行消失。④迟发性运动障碍，表现为口-面部不自主的刻板运动、广泛性舞蹈样手足徐动症。及早停药或减量可减轻，此反应难以治疗，用抗胆碱药反使症状加重，抗多巴胺药如氯氮平可减轻此症状。

（3）急性中毒：注射或口服大剂量氯丙嗪时，可致急性中毒，出现昏睡、血压下降甚至休克，并出现心肌损害，应立即停药，并对症治疗，可用去甲肾上腺素升压，禁用肾上腺素，还可用中枢兴奋药甲氯芬酯。

【用药指导】局部刺激性较强，可用深部肌内注射；静脉注射可致血栓性静脉炎，应稀释后缓慢注射；应告知患者注射给药后立即卧床休息1~2小时后才能缓慢起立，以防止直立性低血压；血压过低可静脉滴注去甲肾上腺素或麻黄碱升压；长期用药时应定期检查肝功能和做眼部检查；与抗高血压药合用易致直立性低血压；孕妇、哺乳期妇女慎用。有癫痫史者、昏迷患者、青光眼者、严重肝功能损害者、吩噻嗪类药过敏者禁用。

❓ 课堂问答

大量服用氯丙嗪的患者出现急性中毒时血压会下降，甚至休克，请同学们思考一下，出现低血压的原因是什么？应该采取什么升压措施？

---

2. 氟哌啶醇

【别名】氟哌丁苯、氟哌啶苯、氟哌醇

【作用与应用】为丁酰苯类的代表药，抗精神病作用比氯丙嗪强，且持久起效快；镇吐作用亦较强，但镇静作用弱，降温作用不明显。对精神分裂症与其他精神病的躁狂症状都有效。主要用于以兴奋、幻觉和妄想为主要表现的各种急、慢性精神分裂症。特别适合于急性青春型和伴有敌对情绪及攻击行动的偏执型精神分裂，对吩噻嗪类治疗无效者，本品可能有效；也可用于焦虑性神经症；儿童多动性抽动秽语综合征；呕吐及顽固性呃逆。

【不良反应】锥体外系反应较重且常见，减量或应用抗胆碱药时可减轻或消失。因抗胆碱及抗去甲肾上腺素的作用较弱，心血管系统不良反应较少。少见不良反应有低血压、白细胞减少、肝功能异常或心电图异常。

【用药指导】心功能不全者、孕妇和哺乳期妇女禁用。老年人用药应从小剂量开始，避免引起迟发性运动障碍。

3. 其他抗精神分裂药

（1）氯普噻吨：又名泰尔登，为硫杂蒽类代表药物。与氯丙嗪相比，其抗精神病作用弱，镇静作用强，故调整情绪、控制焦虑抑郁作用较强，抗幻觉、妄想作用较弱。适用于伴有焦虑或抑郁症状的精神分裂症、更年期抑郁症、焦虑性神经症等。不良反应与氯丙嗪相似，多见锥体外系反应。

（2）氟奋乃静：又名氟非拉嗪，本品抗精神病作用比奋乃静强，且较久。用于各型精神分裂症，有振奋和激活作用，适用于单纯型、紧张型及慢性精神分裂症的情感淡漠及行为退缩等症状。本品不良反应与奋乃静相似，主要是锥体外系反应。

（3）舒必利：又名硫苯酰胺，对淡漠、退缩、木僵、抑郁、幻觉和妄想症状的效果较好，适用于精神分裂症单纯型、偏执型、紧张型及慢性精神分裂症的孤僻、退缩、淡漠症状。对抑郁症状有一定疗效。还有止呕作用。不良反应主要为锥体外系反应及睡眠障碍。

（4）氯氮平：对精神分裂症的效果与氯丙嗪相似，起效更迅速，几乎无锥体外系反应。对其他药物治疗无效的病例也有疗效；可缓解迟发性运动障碍。但可引起粒细胞减少，用药期间应定期检查白细胞计数。

（5）利培酮：为新型第二代非典型抗精神病药，适用于治疗首发急性和慢性患者，该药对患者的认知功能障碍和继发性抑郁也有治疗作用。因其用药剂量小、起效快、维持时间长、锥体外系反应轻，明显优于其他抗精神病药物，目前已成为治疗精神分裂症的一线药物。

二、抗躁狂药

躁狂症以情感高涨或易激惹为主要临床症状，常伴随精力旺盛、言语增多、活动增多，严重时有幻觉、妄想、紧张症状等精神病性症状。目前抗躁狂药最常用的是碳酸锂。

碳酸锂

【作用与应用】治疗量对正常人的精神活动几乎无影响，但对躁狂症患者有显著疗效，对抑郁症也有效，有情绪稳定药之称。也可用于精神分裂症的躁狂症状，与抗精神病药（如氯丙嗪）合用可增强疗效，并能缓解锂盐所致的恶心、呕吐等胃肠道反应。

【不良反应】一般不良反应常见口干、恶心、呕吐、腹泻、乏力、肌无力、手微细震颤、口渴、多尿等。常在继续治疗1~2周后症状逐渐减轻或消失；最适血锂浓度为0.5~1.4mmol/L，超过易引起中毒，可出现脑病综合征（如意识模糊、反射亢进、震颤、癫痫发作等）及昏迷、休克、肾功能损害。故用药期间应随时监测血锂浓度，及时减量或停药。出现中毒征象应立即停药，并依病情给予对症治疗及支持疗法。

【用药指导】锂盐有抗甲状腺作用，可引起碘缺乏性甲状腺肿大；可影响患者精神和体力活动，故服药期间不宜从事精密工作或高空作业。

三、抗抑郁药

抑郁症是以抑郁为主要症状的一种情绪障碍，主要表现为情感低落、思维迟缓、睡眠障碍，甚至悲观厌世，有自残、自杀倾向。

抗抑郁药是一类能增强5-羟色胺（5-HT）能神经和/或去甲肾上腺素（NA）神经功能，使情绪提高、精神振奋的药物。

1. 丙米嗪

【别名】米帕明

【作用与应用】本品为三环类抗抑郁药，通过抑制NA和5-HT的再摄取，增加突触间隙中NA和5-HT含量，具有较强的抗抑郁作用，但镇静作用较弱。可阻断M受体，引起阿托品样抗胆碱作用。临床主要用于治疗各型抑郁症，尤以情感性障碍抑郁症疗效显著，反应性抑郁症次之，对精神分裂伴随的抑郁症疗效较差；还可用来治疗强迫症、小儿遗尿症。

【不良反应】常见为口干、心动过速、出汗、视力模糊、眩晕、便秘、失眠、精神错乱等；少数患者出现荨麻疹、震颤、心律失常、直立性低血压，偶见白细胞减少、黄疸。

【用药指导】长期用药应定期做白细胞计数及肝功能检查；因有心脏毒性，用药期间应查心电图，出现异常反应立即停药；具有阿托品样作用，故青光眼、前列腺肥大患者禁用；孕妇禁用，以防致畸。

2. 马普替林

【别名】麦普替林

【作用与应用】属四环类广谱抗抑郁药，为选择性NA再摄取抑制剂，阻止中枢神经突触前膜对NA的再摄取，消除忧郁情绪，解除精神迟滞作用，达到抗抑郁的效果；抗抑郁效果与丙米嗪相似。临床适用于治疗各型抑郁症，尤其适用于老年抑郁症患者。

【不良反应】不良反应较少，偶见皮肤光敏反应和粒细胞缺乏。

3. 氟西汀

【作用与应用】为强效选择性5-HT再摄取抑制剂。抑制神经突触细胞对5-HT的再吸收，增加突触中5-HT的有效浓度，从而产生抗抑郁作用，还具有抗焦虑作用，耐受性与安全性优于三环类。临床常用于伴有焦虑的各种抑郁症，尤宜用于老年抑郁症。还可用于焦虑症、强迫症及神经性贪食症（暴食症）。

【不良反应】不良反应轻，包括恶心、呕吐、头痛、头晕、乏力、失眠、厌食、体重下降、震颤、惊厥等。全身或局部过敏；睡眠障碍、精神状态异常、性功能障碍、视觉异常等。长期用药可发生食欲减退或性功能下降。

【用药指导】五羟色胺再摄取抑制剂（SSRIs）禁与单胺氧化酶抑制剂（MAOIs）类药物合用。在停用SSRIs或MAOIs的14天内禁止使用另一种药物，否则可能引起"5-HT综合征"（表现为高热、肌肉僵直、肌痉挛、精神症状，甚至会出现生命体征的改变）。妊娠期前3个月使用氟西汀会增加先天性心血管缺陷的风险，故孕妇禁用。

● · · · · 章末小结 ·

1. 中枢兴奋药可分为兴奋大脑皮层药、兴奋呼吸中枢药以及促脑功能恢复药三种。咖啡因有兴奋和缓解头痛作用。中枢兴奋药过量可致惊厥。

2. 镇痛药因具有成瘾性，按麻醉药品管理，不得零售，防止滥用。其主要用于缓解严重的锐痛，一般钝痛可使用无成瘾性的解热镇痛药。

3. 镇静催眠药主要用于有睡眠障碍的人。其不良反应常见后遗效应，多有轻微倦睡症状，久用可出现依赖性。对于有睡眠障碍的患者应通过调整活动作息时间来顺应睡眠规律，尽量不要依赖药物入睡。

4. 癫痫是中枢神经系统一种慢性脑部疾病。临床分型较多，癫痫大发作首选苯妥英钠；癫痫精神运动性发作首选卡马西平；癫痫小发作首选乙琥胺；癫痫持续状态首选地西泮静脉注射。

5. 精神病通常是指精神分裂症，为精神失常的其中一种症状。抗精神病药最常见的不良反应是锥体外系反应。人工冬眠合剂由氯丙嗪+哌替啶+异丙嗪组成。

1. 咖啡因的主要作用及应用有哪些?
2. 与吗啡相比,哌替啶有哪些作用特点?
3. 简述地西泮中毒的表现和解救措施?
4. 简述治疗各型癫痫的首选药和次选药。
5. 简述氯丙嗪的不良反应及防治措施。

（刘　慧）

第十六章
心血管系统药

学习目标

- 掌握心血管系统药的分类和常用药物名称。
- 熟悉抗高血压药、抗心绞痛药、抗冠心病药的适应证。
- 了解抗心力衰竭药的不良反应。
- 学会抗高血压药的使用。
- 具备高血压健康教育科普能力。
- 具有关爱患者，以人为本的职业道德和素质。

情境导入

情境描述：

　　李某年近五十，是一位房地产开发商，经常在外应酬，饭局上少不了抽烟喝酒，最近偶尔感到耳鸣、头晕，在家人的陪同下到社区卫生服务中心检查，查出其患有轻度高血压。全家人都很诧异，李某平日身体没什么异常，怎么突然就患上了高血压？医生解释说大多数高血压患者没有明显症状，现在李某需要通过适当饮食与合理作息来控制高血压。

学前导语：

　　高血压属于心血管系统疾病的一种，心血管病已成为"威胁人类健康的第一杀手"。据WHO统计，全球每年死于心血管疾病的人数达1 900万人，即每死亡3个人，就有1人死于心血管疾病。中国每年约350万人死于心血管疾病，占全球同类疾病死亡人数的五分之一，且心血管疾病患者人数持续增加。了解这类疾病并学会预防与用药，对提高我们的生活质量有重要作用。

第一节　抗高血压药

高血压是世界各国最常见的心血管疾病，以体循环动脉血压增高为主要表现，在中老年人群及肥胖患者中患病率较高。高血压可分为原发性和继发性两大类。90%以上的高血压患者原因不明，称为原发性高血压；少数高血压是肾脏或内分泌疾病的一种症状，称为继发性高血压。高血压的主要并发症是心、脑、肾的损害。血压越高，发生心、脑、肾并发症的可能性越大。据资料统计，全国成年人高血压患病率为18.8%，即每5个成年人就有1人患高血压，其患病率高、致残率高、致死率高，威胁着人们的生命安全。

目前，我国采用国际上统一的标准，即在未服用抗高血压药的情况下，成人非同日三次测定收缩压≥140mmHg和/或舒张压≥90mmHg，即可诊断为高血压。高血压是一种慢性病，开始没有明显症状，偶见头痛、头晕、失眠、耳鸣、手脚麻木等，目前尚无针对病因的根治方法，但其药物治疗在近几十年中有显著进展，患者通常需要终身服药。许多大规模临床试验显示，合理应用抗高血压药，使血压持续地维持在正常水平，可降低脑卒中、心力衰竭和肾衰竭的发生率及死亡率。

抗高血压药，又称降压药，临床上主要用于治疗高血压和防止心脑血管系统并发症的发生和发展。我国属于高血压病发病率较高的国家，抗高血压药在心血管类药品市场中占据了重要份额。其中钙通道阻滞剂（CCB）、血管紧张素转化酶抑制剂（ACEI）和血管紧张素Ⅱ受体阻滞剂（ARB）是目前抗高血压药的销售主力。

抗高血压药种类繁多，根据其作用部位和作用机制，可分为以下几类。

1. 肾素-血管紧张素-醛固酮系统抑制剂

（1）血管紧张素转化酶抑制剂：如卡托普利、依那普利、雷米普利等。

（2）血管紧张素Ⅱ受体阻滞剂：如氯沙坦、缬沙坦、坎地沙坦等。

2. 钙通道阻滞剂　包括硝苯地平、氨氯地平、尼群地平、尼莫地平等。

3. 交感神经阻滞剂

（1）中枢性抗高血压药：如可乐定、甲基多巴。

（2）神经节阻滞剂：如美卡拉明、樟磺咪芬。

（3）抗去甲肾上腺素能神经末梢药：如利血平、胍乙啶。

（4）肾上腺素受体拮抗剂：①β受体拮抗剂，如普萘洛尔、美托洛尔；②α受体拮抗剂，如哌唑嗪、特拉唑嗪、多沙唑嗪；③α和β受体拮抗剂，如拉贝洛尔、卡维地洛。

4. 利尿药　包括氢氯噻嗪、吲达帕胺、呋塞米、螺内酯等。

5. 血管扩张药

（1）直接舒张血管药：如肼屈嗪、硝普钠。

（2）钾通道开放药：如二氮嗪、米诺地尔。

常用抗高血压药如下。

一、血管紧张素转化酶抑制剂

血管紧张素转化酶抑制剂（ACEI）是抗高血压药中的重要品种。自1981年第一个血管紧张素转化酶抑制剂卡托普利上市以来，为数亿原发性、继发性高血压患者缓解了病情。迄今为止，世界医药市场至少有25种ACEI上市销售，占据全球心血管药物市场份额的1/5。

1. 卡托普利

【别名】巯甲丙脯酸、开博通

【作用与应用】对绝大多数轻、中度高血压有效，特别是对正常肾素型及高肾素型高血压疗效较好，尤其适用于合并有糖尿病、左心室肥厚、心力衰竭、心肌梗死的高血压患者。可单独应用或与其他抗高血压药合用，约2/3的患者单用本药就能有效控制血压。重度及顽固性高血压与利尿药及β受体拮抗剂合用。

【不良反应】本药耐受性良好，主要不良反应是无痰干咳。血管神经性水肿，是本类药少见而严重的不良反应。亦可见皮疹、味觉、嗅觉改变等，久用发生中性粒细胞减少。

【用药指导】宜在餐前1小时服药，应从小剂量开始使用。久用可致高血钾，应定期检查血象。禁用于伴有双侧肾动脉狭窄、高血钾及妊娠初期的患者。

【商品信息】本品作为历史悠久的普利类抗高血压药，价格低廉，能为国内众多低收入患者所接受，也是临床首选抗高血压药之一。

2. 依那普利

【别名】苯酯丙脯酸

【作用与应用】为不含巯基的强效血管紧张素转化酶抑制剂。副作用小于卡托普利。适用于各期原发性高血压、肾性高血压、恶性高血压及充血性心衰。疗效与卡托普利相似，但降压作用强而持久。

【不良反应】偶见血压急剧下降。

【用药指导】服药不受食物影响，不限于餐前服药。慎用于有严重肾功能障碍、两侧肾动脉狭窄的患者。应从小剂量开始服用。

【商品信息】本品是继卡托普利后上市的ACEI类药物，由于其不含巯基，患者服用后不会引起咳嗽和脸部潮红等不良反应而广受欢迎。

二、血管紧张素II受体阻滞剂

血管紧张素II受体阻滞剂（ARB）是全球市场抗高血压药的主流品种。相继有氯沙坦、缬沙坦、坎地沙坦酯、厄贝沙坦、依普沙坦、他索沙坦、替米沙坦和奥美沙坦酯8个单方制剂批准上市。此外，还有氯沙坦＋氢氯噻嗪、缬沙坦＋氢氯噻嗪、厄贝沙坦＋氢氯噻嗪、替米沙坦＋氢氯噻嗪、依普罗沙坦＋氢氯噻嗪、奥美沙坦＋氢氯噻嗪多个复方制剂，ARB被誉为最理想、最有潜力的抗高血压药。

沙坦类药物进入我国市场近20年，其中氯沙坦及复方制剂、厄贝沙坦及复方制剂、缬沙坦、替米沙坦、坎地沙坦酯等品种占据主要市场。

1. 氯沙坦

【别名】洛沙坦、科素亚

【作用与应用】可以阻断内源性及外源性的血管紧张素II所产生的各种药理作用（包括促使血管收缩、醛固酮释放等作用）；还可选择性地作用于AT_1受体，不影响其他激素受体或心血管中重要的离子通道的功能，也不抑制降解缓激肽的血管紧张素转化酶（激肽酶II），不影响血管紧张素II及缓激肽的代谢过程。适用于治疗原发性高血压。最适用于不能耐受ACEI所致咳嗽的患者，还可用来治疗慢性心功能不全。

【不良反应】主要不良反应有头晕、恶心、干咳，偶有过敏、腹泻、高血钾等。还可出现低血压、高血钾及单或双侧肾动脉狭窄所致的肾功能降低。

【用药指导】有肝肾功能损害的患者应调整剂量；孕妇和哺乳期妇女应禁用本药；本品与保钾利尿药（如螺内酯、氨苯蝶啶、阿米洛利）、补钾剂或含钾的盐代用品合用时，可导致血钾升高。

【商品信息】本品为国内抗高血压的一线用药，具有作用时间长、药效强、耐受性好、不良反应少等优点。其中复方制剂氯沙坦钾氢氯噻嗪已在全球作为治疗药物广泛应用。

2. 缬沙坦

【作用与应用】其作用机制与氯沙坦相似，疗效略优于氯沙坦，可24小时持续降压。最大的优点是不良反应发生率极低，无论年龄、性别或是肝肾功能不全者均可使用，基本不被代谢，体内无蓄积，是一种简单、方便、有效、耐受性良好的抗高血压药。适用于轻中度原发性高血压，尤其适用于继发性肾性高血压。

【不良反应】偶见轻度头痛、头晕、疲乏、腹痛、干咳、体位性血压改变。

【用药指导】严重肝、肾功能不全者慎用，哺乳期妇女慎用，对本品过敏者禁用，孕妇禁用。

三、钙通道阻滞剂

钙通道阻滞剂（CCB），主要为二氢吡啶类化合物，代表药物为硝苯地平。近年研制出一系列二氢吡啶类衍生物，如尼群地平、尼卡地平、非洛地平和氨氯地平等。此类药物降压过程中不减少心脑肾等重要生命器官的血流量，对血糖、血脂等代谢无不良影响。

目前，钙通道阻滞剂是全球抗高血压药市场中稳步增长的品种。我国钙通道阻滞剂市场自20世纪末已进入了一个快速发展时期。其中氨氯地平、硝苯地平、非洛地平、尼莫地平、左氨氯地平5大品种占据了较大的市场份额，显示出很高的市场集中度。

1. 氨氯地平

【别名】阿洛地平、苯甲酸氨氯地平、苯磺酸氨氯地平

【作用与应用】适用于轻中度高血压，还能用于预防心绞痛倾向者发作，尤其适用于高血压伴冠心病患者，对低肾素活性及老年患者效果更好。

【不良反应】主要不良反应有头痛、头晕、水肿、面部潮红和心悸等。

【用药指导】本品逐渐产生扩血管作用，口服一般很少出现急性低血压。但本品与其他外周扩血管药合用时仍需谨慎。舌下硝酸甘油和长效硝酸酯制剂与本品合用可加强抗心绞痛效应。停药时应在医生指导下逐渐减量。

【商品信息】为第三代钙通道阻滞剂，是抗高血压药市场销售最畅销的品种之一，但价格较高。

2. 尼群地平　为第二代钙通道阻滞剂，作用、临床应用与硝苯地平相似，降压作用温和持久，适用于各型高血压。对冠状动脉有较强的作用，并降低心肌耗氧量，对缺血性心肌细胞具有保护作用，尤其适用于高血压并发冠心病患者。不良反应与硝苯地平相似，肝功能不良者慎用或减量。

第二节　抗心绞痛药

心绞痛是冠状动脉粥样硬化性心脏病（冠心病）的常见症状，是冠状动脉供血不足，心肌急性暂时性缺血、缺氧引起的临床综合征，其主要临床表现为胸骨后或左心前区的阵发性绞痛或闷痛，常放射至左上肢、颈部和下颌部，休息或含服硝酸甘油几分钟内缓解。

目前药物治疗仍是心绞痛最重要的基本治疗方法，硝酸酯类、β受体拮抗剂和钙通道阻滞剂可用于心绞痛治疗的三类主要药物。它们均可降低心肌的耗氧量。除β受体拮抗剂外，硝酸酯类和钙通道阻滞剂还可解除血管痉挛而增加心肌供氧。

抗心绞痛药可分为以下三类。

1. 硝酸酯类　硝酸酯类药物有硝酸甘油、硝酸异山梨酯（消心痛）、单硝酸异山梨酯（异乐定）、戊四硝酯（硝酸戊四醇酯）。

2. 钙通道阻滞剂　可用于心绞痛治疗的有二氢吡啶类，如硝苯地平、非洛地平、尼卡地平、尼索地平、氨氯地平、尼群地平；非二氢吡啶类，如维拉帕米、地尔硫草。

3. β受体拮抗剂　可用于心绞痛治疗的有普萘洛尔、卡维地洛、阿普洛尔、吲哚洛尔、索他洛尔、美托洛尔、阿替洛尔等。

常用抗心绞痛药如下。

一、硝酸酯类

硝酸酯类药在产品结构不断完善的基础上，已由速效类药发展到中效类、长效类药。随着新释药技术的推广应用，目前，缓控释制剂、气雾剂、透皮贴剂的生产工艺已经成熟，从而推动了硝酸酯类药品市场的发展，并呈现出平稳增长的态势。据统计，临床上常用的硝酸酯类药硝酸甘油、单硝酸异山梨酯和硝酸异山梨酯三大品种，占据了这一类药较大的市场份额。

硝酸甘油

【别名】三硝酸甘油酯、硝化甘油

【作用与应用】本品主要药理作用是松弛血管平滑肌，舌下含服可迅速缓解各型心绞痛发作。采用静脉滴注给药可用于心肌梗死的早期治疗。另外，硝酸甘油能辅助治疗急、慢性心功能不全。

【不良反应】一般的不良反应主要为皮肤潮红、眼压升高等。主要急性不良反应为直立性低血压、心动过速、头痛等，通常在用药的前几天较明显。长期大剂量使用可出现高铁血红蛋白症，表现为呕吐、口唇和指甲发绀、呼吸困难。

【用药指导】本品具有起效迅速、作用时间长的特点，用于治疗及预防心绞痛，特别适用于半夜易发作和需要长时间服用的心绞痛患者。但本品有快速耐受现象，应采用间歇给药法，给药时间应在8小时以上，补充含巯基的药物，如甲硫氨酸、甲硫氨酸等。小剂量可能发生严重低血压，尤其在直立位时，舌下含服用药时患者应尽可能取坐位，以免因头晕而摔倒。中度或过量饮酒时，使用本品可致低血压。硝酸甘油应存放在棕色玻璃瓶或金属容器内，避免因潮热、光照而失效。

【商品信息】由于治疗效果良好，硝酸甘油是治疗各型心绞痛的首选药。

 课堂问答

请查阅资料，查阅硝酸甘油片的具体商品信息，并说出硝酸甘油片的服用方法。

二、钙通道阻滞剂

本类药品除用作抗高血压药外，还是强有力的抗心绞痛药，其治疗冠心病心绞痛的作用是通过降低心肌耗氧量和改善心肌缺血区的血流灌注而实现的。

硝苯地平

【别名】心痛定

【作用与应用】本品能同时舒张正常供血区和缺血区的冠状动脉，拮抗冠状动脉痉挛，增加冠状动脉痉挛患者心肌氧的递送，解除和预防冠状动脉痉挛。并可抑制心肌收缩，减少心肌耗氧量。适用于原发性或肾性高血压，尚可用于治疗冠心病，尤其冠状动脉痉挛引起的变异型心绞痛更佳。

【不良反应】主要不良反应有踝部水肿、头晕、头痛、恶心、乏力和面部潮红。

【用药指导】低血压患者、心力衰竭患者，糖尿病患者慎用；与硝酸酯类合用，可控制心绞痛发作，且有较好的耐受性；与β受体拮抗剂合用，绝大多数患者对本品有较好的耐受性和疗效，但个别患者可能诱发和加重低血压、心力衰竭和心绞痛。孕妇禁用。

【商品信息】本品为第一代钙通道阻滞剂，具有抗高血压、扩张冠状动脉血管、改善心肌缺血作用。经过多年临床使用已得到医学界充分的肯定，是许多国家临床首选的抗高血压用药。

近年来，国内短效硝苯地平的使用已在逐渐减少。新的缓释、控释制剂弥补了普通制剂起效快、药效时间短的缺陷，从而延长了产品的生命周期。硝苯地平与ACEI联合用药，可达到协同降压作用，受到了医生与患者的欢迎，其市场销售呈现持续性增长态势。

三、β受体拮抗剂

β受体拮抗剂防治心肌缺血和心绞痛的主要机制是通过阻断心脏的β受体，拮抗儿茶酚胺的作用使心率减慢，心肌收缩力减弱，降低心肌耗氧量。其次是心率减慢，延长了心脏舒张时间有利于心肌血液灌注。主要适用于高血压合并心绞痛患者，心力衰竭伴有窦性心动过速的患者，也适用于交感神经兴奋性高的年轻患者。

卡维地洛

【别名】卡维洛尔、卡地洛尔

【作用与应用】治疗原发性高血压，可单独用药，也可和其他抗高血压药合用，尤其是噻嗪类利尿剂。治疗轻度或中度心功能不全，可合并应用强心苷类药物、利尿药和血管紧张素转化酶抑制剂（ACEI）。还可用于稳定型和不稳定型心绞痛。

【不良反应】本品不良反应主要有乏力、心动过缓、直立性低血压、下肢水肿、眩晕、失眠、多汗等。

【用药指导】本品可能掩盖低血糖症状，自发性低血糖者、接受胰岛素或口服降血糖药的糖尿病患者慎用。服用期间不能突然停药，尤其是缺血性心脏病患者，必须1~2周以上逐渐停药。站位时血压可能下降，导致眩晕，这时应立即坐下或躺下。

【商品信息】本品作为第三代β受体拮抗剂的代表药物，由于单独使用或联合用药均具备较好疗效，因此近年销量上升趋势明显。

第三节　抗心律失常药

心律失常是指心跳频率和节律的异常，是心血管系统常见的临床病症。其临床症状表现不一，轻者可无自觉症状，严重者可引起心脏泵血功能障碍，甚至危及生命。

一般按心律失常时心搏频率的快慢将心律失常分为两类，即缓慢型心律失常和快速型心律失常。缓慢型心律失常包括窦性心动过缓、房室传导阻滞等，常用阿托品及异丙肾上腺素治疗，以提高心率，改善房室传导。快速型心律失常包括窦性心动过速、房性心动过速、心房颤动、阵发性室上性心动过速、室性心动过速及心室颤动等，可用多种药物进行治疗。本节所述抗心律失常药主要用于临床快速型心律失常的治疗。

抗心律失常药的分类如下。

Ⅰ类为钠通道阻滞剂：①奎尼丁、普鲁卡因胺、丙吡胺等，属于广谱抗心律失常药，用于室上性和室性心律失常；②利多卡因、苯妥英钠、美西律等，用于治疗室性心律失常；③普罗帕酮、氟卡尼等，用于治疗室上性和室性心律失常。

Ⅱ类为β受体拮抗剂：以普萘洛尔、醋丁洛尔为代表，适用于室上性和室性心律失常。

Ⅲ类为选择性延长复极药：以胺碘酮、索他洛尔为代表，适用于室上性和室性心律失常。

Ⅳ类为钙通道阻滞剂：代表药物有维拉帕米和地尔硫草，适用于室上性和室性心律失常。

此外，还有一些药物在临床上也用作抗心律失常药，如强心苷用于治疗心房颤动伴快速心室率患者；腺苷用于治疗阵发性室上性心动过速；镁盐和钾盐在控制心肌梗死伴心律失常或强心苷中毒所致的心律失常治疗方面均有十分重要的作用。

常用抗心律失常药如下。

1. 普罗帕酮

【别名】丙胺苯丙酮、丙苯酮

【作用与应用】本品属于钠通道阻滞剂，为广谱抗心律失常药，对细胞膜有直接稳定作用。使心脏传导减慢，动作电位时程和有效不应期延长。具有较弱的β受体拮抗和钙通道阻滞作用。适用于阵发性室性心动过速、阵发性室上性心动过速及预激综合征伴室上性心动过速、心房扑动或心房颤动的预防。也可用于各种期前收缩的治疗。

【不良反应】本品主要不良反应有口干、舌唇麻木、恶心、呕吐、便秘、头痛、头晕、目眩等，亦可出现传导阻滞或心律失常等。偶见粒细胞缺乏、红斑性狼疮样综合征。老年患者可能出现血压异常。

【用药指导】窦房结功能障碍、严重房室传导阻滞、双束支传导阻滞患者（除非已有起搏器）；严重充血性心力衰竭、心源性休克、严重低血压及对该药过敏者禁用。心肌严重损害者慎用。严重的心动过缓，肝、肾功能不全，明显低血压患者慎用。

【商品信息】本品因较好的疗效和安全性，是治疗室性心律失常的一线药物，对室上性心律失常也有一定的作用。

2. 胺碘酮

【别名】乙胺碘呋酮、胺碘达隆、安律酮

【作用与应用】本品能延长各部心肌组织的动作电位时程及有效不应期，减慢传导，有利于消除折返激动。适用于危及生命的阵发性室性心动过速及室颤的预防，也可用于其他药物无效的阵发性室上性心动过速、阵发性心房扑动、心房颤动，包括合并预激综合征者及持续心房颤动、心房扑动电转复后的维持治疗等。

【不良反应】本品主要不良反应有心血管反应，如窦性心动过缓、窦性停搏或窦房传导阻滞、房室传导阻滞等。还可引起甲状腺功能亢进或甲状腺功能减退。胃肠道反应有便秘、恶心、呕吐、食欲下降等。肺部不良反应多发生在长期大量服药者，主要产生过敏性肺炎、肺间质或肺泡纤维性肺炎等。

【用药指导】本品对光敏感程度与疗程及剂量有关，皮肤石板蓝样色素沉着，停药后经较长时间（1~2年）才渐褪。本品宜用氯化钠注射液或注射用水稀释，每次静脉注射完后在原位注射少量氯化钠注射液可以减轻刺激。服用本品者不宜哺乳，哺乳期妇女慎用。肝肾功能不全患者、孕妇慎用。

【商品信息】本品属Ⅲ类广谱抗心律失常药，半衰期长，故服药次数少，治疗指数大，抗心律失常谱广。

3. 美托洛尔

【别名】美多洛尔

【作用与应用】本品对β₁受体有选择性拮抗作用，无部分激动活性，无膜稳定作用。其拮抗β受体的作用与普萘洛尔大致相同，对β₁受体的选择性稍逊于阿替洛尔。用于治疗高血压、心绞痛、心肌梗死、肥厚型心肌病、心律失常、甲状腺功能亢进、心脏神经症等。尚可用于心力衰竭的治疗，此时应在有经验的医师指导下使用。

【不良反应】本品的主要不良反应有胃部不适、眩晕、头痛、疲倦、失眠、噩梦等。

【用药指导】哮喘患者不宜应用大剂量，应用一般剂量时也应分为3~4次服。心动过缓、糖尿病、甲状腺功能亢进患者及孕妇慎用。二、三度房室传导阻滞、严重心动过缓及对洋地黄无效的心衰患者禁用。肝、肾功能不良者慎用。

【商品信息】本品是世界心血管药物市场上最畅销的β受体拮抗剂之一。国内的商品名为"倍他乐克"。在我国处方药中具有很好的市场，常作为心肌梗死二级预防治疗用药。

4. 利多卡因

【作用与应用】本品主要作用于浦肯野纤维网和心室肌，对窦房结和心房肌作用不明显。利多卡因为临床治疗室性心律失常的首选药物，适用于心肌梗死、强心苷中毒、心脏外科手术引起的室性快速型心律失常的治疗。

【不良反应】本品可见头晕、嗜睡、肌肉震颤、语言障碍、昏迷、惊厥及呼吸抑制等中枢神经系统症状。充血性心力衰竭、肝功能不全患者静脉注射过快时容易出现。剂量过大或静脉注射过快可引起心率减慢、低血压和房室传导阻滞等不良反应。

【用药指导】禁用于二、三度房室传导阻滞，对本品过敏者，有癫痫大发作史、肝功能严重不全者以及休克患者。

【商品信息】本品为Ⅰb类抗心律失常药，也是局部麻醉药，是目前室性心律失常治疗的首选药。

第四节　抗心力衰竭药

充血性心力衰竭（CHF）又称心功能不全，是一种多原因、多表现的"超负荷心肌病"，绝大多数情况下是由心肌收缩力下降，心排血量减少造成，临床上以器官、组织血液灌注不足及肺循环或体循环淤血为主要特征。

抗心力衰竭药的分类如下。

1. 肾素-血管紧张素-醛固酮系统抑制剂　包括：①血管紧张素转化酶抑制剂，如卡托普利、依那普利和培哚普利等；②血管紧张素Ⅱ受体阻滞剂，如氯沙坦、缬沙坦和厄贝沙坦；③醛固酮受体拮抗剂，如螺内酯和依普利酮。

2. 利尿药　如噻嗪类利尿药氢氯噻嗪，高效利尿药呋塞米等。

3. β受体拮抗剂　如卡维地洛、拉贝洛尔和比索洛尔等。

4. 强心苷　如地高辛、洋地黄毒苷、去乙酰毛花苷和毒毛花苷K等。

5. 血管扩张药　如硝酸酯类和肼屈嗪、苯肼达嗪等。

6. 非苷类正性肌力药　如氨力农、米力农、多巴酚丁胺等。

常用抗心力衰竭药如下。

1. 地高辛

【别名】异羟基洋地黄毒苷

【作用与应用】本品系由毛花洋地黄中提取的一种中效强心苷。其特点是排泄较快而蓄积性较小，因而临床使用比洋地黄毒苷安全。用于高血压、瓣膜性心脏病、先天性心脏病等急性和慢性心功能不全，尤其适用于伴有快速心室率的心房颤动的心功能不全。还用于控制伴有快速心室率的心房颤动、心房扑动患者的心室率及室上性心动过速等。

【不良反应】本品主要不良反应包括胃肠道反应，如胃纳不佳或恶心、呕吐（刺激延髓中枢）、下腹痛、异常的无力软弱（电解质失调）。中枢神经系统反应，头晕、头痛，也可发生黄视、绿视、视觉模糊，是强心苷中毒的先兆，可作为停药指征。心律失常是本药最严重的毒性反应，最常见者为室性期前收缩，其次为房室传导阻滞、阵发或非阵发性交界性心动过速、窦性停搏、心室颤动等。

【用药指导】本品中毒后应立即停药，并采取适当措施，如传导阻滞或心动过缓可用阿托品解救。室性心动过速首选苯妥英钠抗心律失常。对危及生命的严重地高辛中毒者，宜用地高辛抗体Fab片段静脉注射。用药期间应注意监测血压及心率、心电图、电解质，尤其钾、钙、镁和肾功能等。近期用过其他洋地黄类强心药者慎用。有显著心动过缓，完全性房室传导阻滞及心绞痛频繁发作者禁用。本品不宜与酸、碱类药物配伍，用药期间不可静脉注射钙制剂。

【商品信息】本品是经典的治疗充血性心力衰竭的药物，临床应用已有200多年的历史。因用药方便、显效迅速，已成为广泛首选的洋地黄制剂。临床研究证明，地高辛能减轻心衰症状，提高生活质量，但由于地高辛安全范围窄，个体差异大，与不少药物有相互作用等原因，故即使给予常规剂量也可能导致中毒或疗效降低，因此临床用药时必须进行血药浓度监测。

2. 米力农

【别名】甲氰吡酮、米利酮、二联吡啶酮

【作用与应用】本品是磷酸二酯酶（PDE）抑制剂，为氨力农的同类药物，作用机制与氨力农相同，兼有正性肌力作用和血管扩张作用。即通过抑制磷酸二酯酶Ⅲ（PDE-Ⅲ），明显提高心肌细胞内环磷酸腺苷（cAMP）含量，因而增加心肌细胞内钙浓度。本品口服和静脉注射均有效，适用于对强心苷、利尿药、血管扩张药治疗无效或效果欠佳的各种原因引起的急、慢性顽固性充血性心力衰竭。

【不良反应】本品主要不良反应有头痛、室性心律失常、无力、血小板计数减少等，过量时可有低血压、心动过速。

【用药指导】本品用药期间应监测心率、血压等，必要时调整剂量。合用强利尿药时，可使左室充盈压过度下降，且易引起水、电解质失衡。对房扑、房颤患者，因可增加房室传导作用导致心室率增快，宜先用强心苷控制心室率。低血压、心动过速、心肌梗死者慎用；肝、肾功能不全者慎用或减量。本品有加强强心苷的正性肌力作用，故应用期间不必停用强心苷。

【商品信息】本品临床用于心力衰竭患者，安全范围宽，毒副作用较小。对急慢性心衰均有肯定的疗效，特别是对其他药物无效的顽固性心衰仍有肯定疗效。

第五节　调血脂药

动脉硬化是动脉管壁增厚、变硬、管腔缩小等各种退行性和增生性病变。动脉粥样硬化是动脉硬化最常见的类型，是心肌梗死和脑梗死的主要病因。动脉粥样硬化的发生与高脂血症有着直接关系，因此可用于动脉粥样硬化治疗的药物主要是调血脂药。

血脂异常是指血中总胆固醇（TC）、低密度脂蛋白胆固醇（LDL-C）、极低密度脂蛋白胆固醇（VLDL-C）和甘油三酯（TG）超出正常范围（增高），高密度脂蛋白胆固醇（HDL-C）降低，即所谓的高脂血症。血脂异常，特别是总胆固醇（TC）和低密度脂蛋白胆固醇（LDL-C）增高，促进了动脉粥样硬化的形成，增加了缺血性心血管病的危险性。因此，有效地调节血脂能够改善血管内壁斑块剥落及血栓的形成与栓塞，对心血管系统疾病的预防有着积极的作用和深远的意义。

改革开放以来，我国冠心病发病率和死亡率逐步上升，以动脉粥样硬化为基础的缺血性心血管病发病率逐渐升高。由于饮食习惯、工作和生活压力以及环境污染等因素，导致高脂血症患者近年来呈大幅度攀升趋势，且日趋年轻化，我国调血脂药的市场规模逐年扩大。

临床上用于调节血脂的药品种类繁多，按照化学结构特点及调脂作用机制不同分为以下几类。

1. 羟甲基戊二酰辅酶A（HMG-CoA）还原酶抑制剂　即他汀类，比其他的药物更能降低血中TC和LDL-C水平。包括阿托伐他汀、辛伐他汀、普伐他汀、氟伐他汀、洛伐他汀、美伐他汀、瑞舒伐他汀、匹伐他汀、血脂康等。本类药物属于调血脂药品市场中销售量最大的一类药物。

2. 胆汁酸结合树脂　主要降低血中TC和LDL-C水平。包括考来烯胺、考来替泊和地维烯胺。

3. 苯氧芳酸类　或称纤维酸类或贝特类，主要降低血中TG和VLDL-C，升高HDL-C水平。包括氯贝丁酯、吉非贝齐、苯扎贝特、非诺贝特、环丙贝特和利贝特等。在国内外调血脂药市场上，贝特类产品是仅次于他汀类的调血脂药，在市场中占据重要地位。

4. 烟酸类　主要降低血中TG和TC，升高HDL-C水平。包括烟酸（即维生素B₃）、阿昔莫司、烟酸铝和肌醇烟酸酯。

5. 抗氧化类　如普罗布考，可降低血中TC、LDL-C和HDL-C水平，对TG无影响。

6. 多烯脂肪酸类　包括鱼油类二十五碳烯酸（EPA）、二十二碳烯酸（DHA），月见草油，亚油酸等。主要降低血中TG和VLDL-C，升高HDL-C水平，促进胆固醇自粪便排出，抑制体内脂质和脂蛋白合成。

7. 其他调血脂药　如肝素、低分子量肝素和类肝素，可降低血中TG、LDL-C和TC，升高HDL-C水平，具有中和多种血管活性物质，保护动脉内皮的功能。

调血脂药是防治动脉粥样硬化等心血管疾病的重要品种，也是近年来在全球十大类药品中始终处于"领头羊"地位的药物品种。其中最重要也是增长最快的品种当属"他汀类"药物。目前，全球开发的他汀类药物已有十余个品种，在我国上市的有阿托伐他汀钙、辛伐他汀、普伐他汀钠、氟伐他汀钠、洛伐他汀、美伐他汀、瑞舒伐他汀钙和匹伐他汀钙等。

常用调血脂药如下。

1. 非诺贝特

【别名】普鲁脂酚、苯酸降脂丙酯

【作用与应用】本品为氯贝丁酸衍生物类调血脂药，通过抑制极低密度脂蛋白和甘油三酯的生成并同时使其分解代谢增多，降低极低密度脂蛋白、胆固醇和甘油三酯；还使载脂蛋白AⅠ和AⅡ生成增加，从而增高高密度脂蛋白。用于治疗成人饮食控制疗法效果不理想的高脂血症，其降甘油三酯及混合型高脂血症作用较降胆固醇作用明显。

【不良反应】本品主要不良反应有腹部不适、腹泻、便秘、皮疹、乏力、头痛、眩晕、失眠等。

【用药指导】本品有可能引起肌炎、肌病和横纹肌溶解综合征，并可导致肾衰竭，在患有肾病综合征及其他肾损害而导致血白蛋白减少的患者或甲状腺功能亢进的患者应禁用。本品可增加胆固醇向胆汁的排泌，从而引起胆结石，有胆囊疾病史、患胆石症的患者禁用。严重肾功能不全、肝功能不全、原发性胆汁性肝硬化或不明原因的肝功能持续异常患者禁用。本品与辛伐他汀等合用，可引起肌痛、横纹肌溶解、血肌酸磷酸激酶增高等肌病，应早上服用贝特类，晚上服用他汀类。本品与胆汁酸结合树脂，如考来烯胺等合用，则至少应在服用这些药物之前1小时或4~6小时之后再服用非诺贝特。

【商品信息】本品是目前贝特类中使用最多的药物。

2. 阿托伐他汀

【别名】阿托伐他汀钙

【作用与应用】本品为他汀类调血脂药，属HMG-CoA还原酶抑制剂。主要作用部位在肝脏，结果使血胆固醇和低密度脂蛋白胆固醇水平降低，中度降低血清甘油三酯水平和增高高密度脂蛋白水平。用于治疗高胆固醇血症和混合型高脂血症，以及冠心病和脑卒中的防治。

【不良反应】中枢神经系统反应主要为头痛、头晕、失眠和视物模糊；消化系统反应体现在胃肠道不适，腹泻、便秘；肌炎、肌痛、横纹肌溶解，伴有血肌酸磷酸激酶升高、肌红蛋白尿等，横纹肌溶解可致肾衰竭；皮疹、味觉障碍。

【用药指导】应用期间定期检查血胆固醇和血肌酸磷酸激酶。孕妇、哺乳期妇女禁用。

🔗 知识链接

拜斯亭事件

1997年，德国拜耳公司推出了一种他汀类调血脂药——西立伐他汀，商品名为拜斯亭，因"微克级剂量就能显著降低胆固醇"而被视为一种强效他汀类药物。该药上市以来，全球有超600万患者使用。之后美国FDA药品不良反应监测系统陆续接到有关该药的严重不良反应的报告，至2001年，在美国服用不同剂量西立伐他汀的患者中，发现了400余例横纹肌溶解症患者（指横纹肌损伤坏死后，肌细胞成分释放进入血液，引起肾衰竭），其中31例患者不治身亡，12例是联合使用了吉非贝齐。2001年8月8日，拜耳公司宣布在全球范围内停止销售拜斯亭，并回收已售出药品。

第六节 溶血栓药及抗凝血药

血液凝固是一个复杂的蛋白质水解活化的连锁反应，最终使可溶性的纤维蛋白原变成稳定、难溶的纤维蛋白，网罗血细胞而成血凝块。抗凝血药是一类干扰凝血因子，阻止血液凝固的药物，主要用于血栓栓塞性疾病的预防与治疗。

血栓主要由不溶性纤维蛋白、沉积的血小板、积聚的白细胞和陷入的红细胞组成。血栓的主要成分之一是纤维蛋白，而溶血栓药能够直接或间接激活纤溶酶原变成纤溶酶，纤溶酶能够降解纤维蛋白（原），促进血栓裂解并达到开通血管，有效治疗血栓栓塞症的目的。

随着人口老龄化程度加深，国内脑血栓的发病人群不断壮大，抗血栓药物市场规模近年来不断增长。抗凝血药及溶血栓药皆属于抗血栓药，前者主要针对静脉血栓；后者针对已经形成的血栓，应用时间窗口较短，主要针对脑卒中、心肌梗死等急性血栓性疾病，是一种比较复杂和特殊的药，一般不适合在家中储备。

一、常用溶血栓药

1. 尿激酶

【别名】雅激酶、尿活素、人纤溶酶、人纤维蛋白溶酶

【作用与应用】本品能直接激活纤溶酶原转化为纤溶酶，从而发挥溶血栓作用。静脉注射尿激酶治疗急性新鲜血栓和栓塞，血栓形成6小时内用药效果最佳。对陈旧性血栓无明显疗效。

【不良反应】出血倾向是最常见的不良反应，以注射或穿刺局部血肿最为常见。本品对纤维蛋白无选择性，无抗原性，基本不引起过敏反应。

【用药指导】进行颅脑或脊髓内外科手术、颅脑出血的患者，以及血液凝固异常等禁用。应用本品前，应对患者进行红细胞压积、血小板计数、凝血酶时间、凝血酶原时间的测定。静脉给药时，要求穿刺一次成功，以避免局部出血或血肿。溶血栓的疗效均需后继的肝素抗凝加以维持。

【商品信息】尿激酶为第一代溶血栓药，是由人肾细胞合成，从尿液中分离得到的一种糖蛋白。因其费用低，几乎不引起过敏反应而广泛应用于基层医疗机构。

2. 链激酶

【别名】溶栓酶、链球菌激酶

【作用与应用】本品能与纤溶酶原结合，激活纤溶酶原转化为纤溶酶而迅速水解血栓中的纤维蛋白，使血栓溶解。静脉注射用于治疗急性新鲜血栓和栓塞，血栓形成6小时内用药效果最好。

【不良反应】过敏反应，可见皮疹、药热等，用药前必须皮试。链激酶可溶解病理性和生理性纤维蛋白，可致出血，一般为注射部位出现血肿，不需停药，严重者可

给予氨基己酸或氨甲苯酸对抗。

【用药指导】溶解时不可剧烈振荡，以免使活力降低，溶液在5℃左右可保持12小时，室温下要即时应用，放置稍久即可能减失活力。链激酶需要足量、足疗程应用，病情完全控制前症状可能会有所减轻，但不要轻易减量、停药，否则会影响疗效。

【商品信息】本品为第一代溶血栓药，是从溶血性链球菌培养液中提取的一种蛋白质。

3. 阿替普酶

【别名】阿太普酶、阿特普酶

【作用与应用】本品对纤维蛋白具有特异性的亲和力，能选择性地激活血凝块中的纤溶酶原，产生较强的局部溶栓作用。静脉注射用于治疗肺栓塞、急性心肌梗死、急性缺血性脑卒中、深静脉血栓及其他血管疾病，用于动静脉瘘血栓形成。

【不良反应】本品对循环血液中纤溶酶原作用很弱，所以出血副作用较小。可出现颅内出血、癫痫发作。可出现膝部出血性滑膜囊炎。

【用药指导】不良反应较少，使用本药时可见注射部位出血，但不影响继续用药，发现出血迹象则应停药。脑血管疾病者、严重肝功能障碍者、孕妇及产后2周以及高龄（大于75岁）患者、正在口服抗凝血药者、活动性经期出血者慎用。

【商品信息】阿替普酶为第二代溶血栓药，是唯一被批注用于急性缺血性卒中再灌注治疗的药物，越早使用获益越大。

二、常用抗凝血药

1. 肝素

【作用与应用】本品在体内、体外均有强大的抗凝作用，属于凝血酶抑制剂。静脉注射肝素后，抗凝作用立即发生，这与其带大量负电荷有关，可使多种凝血因子灭活。肝素在体内与抗凝血酶Ⅲ（ATⅢ）结合，改变其空间构象，大大增强其活性。与肝素结合的ATⅢ能迅速与Ⅱa（凝血酶）、Ⅻa等多种凝血因子结合并使之失活，随后肝素脱落，继而影响下一个ATⅢ分子，由此产生强大的抗凝血作用。

此外，肝素还具有调血脂作用、抑制炎症介质活性及抑制血管平滑肌增生的作用。主要应用于血栓栓塞性疾病，如肺栓塞、脑栓塞等；用于弥散性血管内凝血以及心血管手术、心导管、血液透析等抗凝。

【不良反应】应用过量容易引起自发性出血；连续应用肝素3~6个月，可引起骨质疏松，产生自发性骨折；也可引起皮疹、药热等过敏反应；肝素不易通过胎盘屏障，但孕妇应用可引起早产及胎儿死亡。

【用药指导】每次注射前应测定凝血时间，一旦出现自发性出血，应立即停用，注射鱼精蛋白。肝肾功能不全、有出血倾向者、消化性溃疡、严重高血压患者、孕妇都禁用。

【商品信息】新型口服抗凝血药虽然不断涌现，但肝素仍然是临床使用的主要抗凝血药之一。另外，肝素还是血液透析治疗的特效药，具有难以替代的作用。

2. 香豆素类

【作用与应用】本类药物与肝素相比，口服有效，故称为口服抗凝血药，体内抗凝，体外无效，作用慢而持久。口服后12~24小时生效，2~3天内达高峰，维持4~5天。香豆素类与肝素相同，主要用于防治血栓栓塞性疾病，可作为心肌梗死辅助用药，也可用于风湿性心脏病、髋关节固定术等手术后防止静脉血栓发生。

【不良反应】口服过量易引起自发性出血，常见有皮肤黏膜、胃肠道、泌尿生殖道出血。亦可能致畸性，故早孕妇女禁用。

【用药指导】自发性出血用维生素K对抗治疗，必要时输入新鲜血浆或全血。口服华法林应减少摄入富含维生素K的食物，如奶酪、蛋黄、鱼肝油、菠菜、豌豆、胡萝卜等。

【商品信息】香豆素类抗凝血药为人工合成药，包括双香豆素、华法林、醋硝香豆素等。

● · · · · 章末小结 ·

1. 成人非同日三次测定收缩压≥140mmHg或舒张压≥90mmHg，即可诊断为高血压。

2. 利尿药、ACEI、沙坦类ARB、钙通道阻滞剂是最常用的一线抗高血压药。

3. 急性心绞痛发作应马上舌下含服硝酸甘油片，硝酸甘油和β受体拮抗剂合用可增强疗效，减少不良反应。

4. 室性心律失常首选利多卡因，阵发性室上性心动过速首选维拉帕米。窦性心动过速首选普萘洛尔。

5. 强心苷安全范围窄，用药时要监测血药浓度。

6. 血脂偏高会导致血管硬化，引发各种心血管疾病，调血脂主要是要调低胆固醇与甘油三酯。他汀类是调血脂药中使用率最高的品种。

7. 抗凝血药及溶血栓药皆属于抗血栓药，肝素是临床使用的主要抗凝血药之一，尿激酶为第一代溶血栓药，几乎不引起过敏反应，广泛应用于基层医疗机构。

•••• 思考题 ••

一、 多项选择题

1. 以下属于心血管系统用药的是（   ）
   A. 调血脂药   B. 抗心绞痛药   C. 抗高血压药
   D. 抗心律失常药   E. 抗心力衰竭药

2. 属于抗高血压药的是（   ）
   A. 卡托普利   B. 利血平   C. 硫酸胍乙啶
   D. 盐酸可乐定   E. 尿激酶

3. 以下能调节血脂的药物是（   ）
   A. 辛伐他汀   B. 非诺贝特   C. 考来烯胺
   D. 阿替普酶   E. 氯贝丁酯

二、 简答题

1. 临床上用于治疗心绞痛的常用药物有哪几类？
2. 抗心律失常药分为哪几类，各举一种代表药。

（周　敏）

第十七章
呼吸系统药

学习目标

- 掌握临床常见的呼吸系统药的名称。
- 熟悉祛痰、镇咳、平喘药的适应证。
- 了解呼吸系统药的不良反应。
- 熟练掌握祛痰镇咳药的使用方法；学会指导患者用药。
- 具备治病救人、服务顾客的职业道德和素质。

情境导入

情境描述：

　　呼吸系统疾病发生在人体呼吸道（包括咽喉、气管、支气管和肺部），以咳、痰、喘、炎为其共同的特点，而炎症则是疾病的起因，咳、痰、喘是继发的症状。感冒、咳嗽、支气管炎、支气管哮喘等都是呼吸系统常见病和多发病。

学前导语：

　　呼吸系统疾病影响患者的休息和健康，如果长期不愈，还可能发展成肺气肿、支气管扩张及肺源性心脏病等。因此，及时应用镇咳药、祛痰药和平喘药，控制症状，防止病情发展，是十分必要的。本章将向大家介绍常用的呼吸系统药。

第一节　祛痰药

痰是呼吸道炎症的产物，可刺激呼吸道黏膜引起咳嗽，并可加重感染。祛痰药可稀释痰液或液化黏痰，使之易于咳出。按其作用方式可将祛痰药分为三类。

1. 恶心性祛痰药和刺激性祛痰药　常用药品有氯化铵、愈创甘油醚等，口服后可刺激胃黏膜，引起轻微的恶心，通过迷走神经反射，促进支气管腺体分泌，使痰液稀释，易于咳出。

2. 黏液溶解剂　可分解痰液的黏性成分如黏多糖和黏蛋白，使痰液黏滞性降低而易于咳出。常用的药物有乙酰半胱氨酸。

3. 黏液调节剂　作用于气管、支气管的黏液产生细胞，使其分泌物的黏滞性降低，易于咳出。常用的药物有盐酸溴己新和盐酸氨溴索。

常用祛痰药如下。

1. 氯化铵

【作用与应用】本品为痰液稀释药，对黏膜的化学性刺激反射性地增加痰量，使痰液易于排出，有利于不易咳出的黏痰的清除。本品被吸收后，氯离子进入血液和细胞外液，使尿液酸化。适用于痰黏稠不易咳出者，也用于泌尿系统感染需酸化尿液时。

【不良反应】大剂量可引起恶心、呕吐、胃痛、口渴及高氯性酸中毒。

【用药指导】吞服片剂或剂量过大时，宜足量水溶解后服用，以减轻对消化道黏膜的刺激。肝肾功能异常者慎用；肝肾功能严重损害者，尤其是肝性脑病、肾功能衰竭、尿毒症患者禁用。代谢性酸中毒患者忌用。

2. 乙酰半胱氨酸

【作用与应用】本品为呼吸道黏痰溶解药。可使黏蛋白的双硫键断裂，降低痰的黏度，使黏痰容易咳出。对黏稠的脓性及非脓性痰液有良好效果；对脓性痰中的DNA纤维也有裂解作用。适用于手术后的咳痰困难、支气管炎、支气管扩张、肺结核、肺炎、肺气肿等引起的痰液黏稠、咳痰困难等。也可用于对乙酰氨基酚的中毒解救。

【不良反应】本品偶可引起咳嗽、支气管痉挛、呕吐、恶心、胃炎等不良反应，一般减量即可缓解。

【用药指导】如遇恶心、呕吐严重者可暂停给药。支气管痉挛可用异丙肾上腺素缓解；此药易使青霉素、头孢菌素等抗生素破坏失效，故不宜合用；铁、铜等金属和橡皮、氧化剂、氧气能与其结合而使之失效，故喷雾器须用玻璃或塑料制作，用时应注意。同用酸性较强的药物时，可使其作用明显降低。

3. 溴己新

【别名】溴苯环己铵

【作用与应用】本品属黏液调节剂，其黏痰溶解作用较弱，主要作用于支气管、支气管黏膜腺体的黏液产生细胞，使黏痰减少，黏液稀释易于咳出。本品还能通过促进黏膜的纤毛运动及恶心性刺激作用来产生祛痰作用。主要用于慢性支气管炎、哮喘、支气管扩张、硅沉着病等有白色黏痰又不易咳出的患者。

【不良反应】本品对胃黏膜的刺激性可引起胃部不适，减量或停药后可消失。少数患者有氨基转移酶增高等不良反应。

【用药指导】本品适用于有白色黏痰的患者，脓性痰患者需加抗生素控制感染；溃疡病及肝病患者慎用；本品与四环素合用时，能增强四环素在支气管的分布浓度。

4. 其他祛痰药

（1）羧甲司坦：本品为黏液调节剂，作用和适应证与乙酰半胱氨酸相似。本品口服有效，起效快，4小时后明显见效。制剂有片剂、口服液、糖浆剂。偶有头晕、恶心、胃部不适、腹泻、皮疹等不良反应。消化道溃疡患者慎用。

（2）愈创甘油醚：本品为恶心祛痰剂，能刺激胃黏膜反射性引起支气管黏膜腺体分泌增加，降低痰的黏性，使黏痰易于咳出，并有轻微防腐作用。用于慢性支气管炎的多痰咳嗽。可见恶心、胃肠不适、头晕、嗜睡和过敏等不良反应。

（3）氨溴索：又名沐舒坦、坦静，本品是溴己新在体内的活性代谢产物，属于黏液溶解剂，能增加呼吸道黏膜浆液腺的分泌，减少黏液腺分泌，从而降低痰液黏度；还可促进肺表面活性物质的分泌，增加支气管纤毛运动，使痰液易于咳出。适用于急、慢性呼吸道疾病（如急、慢性支气管炎，支气管哮喘，支气管扩张，肺结核等）引起的痰液黏稠、咯痰困难。盐酸氨溴索自上市以来，经过多年临床应用，其疗效较好，毒副作用较小，是市场上应用较多的祛痰药之一。

🔗 知识链接 ....

痰

痰是呼吸道的分泌物，健康人也有痰。但如果患有呼吸系统疾病，受致病微生物感染后人体会产生大量的痰液。痰中有成千上万的病菌，需要尽快吐出体外，但注意不要随地乱吐，应用纸巾包好，再把它扔到垃圾桶里。

第二节　镇咳药

咳嗽是呼吸系统疾病中的常见疾病，从目前临床镇咳药的作用机制来看，镇咳药主要分为中枢性和外周性两类。直接抑制延脑咳嗽中枢发挥镇咳作用的药物称为中枢性镇咳药，如可待因、喷托维林；抑制咳嗽反射弧中的感受器、传入神经、效应器中某一环节而起到止咳作用的药物称为外周性镇咳药，如苯丙哌林、复方甘草浸膏等。有些药物兼有中枢和外周两种作用。

一、中枢性镇咳药

1. 可待因

【别名】甲基吗啡

【作用与应用】本品属于中枢性镇咳药，可直接抑制延脑咳嗽中枢，镇咳作用强而迅速，镇咳强度约为吗啡的1/4。同时具有镇痛作用；其呼吸抑制作用、便秘、耐受性、依赖性等均弱于吗啡。也用于辅助全麻或局麻，起镇静作用。用于各种原因引起的剧烈干咳和刺激性咳嗽，对胸膜炎干咳伴胸痛者尤其适用。由于此药能抑制呼吸道腺体分泌和纤毛运动，故对有少量痰液的剧烈咳嗽，应与祛痰药并用。

【不良反应】连续使用可产生耐受性和依赖性，停药后可引起戒断综合征。本品在大剂量（60mg）时可出现兴奋和烦躁不安，小儿用量过大可致惊厥。

【用药指导】抑制咳嗽反射，使痰液不易咳出，多痰者禁用，以防因抑制咳嗽反射，使大量痰液阻塞呼吸道，继发感染而加重病情。18岁以下青少年儿童禁用。

【商品信息】本品是强效镇咳药的标准药品，自1832年从阿片中提取分离得到，现主要由吗啡半合成制取，按《麻醉药品管理办法》进行管理。

> **知识链接** ⚭ ···

青少年滥用"止咳水"的危害

近年来，青少年滥用"止咳水"的现象引起了社会的高度关注，此种行为严重危害了青少年身心健康。滥用"止咳水"为什么会上瘾？因为长期大量滥用"止咳水"后，其含有的磷酸可待因作用于大脑使人产生暂时欣快感，随后形成生理和心理依赖，类似海洛因成瘾。成瘾的可能性几乎高达百分之百，而一旦成瘾则难以彻底戒断治愈。

而且，长期大量连续服用"止咳水"会产生明显的毒副作用，会对人体的肾脏、肝脏等脏器造成损害，使之功能减退，出现内分泌紊乱、情绪不稳定、睡眠失调、记忆力下降、反应迟钝、神智失常、脾气暴躁、自卑、自闭、自杀等问题。由于滥用止咳水成瘾较难戒断，滥用者很可能成为毒贩的潜在"新客户"，发展到吸食毒品，最终走上违法犯罪道路。

因此，同学们，如果有人劝喝"止咳水"，要说："不！"

2. 喷托维林

【别名】枸橼酸维静宁、托可拉斯

【作用与应用】本品对咳嗽中枢具有直接抑制作用，并有轻度阿托品样作用和局部麻醉作用。本品的镇咳作用约为可待因的1/3，但无成瘾性。可轻度抑制支气管内感受器及传入神经末梢，使痉挛的支气管平滑肌松弛，兼有中枢性和末梢性镇咳作用。用于上呼吸道感染引起的干咳、阵咳。对于小儿百日咳效果尤好。

【不良反应】具有阿托品样作用，偶有轻度头痛、头晕、口干、恶心、腹胀和便秘等不良反应。

【用药指导】青光眼、前列腺肥大者及心功能不全伴有肺淤血的咳嗽患者慎用。多痰者禁用。

【商品信息】本品是我国镇咳药市场占有份额较高的药品之一。常作为多种复方制剂的主要成分。

3. 右美沙芬

【别名】美沙芬、右甲吗喃、倍克尔

【作用与应用】中枢性镇咳药。本品通过抑制延髓咳嗽中枢而产生作用，其镇咳作用与可待因相等或稍强，但没有镇痛作用及成瘾性，治疗剂量不会抑制呼吸。主要用于干咳。适用于感冒、上呼吸道感染、急慢性支气管炎、支气管哮喘及肺结核所致的咳嗽。

【不良反应】安全范围大，偶有头晕、轻度嗜睡、口干、便秘、恶心、呕吐等。

【用药指导】与单胺氧化酶抑制剂合用时，可致高烧、昏迷，甚至死亡。常与抗组胺药合用；妊娠中后期、哮喘、肝病及痰多患者慎用；青光眼患者，妊娠3个月内妇女及有精神病史者禁用。

【商品信息】本品为中枢性非依赖性镇咳药最具代表性的药物，是目前临床上应用最广的非依赖性镇咳品种。右美沙芬的镇咳效果可与中枢性依赖镇咳药可待因相媲美，该品因具有在镇咳剂量下对呼吸系统无抑制作用，不会产生成瘾性、无镇痛和催眠的不良反应等特点，而被世界卫生组织推荐为可替代可待因的一种镇咳药。复方右美沙芬为全球十大非处方药之一，儿童亦可使用。

二、外周性镇咳药

苯丙哌林

【别名】咳哌宁、二苯哌丙烷

【作用与应用】本品为非麻醉性镇咳药。同时具有中枢和末梢性抑制作用。有罂粟碱样平滑肌解痉作用，无呼吸抑制作用，也没有可待因的便秘现象。用于治疗急性支气管炎及多种原因如感染、吸烟、刺激物、过敏等引起的咳嗽。对刺激性干咳效果最好。

【不良反应】服用时需整片吞服，勿嚼碎，以免引起口腔麻木。孕妇慎用。对本品过敏者禁用。

【用药指导】本品为非麻醉性镇咳药。目前尚未见耐受性和成瘾性。一般认为镇咳疗效优于磷酸可待因。是现在使用较为广泛的镇咳药之一。

> ⑦ 课堂问答 ——————
> 请同学们列举用过的镇咳类药物。
> ....

三、其他镇咳药

1. 福尔可定　本品为吗啡衍生物，镇咳作用与可待因相似，同时具有镇静和镇痛作用。但是成瘾性弱于可待因。用于剧烈干咳和中等程度疼痛。偶有恶心、嗜睡等不良反应。

2. 复方甘草片　本品由甘草浸膏、阿片粉、樟脑、八角茴香、苯甲酸钠等组成。其中甘草浸膏为保护性镇咳祛痰剂；阿片粉有较强镇咳作用；樟脑及八角茴香油能刺激支气管黏膜，反射性地增加腺体分泌，稀释痰液，使痰易于咳出；苯甲酸钠为防腐剂。本品用于镇咳祛痰。应用时有微弱的恶心、呕吐不良反应。

第三节 平喘药

喘息是支气管哮喘和喘息性支气管炎的主要症状。其基本病理变化是炎症细胞浸润，释放炎症介质，引起呼吸道黏膜下组织水肿，微血管通透性增加，纤毛上皮剥离，气管分泌物增多，支气管平滑肌痉挛。除变态反应引起喘息外，寒冷、烟尘等非特异性刺激也可引起喘息。抑制气道炎症及炎症介质是喘息的根本治疗。

平喘药是指能作用于诱发哮喘的不同环节，缓解或预防哮喘发作的一类药物。常用的平喘药可分为5类：①β受体激动药，包括非选择性β受体激动剂如麻黄碱、异丙肾上腺素和选择性β_2受体激动剂如沙丁胺醇、克伦特罗等；②M胆碱受体拮抗剂，如异丙托溴铵等；③磷酸二酯酶抑制剂，如茶碱及其衍生物；④过敏介质阻释剂，主要药物有色甘酸钠、酮替酚等；⑤肾上腺素皮质激素类，临床常用局部作用强、吸收很少的倍氯米松气雾剂等。

一、β受体激动药

1. 麻黄碱

【别名】麻黄素

【作用与应用】本品可直接激动肾上腺素受体，也可促进肾上腺素的释放间接兴奋肾上腺素受体，对α和β受体均有激动作用。能松弛支气管平滑肌，可使支气管黏膜血管收缩，减轻充血水肿，有利于改善小气管阻塞。用于预防支气管哮喘发作和缓解轻度哮喘发作，对重度哮喘发作效果不佳；也可用于防治蛛网膜下腔麻醉或硬膜外麻醉引起的低血压及慢性低血压症；还可用于各种原因引起的鼻黏膜充血、肿胀引起的鼻塞及缓解荨麻疹和血管神经性水肿等变态反应的皮肤黏膜症状。

【不良反应】本品用量过大或长期连续使用，可引起震颤、焦虑、心悸、失眠、头痛、恶心、呕吐、口渴、发热及出汗等不良反应。

【用药指导】晚间服用时，常加镇静催眠药如巴比妥以防失眠。高血压、甲状腺功能亢进及前列腺肥大患者禁用。

【商品信息】市场上右旋体麻黄碱和对乙酰氨基酚或布洛芬组成的抗感冒类复方制剂非常多。麻黄碱是合成苯丙胺类毒品也就是制作冰毒最主要的原料，我国现对麻黄碱实行特殊监督管理。药店购买麻黄碱类药物须实名登记并限购。

2. 沙丁胺醇

【别名】羟甲叔丁肾上腺素、柳丁氨醇

【作用与应用】本品为选择性 β_2 受体刺激药，具有较强的支气管扩张作用。对于哮喘患者，支气管扩张作用与异丙肾上腺素相同。对心脏 β_2 受体激动作用较弱。适用于支气管哮喘、喘息型支气管炎和肺气肿患者的支气管痉挛。急症发作多用气雾剂，预防发作则可口服。

【不良反应】恶心、肌肉震颤、心悸或心搏异常强烈等。剂量大时，可见心动过速和血压波动。一般减量即恢复，严重时应停药。罕见肌肉痉挛，过敏反应。长期使用可产生耐受性，不仅疗效降低，而且具有加重哮喘的危险。

【用药指导】不宜与 β 受体拮抗剂联用；心血管功能不全、高血压、甲状腺功能亢进患者及孕妇慎用。

【商品信息】本品应用广泛，是目前国内外临床最常用的平喘药之一。其选择性高，不良反应率低，特别是心脏不良反应少见，而且安全范围较异丙肾上腺素和氨茶碱大。作用时间长，可口服给药。

二、M 受体拮抗剂

异丙托溴铵

【别名】溴化异丙托品

【作用与应用】本品为抗胆碱类药，具有较强的对支气管平滑肌的松弛作用，本品还具有控制黏液腺体的分泌及改善纤毛运动的作用，从而减少了痰液阻塞以改善通气，同时痰液的减少也减轻了对支气管的刺激所引起的支气管痉挛。用于慢性阻塞性肺部疾病，如慢性支气管炎、肺气肿等引起的支气管痉挛、喘息的缓解和维持治疗。

【不良反应】类似阿托品，可引起心悸、头痛、头晕、恶心、呕吐、消化道疼痛、震颤、视物模糊、口干、咳嗽、排尿困难、呼吸道症状加重以及皮疹等。

【用药指导】青光眼、前列腺肥大、尿潴留患者禁用；对本产品过敏者禁用；孕妇、哺乳期妇女及儿童慎用。

三、磷酸二酯酶抑制剂

氨茶碱

【别名】茶碱乙烯二胺

【作用与应用】本品为茶碱和己二胺的复合物。对支气管平滑肌有直接松弛作用，特别是当支气管平滑肌处于痉挛状态时作用更明显；本品还能间接抑制组胺等过敏介质的释放，对支气管黏膜的充血水肿也有缓解作用。另外，本品还能增加心排出量，扩张输出和输入肾小动脉，增加肾小球滤过率和肾血流量，具有利尿的作用。适用于支气管哮喘、哮喘持续状态以及慢性阻塞性肺部疾病；对心脏有刺激作用，能增加充血性心力衰竭患者的心排出量；有利尿作用，可用于治疗心源性和肾性水肿、胆绞痛。

【不良反应】本品呈强碱性，口服对胃肠刺激性大，肌内注射可引起局部红肿、疼痛。剂量大时可发生惊厥。可用镇静药对抗。

【用药指导】氨茶碱静脉注射须慢，以防发生心律失常、血压骤降、惊厥等。急性心肌梗死、低血压、休克等患者禁用；小儿易致惊厥，必须慎用。

【商品信息】目前，已知茶碱类药物及其衍生物有300多种，临床上较为常用的有氨茶碱、二羟丙茶碱、胆茶碱、茶碱乙醇胺等。多索茶碱是茶碱类药物中的换代产品，是新型磷酸二酯酶抑制剂类平喘镇咳药。

四、过敏介质阻释剂

色甘酸钠

【别名】咽泰、色甘酸二钠、咳乐钠

【作用与应用】色甘酸钠具有较好的平喘作用，可直接抑制由于兴奋刺激感受器而引起的神经反射，抑制反射性支气管痉挛。同时抑制非特异性支气管高反应性。抑制血小板活化因子引起的支气管痉挛。

色甘酸钠为预防支气管哮喘发作药，哮喘急性发作期用药不但无效，还可诱发发作。对外源性哮喘疗效最好，特别是吸入外源性刺激物前的预防性用药，能预防绝大部分患者发作，但对内源性哮喘疗效稍差。也可用于过敏性鼻炎、过敏性湿疹、皮肤瘙痒，溃疡性结肠炎、直肠炎。

【不良反应】色甘酸钠的毒性很小，长期用药不良反应少，有的患者吸入药后咽喉和气管有刺激症状，出现胸部紧迫感，甚至诱发哮喘发作。必要时可同时吸入异丙肾上腺素以预防其发生。

【用药指导】肝、肾功能不全者，孕妇及哺乳期妇女慎用。

五、肾上腺素皮质激素

倍氯米松

【作用与应用】本品为局部应用的强效肾上腺皮质激素，具有抗炎、抗过敏和止痒等作用，能抑制支气管渗出物，消除支气管黏膜肿胀，解除支气管痉挛。本品气雾吸入后直接作用于呼吸道而发挥平喘作用。可用于依赖肾上腺皮质激素的慢性哮喘患者，亦可用于预防发作及过敏性鼻炎等。外用可治疗各种炎症皮肤病，如湿疹、过敏性皮炎、牛皮癣、瘙痒等。

【不良反应】气雾剂对个别患者有刺激感。

【用药指导】本气雾剂适用于轻症哮喘，急性发作时应加用其他平喘药。用药后应在哮喘控制良好的情况下逐渐停用口服皮质激素。

●···· 章末小结

1. 祛痰药分为黏液调节剂、黏液溶解剂、恶心性祛痰药和刺激性祛痰药。
2. 氯化铵大剂量可引起恶心、呕吐、胃痛、口渴及高氯性酸中毒。
3. 乙酰半胱氨酸适用于手术后的咳痰困难、支气管炎、支气管扩张、肺结核、肺炎、肺气肿等引起的痰液黏稠、咳痰困难等。
4. 可待因属于中枢性镇咳药，可直接抑制延脑咳嗽中枢，镇咳作用强而迅速，镇咳强度约为吗啡的1/4。
5. 苯丙哌林服用时需整片吞服，勿嚼碎，以免引起口腔麻木。

●···· 思考题

分析题

请为下列病情选用合适的药物，并说明原因。

1. 剧烈的无痰干咳。
2. 支气管哮喘喘息性发作。
3. 外因性支气管哮喘预防发作。
4. 黏稠痰不易咳出的咳嗽。

（杨艳娟）

第十八章
泌尿、消化系统药

学习目标

• 掌握临床常见的泌尿系统、消化系统药的名称。

• 熟悉利尿药和胃溃疡药的适应证。

• 了解泌尿系统药的不良反应。

• 具备指导患者用药的基本技能。

➲ 情境导入

情境描述：

　　近年来，由于现代人生活节奏加快、生活饮食不规律、工作压力增大等问题的相继出现，使得肠胃病、肝脏疾病等消化系统疾病发病率不断提升，目前在我国已经超过了 25%，在整个慢性病患病率排名中居于第四位，且日渐呈现年轻化发展态势。由于饮食结构的特点，南方城市和西南地区居民的患病率相对偏高。

学前导语：

　　消化系统疾病是常见多发病，同时也是一种极易复发的慢性病，目前尚未有根治的有效手段。国内患有消化系统疾病的居民人数不断提升，市场对消化系统疾病治疗药物的消费需求持续增加，进而推动整个用药市场规模的扩大。

第一节 利尿药

利尿药是一类能抑制肾小管对水、钠的重吸收，增加尿液生成和排泄的药物。主要用于治疗水肿性疾病，或与抗高血压药合用治疗高血压，在某些经过肾排泄的药物或毒物中毒时，该类药物能促使这些物质的排泄。

利尿药的主要不良反应为水、电解质紊乱和酸碱平衡失调，各种利尿药亦有各自的不良反应，应根据患者病情选择合适的利尿药及适当的剂量和用法。最好采用间歇疗法，避免过度利尿。

利尿药可分为高效利尿药、中效利尿药、低效利尿药三种。高效利尿药用于重度水肿与排泄毒物，中效利尿药用于轻中度水肿与降血压，低效利尿药一般与高中效利尿药合用，提高药效，减少不良反应。

一、高效利尿药

1. 呋塞米

【别名】呋喃苯胺酸

【作用与应用】作用于髓袢升支粗段，抑制 NaCl 再吸收，影响尿液的稀释和浓缩机制而发挥强大的利尿作用。临床适用于对其他药物无效的各型严重水肿，如心性、肾性和肝性水肿等，并可促使上部尿道结石的排泄。因本品容易导致水和电解质紊乱，故对一般水肿不宜常规使用。静脉给药可治疗肺水肿、脑水肿及急性肾衰竭，也可以加速毒物的排泄。

【不良反应】过度利尿常引起水与电解质紊乱，表现为低血容量、低血钾、低血钠、低血镁、低氯碱血症等；此外尚可出现高尿酸血症、高血糖、直立性低血压、听力障碍等。

【用药指导】应注意掌握剂量，长期使用应适当补充钾盐；不宜与链霉素等氨基糖苷类抗生素合用，肾毒性和耳毒性增加，尤其是原有肾损害时。

2. 布美他尼

【别名】丁尿胺、丁苯氧酸

【作用与应用】本品利尿作用为呋塞米的 20~40 倍。此外可能有扩张肾血管作用。临床适用于各型顽固性水肿及急性肺水肿，尤其对急慢性肾衰竭患者较为适宜，大剂量呋塞米无效时，可试用本品。

【不良反应】不良反应基本同呋塞米。

【用药指导】本品长期使用应适当补充钾剂；肾功能不全患者使用大剂量时，可能发生皮肤、黏膜及肌肉疼痛，若出现持续疼痛应停药。

3. 其他高效利尿药

（1）依他尼酸：又名利尿酸，利尿作用与机制、作用特点均与呋塞米相似，属高效利尿药。临床用于各类水肿、急性肾衰竭。但引起水电解质紊乱、耳毒性与肾毒性等不良反应较多见而严重，故较呋塞米相对少用。

（2）托拉塞米：本品是新一代强效、长效利尿药，它属于磺酰脲吡啶类利尿药。临床上主要用于急慢性心力衰竭、肝硬化腹水、肾功能不全、原发性高血压以及其他各种原因引起的水肿。是目前评价较高的速效、高效、低毒利尿药。

二、中效利尿药

1. 氢氯噻嗪

【别名】双氢克尿噻、双氢氯噻嗪

【作用与应用】主要抑制远端小管前段和近端小管对 Na^+ 和 Cl^- 的再吸收，从而促进肾脏对 NaCl 的排泄而产生利尿作用，另有降压作用和抗利尿作用。临床上适用于各型水肿，对心性水肿疗效较好，对肾性水肿疗效与肾功能损伤程度有关，轻度较佳，重者则差。肝性水肿常与螺内酯合用。亦作为基础抗高血压药用于各期高血压，也可用于轻型尿崩症的治疗。

【不良反应】本品毒性较低，但长期应用可引起：①电解质紊乱，如低钠血症、低氯血症和低钾血症；②肠胃道症状，如恶心、呕吐、腹泻、气胀；③高血糖症、高尿酸血症、氮质血症、血氨上升等反应。

【用药指导】长期使用应适当补充钾剂；停药时应逐渐减量，突然停药可能引起水钠潴留；肝功能不全者及糖尿病、高脂血症患者慎用；对磺胺药过敏及严重肝肾功能损害者禁用。

【商品信息】本品使用方便、安全、价格低廉，广泛应用于临床多年，是常见的利尿药之一，也是广泛用于治疗高血压的基础抗高血压药，与其他类型抗高血压药组成复方制剂联合用药，逐渐成为发展趋势，销售量也较大。

2. 氯噻酮　药理作用与噻嗪类利尿药相似，口服后胃肠道吸收较慢且不完全；临床适用于充血性心力衰竭、慢性肾炎、肝硬化、更年期综合征等引起的水肿。也可与其他抗高血压药如利血平合用治疗高血压。

三、低效利尿药

1. 螺内酯

【别名】螺旋内酯固醇

【作用与应用】本品化学结构与醛固酮相似，为醛固酮受体拮抗剂，对抗醛固醇的保钠排钾作用，使Na^+、Cl^-和水的排出增加而利尿。利尿作用较缓慢而持久。临床上用于治疗与醛固酮升高有关的顽固性水肿，如肾病综合征、慢性心力衰竭、肝硬化腹水等，常与噻嗪类利尿药合用，可增强疗效，并可对抗噻嗪类排钾作用；诊断和治疗原发性醛固酮增多症；也可作为治疗高血压的辅助用药。

【不良反应】大量使用或长期使用可致高钾血症、低钠血症；胃肠道反应，如恶心、呕吐；有抗雄性激素样作用。

【用药指导】本品有留钾作用，在应用过程中不可使用氯化钾等含钾药物，以免引起钾中毒。可与氢氯噻嗪合用，使其排钾作用被本品所抵消，合用后疗效增加、不良反应减轻。肾衰竭患者及血钾偏高者忌用，孕妇、哺乳期妇女慎用。

2. 氨苯蝶啶

【别名】三氨蝶啶

【作用与应用】本品为低效利尿药，单用作用较弱，与其他利尿药如噻嗪类合用时能显著增强各自的利尿作用和减轻不良反应。临床上用于治疗心力衰竭、肝硬化和慢性肾炎等引起的顽固性水肿或腹水，尚可使尿酸排出而用于痛风。

【不良反应】大剂量长期使用可出现血钾过高现象，停药后症状可逐渐消失；长期使用可使血糖升高。偶出现头痛、口干、低血压、皮疹及胃肠道反应。

【用药指导】高钾血症，严重肝、肾功能不全者禁用；孕妇慎用。

3. 其他低效利尿药

（1）阿米洛利：又名氨氯吡咪，作用部位及作用机制与氨苯蝶啶相似，为目前排钠留钾利尿药中作用最强的药物。临床用于心、肝、肾疾病引起的水肿，能增强氢氯噻嗪和依他尼酸等利尿药的作用并减少钾的丢失，一般不单独使用。不良反应以高血钾常见。

（2）乙酰唑胺：本品抑制肾小管上皮细胞中的碳酸酐酶而产生利尿作用。本品利尿作用不强，易致代谢性酸中毒，且长期服用会导致耐受性的发生，目前很少单独使用于利尿。临床可用于治疗青光眼、心性水肿、脑水肿。不良反应主要为四肢麻木感、嗜睡等，长期应用可致高氯血症、低钾血症、粒细胞减少症等。

第二节　脱水药

脱水药又称渗透性利尿药，为低分子化合物，静脉注射后不易透过血管壁，能迅速提高血液渗透压，从而使组织脱水。它们的药物作用完全决定于溶液中药物分子本身所发挥的渗透压作用。这类药物在大量静脉给药时，可升高血浆渗透压及肾小管腔液的渗透压而产生脱水及利尿作用。此类药物包括甘露醇、山梨醇、葡萄糖、尿素等，其中甘露醇最为常用。本类药物主要用于脑水肿、青光眼及急性肾衰竭。

1. 甘露醇

【别名】甘露蜜醇、甘露糖醇

【作用与应用】本品能迅速提高血浆渗透压，将组织中潴留的水分吸回血液，即产生组织脱水效果。同时增加血容量和肾血流量，增加有效滤过压和肾小球滤过率，且在肾小管不易被重吸收，管腔内形成高渗，导致渗透性利尿作用。临床适用于治疗脑水肿及青光眼、大面积烧烫伤引起的水肿，预防和治疗肾功能衰竭、腹水等。

【不良反应】不良反应较少，但注射过快可引起头痛、视力模糊、眩晕等。

【用药指导】快速静脉注射，可因血容量突然增加，加重心脏负荷，故心功能不全者慎用。颅内有活动性出血者禁用；肺水肿、充血性心力衰竭、严重失水者及孕妇禁用；因本品排水多于排钠，故不适用于全身性水肿的治疗，仅作为其他利尿药的辅助药。本品可加剧强心苷类药品的毒性作用。

【商品信息】本品临床常用、价格低廉、销售量大；寒冷地区冬季需防冻。气温较低时本品易析出结晶，可置热水（80℃）中使其完全溶解，否则不能使用；本品除可直接作为医药原料使用外，也广泛用于食品工业。

2. 其他脱水药

（1）山梨醇：为甘露醇的同分异构体，作用和用途与甘露醇相似，进入体内后，有部分转化为果糖而影响其渗透性脱水作用，故疗效较甘露醇弱。本品价格便宜，且溶解度大，临床上常配成25%注射液静脉注射，用于治疗脑水肿和青光眼，也可用于心、肾功能正常的水肿少尿者。不良反应与甘露醇相似。

（2）高渗葡萄糖：50%的高渗溶液，具有脱水和渗透性利尿作用。因葡萄糖可进入组织中被代谢利用，故脱水作用较弱，持续时间较短（约1~2小时）。一般与甘露醇或山梨醇合用于脑水肿或青光眼。

（3）尿素：作用与山梨醇相似。其高渗液用于脑水肿、颅内压增高，也用于烧伤后、手术后、创伤后的少尿症等。

第三节　尿崩症用药

尿崩症是由于下丘脑垂体后叶病变致使加压素（抗利尿素）分泌或释放减少引起的疾病，主要症状为多尿、烦渴及失水，能缓解这些症状的药，可称为尿崩症用药。

1. 垂体后叶粉　又名尿崩停，本品主要成分为加压素，有抗利尿作用。临床适用于尿崩症，对垂体功能减退性尿崩症疗效较好。用药后能较快地减少尿量和减轻口渴症状。粉剂使用时用特制小匙（每匙30~40mg）取药倒在纸上，卷成纸卷，用左手压住左鼻孔，用右手将纸卷插入右鼻孔轻吸入鼻腔。吸入时应注意避免喷嚏，以保证疗效。吸入不宜过多、过猛、过深，否则可引起气短、气闷、胸痛及腹胀痛等。呼吸道和鼻旁窦疾病哮喘者禁用。

2. 鞣酸加压素　本品为鞣酸加压素的油剂注射剂，作用与垂体后叶粉相同，对肾有直接的利尿作用，也有收缩外周血管的作用，并可引起肠、胆囊及膀胱的收缩。临床用于诊断和治疗由于缺乏抗利尿素引起的尿崩症，也用于其他药物效果不佳的腹部肌肉松弛。其作用特点是吸收慢，维持时间长，可减少患者频繁注射的麻烦。主要用于中、重型尿崩症。大剂量可引起恶心、皮疹、盗汗及过敏反应等。高血压、动脉硬化、冠状动脉疾病、心力衰竭患者及孕妇禁用。

第四节　消化性溃疡药

消化性溃疡主要是指发生在胃和十二指肠的慢性溃疡。酸性胃液对黏膜的消化作用是溃疡形成的基本因素，故称消化性溃疡。近年来，随着对消化性溃疡这一常见、多发的疾病病因和发病机制的深入研究，涌现出了不少治疗消化性溃疡病的新药。20世纪70年代H_2受体拮抗剂的问世，明显降低了消化性溃疡并发症的发生率，是消化性溃疡治疗学上的一个里程碑。20世纪80年代，比H_2受体拮抗剂的抑酸作用更强大而持久的质子泵抑制剂问世，不但提高了溃疡的治愈率，而且降低了其复发率，开创了消化性溃疡治疗的新纪元。与此同时，胃黏膜攻击－防御因子平衡理论的提出，和近年来的研究也使人们对胃黏膜保护作用的减弱是溃疡形成的重要因素有了新的认识，即加强胃黏膜保护作用和促进黏膜的修复，是治疗消化性溃疡的重要环节之一。

与之相适应的增强胃黏膜保护作用而开发的胃黏膜保护剂也得到不断发展。

目前在化学药品市场上，已形成了由质子泵抑制剂、H_2受体拮抗剂、胃黏膜保护剂三足鼎立的格局。

一、抗酸药

氢氧化铝

【作用与应用】本品对胃酸的分泌无直接影响，对胃内已存在的胃酸起中和或缓冲的化学反应，有抗酸、吸附、保护溃疡面、局部止血等作用，效力较弱，作用缓慢而持久。本品的中和产物氯化铝有收敛作用，当溃疡面出血时可止血。本品可与胃液混合形成凝胶，覆盖于溃疡表面而具保护作用，主要用于胃酸过多、胃及十二指肠溃疡、反流性食管炎及上消化道出血等。尿毒症患者服用大剂量氢氧化铝可减少磷酸盐的吸收，减轻酸血症。

【不良反应】本品能妨碍磷的吸收，并能引起便秘，严重时甚至可引起肠梗阻，故不宜长期服用。老年人长期服用，可致骨质疏松。肾功能不全患者长期应用可能会有铝蓄积中毒，出现精神症状。

【用药指导】本品含有铝离子，不宜与四环素类合用；长期便秘者慎用；为防止便秘可与三硅酸镁或氧化镁交替服用。

【商品信息】氢氧化铝本身有片剂、凝胶剂，还可作为主要组分构成多种复方制剂，如复方氢氧化铝片、斯达舒、盖胃平、和露胃片、胃泰康胶囊、复方维生素U胶囊等。这些均为抗酸与胃黏膜保护类非处方药。

二、胃酸分泌抑制剂

（一）H_2受体拮抗剂

1. 西咪替丁

【别名】甲氰咪胍、甲氰咪胺

【作用与应用】本品为第一代H_2受体拮抗剂，能明显抑制基础及夜间胃酸的分泌，还能抑制由食物、组胺、胃泌素等各种刺激引起的胃酸分泌，并使其酸度降低。本品对因化学刺激引起的腐蚀性胃炎有预防和保护作用，对刺激性胃溃疡和上消化道出血也有明显疗效。临床主要用于各种酸相关性疾病：如十二指肠溃疡、胃溃疡、胃泌素瘤、上消化道出血、反流性食管炎、高酸性胃炎等。

【不良反应】偶有便秘、腹泻、头晕、皮疹等。除一般的不良反应外，本品与雌激素受体有亲和作用，长期应用或用药剂量过大，可产生男子乳腺发育和阳痿，以及妇女溢乳等不良反应。

【用药指导】西咪替丁片剂、咀嚼片、缓释片、胶囊片、乳剂可作为抗酸药及胃黏膜保护类非处方药，用于缓解胃酸过多所致的胃痛、胃灼热、反酸。

2. 雷尼替丁

【别名】甲硝呋胍、呋喃硝胺

【作用与应用】本品为第二代 H_2 受体拮抗剂。能有效地抑制组胺、胃泌素及食物刺激后引起的胃酸分泌，降低胃酸和胃蛋白酶的活性，但对胃泌素及性激素的分泌无影响。作用比西咪替丁强 5~8 倍，对胃及十二指肠溃疡疗效好，具有速效和长效的特点，副作用小，安全性高。主要用于胃及十二指肠溃疡、术后溃疡、反流性食管炎及胃泌素瘤等。静脉注射可用于上消化道出血。

【不良反应】可有恶心、皮疹、便秘、乏力、头痛、头晕等不良反应。对肾功能、性腺功能和中枢神经的不良反应较轻。少数患者服药后引起轻度肝功能损伤，停药后症状即消失。

【用药指导】孕妇及哺乳期妇女禁用；肝肾功能不全患者慎用。8岁以下儿童禁用。

（二）质子泵抑制剂

1. 奥美拉唑

【别名】沃必唑、亚枫咪唑

【作用与应用】本品为新型质子泵抑制剂，抑制原理不同于 H_2 受体拮抗剂，特异性地作用于胃壁细胞，抑制 H^+，K^+-ATP 酶的活性，从而抑制基础胃酸和刺激引起的胃酸分泌。临床用于胃溃疡、十二指肠溃疡、胃泌素瘤、慢性浅表性胃炎以及幽门螺杆菌感染的根除治疗等，其静脉注射剂可用于上消化道出血和预防应激性溃疡。

【不良反应】常见不良反应是腹泻、头痛、恶心、腹痛、胃肠胀气及便秘。偶见血清氨基转移酶增高、皮疹、眩晕、嗜睡、失眠等。

【用药指导】肝肾功能不全者慎用。婴幼儿禁用。治疗胃溃疡时，应首先排除溃疡型胃癌的可能。

【商品信息】与传统的 H_2 受体拮抗剂相比，奥美拉唑具有治愈率较高、显效快、不良反应轻微等特点。已成为胃及十二指肠溃疡、反流性食管炎、幽门螺杆菌感染、非类固醇类抗炎药引起的溃疡等疾病治疗的首选药。

2. 其他质子泵抑制剂

（1）兰索拉唑：本品是继奥美拉唑之后世界上开发的第二个质子泵抑制剂。其生物利用度较奥美拉唑提高了30%以上，而对幽门螺杆菌的抑菌活性比奥美拉唑提高了4倍。临床上用于十二指肠溃疡、胃溃疡、反流性食管炎、胃泌素瘤的治疗，疗效显著。

（2）泮托拉唑：泮托拉唑是继奥美拉唑、兰索拉唑之后在全球第三个上市的质子泵抑制剂。该药具有较高的选择性和生物利用度，在临床治疗中以高度的安全性受到医生和患者的认可。目前，泮托拉唑入围全球七大药品市场销售前500强药物。该药在弱酸的条件下比奥美拉唑和兰索拉唑稳定，不影响其他药物在肝内的代谢。用于胃及十二指肠溃疡、反流性食管炎、胃泌素瘤的治疗。偶尔出现头痛、恶心、腹痛、瘙痒等不良反应。

（三）M胆碱受体拮抗剂

哌仑西平

【别名】哌吡氮平、哌吡酮

【作用与应用】本品为一种选择性胆碱受体拮抗剂，对胃壁细胞M_1受体有高度亲和力，而对平滑肌、心肌和唾液腺等M_1受体的亲和力低。治疗剂量时，可抑制胃酸分泌，而很少有其他抗胆碱药物对瞳孔、胃肠平滑肌、心脏、唾液腺等副作用。本品可抑制胃酸分泌，用于十二指肠溃疡、胃溃疡。可明显缓解患者疼痛，降低抗酸药的用量。

【不良反应】常见口干、眼睛干燥、视力调节障碍等轻微不良反应。较少见精神错乱、排尿困难。

【用药指导】对本品过敏者、孕妇，以及青光眼、前列腺肥大患者禁用。乙醇、咖啡因可降低本品疗效，西咪替丁、雷尼替丁可增强本品疗效。

【商品信息】本品的近期溃疡愈合率为70%~94%，疗效与西咪替丁类似，与西咪替丁合用可增强抑制胃酸分泌的效果；盐酸哌仑西平片剂可作为抑酸与胃黏膜保护类甲类非处方药，用于抑制胃酸及缓解胃痉挛所致的疼痛。

三、胃黏膜保护剂

1. 枸橼酸铋钾

【别名】胶体次枸橼酸铋

【作用与应用】本品在胃内能迅速崩解，在胃酸作用下水溶性胶体铋与溃疡面或炎症部位的蛋白质形成不溶性含铋沉淀，牢固地黏附于糜烂面上形成保护屏障，抵制胃酸与胃蛋白酶对黏膜面的侵蚀，并能刺激内源性前列腺素释放，促进胃黏液分泌，加速黏膜上皮修复，另外对幽门螺杆菌（Hp）具有杀灭作用，因而促进胃炎的愈合。用于治疗胃溃疡、复合溃疡、多发溃疡及吻合口溃疡。

【不良反应】服用本药期间，口中可能带有氨味，并可使舌苔及大便呈灰黑色，停药后可自行消失。偶见恶心、便秘。

【用药指导】本品在体内成为保护性薄膜，隔绝胃酸、酶及食物对溃疡黏膜的侵蚀作用。同时还具有抗幽门螺杆菌作用，双重作用特别适合于幽门螺杆菌感染引起的消化性溃疡的根治。临床上经常采用奥美拉唑加枸橼酸铋钾、克拉霉素、替硝唑组成的四联方案。牛奶和抗酸药可干扰本品的作用，不能同时服用。严重肾病患者及孕妇禁用，一般肝肾功能不良者应减量。

2. 硫糖铝

【作用与应用】硫糖铝在酸性环境下可解离为带负电荷的八硫酸蔗糖，和溃疡面带正电荷的变性蛋白质结合，形成一层保护性屏障，阻断胃酸、胃蛋白酶对溃疡的消化作用，防止胃黏膜进一步损伤。硫酸铝还可以促进胃黏膜合成内源性前列腺素（PG，是一种重要的胃黏膜保护因子）。用于胃、十二指肠溃疡及胃炎的治疗。

【不良反应】较常见的不良反应是便秘。偶有恶心、腹泻、胃痛、口干等。

【用药指导】本品与四环素类、西咪替丁、苯妥英钠、华法林、各种维生素、氟喹诺酮或地高辛同时服用，可减少这些药物的吸收，故不应同服；不宜与多酶片合用，否则两药的疗效均降低；习惯性便秘者禁用。

3. 其他胃黏膜保护剂

（1）胶体果胶铋：本品是果胶酸与金属铋形成的复合物，在酸性条件下具有较强的胶体特性，可在胃黏膜上形成一层牢固的保护膜，增强胃黏膜的屏障保护作用。对受损黏膜的黏附性具有高度选择性，且对消化道出血有良好的止血作用。此外，能杀灭幽门螺杆菌，促进消化性溃疡愈合。主要用于胃及十二指肠溃疡，也可用于慢性浅表性胃炎、萎缩性胃炎和消化道出血的治疗。

（2）米索前列醇：又名米索普特，本品为合成前列腺素E的衍生物，具有强大的抑制胃酸分泌作用。主要用于胃及十二指肠溃疡。

（3）替普瑞酮：本品是一种萜烯类衍生物，临床用于急性胃炎及慢性胃炎急性加重期、胃溃疡的治疗。

🔗 知识链接 ··

消化性溃疡的三联疗法

三联疗法一般使用拉唑类或铋剂+两种抗菌药，具有治愈率高的特点。

1. 以质子泵抑制剂（PPI）为基础的方案　疗程7~14日。

（1）PPI+阿莫西林+甲硝唑/呋喃唑酮。

（2）PPI+克拉霉素+阿莫西林/甲硝唑/呋喃唑酮。

2. 以铋剂（CBS）为基础的方案　疗程7~14日。

（1）枸橼酸铋钾+四环素/阿莫西林+甲硝唑/替硝唑。

（2）枸橼酸铋钾+克拉霉素+甲硝唑/呋喃唑酮。

❓ **课堂问答**

1. 抗消化性溃疡药按功能分类可分为哪几类？

2. 抗消化性溃疡的首选药有哪些？

第五节　胃肠解痉药

胃肠解痉药主要是M胆碱受体拮抗剂，它们能阻断胆碱神经介质与受体的结合，解除胃肠痉挛，松弛平滑肌，缓解疼痛并抑制多种腺体（汗腺、唾液腺、胃液）分泌，达到止痛目的。

1. 阿托品

【别名】颠茄碱、消旋莨菪碱

【作用与应用】本品为典型的M胆碱受体拮抗剂。能解除平滑肌的痉挛（包括解除血管痉挛，改善微血管循环）；抑制腺体分泌；解除迷走神经对心脏的抑制，使心跳加快；散大瞳孔，使眼压升高；兴奋呼吸中枢。此外，阿托品能兴奋或抑制中枢神经系统，具有一定的剂量依赖性。对心脏、肠和支气管平滑肌作用比其他颠茄生物碱更强而持久。主要用于各种内脏绞痛，如胃肠绞痛及膀胱刺激症状；抢救感染中毒性休克；解救有机磷酸酯类中毒；全身麻醉前给药、严重盗汗和流涎症。

【不良反应】常有口干、眩晕，严重时瞳孔散大、皮肤潮红、心率加快、兴奋、烦躁、谵语、惊厥等不良反应。

【用药指导】老年人容易发生抗M胆碱样不良反应，如排尿困难、便秘、口干；青光眼及前列腺肥大患者禁用。

2. 溴丙胺太林

【别名】普鲁苯辛

【作用与应用】本品为抗胆碱药。作用与阿托品相似，有较弱的神经节阻断作用。其特点为对胃肠道平滑肌具有选择性，故松弛胃肠平滑肌的作用较强、较持久。对汗液、唾液及胃液分泌也有不同程度的抑制作用。用于治疗胃、十二指肠溃疡，胃痉挛，胆绞痛和胰腺炎等引起的腹痛，也可用于多汗症、妊娠呕吐及遗尿症。

【不良反应】同阿托品。

【用药指导】禁忌同阿托品。

第六节　胃肠促动药

胃肠促动药主要通过阻断多巴胺受体和5-HT受体兴奋肌间神经丛神经末梢，刺激乙酰胆碱的释放从而增强胃及十二指肠的运动。

1. 甲氧氯普胺

【别名】氯普胺

【作用与应用】本品为第一代胃肠促动药，用于各种病因所致的恶心、呕吐、嗳气、消化不良、胃部胀满、胃酸过多，有利于溃疡愈合；因脑部肿瘤手术、肿瘤的放疗及化疗、脑外伤后遗症、急性颅脑损伤以及药物所引起的呕吐；糖尿病性胃排空功能障碍；海空作业引起的呕吐及晕车；乳量不足的产妇；胆道疾病和慢性胰腺炎的辅助治疗。

【不良反应】较常见的不良反应为昏睡、烦躁不安、倦怠无力；少见的反应有乳腺肿痛、恶心、便秘、皮疹、腹泻、睡眠障碍、眩晕、严重口渴、头痛、容易激动；用药期间出现乳汁增多，由于催乳素的刺激所致；注射给药可引起直立性低血压；大剂量长期应用可能因阻断多巴胺受体，使胆碱受体相对亢进而导致锥体外系反应（特别是年轻人），可出现肌震颤、发音困难、共济失调等，可用苯海索等抗胆碱药治疗。

【用药指导】醛固酮与血清催乳素浓度可因甲氧氯普胺的使用而升高；与乙醇或中枢抑制剂等同时并用，镇静作用均增强；抗胆碱药如溴丙胺太林、山莨菪碱、颠茄片等会减弱本品的作用，不宜同服。

2. 多潘立酮

【别名】哌双咪酮

【作用与应用】本品为第二代胃肠促动药，直接作用于胃肠壁，可增加食管下部括约肌张力，防止胃食管反流，增强胃蠕动，促进胃排空，协调胃与十二指肠运动，抑制恶心、呕吐，并能有效地防止胆汁反流，不影响胃液分泌。用于胃排空缓慢、慢性胃炎、胃食管反流等引起的消化不良症，如腹胀、嗳气、恶心、呕吐等；对偏头痛、放射治疗、非甾体抗炎药等引起的恶心、呕吐均有效；也可用于老年因各种器质性或功能性胃肠道障碍引起的恶心、呕吐。尤其对放疗或左旋多巴类药引起的恶心、呕吐疗效显著。

【不良反应】长期大量使用可引起惊厥、肌肉震颤、平衡失调、眩晕等症状；有时血清催乳素水平会升高，出现溢乳、男子乳房女性化等，但停药后即可恢复正常。

【用药指导】抗胆碱药会减弱本品的作用，不宜同服。建议儿童使用多潘立酮混悬剂。栓剂最好在直肠排空时插入。

【商品信息】多潘立酮现已成为国内临床最主要的胃肠促动药。

3. 其他胃肠促动药

（1）西沙必利：本品为一种新型胃肠促动药。用于由神经损伤、神经性食欲缺乏、迷走神经切断术或部分胃切除引起的胃轻瘫，也可用于慢性便秘及与运动功能失调有关的推进性蠕动不足和胃肠内容物滞留等。2000年美国等国家在使用西沙必利时发生严重心血管不良反应和死亡病例，部分国家对其采取了限制或暂停销售的措施。如必须使用西沙必利，应严格遵循其适应证、禁忌以及注意事项，必要时密切监测有关指标，及时采取措施，避免严重不良事件的发生。

（2）莫沙必利：本品为新型的第三代胃肠促动药，是强效选择性$5-HT_4$受体激动药，通过兴奋肌间神经丛的$5-HT_4$受体，刺激乙酰胆碱释放，从而增强胃肠运动，但不影响胃酸分泌。为新型安全有效的胃肠促动药。莫沙必利已逐渐取代了西沙必利的市场，主要用于功能性消化不良伴有胃灼热、嗳气、恶心、呕吐、早饱、上腹胀等消化道症状；也可用于胃食管反流性疾病、糖尿病性轻瘫及部分胃切除患者的功能障碍。不良反应为腹泻、腹痛、口干、皮疹及倦怠、头晕等。

第七节　助消化药

助消化药是促进胃肠道消化过程的药物，大多数助消化药本身就是消化液的主要成分。在消化液分泌功能不足时，用它们能起到替代疗法的作用。另外，有些药物能促进消化液的分泌，或制止肠道过度发酵，也用作消化不良的辅助治疗。

1. 胃蛋白酶

【别名】胃液素、胃酶、蛋白酵素

【作用与应用】本品是一种消化性蛋白酶，由胃部中的胃黏膜主细胞所分泌。能在胃酸参与下使蛋白质分解成蛋白胨和少量多肽，但不能进一步使之分解成氨基酸。用于胃蛋白酶缺乏或消化功能减退引起的消化不良症。

【不良反应】治疗剂量无明显不良反应。偶见过敏反应。

【用药指导】本品与硫糖铝的药理作用相拮抗，二者不宜合用；不宜与抗酸药同服，因在碱性环境中活性降低。

2. 胰酶

【别名】胰液素、胰酵素、胰消化素

【作用与应用】本品是胰蛋白酶、胰淀粉酶、胰脂肪酶的混合物。在中性或弱碱性条件下活性较强，胰蛋白酶能使蛋白质转化为蛋白胨，胰淀粉酶能使淀粉转化为糖，胰脂肪酶则能使脂肪分解为甘油及脂肪酸，从而促进消化、增进食欲。用于消化不良、食欲减退，肝、胰腺疾病引起的消化障碍。

【不良反应】可引起口和肛门周围疼痛，特别是幼儿易发生；偶见过敏反应，可有打喷嚏、流泪、皮疹、鼻炎和支气管哮喘等反应。

【用药指导】本品在酸性条件下易被破坏，所以不宜与酸性药物同服；胰酶一般都制成肠溶片，肠溶片外衣在胃酸中不溶解，可引起保护作用，服用时只能吞服，一旦嚼碎则会失去保护作用。但如果肠中肠液偏酸性的话，也会影响其作用，因此常与碳酸氢钠同服，使肠液为中性或偏碱性，这时效果最佳。

3. 多酶片

【别名】复合消化酶

【作用与应用】本品为复方制剂，由胃蛋白酶和胰酶组成。二者合用，可促进消化，增进食欲。用于胰腺疾病引起的消化障碍和胃蛋白酶缺乏或消化功能减退引起的消化不良症。

【不良反应】胃肠道反应；偶见皮疹和打喷嚏等过敏反应。

【用药指导】本品酸性条件下易被破坏，故服用时切勿嚼碎。

【商品信息】多酶片作为助消化药乙类非处方药，因疗效确切、不良反应轻微、价格低廉，广泛应用于临床。用于消化不良、食欲缺乏。

第八节　泻药与止泻药

一、泻药

泻药是能增加肠内水分、促进蠕动、软化粪便或润滑肠道促进排便的药物。按其作用机制分为容积性、刺激性和润滑性泻药三类。

容积性泻药为非吸收的盐类和食物性纤维素等物质，包括硫酸镁、硫酸钠等。

刺激性（接触性）泻药通过刺激肠壁使肠蠕动加强而促进排便，包括比沙可啶、乳果糖、酚酞、蓖麻油等。

润滑性泻药能润滑肠壁、软化大便、使粪便易于排出，包括甘油、山梨醇、液体石蜡等。

1. 硫酸镁

【别名】硫苦、泻盐

【作用与应用】本品因给药途径不同呈现不同的药理作用。① 口服不易被肠道吸收，停留于肠腔内，使肠内容物的渗透压升高，使肠腔内保有大量水分，容积增大，刺激肠壁增加肠蠕动而致泻。② 本品为导泻剂，主要用于清除肠道内毒物，服用驱肠虫药后的导泻及治疗便秘。③ 注射给药可抑制中枢神经系统，阻断外周神经肌肉接头而产生镇静、镇痉、松弛骨骼肌作用，也可降低颅内压。④ 对心血管系统的作用，过量的镁离子可直接舒张四周血管平滑肌，使血管扩张，血压下降。⑤ 临床用于便秘、肠内异常发酵，亦可与驱虫剂并用；与活性炭合用，可治疗食物或药物中毒；用于阻塞性黄疸及慢性胆囊炎，惊厥、子痫、尿毒症、破伤风、高血压脑病及急性肾性高血压危象等，也用于发作频繁而其他治疗效果不好的心绞痛患者，对伴有高血压的患者效果较好。⑥ 外用热敷，消炎去肿。

【不良反应】导泻时如浓度过高，可引起脱水；静脉注射硫酸镁常引起潮红、出汗、口干等症状，注射速度过快或用量过大，可引起呼吸抑制、血压下降、心跳停止，应立即停药，进行人工呼吸，并缓慢注射钙剂缓解。

【用药指导】本品作用广泛，给药途径不同药理作用完全不同，应用时需特别注意。孕妇、经期妇女、无尿者、急腹症及肠道出血者禁用；肾功能不全、低血压者慎用。

2. 其他泻药

（1）甘油：别名丙三醇，本品能润滑并刺激肠壁，软化大便，使易于排出。便秘时可用本品栓剂或50%溶液灌肠，用于孕妇及月经期妇女、小儿、年老体弱者便秘的治疗。由于本品可提高血浆渗透压，可作为脱水剂，用于降低眼压和颅内压。外用有吸湿作用，并使局部组织软化，用于冬季皮肤干燥皱裂等。

（2）开塞露：本品能润滑并刺激肠壁，软化大便，使易于排出。用于小儿及年老体弱者便秘的治疗。

（3）酚酞：又名果导，本品为刺激性缓泻药。口服后在肠内遇胆汁及碱性液形成可溶性盐，刺激结肠黏膜，促进肠蠕动，并阻止肠液被肠壁吸收而起缓泻作用。适用于习惯性顽固便秘。婴儿禁用，幼儿及孕妇慎用。因为它的持久作用可严重耗竭水和电解质，老年人应忌用。

二、止泻药

腹泻是疾病的症状，治疗时应采取对因疗法。例如肠道细菌感染引起的腹泻，应当首先用抗菌药物。但剧烈而持久的腹泻，可引起脱水和电解质紊乱，可在对因治疗的同时，适当给予止泻药。

止泻药是指可以通过减少肠道蠕动或保护肠道免受刺激而达到止泻目的的药物。可分为：①阿片及其衍生物，如复方樟脑酊、地芬诺酯、洛哌丁胺（易蒙停）等；②吸附剂，如药用炭；③收敛剂，如鞣酸蛋白；④保护剂，如碱式碳酸铋等。

1. 地芬诺酯

【别名】氰苯哌酯、苯乙哌啶

【作用与应用】地芬诺酯是哌替啶的衍生物，对肠道作用类似吗啡，可直接作用于肠平滑肌，通过抑制肠黏膜感受器，消除局部黏膜的蠕动反射而减弱肠蠕动，同时增加肠的节段性收缩，使肠内容物通过延迟，有利于肠内水分的吸收。复方地芬诺酯由地芬诺酯和阿托品组成。地芬诺酯配以抗胆碱药阿托品，协同加强对肠管蠕动的抑制作用。适用于急、慢性功能性腹泻及慢性肠炎等。

【不良反应】偶见口干、腹部不适、恶心、呕吐、嗜睡、烦躁、失眠等不良反应，减量或停药后消失；本品长期应用时可产生依赖性（常量与阿托品合用于短期治疗，产生依赖性的可能性较小），大剂量（40~60mg）可产生欣快感，过量可导致昏迷和呼吸抑制。故地芬诺酯按麻醉药品管理。

【用药指导】地芬诺酯本身具有中枢神经系统抑制作用，因其可加强中枢抑制剂的作用，故不宜与巴比妥类、阿片类、水合氯醛、乙醇、格鲁米特或其他中枢抑制剂合用；本品长期应用时可产生依赖性，但显然较阿片为弱，肝病患者及正在服用成瘾性药物患者宜慎用。

2. 咯哌丁胺

【别名】苯丁哌胺

【作用与应用】本品的化学结构类似于哌替啶，能明显抑制肠蠕动而止泻，但无吗啡样中枢抑制作用，亦不影响肠腔内溶质和水的转运，止泻作用快而持久。能有效而安全地控制急、慢性腹泻，可减少回肠造口者的流出量并增加其硬度。适用于急性腹泻以及各种病因引起的慢性腹泻。尤其适用于临床上应用其他止泻药效果不显著的慢性功能性腹泻。

【不良反应】本品偶有恶心、腹痛、头晕和口干，偶见皮疹、荨麻疹。

【用药指导】因抗生素导致假膜性大肠炎者不宜用；细菌性腹泻及溃疡性结肠炎、重病肝损害者慎用。本品适用于成人和5岁以上儿童。孕妇、哺乳期妇女、幼儿及小儿慎用。

3. 蒙脱石

【别名】双八面体蒙脱石

【作用与应用】本品为天然蒙脱石微粒粉剂，具有层纹状结构和非均匀性电荷分布，对消化道内的病毒、病菌及其产生的毒素、气体等有极强的固定、抑制作用，使其失去致病作用；此外，对消化道黏膜还具有很强的覆盖保护能力，修复、提高黏膜屏障对攻击因子的防御功能，具有平衡正常菌群和局部止痛作用。主要用于急、慢性腹泻，尤以对儿童急性腹泻疗效为佳，但在必要时应同时治疗脱水。也用于食管炎及与胃、十二指肠、结肠疾病有关的疼痛的对症治疗。

【不良反应】少数患者如出现轻微便秘，可减少剂量继续服用。本品可能影响其他药物的吸收，必须合用时应在服用本品之前1小时服用其他药物。

【用药指导】蒙脱石制剂进入人体消化道后不被人体吸收，不进入血液循环，不影响胃肠蠕动和食物消化吸收，能较大限度地降低腹泻对患者身体的损害。本品止泻效果好且副作用小，在儿童腹泻治疗领域的应用尤为广泛。

4. 其他止泻药

（1）药用炭：本品为吸附类止泻药，因颗粒小、分子间空隙多、表面积大而具备强大的吸附能力，能吸附肠内大量的化学物质及气体，服后可减轻肠内容物对肠壁的刺激，使蠕动减少，从而起到止泻作用。用于腹泻、胃肠气胀、食物中毒等。

（2）复方樟脑酊：主要成分为樟脑、阿片酊、苯甲酸、八角茴香油。本品为阿片类止泻药，能增强肠平滑肌张力，降低胃肠推进性蠕动，使粪便干燥而止泻。主要用于腹泻、腹痛等，多用于非细菌性的严重腹泻。可见便秘、呕吐、眩晕等不良反应。大剂量可出现类似吗啡样中毒症状，长期使用有耐受与成瘾的危险。不适用于腹泻早期或腹胀者；儿童慎用。

1. 呋塞米容易导致水和电解质紊乱，故对一般水肿不宜常规使用。静脉给药可治疗肺水肿、脑水肿及急性肾衰竭，也可以加速毒物的排泄。

2. 脱水药包括甘露醇、山梨醇、高渗葡萄糖、尿素等，其中甘露醇最为常用。本类药物主要用于脑水肿、青光眼及急性肾衰竭。

3. 氢氧化铝主要用于胃酸过多、胃及十二指肠溃疡、反流性食管炎及上消化道出血等。

4. 雷尼替丁主要用于胃及十二指肠溃疡、术后溃疡、反流性食管炎及胃泌素瘤等。

5. 硫酸镁口服起导泻作用，静脉注射则用于抗惊厥。

6. 儿童及老人宜使用润滑性泻药。

7. 阿片类止泻药长期使用可出现成瘾性。

病例分析题

医生给某患者开出治疗胃和十二指肠溃疡的处方为：

雷尼替丁片　　150mg×30片

用法：每次150mg　每日2次，口服

硫糖铝片　　0.5g×100片

用法：每次1.0g，每日3次，口服

试问：1. 该处方是否合理？

　　　2. 解释两药合用的优点。

（杨艳娟）

第十九章
激素及影响内分泌药

学习目标

- 熟练掌握激素类药及内分泌药的合理应用。
- 掌握糖皮质激素类药物共同药理作用，不良反应及注意事项。
- 熟悉口服降血糖药的分类、代表药物的药理作用和不良反应。
- 了解丙硫氧嘧啶、甲巯咪唑的作用、用途和用药注意。
- 具备良好的主动服务意识、善于与患者沟通的服务技巧。

情境导入

情境描述：

欧洲有一句谚语："给躺在床上爬不起来的风湿病人用激素，他就可以爬起来走路，但却是在走向坟墓。"

学前导语：

激素类药物在临床上应用非常广泛，特别是在危重病的治疗中发挥着不可替代的作用，但激素类药物引发的不良反应也非常多而严重，甚至引起比原有疾病更为严重的后果。在临床应用中必须有明确的用药指征，不可自行盲目使用。

第一节 糖皮质激素类药

糖皮质激素（GCS）是由肾上腺皮质中束状带分泌的一类甾体激素，人体分泌的生理剂量糖皮质激素具有调节糖、脂肪、蛋白质的生物合成和代谢的作用，而超生理剂量即药理剂量的糖皮质激素则具有抑制免疫应答、抗炎、抗毒、抗休克等作用，临床应用非常广泛。

一、糖皮质激素的药理作用

1. **抗炎作用** 抗炎作用非常强大。特点：①对各种原因引起的炎症都有明显的抑制作用。②对炎症各阶段均有作用，在炎症早期，能缓解红、肿、热、痛等局部症状和全身症状；在炎症后期或对慢性炎症，能抑制成纤维细胞增生和肉芽组织生成，减轻瘢痕形成和组织粘连，以减少后遗症。③抗炎不抗菌，治疗细菌性感染时必须配合足量有效的抗菌药物使用。

2. **抗内毒素作用** 能提高机体对细菌内毒素的耐受力，产生强大的抗细菌内毒素作用。还可减少内源性热源物质的释放，有良好的退热作用和对中毒症状的极大改善作用。但不能直接中和内毒素，对外毒素无效。

3. **抗免疫作用** 糖皮质激素对免疫过程的多种环节都有抑制作用，可对抗各型变态反应，缓解过敏性疾病的症状。小剂量抑制细胞免疫，大剂量抑制体液免疫。

4. **抗休克作用** 是抗炎、抗内毒素、抗免疫的综合结果。可通过降低血管对某些缩血管活性物质（AD、NA、加压素、血管紧张素）的敏感性，解除小血管痉挛，改善微循环；能稳定溶酶体膜，减少水解酶的释放，从而减轻组织细胞的损害；减少心肌抑制因子（MDF）的形成，加强心肌收缩力，使心排血量增加。通过以上作用能有效治疗休克症状。

5. **影响血液和造血系统** 能增强骨髓造血功能，使红细胞、血红蛋白、血小板、中性粒细胞、纤维蛋白原增加，缩短凝血时间；使嗜酸性粒细胞、淋巴细胞减少。

6. **影响中枢神经系统** 能兴奋中枢，可致欣快、失眠、激动等反应，偶可诱发癫痫、精神病。

7. **影响消化系统** 促进消化酶分泌，可诱发、加重溃疡病。

8. **影响代谢** 能促进血糖升高，蛋白质、脂类物质的分解等。

二、糖皮质激素的应用

1. 肾上腺皮质功能不全（替代疗法） 适用于脑垂体前叶功能减退症、肾上腺皮质功能减退症（艾迪生病）、肾上腺次全切除术后等。

2. 严重感染 可用于细菌感染，如中毒性肺炎、中毒性菌痢、暴发性流脑等的辅助治疗。但须合用足量、有效的抗菌药物。用于严重的病毒感染，如乙型脑炎等；亦可用于治疗重要器官或特殊部位的炎症，如结核性脑膜炎、心包炎、风湿性心瓣膜炎、损伤性关节炎及烧伤后瘢痕挛缩等。

3. 休克 对感染性休克首选，在有效足量的抗生素治疗下及早大量突击使用糖皮质激素，产生效果后立即停药。

4. 自身免疫性疾病、过敏性疾病和器官移植排斥反应。

三、糖皮质激素的不良反应

1. 长期大量用药引起的不良反应 肾上腺皮质功能亢进症（皮质醇增多症），诱发或加重多种疾病（如感染、溃疡、心血管疾病、糖尿病、白内障、癫痫等）。

2. 停药反应 药源性肾上腺皮质功能减退症。长期用药需逐渐减量停药，停药前加用促肾上腺皮质激素或采取隔日给药，突然停药或减量太快有使原有症状加重的倾向，即出现反跳现象。

四、临床常用代表药

1. 常用全身作用的糖皮质激素 注射用糖皮质激素主要用于抢救危急重症，如过敏性休克、感染性休克、系统性红斑狼疮伴脑损害或严重肾脏损害，以求迅速控制病情。也用于常规糖皮质激素治疗效果不佳的皮肤病，如系统性红斑狼疮、皮肌炎、结节性多动脉炎、寻常型天疱疮、大疱性类天疱疮、顽固性坏疽性脓皮病、角层下脓疱病、重症多形红斑、中毒性表皮松解症等。作用于全身的临床常用糖皮质激素药见表19-1。

2. 常用吸入型糖皮质激素 吸入型糖皮质激素是目前控制气道炎症最有效的药物，可供选择的药物有丙酸倍氯米松（BDP）、布地奈德（BUD）和氟替卡松（FP），以定量气雾剂、干粉剂或溶液吸入。临床常用吸入型糖皮质激素药见表19-2。

表 19-1　全身作用的糖皮质激素临床常用代表药

代表药	别名	作用与应用	不良反应	用药指导
氢化可的松	皮质醇	本品用于抢救危重患者如中毒性感染（结核性脑膜炎、胸膜炎、肌腱劳损）、过敏性休克、严重的肾上腺皮质功能减退症、结缔组织病、严重的支气管哮喘等过敏性疾病，并可用于预防和治疗移植物急性排斥反应	①静脉迅速给予大剂量可能发生全身性的过敏反应，包括面部、鼻黏膜、眼睑肿胀，荨麻疹，气短，胸闷，喘鸣；②肾上腺皮质功能亢进，如皮质醇增多症、水和电解质紊乱等；③肾上腺皮质功能减退症，诱发或加重感染等	①儿童或少年患者长期使用本品，必须密切观察，患儿发生骨质疏松症、股骨头缺血性坏死、青光眼、白内障的危险性增加；②老年患者用糖皮质激素易引发高血压，老年患者尤其是更年期后的女性应用本品易发生骨质疏松
地塞米松	氟美松	抑制或防止过敏反应及自身免疫性疾病。主要作为危重疾病的急救用药和各类炎症的治疗	大剂量易引起糖尿病、消化道溃疡和类皮质醇增多症症状，对下丘脑-腺垂体-肾上腺轴抑制作用较强	结核病、细菌性或病毒性感染、糖尿病、骨质疏松症、肝硬化、肾功能不良、甲状腺功能减退患者慎用
甲泼尼龙	甲强松	主要用于器官移植以防排斥反应；亦作为危重疾病的急救用药，如脑水肿、休克、严重的过敏反应、结缔组织疾病等	大剂量可能发生全身性过敏反应，包括面部、鼻黏膜、眼睑肿胀、荨麻疹等，亦可引起皮质醇增多症	严格掌握用药指征，长期用药须密切关注各种不良反应

表 19-2　吸入型糖皮质激素临床常用代表药

代表药	别名	作用与应用	不良反应	用药指导
布地奈德气雾剂	丁地去炎松	用于治疗小儿毛细支气管炎和喉炎、糖皮质激素依赖性或非依赖性的支气管哮喘和哮喘性慢性支气管炎	可能发生轻度喉部刺激、咳嗽、声嘶；口咽部念珠菌感染；速发或迟发的变态反应	①正确使用吸入装置，确保剂量准确；②吸入后及时漱口；③不用于哮喘初始的治疗

代表药	别名	作用与应用	不良反应	用药指导
曲安奈德鼻喷雾剂	丙酮去炎松	预防和治疗成人及6岁以上儿童常年性及季节性过敏性鼻炎，有效缓解鼻痒、鼻塞、流鼻涕、打喷嚏等过敏症状	①皮疹、接触性皮炎、荨麻疹、血管神经性水肿和支气管痉挛；②精神症状，如紧张、不安、抑郁和行为障碍	结核病、真菌感染、全身性或病毒性感染、眼部单纯疱疹病毒感染、鼻部手术或创伤后慎用本品
丙酸氟替卡松	沙美特罗	预防和治疗季节性过敏性鼻炎（包括花粉症）和常年性过敏性鼻炎	常见现象为鼻衄；用药后有令人不愉快的味道和气味，头痛并可引起鼻、喉部干燥、刺激等	应在接触过敏原之前使用本品

3. 常用皮肤外用糖皮质激素　主要用于治疗增生性、炎症性和与免疫相关的皮肤病，还能缓解瘙痒和烧灼症状，一般不用于感染性疾病。弱效激素可用于面部、腹股沟、腋窝、生殖器和肛周；强效或超强效糖皮质激素常用于掌跖部苔藓样和肥厚性皮损；超强制剂应采用短程疗法（2~3周），或用间断疗法。掌跖部位的损害常用封包来促进药物渗透较厚的角质层。用于皮肤的糖皮质激素代表药见表19-3。

表19-3　皮肤外用糖皮质激素临床常用代表药

代表药	别名	作用与应用	不良反应	用药指导
丙酸氯倍他索	氯培他索	超强的抗炎、抗瘙痒和收缩毛细血管作用，适用于慢性湿疹、银屑病、扁平苔藓、盘状红斑狼疮、神经性皮炎、掌跖脓疱病等	用药部位产生红斑、灼热、瘙痒等刺激症状，毛囊炎，皮肤变薄，毛细血管扩张	不用于面部、腋下、腹股沟等皮肤细嫩部位；不宜大面积及在炎症或感染部位使用

代表药	别名	作用与应用	不良反应	用药指导
丙酸倍氯米松	氯地米松	中等强度的抗炎作用，主要用于过敏性与炎症性皮肤病，如湿疹、过敏性皮炎、接触性皮炎、神经性皮炎、扁平苔藓、盘状红斑狼疮、掌跖脓疱病、银屑病等	①易引起红斑、灼热、丘疹、痂皮等；②长期用药可出现皮肤萎缩、毛细血管扩张、多毛、毛囊炎等	本品不宜长期大面积应用，亦不宜采用封包治疗，大面积使用不能超过2周。其他同上
醋酸地塞米松	氟美松	中效抗炎、抗过敏作用，主要用于过敏性和自身免疫性炎症性疾病，如局限性瘙痒症、神经性皮炎、接触性皮炎、脂溢性皮炎、慢性湿疹等	长期大量使用可继发细菌、真菌感染、酒渣样皮炎、皮肤萎缩，并可有瘙痒、色素沉着、颜面红斑等	①并发细菌及病毒感染时，应与抗菌药物合用；②不能长期大面积应用
醋酸氢化可的松	可的索	弱效抗炎、抗过敏作用。主要用于过敏性、非感染性皮肤病和一些增生性皮肤疾患，如皮炎、湿疹、神经性皮炎、脂溢性皮炎及瘙痒症等	长期使用可引起局部皮肤萎缩、毛细血管扩张、色素沉着、毛囊炎以及继发感染	①不宜长期使用，并避免全身大面积使用；②涂布部位如有灼烧感、瘙痒、红肿等，应停止用药，洗净

课堂问答

"三素一汤"是目前不少医生潜在的用药"法宝"，指抗生素、激素、维生素联合，加入葡萄糖注射液或生理盐水混合静脉给药方法的简称。"三素一汤"已经成为不少医院治病的"常方"，利用所学知识分析一下这种给药方式中盲目使用激素的后果是什么。

第二节 胰岛素及其他降血糖药

糖尿病是由于机体胰岛素分泌绝对或相对缺乏（包括β细胞衰变和胰岛素抵抗）或胰岛素的生物效应降低（胰岛素抵抗、胰岛素受体敏感性降低、机体葡萄糖清除能力下降），引起糖、脂肪、蛋白质代谢紊乱的代谢性内分泌疾病。糖尿病的典型症状是"三多一少"，即多饮、多食、多尿、消瘦。临床表现为糖耐量降低、血糖过高、糖尿等。糖尿病的危害主要为并发一系列心脏、肾脏、眼底等微血管病变和神经病变，诱发感染、结核及动脉粥样硬化等多种并发症。

糖尿病病因复杂多样，常见于心血管疾病、免疫功能紊乱、遗传、环境等因素的改变。有典型糖尿病症状（多尿、多饮和不能解释的体重下降）者，任意血糖≥11.1mmol/L或空腹血糖（FPG）≥7.0mmol/L，可诊断为糖尿病。

常见治疗药物如下。

一、胰岛素

是一种蛋白质激素，由胰脏内的胰岛β细胞分泌。胰岛素参与调节糖代谢，控制血糖平衡，可用于治疗糖尿病。最早胰岛素是从动物身上提取得到的，现普遍采用基因重组技术获得人胰岛素，并改造得到了一系列优质胰岛素制剂，常用的有正规胰岛素（短效）、低精蛋白锌胰岛素（中效）、精蛋白锌胰岛素（长效）及混合胰岛素、速效胰岛素、高纯度的单组分胰岛素等。

> **知识链接**
>
> ### 胰岛素的发现
>
> 1920年，一名29岁加拿大年轻外科医生班廷研究发现了狗的胰腺组织中含有调节血糖的活性物质，并将其命名为胰岛素，在多伦多大学教授麦克劳德的帮助下成功分离纯化，并成功用于临床，从而终结了人类不能控制糖尿病的历史。两人一起获得了1923年诺贝尔生理学或医学奖，32岁的班廷成为了至今为止诺贝尔奖历史上最年轻的获得者。
>
> 1965年9月17日，中国科学家首次人工合成了具有全部生物活性的结晶牛

胰岛素，开创了人工合成胰岛素的历史，震惊世界，但由于种种原因，我们的科学家与诺贝尔奖失之交臂。

【作用与应用】胰岛素能加速葡萄糖的利用和抑制葡萄糖的生成，促进脂肪和蛋白质的合成并能抑制其分解。临床上常用于1型糖尿病患者的终身治疗、用于饮食控制和口服降血糖药无效的2型糖尿病、其他重症及急性糖尿病发病者、合并严重并发症的糖尿病患者等。

【不良反应】低血糖反应是最常见的不良反应；过敏反应，异源蛋白和制剂不纯引起；局部肌肉萎缩，长期注射同一部位引起；胰岛素抵抗，长期用药引起机体产生耐受性所致。

【用药指导】胰岛素口服无效，必须注射使用。开始胰岛素治疗后应同时进行饮食控制和适量运动，所有开始胰岛素治疗的患者都应该接受低血糖危险因素、症状和自救措施的教育。

二、促胰岛素分泌药

1. 磺酰脲类

格列齐特

【别名】甲磺双环脲

【作用与应用】能选择性地作用于胰岛β细胞，促进胰岛素分泌，并提高进食葡萄糖后的胰岛素释放，使肝糖生成和输出受到抑制。还能降低血小板的聚集和黏附力，有助于防治糖尿病微血管病变。适用于胰岛功能尚存的2型糖尿病及胰岛素抵抗者。

【不良反应】消化道症状，如轻度恶心、呕吐，上腹痛、便秘、腹泻；肝损害及持久性低血糖多见于氯磺丙脲；WBC、PLT减少及溶血性贫血；用药期间注意监测肝功能和血象。

【用药指导】2型糖尿病患者在发生感染、外伤、手术等应激情况及酮症酸中毒和非酮症高渗性糖尿病昏迷时，应改用胰岛素治疗；不适用于1型糖尿病患者；与抗凝血药合用时，应定期做凝血检查；本品剂量过大，进食过少或剧烈运动时，应注意防止低血糖反应。

2. 餐时血糖调节剂

瑞格列奈

【作用与应用】作用机制与磺酰脲类药物相同，是临床上第一个餐时血糖调节剂，餐后0.92小时胰岛素达峰值。该药的最大优点是能促进糖尿病患者恢复胰岛素生理性分泌曲线。临床上常用于饮食控制、降低体重及运动锻炼不能有效控制的2型糖尿病（非胰岛素依赖型）患者。

【不良反应】低血糖；视觉异常；胃肠道反应，如腹痛、腹泻、恶心、呕吐和便秘；氨基转移酶指标升高，多数病例为轻度和暂时性；过敏反应，如皮肤瘙痒、发红、荨麻疹。

【用药指导】应避免将瑞格列奈与吉非贝齐合用；肝功能损伤患者应慎用本品。本品可能出现由低血糖引起的注意力不集中和意识降低。这可能导致在某些情况下（如驾驶或操作机械时）发生危险。应告诉患者在驾驶时注意避免低血糖的发生。

三、胰岛素增敏剂

1. 噻唑烷酮类

罗格列酮

【作用与应用】可改善胰岛素抵抗、降低高胰岛素血症和高血糖；改善脂肪代谢紊乱；防治2型糖尿病血管并发症；改善胰岛β细胞功能。主要用于产生胰岛素抵抗者和2型糖尿病。

【不良反应】较安全，低血糖发生率低；嗜睡、肌肉骨骼疼痛、头痛、消化道症状等；本类药物中的曲格列酮有肝毒性。

【用药指导】不宜用于1型糖尿病或糖尿病酮症酸中毒患者。本类药物与胰岛素或其他口服降血糖药合用时，患者有发生低血糖的危险，必要时可减少合用药物的剂量。

2. 双胍类

二甲双胍

【别名】迪化唐锭

【作用与应用】本类药物具有多种药理作用，包括延缓葡萄糖由胃肠道的摄取，通过提高胰岛素的敏感性而增加外周葡萄糖的利用，以及抑制肝、肾过度的糖原异生。适用于单纯饮食控制不佳的轻、中度2型糖尿病，尤其胰岛素耐受的肥胖者，本类药物不但有降血糖作用，还可能有减轻体重的作用。对某些磺酰脲类无效的病例有效。

【不良反应】罕见乳酸性酸中毒，苯乙双胍发生率高；消化道刺激包括腹泻、恶心、呕吐、胃胀、乏力、消化不良、腹部不适等。

【用药指导】口服本品期间，应定期检查肾功能，以减少乳酸酸中毒的发生，某些乳酸酸中毒患者合并有肝功能损害，有肝脏疾病者应避免使用本品；在发热、昏迷、感染和外科手术等应激状态下，服用口服降血糖药患者易发生血糖暂时控制不良，此时必须暂停使用。

四、肠道葡萄糖吸收抑制剂

阿卡波糖

【别名】拜糖平

【作用与应用】本类药物降低小肠中α-葡糖苷酶的活性从而减慢淀粉分解为葡萄糖的速度和吸收速度，同时不会促进胰岛素分泌，可降低患者餐后血糖。临床上常用于：轻度2型糖尿病患者在饮食治疗基础上加用；采用磺酰脲类治疗，餐后血糖控制不理想的2型糖尿病患者；胰岛素治疗而血糖波动大的1型糖尿病患者。

【不良反应】胃肠道反应，腹胀、腹痛、腹泻、胃肠痉挛性疼痛、顽固性便秘等。其他尚有肠鸣、恶心、呕吐、食欲减退等。

【用药指导】不能作为1型糖尿病患者的主要治疗药；使用α-葡糖苷酶抑制剂前应常规检测肝肾功能，对有肝肾功能损害者不宜使用；合用其他降血糖药时应注意观察低血糖的发生；α-葡糖苷酶抑制剂与其他口服降血糖药或胰岛素联合应用时，如发生低血糖，应静脉注射或口服葡萄糖治疗，服用蔗糖或一般甜食无效；应与第一口饭同服。

五、其他新型降血糖药

1. 以胰高血糖素样肽-1为作用靶点的药物——依克那肽

该药于2006年上市，为长效GLP-1受体激动剂，能在不引起低血糖和增加体重风险的基础上治疗2型糖尿病。适应证：采用二甲双胍、磺酰脲类或两种药物联合治疗达不到目标血糖水平的患者。主要为注射用药，通常在早餐和晚餐前给药。

2. 胰淀粉样多肽类似物——醋酸普兰林肽

该药为继胰岛素后第二个获准用于治疗1型糖尿病的药物，是胰淀粉样多肽的一种合成类似物，与内源性胰淀粉样多肽有相同的生物学功能。

【作用与应用】延缓葡萄糖的吸收，抑制胰高血糖素的分泌，减少肝糖原的生成和释放，具有降低糖尿病患者体内血糖波动频率和波动幅度，改善总体血糖控制的作用。临床常用于1型和2型糖尿病患者胰岛素治疗的辅助治疗，但不能代替胰岛素。不可用于胰岛素治疗依从性差、自我监测血糖依从性差的患者。

【不良反应】静脉用药可致心动过速等心血管系统反应；诱发咳嗽或咽炎等呼吸系统反应；引起头痛、头晕、乏力的神经系统反应；引起恶心、呕吐、食欲不振的消化系统反应。

【用药指导】本品与胰岛素联用可增加胰岛素诱导严重低血糖的风险，尤其是1型糖尿病患者。对本药过敏者、胃轻瘫患者、低血糖性意识丧失者禁用。

第三节　甲状腺激素类及抗甲状腺药

甲状腺激素是维持机体正常代谢、促进生长发育所必需的激素，包括甲状腺素（T_4）和三碘甲腺原氨酸（T_3）。甲状腺激素分泌过少引起甲状腺功能减退症，分泌过多引起甲状腺功能亢进症。

一、甲状腺激素类药

左甲状腺素

【别名】左甲状腺素钠

【作用与应用】维持生长发育。甲状腺激素类药物对中枢神经系统和骨骼作用最明显；常用于治疗甲状腺功能减退症（呆小病，又称克汀病）以及单纯性甲状腺肿。其次还能促进代谢和增加产热，提高心血管对儿茶酚胺的敏感性。

【不良反应】过量可引起甲亢症状、腹泻、呕吐、发热，脉搏快而不规则，甚至有心绞痛、心力衰竭、肌肉震颤或痉挛。

【用药指导】动脉硬化、心功能不全、糖尿病、高血压患者慎用；对病程长、病情重的甲状腺功能减退症或黏液性水肿患者使用本类药应谨慎小心，开始用小剂量，以后缓慢增加直至生理替代剂量；伴有垂体前叶功能减退症或肾上腺皮质功能不全患者应先服用糖皮质激素，待肾上腺皮质功能恢复正常后再用本类药物。

二、抗甲状腺药

甲状腺功能亢进症（简称甲亢）是由多种原因引起的甲状腺功能亢进和/或血循

环中甲状腺激素水平增高所致的一组常见的内分泌病，其病因主要是弥漫性毒性甲状腺肿、多结节性毒性甲状腺肿和自主性高功能性甲状腺腺瘤。临床上以高代谢综合征、甲状腺肿大、突眼症、神经及心血管系统功能紊乱为特征，病理上甲状腺可呈弥漫性、结节性或混合性肿大等表现。

常用的药物有硫脲类、碘和碘化物、放射性碘和β受体拮抗剂等四类。

1. 硫脲类

丙硫氧嘧啶

【别名】丙基硫氧嘧啶

【作用与应用】抑制甲状腺激素的合成，对已合成的甲状腺激素无效；抑制外周组织的 T_4 转化为生物活性较强的 T_3；降低血循环中甲状腺刺激性免疫球蛋白。临床用于甲亢的内科治疗，适用于轻症和不宜手术或放射性碘治疗者；用于甲状腺手术前准备，减少甲亢患者甲状腺手术并发症及甲状腺危象；常用较大剂量丙硫氧嘧啶阻止甲状腺素合成以治疗甲状腺危象。

【不良反应】过敏反应，如皮肤瘙痒、药疹，少数伴有发热；消化道反应，有厌食、呕吐、腹痛、腹泻等；粒细胞缺乏症，应定期检查血象，注意与甲亢本身引起的白细胞数偏低相区别；引起甲状腺肿及甲状腺功能减退。孕妇慎用或不用，哺乳期妇女禁用。

2. 碘及碘化物

复方碘溶液

【别名】卢戈液

【作用与应用】小剂量碘可预防单纯性甲状腺肿；大剂量碘抑制甲状腺激素的释放，还能拮抗 TSH 促进激素释放作用。临床用于甲亢的手术前准备，术前 2 周应用大剂量碘能抑制 TSH 促进腺体增生的作用，使腺体缩小变韧，血管减少，利于手术进行及减少出血；可抑制甲状腺激素的释放，同时配合服用硫脲类药物，用于甲状腺危象的治疗。

【不良反应】一般反应，如咽喉不适、口内金属味、呼吸道刺激等；过敏反应，如发热、皮疹、皮炎、血管神经性水肿，严重者有可能产生喉头水肿；诱发甲状腺功能紊乱，如甲亢、甲状腺功能减退和甲状腺肿。

【用药指导】服用本品影响摄 ^{131}I 的测定和扫描；孕妇、哺乳期妇女、婴幼儿禁用；口腔疾病、肺结核、肾功能不良、气管炎、高血钾者慎用；本品不可直接接触口腔黏膜，应放食物中或用水稀释后冲服。不可常规治疗甲状腺功能亢进症，其久用有逃逸现象。

3. β受体拮抗剂　普萘洛尔等是甲亢及甲状腺危象的辅助治疗药。

【作用与应用】通过阻断β受体而改善甲亢所致的交感神经激活症状；普萘洛尔与氧烯洛尔还能减少T_3生成。适用于不宜用其他抗甲状腺治疗者，并能改善甲状腺危象的症状。

【不良反应】心血管反应，如诱发急性心衰；诱发和加剧支气管哮喘。

【用药指导】禁用于心功能不全、心动过缓、重度房室传导阻滞和支气管哮喘等患者。

② 课堂问答

患者，女性，53岁，近段时间自觉得心慌不适，怕热多汗，易饥饿。双手震颤，眼突明显，容易失眠，经检查，心率120次/min，基础代谢率增加45%，请问该患者的症状是什么？首选何种治疗药物？

🔗 知识链接

甲状腺功能亢进

甲状腺功能亢进是由多种原因引起的甲状腺功能亢进和/或血循环中甲状腺激素水平增高所致的一组常见的内分泌病。甲亢治疗目前主要有3种方法：内科药物治疗、^{131}I放射治疗及外科手术治疗。在老年人中内科药物治疗是最基本的方法，常首选硫脲类药物，大剂量碘剂用于甲状腺危象的抢救及甲状腺手术前的准备。β受体拮抗剂常用于辅助治疗甲亢，缓解甲亢症状。

● ···· 章末小结

1. 注射用糖皮质激素主要用于抢救危急重症。

2. 瑞格列奈临床上常用于饮食控制、降低体重及运动锻炼不能有效控制的2型糖尿病（胰岛素非依赖型）患者。

3. 醋酸普兰林肽临床常用于1型和2型糖尿病患者胰岛素治疗的辅助治疗，但不能代替胰岛素。不可用于胰岛素治疗依从性差、自我监测血糖依从性差的患者。

4. β受体拮抗剂通过阻断β受体减轻甲亢所致的交感神经过度兴奋而产生的心率加快、心肌收缩力增强等症状；普萘洛尔与氧烯洛尔还能减少T_3生成。适用于不宜用其他抗甲状腺治疗者，并能改善甲状腺危象的症状。

· · · · **思考题** ·

病例分析题

　　患者，男，50岁，肥胖。近来出现多饮、多食、多尿、消瘦、尿糖阳性、血糖升高，诊断为2型糖尿病。请为该患者选择最佳口服降血糖药。若经口服降血糖药治疗后尿糖仍持续阳性，血糖仍高，考虑改用何种药物治疗？如何给药？

（杨艳娟）

第二十章
其他药物

学习目标

- 掌握影响免疫功能药的分类及代表药。
- 掌握维生素的分类、作用与应用、不良反应和注意事项。
- 熟悉人体必需微量元素的种类及作用。
- 了解肠内外营养药的类型、代表药与适应证。
- 学会合理搭配使用维生素及其他营养类药物。

情境导入

情境描述：

　　某日，陈姨到药店找销售员小王购买维生素，要求每个品种来一份，小王很疑惑："陈姨，维生素品种很多，作用各不相同，您要这么多维生素干什么呢？"陈姨说："健康专家说年纪大了容易缺乏维生素，我不知道自己缺哪些，索性将所有的维生素都买回去，每天都吃点，有病治病，没病预防嘛！"小王很惊讶："陈姨，维生素可不能乱吃，要通过诊断是否缺乏才能补充，而且要按剂量服用，过量会引起不良反应。"接着，小王拿起几类维生素向陈姨详细地介绍。

学前导语：

　　维生素是人体必需的微量元素，缺乏可引起生理机能的病变，应根据需要通过食物或药物进行适量补充，切不可盲目补充，否则可引起中毒。

第一节 免疫功能调节药

正常的免疫系统参与机体防御反应和免疫监视，在受到抗原的刺激时可产生一系列免疫应答反应。正常的免疫应答对抗感染、抗肿瘤及抗器官移植排斥反应有重要意义。当免疫功能异常时，将出现变态反应、自身免疫性疾病等。影响免疫功能的药物主要有免疫抑制药和免疫增强药两类。

一、免疫抑制药

免疫抑制药主要用于治疗自身免疫性疾病和抑制器官的移植排斥反应。免疫抑制药只可缓解自身免疫性疾病的症状，不能根治。此类药物毒性大，长期使用容易导致严重的不良反应，故应慎用。常用的免疫抑制药有环孢素、糖皮质激素、抗代谢药、烷化剂等。

1. 环孢素

【别名】环孢多肽A

【作用与应用】主要用于肝、肾、心、肺、角膜和骨髓等组织器官的移植，可防排斥反应，明显降低移植后感染发生率。也可用于治疗自身免疫性疾病，如系统性红斑狼疮、牛皮癣、接触性过敏性皮炎等。对血吸虫病，尤其对雌虫作用较明显。

【不良反应】肾毒性为最常见的不良反应，表现为肾小球滤过率降低，血清肌酐和尿素氮水平升高，该反应停药后可恢复。肝损害，多见于用药早期，表现为氨基转移酶升高、黄疸等。其他可见消化系统症状，如厌食、恶心、呕吐等，长期用药还可出现神经毒性。部分患者可诱发肿瘤，引起继发性感染。

【用药指导】用药期间应控制剂量，密切监测肾脏功能，注意定期检查肝功能。

2. 环磷酰胺　环磷酰胺是烷化剂中免疫抑制最常用的药。

【别名】环磷氮芥

【作用与应用】选择性抑制B淋巴细胞，大剂量也能抑制T淋巴细胞，还可降低NK细胞的活性。主要用于器官抑制抗排斥反应、自身免疫性疾病（肉芽肿、类风湿性关节炎、系统性红斑狼疮等）。

【不良反应】主要为白细胞减少、脱发、肝功能损害、出血性膀胱炎，少数出现肺纤维化等。

【用药指导】病情需要者可小剂量、短疗程、间断用药，避免青春期前和青春期用药。

3. 硫唑嘌呤　具有免疫抑制作用的抗代谢剂，主要抑制淋巴细胞而影响免疫，本药与其他药物联用于器官移植患者的抗排斥反应，如肾移植、心脏移植及肝移植。也可单独用于严重的风湿性关节炎、系统性红斑狼疮、皮肌炎等。

二、免疫增强药

免疫增强药可激活一种或多种免疫活性细胞，增强或提高机体免疫功能。主要用于免疫缺陷疾病、慢性感染及恶性肿瘤的治疗。

1. 卡介苗

【别名】结核活菌苗

【作用与应用】免疫佐剂作用，能增强与其合用的各种抗原的免疫原性。预防结核，防治慢性支气管炎，对流感、感冒、支气管炎有一定的疗效，常用于治疗恶性黑色素瘤、白血病、肺癌等。

【不良反应】注射局部可出现红斑、硬结或溃疡，还可出现高热、寒战及全身不适，瘤内注射可出现肉芽肿性肝炎和过敏性休克。

【用药指导】禁用于免疫功能低下或有活动性结核的患者。

2. 左旋咪唑

【作用与应用】用于免疫功能低下者，恢复功能后，可增强机体的抗病能力，用于多种肿瘤的辅助治疗，如肺癌、鳞状上皮癌等，能改善自身免疫性疾病的症状。

【不良反应】有消化道症状、神经系统反应，如头晕、失眠。长期用药患者可出现粒细胞减少，停药可恢复。少数患者可出现肝功能异常。

【用药指导】妊娠早期、肝肾功能不全、肝炎活动期患者禁用；干燥综合征、类风湿性关节炎患者慎用。

3. 干扰素　一组具有多种功能的活性蛋白质（主要是糖蛋白），是一种由单核细胞和淋巴细胞产生的细胞因子。

【作用与应用】抗病毒，调节抗体生成，增加或激活单核巨噬细胞的功能、特异性细胞毒作用和NK细胞的杀伤作用等，小剂量增强免疫（包括细胞与体液免疫），大剂量则有抑制作用。干扰素的抗肿瘤作用在于其既可直接抑制肿瘤细胞的生长，又可通过免疫调节发挥作用。该药对骨肉瘤疗效较好，对黑色素瘤、肾细胞瘤、乳腺癌等有效，对肺癌、胃肠道肿瘤及某些淋巴瘤无效。

【不良反应】大剂量可致血细胞减少，以白细胞和血小板减少为主，但可恢复。偶见变态反应、肝肾功能障碍及注射局部疼痛、红肿等。

【用药指导】过敏体质者、严重肝功能不全者、白细胞及血小板减少患者慎用。

第二节　维生素、矿物质、微量元素及营养药

一、维生素

维生素（vitamin）是一系列有机化合物的统称，是生物体所需要的微量营养成分，一般无法由生物体自身生产，需要通过饮食等途径获得。维生素可分为脂溶性和水溶性两大类，前者包括维生素A、维生素D、维生素E、维生素K等；后者有B族维生素和维生素C。维生素对机体的新陈代谢发挥了重要的调节作用，缺乏维生素会导致严重的健康问题。适量摄取维生素可以保持身体强壮健康，而过量摄取维生素会出现不良反应甚至中毒。服用维生素必须要有明确疾病指征，且正确合理选择，切不可当保健食品长期服用。

🔗 **知识链接** ··

维生素的发展历史

公元前3500年，古埃及人发现能防治夜盲症的物质，也就是后来的维生素A。

公元1600年，医生鼓励以多吃动物肝脏来治疗夜盲症。

公元1747年，英国海军军医林德发现柠檬能治坏血病，也就是后来的维生素C。

公元1912年，波兰化学家卡西米尔·冯克从米糠中取出一种能够治疗脚气病的白色物质（硫胺），他称之为vitamin，这是第一次对维生素命名。

（一）脂溶性维生素

1. 维生素A　维生素A又称抗干眼维生素，是指所有具有视黄醇生物活性的物质，即动物性食物中的视黄醇（维生素A_1）、脱氢视黄醇（维生素A_2，生物活性为维生素A_1的40%）、视黄醛、视黄酸等。

【别名】视黄醇

【作用与应用】

（1）维持视觉：维生素A可促进视觉细胞内感光色素的形成，可调试眼睛适应外界光线的强弱的能力，以降低夜盲症和视力减退的发生，维持正常的视觉反应，有助于多种眼疾的治疗。常用于夜盲症、干眼症的治疗。

（2）促进生长发育：与视黄醇对基因的调控有关。视黄醇也具有相当于类固醇激

素的作用，可促进糖蛋白的合成。促进生长、发育，强壮骨骼，维护头发、牙齿和牙床的健康。

（3）维持上皮结构的完整与健全：维生素A可以调节上皮组织细胞的生长，维持上皮组织的正常形态与功能。保持皮肤湿润，防止皮肤黏膜干燥角质化，不易受细菌伤害，有助于对粉刺、脓包、疖疮，皮肤表面溃疡等症的治疗；有助于祛除老年斑；能保持组织或器官表层的健康。

（4）加强免疫能力：维生素A有助于维持免疫系统功能正常，能加强对传染病特别是呼吸道感染及寄生虫感染的身体抵抗力；有助于肺气肿、甲状腺功能亢进症的治疗。

（5）清除氧自由基：维生素A也有一定的抗氧化作用，可以中和体内的氧自由基。有助于延缓细胞老化，祛除老年斑等作用。

【不良反应】长期大量服用，会出现疲劳、软弱、全身不适、发热、颅内压增高、夜尿增多、毛发干枯或脱落、皮肤干燥瘙痒、食欲缺乏、体重减轻、四肢疼痛、贫血、眼球突出、剧烈头痛、恶心、呕吐等现象。

2. 维生素D　维生素D为固醇类衍生物，具抗佝偻病作用，又称抗佝偻病维生素，种类很多。其中，维生素D_2（麦角钙化醇）和维生素D_3（胆钙化醇）较为重要，来自食物和阳光，能促进食物中钙的吸收，并通过胎盘参与胎儿的钙代谢。

【别名】钙化醇

【作用与应用】

（1）促进小肠黏膜对钙的吸收：作用于肠黏膜细胞和骨细胞，与受体结合后启动钙结合蛋白的合成，从而促进小肠对钙磷的吸收和骨内钙磷的动员和沉积。

（2）促进骨组织的钙化：促进和维持血清钙磷浓度的稳定，满足骨钙化过程的需要。

（3）促进肾小管对钙、磷的重吸收：维生素D能促进钙磷的吸收，保持血钙、血磷的浓度，常用于防治骨质疏松症、软骨症及缺乏钙质的相关疾病。

（4）免疫调节功能：维生素D可以增强自然杀伤细胞（NK cells）的活动性，加强巨噬细胞的吞噬能力，还可以增强抗微生物多肽的作用即对多种微生物如细菌、病毒、真菌都有很强的杀伤力。维生素D被认为具有维生素和激素的双重作用。

【不良反应】长期大量使用会引起低热、烦躁哭闹、惊厥、厌食、体重下降、肝脏大、肾脏损害、骨骼硬化等病症，比佝偻病的危害更大。

3. 维生素E　维生素E是一种有8种形式的脂溶性维生素，为重要的抗氧化剂之一。在食用油、水果、蔬菜及粮食中均存在。

【别名】生育酚、产妊酚

【作用与应用】能促进性激素分泌，使男子精子活力和数量增加，使女子雌性激素浓度增高，提高生育能力，用于治疗不育症、习惯性流产等。维生素E能清除体内氧自由基和过氧化物，防止脂蛋白的氧化和修饰，抑制动脉粥样硬化的形成和发展，有助于防治心脑血管疾病；辅助治疗白癜风、银屑病和胃溃疡；祛除黄褐斑、减少黑色素生成等。维生素E能防止血液中的过氧化脂质增多、防止血小板过度凝集的作用、改善血液循环、降低胆固醇、降低心血管疾病的发病概率。

【不良反应】长期服用大量维生素E（400~800mg/d），可引起视力模糊、乳腺肿大、腹泻、头晕、流感样综合征、头痛、恶心、胃痉挛、乏力等。长期服用超量（>800mg/d），对维生素K缺乏患者可引起出血倾向，改变内分泌代谢（甲状腺、垂体和肾上腺），改变免疫机制，影响性功能，并有出现血栓性静脉炎或栓塞的危险。

4. 维生素K 维生素K是具有叶绿醌生物活性的一类物质，包括K_1、K_2、K_3、K_4等几种形式，其中，最重要的是维生素K_1和K_2。K_1、K_2是天然存在的，属于脂溶性维生素，从绿色植物中提取的维生素K_1和肠道细菌（如大肠埃希菌）可合成维生素K_2。而K_3、K_4是通过人工合成的，属于水溶性维生素。

【别名】萘醌

【作用与应用】参与凝血因子Ⅱ、Ⅶ、Ⅸ、Ⅹ的合成，维持和促进生理性凝血功能，具有防止新生婴儿出血疾病、预防内出血及痔疮、减少生理期大量出血等作用。维生素K参与合成维生素K依赖蛋白质（BGP），BGP能调节骨骼中磷酸钙的合成，有助于预防骨质疏松及降低骨折的风险。

【不良反应】过量使用维生素K预防新生儿颅内出血时，会产生溶血性贫血。孕妇过多补充维生素K，也可产生溶血性贫血，且其新生儿会出现高胆红素血症，甚至核黄疸。特异性体质的老人过量服用维生素K后，可诱发溶血性贫血、过敏性皮炎等。

（二）水溶性维生素

水溶性维生素是指能在水中溶解的维生素，常是辅酶或辅基的组成部分。主要包括在酶的催化中起着重要作用的B族维生素以及维生素C（抗坏血酸）等。B族维生素是推动体内代谢，把糖、脂肪、蛋白质等转化成热量时不可缺少的物质，维生素C是机体抗氧化的重要物质。

1. B族维生素 又称乙族维生素，共有8种，故冠以"族"，它们在结构上没有同一性，但也有共同的特性。B族维生素是维持人体正常机能与代谢活动不可或缺的水溶性维生素，可以帮助维持心脏、神经系统功能，维持消化系统及皮肤的健康，参与能量代谢，能增强体力、滋补强身。人体无法自行合成B族维生素，而紧张的生活、工作压力、不当的饮食习惯或因某些特定药物的使用，以及B族维生素本身溶于水的属性，均会使人体内的B族维生素快速被消耗，因此需要额外补充。常用的B族维生素有B_1、B_2、B_6、B_{12}及叶酸（见表20-1）。

表20-1 常用的B族维生素

通用名	别名	作用与应用	不良反应
维生素B_1	硫胺素	①构成辅酶，维持体内新陈代谢，用于治疗脚气病、韦尼克脑病；②促进胃肠蠕动，治疗吸收不良综合征；③维持神经系统正常功能，治疗周围神经炎	口服过量偶尔会出现发抖、疱疹、浮肿、神经质、心跳增快及过敏等副作用
维生素B_2	核黄素	①参与细胞生长代谢，促进发育和细胞再生；②预防和消除口腔内、唇、舌及皮肤等炎症反应	服后尿呈黄绿色，摄取过多可能引起瘙痒、麻痹、流鼻血、灼热感、刺痛等
维生素B_6	吡哆醇	①合成血红蛋白，用于防治贫血；②参与氨基酸和脂肪的代谢，刺激白细胞生成，治疗白细胞减少症；③参与蛋白质合成与分解代谢及某些神经介质的合成，用于异烟肼中毒的解救	长期大量服用可引起严重神经感觉异常，进行性步态不稳，甚至足麻木，手不灵活
维生素B_{12}	钴胺素	①促进机体对叶酸的利用，防治巨幼红细胞性贫血；②促进红细胞的发育和成熟，防治恶性贫血；③维护神经髓鞘代谢与功能，防治周围神经炎	偶可引起皮疹、瘙痒、腹泻及哮喘等
叶酸	维生素M	①促进骨髓中的幼细胞发育成熟形成正常形态的红细胞，用于防治巨幼红细胞性贫血；②参与形成神经管组织，用于防治神经管畸形和唇裂；③可改善血管内皮功能、预防心血管疾病	罕见过敏反应。长期用药可出现畏食、恶心、腹胀等胃肠道症状。大量服用时，可使尿液呈黄色

2. 维生素C——不可或缺的抗氧剂　维生素C又称L-抗坏血酸，是人体必需维生素，缺乏维生素C会造成坏血病。在生物体内，维生素C是一种抗氧化剂，可促进细胞间质胶原蛋白和黏多糖合成，保护身体免于自由基的威胁。同时，维生素C也是一种辅酶。其广泛的食物来源为各类新鲜蔬果。

【别名】抗坏血酸

【作用与应用】

（1）增强机体抵抗力：大剂量能增强白细胞吞噬力和诱导产生干扰素；能抑制RNA和DNA噬菌体病毒的复制；能促进肾上腺皮质合成皮质激素，提高机体抗病毒能力。

（2）增强肝脏解毒能力：促进肝细胞再生，促进肝糖原合成，减轻肝脂肪变性，大剂量可治疗黄疸性肝炎。

（3）能促进心肌糖代谢：增强心肌收缩力；参与血红蛋白合成，促进Fe^{3+}还原为Fe^{2+}，促进叶酸还原为四氢叶酸，从而促进核酸和珠蛋白、血红蛋白的合成。

维生素C广泛用于坏血病、创伤愈合、急慢性传染病、感染性休克、感冒、慢性肝炎、肝硬化、肝性脑病、缺铁性贫血、高铁血红蛋白血症、克山病心源性休克、麻风病等治疗。

【不良反应】维生素C的治疗作用非常广泛，滥用情况也比较严重。虽然维生素C的毒性很小，但长期过量服用仍可产生一些不良反应，如腹泻、皮肤红而亮、头痛、尿频、恶心、呕吐、胃痉挛。

? 课堂问答

请将维生素及其治疗疾病连线。

维生素A　　　　　　　　　坏血病

维生素B_1　　　　　　　　佝偻病

维生素C　　　　　　　　　脚气病

维生素D　　　　　　　　　夜盲症

二、矿物质与微量元素

（一）矿物质

1. 钠盐——氯化钠注射液　钠是细胞外主要的阳离子，能维持恒定的体液渗透浓度和细胞外液容量。根据病情需要可将氯化钠配制成等渗、高渗和低渗溶液。另外，氯化钠还可以与葡萄糖、氯化钾、氯化钙、碳酸氢钠及乳酸钠配制成各种复方溶液。

2. 钾盐——氯化钾注射液 钾是细胞内主要的阳离子，对保持正常的神经肌肉兴奋性有重要作用。临床上选择何种钾盐主要由是否伴随其他电解质和酸碱平衡紊乱而决定。

（1）氯化钾应用最为广泛，口服吸收好。

（2）伴发高氯血症和代谢性酸中毒时，宜用枸橼酸钾或谷氨酸钾等。枸橼酸钾还能同时纠正酸中毒。

（3）肝病伴低钾血症时以选用谷氨酸钾为佳。

（4）伴有低磷血症时选用磷酸钾盐。

（5）天冬氨酸与细胞亲和力强，有助于K^+进入细胞内，故天冬氨酸钾镁纠正细胞内缺钾较其他钾盐为快。

3. 钙盐

葡萄糖酸钙

【作用与应用】主要用于治疗和预防急慢性钙缺乏所致的疾病，也用于钾和镁中毒的解救、过敏性疾病以及作为抗酸药治疗消化性溃疡病等。促进骨骼和牙齿的钙化形成。亦可与氟化物生成不溶性氟化钙，用于氟中毒的解救。

【不良反应】口服钙剂一般无不良反应，静脉给药时可能出现全身发热感，静脉速度过快时，可引起心律失常、恶心和呕吐。

【用药指导】

（1）静脉注射时如漏出血管外，可致注射部位皮肤发红、皮疹和疼痛，随后可出现脱皮和组织坏死。若发现药液漏出血管外，应立即停止注射，并用氯化钠注射液作局部冲洗注射，局部给予氢化可的松、1%利多卡因和透明质酸，并抬高局部肢体及热敷。

（2）对诊断的干扰：可使血清淀粉酶增高，血清H-羟基皮质醇浓度短暂升高。长期或大量应用本品，血清磷酸盐浓度降低。

（3）不宜用于肾功能不全患者与呼吸性酸中毒患者。

（4）应用强心苷期间禁止静脉注射本品。

4. 镁盐

硫酸镁

【作用与应用】注射剂用于治疗低镁血症，治疗惊厥、妊娠高血压综合征等。口服剂型用于导泻、利胆。外用制剂有消肿止痛的功效。

【不良反应】静脉注射硫酸镁常引起潮红、出汗、口干等症状，快速静脉注射时可引起恶心、呕吐、心慌、头晕，个别出现眼球震颤，减慢注射速度症状可消失。连续使用硫酸镁可引起便秘，部分患者可出现麻痹性肠梗阻，停药后好转。极少数血钙降低，出现低钙血症。

【用药指导】肾功能不全应慎用，用药量应减少。有心肌损害、心脏传导阻滞时应慎用或不用。如出现急性镁中毒现象，可用钙剂静脉注射解救。

（二）微量元素

微量元素是指维持人体正常生命活动所需的微量但又必不可少的某些元素。这些元素在体内的含量极低（低于体重的0.01%），但它们具有重要的生化活性和营养作用，是关系到营养、免疫、遗传、优生、优育、儿童及孕妇保健、地方病、心血管疾病等多种临床疾病的预防、诊断和治疗的重要因素。

微量元素的生理功能为参与酶的构成与激活，构成体内重要的载体及电子传递系统，参与激素及维生素的合成，调控自由基的水平等。

人体内可检出的微量元素有70种，可分为必需、非必需、有害和无害等几类。人体必需14种微量元素，它们是铁（Fe）、铜（Cu）、锌（Zn）、锡（Sn）、硒（Se）、锰（Mn）、碘（I）、钴（Co）、铬（Cr）、钼（Mo）、钒（V）、镍（Ni）、氟（F）、硅（Si）。常用的微量元素类代表药如下。

1. 氟制剂

氟化钠

【作用与应用】氟离子结合于牙及骨骼的磷灰石结晶，使其稳定附着于牙釉质表面，增加抗酸防龋能力。氟化物可使脱钙或钙化不全的釉质再矿化，对牙釉质及骨骼的坚度、钙磷的利用均十分重要。在牙菌斑中，氟能抑制龋菌形成，有显著抗龋作用。

【不良反应】摄入氟化钠4~20mg可发生胃肠道不适，成人一次摄入本品5~10g，儿童一次摄入500mg，可能致死。急性氟过量可出现黑色柏油便、血性呕吐物、腹泻、嗜睡、昏厥、唾液分泌增多；因低钙而致手足搐搦、骨痛、胃痉挛、胃病、震颤。慢性氟过量亦可有黑便、呕吐血性物、便秘、食欲减退、恶心呕吐、骨痛、肢体僵硬、体重减轻，牙齿出现白、棕或黑色斑点。

【用药指导】与氢氧化铝同用，可减少本品吸收，增加粪内排出。钙离子可减少氟化物的吸收。

2. 硒制剂

硒酵母

【别名】西维尔

【作用与应用】能阻止自由基的产生，使细胞膜免受自由基的破坏，与维生素E协同抗氧化。防治克山病、大骨节病，适用于原发性肝癌等肿瘤。

【不良反应】过量致秃发、指甲异常、贫血。孕妇慎用。

【用药指导】用硒剂过量会引起中毒，每日最大安全摄入量为400μg，但某些疾病，如癌症、心血管疾病等的用量由医师决定，不受此限制。

3. 锌制剂

葡萄糖酸锌

【别名】水合葡（萄）糖酸锌

【作用与应用】作为体内80多种酶的辅助因子，促进生长发育，参与性腺、胰腺、垂体的活动。用于小儿厌食、生长停滞、口腔溃疡、贫血等。

【不良反应】有消化道不良反应，过量可中毒。不宜与四环素同用。

【用药指导】一般宜餐后服用以减少胃肠道刺激。应在确诊为缺锌症时使用，如需长期服用，必须在医师指导下使用。

4. 复合微量元素注射液

本品是成人静脉营养的重要组分之一，可在肠道外营养补给时，用作多种氨基酸注射液和葡萄糖注射液的添加剂，以满足成人每日对微量元素的生理需要，本品10ml所含铬、铜、铁、锰、钼、硒、锌、氟和碘的量能满足成人每日对微量元素的基本或中等需求。

三、肠内外营养药

营养药系指维持机体正常营养或纠正异常营养缺乏状态的药物，分为肠内营养药与肠外营养药。这些营养包括蛋白质、脂肪、糖类、维生素、电解质、微量元素和水，它们对保证人体的生长发育，维持恒定的体温，补充人体的物质消耗，增强机体对疾病的抵抗力，改善和维持神经功能等有极为重要的作用。

（一）肠内营养药

肠内营养是指在患者胃肠功能正常情况下，食物或营养液通过各种管道（如鼻胃管、胃或空肠造口管）输入胃肠道。经管道输入的营养物含有人体必需的各种营养素，氮源物质为各氨基酸混合物或蛋白质水解物，能源物质为葡萄糖、蔗糖或多糖与脂肪等，肠内营养药分为氨基酸型、短肽型、整蛋白型（见表20-2）。

表20-2　肠内营养药种类

类别	代表药	成分	作用与应用	用药指导
氨基酸型	肠内营养粉	谷氨酰胺、结晶氨基酸、脂肪、复合维生素、微量元素	①重症代谢障碍及胃肠道功能障碍的患者的肠内营养支持；②消化道手术后吻合口瘘	①严禁静脉使用；②个别患者出现腹胀、腹泻
短肽型	肠内营养混悬液	麦芽糊精、乳清蛋白水解物、植物油、维生素、矿物质和微量元素	①代谢性胃肠道功能障碍性疾病，如胰腺炎、肠道炎等；②危重疾病，如大面积烧伤、创伤及脓毒血症	①不能经静脉输注；②严重糖代谢异常的患者慎用；③严重肝肾功能不全的患者慎用
整蛋白型	肠内营养制剂	蛋白质、脂肪、碳水化合物、维生素、矿物质	①增强营养、造血及免疫功能，用于消化道瘘或昏迷者管饲；②作为全营养支持或部分营养补充	①4岁以下儿童不宜服用本品；②冲调好的本品应该24小时内服完，粉剂应该在3周内用完
整蛋白型	肠内营养乳剂	蛋白质、脂肪、碳水化合物、膳食纤维	①本品适用于有胃肠道功能的营养不良或摄入障碍的患者；②意识不清或接受机械换气的患者；③手术后需要补充营养的患者	①以本品为唯一营养来源的患者，必须监测液体平衡；②本品提供长期营养时，不适用于禁用膳食纤维的患者

（二）肠外营养药

肠外营养是经静脉途径供应患者所需要的营养要素，包括热量（碳水化合物、脂肪乳剂）、必需和非必需氨基酸、维生素、电解质及微量元素。常用的肠外营养剂见表20-3。

表20-3　常用肠外营养药

类别	代表药	成分	作用与应用	用药指导
氨基酸制剂	复方氨基酸注射液	丙氨酸、醋酸赖氨酸、甲硫氨酸、甘氨酸、谷氨酸、胱氨酸等18种氨基酸	①胃肠道梗阻及吸收障碍；②重症胰腺炎；③大面积烧伤、严重复合伤、感染等；④严重营养不良	注射过快或给肝肾功能不全患者使用时，有可能导致高氨血症和血浆尿素氮的升高
脂肪乳剂	脂肪乳注射液（$C_{14\sim24}$）	注射用大豆油、卵磷脂、甘油	用于胃肠外营养补充能量及必需脂肪酸，预防和治疗人体必需脂肪酸缺乏症	慎用于脂肪代谢功能减退的患者，如肝肾功能不全、糖尿病酮症酸中毒、胰腺炎等
维生素制剂	注射用水溶性维生素	硝酸硫胺、核黄素磷酸钠、烟酰胺、盐酸吡哆辛、泛酸钠	营养代谢障碍疾病，营养不良，儿童营养不良	对本品中任何一种成分过敏的患者，使用时均可能发生过敏反应
	注射用脂溶性维生素	维生素（A、D、E、K）、注射用大豆油、注射用卵磷脂	本品为肠外营养不可缺少的组成部分之一，用以满足成人每日对脂溶性维生素的生理需要	①须稀释后静脉滴注；②用前1小时配制，24小时内用完
微量元素	多种微量元素注射液Ⅱ	铬、铜、铁、锰、钼、硒、锌、氟和碘	用于15kg以上儿童及成人长期肠外全营养时补充电解质和微量元素	①本品用量范围窄，过量摄入有害；②须稀释后应用；③肾功能不良及不耐果糖患者忌用

章末小结

1. 免疫抑制药主要用于治疗自身免疫性疾病和抑制器官的移植排斥反应，如环孢素、环磷酰胺等；免疫增强药主要用于免疫缺陷病，如卡介苗、左旋咪唑等。

2. 脂溶性维生素A用于防治夜盲症和皮肤粗糙症；维生素D防治佝偻病和软骨症；维生素E防治溶血性贫血、不育症、习惯性流产；维生素K防治凝血障碍引起的出血性疾病。

3. 水溶性维生素B_1防治神经炎、脚气病；维生素B_2防治脂溢性皮炎、口腔炎；维生素B_6防治肌肉痉挛、皮肤炎；维生素B_{12}防治恶性贫血，记忆力减退；叶酸防治巨幼红细胞性贫血；维生素C防治坏血病。

4. 常用营养制剂分为肠内、肠外营养药，含有多种人体营养物质，常用于各种疾病的调节。

5. 人体必需14种微量元素是Fe、Cu、Zn、Sn、Se、Mn、I、Co、Cr、Mo、V、Ni、F、Si。缺乏则引起生理机能的紊乱。

6. 人体必需常用矿物质为钠、钾、钙、镁，常用于调节体内电解质的平衡。

思考题

一、多项选择题

1. 下列属于常用肠外营养药的是（　　　　）

   A. 复方氨基酸注射液

   B. 脂肪乳注射液

   C. 复合维生素注射液

   D. 复合微量元素注射液

   E. 肠内营养混悬液

2. 下列属于微量元素药物的是（　　　　）

   A. 氟化钠　　　B. 硫酸镁　　　C. 硫酸锌

   D. 亚硒酸钠　　　E. 复合蛋白锌

3. 下列属于脂溶性维生素的有（　　　　）

   A. 维生素A　　　B. 维生素B_6　　　C. 维生素C

D. 维生素D   E. 维生素E

二、 简答题

1. 简述维生素E的作用与应用。
2. 自身免疫性疾病可以使用什么药物进行缓解？

三、 案例分析题

男患儿4岁，近期烦躁不安、爱哭闹、脾气怪、睡眠不安宁，表现为不易入睡、夜惊、早醒，醒后哭闹，走路时双腿呈现明显的"O"形。请问该患儿症状可能与缺乏什么营养物质有关？该物质有什么作用？若过量补充会有什么后果？

（周　敏）

第二十一章
中药材

学习目标

- 掌握知名的道地药材人参、三七的规格；冬虫夏草的商品特征。
- 熟悉我国中药材市场金银花的来源和规格；菊花的商品特征。
- 了解枸杞子的规格等级；鹿茸的商品特征；灵芝的商品特征。
- 学会判断人参、三七的规格等级；菊花的种类；冬虫夏草的真伪。
- 具有为消费者选购好药材的意识。

情境导入

情境描述：

　　我们来到药店的中药柜前，经常会看到一些名贵药材、滋补药材标有不同等级，并且还标注了产地，不同的规格等级对应着不同的价位，也在一定程度上告知消费者其质量优劣。但是有一些不法商贩会以次充好，以假充真。

学前导语：

　　作为一名药剂专业的技术人员，我们要懂得识别常见中药材的真假、判断其规格等级，这样才能为消费者答疑解惑，选购好药材。

第一节　中药材概述

一、中药材的特征

中药是指依据中医学理论和临床经验应用于医疗保健的天然药物，包括中药材、中药饮片和中成药。中药材习称"药材"，是天然来源未经加工或仅经过简单产地加工的生货原药。

中药材有其自身的特殊性，一是中药材方便于按中医理论诊治对症、按方加减，不同于中成药千人一方，多病同方；二是中药材商品化程度高于中成药，更适合作为医药商品学的研究对象。作为治病救人的特殊商品，中药材具有以下几个方面的特征。

1. 具有一定治疗作用的同时也有一定的毒副作用　选对适合病症的药材，控制在合理的剂量范围内，则可以达到理想的治疗效果；反之，药不对症，剂量过大，则会对人体产生一定的毒副作用。此外，质量好的药材可以治病救人，质量差的药材可能会致病害人。

2. 来源上的特点　我国幅员辽阔，加之地形复杂，气候多样，使得中药材的资源丰富，具有来源广、品种繁杂、规格繁多的特点。全国第四次中药资源普查阶段性成果显示，我国有近1.3万种野生药用资源。《中国药典》（2020年版）已收载616种中药材和中药饮片。

3. 生产上的特点　无论是人工栽培（驯化）还是野生，中药材生长均需要一定的环境。例如自然环境、生产技术、采收加工、政策法规等，都会对中药材的产量、质量造成很大的影响。此外，中药材生产常常是一地生产、供应全国，一季生产、供应全年。

4. 经营管理上的特点　中药材生产靠农业，加工炮制靠工业，供应和销售靠商业，所以，中药材在经营管理上的特点是农、工、商一体，产、供、销合一。同时，中药材品种繁杂、技术复杂、季节性强等客观因素，使中药材商业比一般商业更艰巨、复杂。

二、传统中药材的品质评价

中药很早就有了品质评价的概念。梁代陶弘景所著《本草经集注》对于药材的产地和性状也有比较精细的考察，很注意中药材品质的优劣，奠定了中药材"辨状论质"的基础。自《本草经集注》以来，历代本草也均有药材产地、采收时节、药材性状的记载，并述及药材的经验鉴别和优劣评价。如李时珍《本草纲目》中当归的记载："今陕、蜀、秦州、汶州诸处人多栽莳为货。以秦归头圆尾多色紫气香肥润者，名马尾归，最胜他处"。在本草发展史上，以品质上乘的的产地命名的道地药材并不鲜见，如产于山西上党的人参称之为"党参"。

中药材具有特定的形、色、气、味等外观性状，动物、植物、矿物药种类都有各自的外观性状和特征。传统中药材的品质评价多采用"辨状论质"，就是依据药材不同的外观性状和特性来判断药材的真伪优劣。经历代本草不断总结提炼，传统药材的"辨状论质"已经形成了一套用语精当、概括力强的中药品质鉴别评价要点。这些要点大多作为评价药材"性状鉴别""品质优劣"的内容，融汇于现代的《中国药典》《中华本草》《中药材手册》《中药学》等中药类著作之中。

传统药材的"辨状论质"，还广泛地应用于中药材商品规格等级鉴别中，这是中药材品质评价的一个重要方面，包括出口的中药材在内，大都按照商品规格等级论价，中药材的商品规格等级并无统一的划分标准，有的药材如人参、三七等划分的等级较多。一般药材分为二、三等，三、四等者居多，有的药材不分等级，称为"统货"。

传统中药材的"辨状论质"具有以下特点。

一是直观性。直接利用感官，即看、摸、闻、口尝等方法，根据各种药材特有的形、色、气、味，辨别药材的品质优劣。

二是便捷性。不使用复杂的仪器、试剂（有时只简单使用水试、火试），可迅速做出判断。

三是实用性。这种方法适用于广大基层药房、药店以及药材收购站、集散地、交易市场等，具有极广泛的使用性。

四是成熟性。经过长期的历史经验积累，使此种方法已经臻于成熟，其判断具有相当高的准确性，被称之为中药材经验鉴别的精髓。

这种传统评价方法，虽然也有只重表象、忽视内在、不能精确量化等局限性。但其优点，使其与现代理化鉴别方法长期并存，甚至在较长的历史时期内，仍然会是中药材鉴别方法的主流。因此，对这种传统的评价中药材品质的方法，应当重视、继承发扬和总结提高，充分发挥其作用。任何轻视贬低传统中药材品质评价方法的倾向，都是脱离实际、有害的。要熟练掌握此种方法并非易事，需要认真地训练、仔细地观察、长期的积累经验，其难度不亚于掌握一类现代的中药材品质鉴定技术和方法。

三、道地药材

所谓道地药材，又称地道药材，是优质药材的专用名词，它是指历史悠久、产地适宜、品种优良、产量宏丰、炮制考究、疗效突出、带有地域特点的药材。选用道地药材，是中医控制中药质量的重要措施，也是提高中药材竞争力的保障。我国道地药材有200种左右，分布于全国各地，主要有广药、怀药、浙药、川药、云药、贵药、关药、北药、西药、南药（江南药）等。道地药材的药名前多冠以地名，以示其道地产区，如广藿香、川贝母、云木香等。其中"四大南药（广药）""四大怀药""浙八味""东北药材三宝"均为知名的道地药材。

（一）广药

指广东、广西、海南、台湾的道地药材。著名的道地药材有巴戟天、砂仁、益智仁、槟榔、山豆根、何首乌、高良姜、广藿香、金钱草、鸡血藤、肉桂等。其中，广东阳春砂仁年产量占全国产量的80%，广藿香年产量占全国的92%。"四大南药"指的是巴戟天、砂仁、益智仁、槟榔。

（二）怀药

指产于河南的道地药材。著名的道地药材有地黄、怀牛膝、山药、菊花、茜草、瓜蒌、天南星、白附子、辛夷、红花、金银花等。"四大怀药"指的是怀地黄、怀牛膝、怀山药、怀菊花。

（三）浙药

指产于浙江的道地药材。著名的道地药材有浙贝母、白术、白芍、麦冬、菊花、玄参、延胡索、郁金、姜黄、乌药、石竹、山茱萸、乌梅、栀子等。"浙八味"指的是浙贝母、白术、白芍、杭麦冬、杭菊花、浙玄参、延胡索、温郁金。

（四）川药

指产于四川的道地药材。四川是我国著名的药材产区，药材资源丰富，种植历史悠久，有"药库"之称。所产药材近千种，居全国第一位。著名的道地药材有川芎、川贝母、附子、乌头、黄连、川牛膝、麦冬、石菖蒲、干姜、丹参、青皮、陈皮、补骨脂、使君子、巴豆、花椒、黄柏等。

（五）云药

指产于云南的道地药材，分为滇南和滇北两大产区。著名的道地药材有三七、云木香、重楼、诃子、茯苓、儿茶等。

（六）贵药

指产于贵州的道地药材。著名的道地药材有天麻、天冬、黄精、白及、杜仲、五倍子等。

（七）关药

指产于东北三省的道地药材。著名的道地药材有人参、细辛、五味子、防风、刺五加、薤白、牛蒡子。其中，人参年产量占全国的99%。"东北药材三宝"指的是人参、细辛、五味子。

（八）北药

指产于河北、山东、山西和内蒙古东部等地的道地药材。著名的道地药材有黄芪、党参、远志、甘遂、黄芩、白头翁、香附、北沙参、柴胡、紫草、白芷、板蓝根、知母、连翘、苦杏仁、桃仁等。

（九）西药

指产于陕西、甘肃、宁夏、青海、新疆及内蒙古西部的道地药材。著名的道地药材有大黄、甘草、当归、羌活、麻黄、秦艽、茵陈、枸杞子等。其中，内蒙古是黄芪商品药材的主要产地，年收购量占全国的80%以上。

（十）南药

指淮河以南的湖南、湖北、江苏、安徽、江西、福建等地所产的道地药材。著名的道地药材有半夏、射干、吴茱萸、莲子、女贞子、艾叶、南沙参、明党参、太子参、苍术、芍药、灵芝、薄荷、泽泻等。

四、我国中药材市场

中药材市场是中药材商品集散、交换的场所。中药材市场是我国道地药材交易最集中、成交额最大的地方。目前，国家正式批准的17家大型中药材交易市场分别是：

1. 安徽亳州中药材交易中心。

2. 河南省禹州中药材专业市场。

3. 成都市荷花池药材专业市场。

4. 河北省安国中药材专业市场。

5. 江西樟树中药材市场。

6. 广州市清平中药材专业市场。

7. 山东鄄城县舜王城药材市场。

8. 重庆市解放路药材专业市场。

9. 哈尔滨三棵树药材专业市场。

10. 兰州市黄河中药材专业市场。

11. 西安万寿路中药材专业市场。

12. 湖北省蕲州中药材专业市场。

13. 湖南岳阳花板桥中药材市场。

14. 湖南省邵东县药材专业市场。

15. 广西玉林中药材专业市场。

16. 广东省普宁中药材专业市场。

17. 昆明菊花园中药材专业市场。

以上17家大型中药材专业交易市场都设有固定摊位，日交易额几万元至几亿元不等，并设有专门机构进行管理和服务。其中，安徽亳州中药材交易中心是国内规模最大的中药材专业交易市场，有"中华药都"之称。安徽亳州中药材交易中心、河南省禹州中药材专业市场、成都市荷花池药材专业市场、河北省安国中药材专业市场合称为"四大药都"。

第二节　市场常见的中药材

一、植物类中药材

（一）人参

【来源】五加科植物人参的干燥根和根茎。野生者为"山参"，栽培者为"园参"。

【产地及销售】山参主产于东北三省的长白山区和大、小兴安岭。园参亦主产于东北三省，以吉林产者为道地药材，习称"长白山人参"。人参是我国的传统中药，也是我国中药材出口的大宗品种，国内市场年需求量在18 000~19 000吨左右，年出口额在3 000万美元以上，占中药材出口总额的8%以上，目前年产约20 000吨左右，供需基本平衡。

【商品特征】主根呈纺锤形或圆柱形，长3~15cm，直径1~2cm。表面灰黄色，上部或全体有疏浅断续的粗横纹及明显的纵皱，下部有支根2~3条，并着生多数细长的须根，须根上常有不明显的细小疣状突起。根茎（芦头）长1~4cm，直径0.3~1.5cm，多拘挛而弯曲，具不定根（芋）和稀疏的凹窝状茎痕（芦碗）。质较硬，断面淡黄白色，显粉性，形成层环纹棕黄色，皮部有黄棕色的点状树脂道及放射状裂隙。香气特异，味微苦、甘。

【规格等级】分山参和园参两类，以山参质量最佳。

1. 山参

一等：干货。纯山参的根部，主根粗短呈横灵体，支根八字分开（俗称武形），五形全美（芦、芋、纹、体、须相衬）。有圆芦。芋中间丰满，形似枣核。皮紧细。主根上部横纹紧密而深。须根清疏而长，质坚韧（俗称皮条须），有明显的珍珠疙瘩。表面牙白色或黄白色，断面白色。味微苦、甘。每支重100g（2两）以上，芋帽不超过主根重量的25%。无瘢痕、杂质、虫蛀、霉变。

2. 园参　园参可分为普通参和边条参两种。普通参采用一次移栽，6年收获；边条参采用两次移栽，6~8年收获。

（1）普通鲜参

一等：鲜货。根呈圆柱形，有分枝，须芦齐全，浆足。每支100~150g（2~3两）。不烂，无瘢痕、水锈、泥土、杂质。

（2）边条鲜参

一等：鲜货。根呈长圆柱形，芦长、身长、腿长，有分枝2~3个。须芦齐全，体长不短于20cm（6寸）。浆足丰满，芋帽不超过15%。每支重125g（2.5两）以上。不烂，无瘢痕、水锈、泥土、杂质。

【功能与主治】大补元气，复脉固脱，补脾益肺，生津养血，安神益智。用于体虚欲脱，肢冷脉微，脾虚食少，肺虚喘咳，津伤口渴，内热消渴，气血亏虚，久病虚羸，惊悸失眠，阳痿宫冷。

【用法与用量】3~9g，另煎兑服；也可研粉吞服，一次2g，一日2次。

【注意事项】不宜与藜芦、五灵脂同用。

🔗 **知识链接** ··

生晒参、红参、白糖参

人参按照加工方法分类，可分为生晒参、红参、白糖参等。园参采挖后洗净，除去支根，晒干或烘干，称"生晒参"，如不除去支根晒干，则称"全须生晒参"；取洗净的鲜园参，除去支根及根茎部的不定根，或仅除去细支根及须根，蒸3小时左右，取出晒干或烘干，称"红参"；取洗净的鲜园参置沸水中浸烫3~7分钟，取出，用针将参体扎刺小孔，再浸于浓糖液中2~3次，每次10~12小时，取出干燥，称"白糖参"。

（二）三七

【来源】五加科植物三七的干燥根和根茎。支根习称"筋条"，根茎习称"剪口"。

【别名】人参三七、文三七、田七。

【产地及销售】主产于云南、广西、四川、贵州、江西等地。以云南、广西产者为道地药材，三七是我国传统名贵药材，止血效果佳，可谓"南方人参"，畅销国内外。全国年需求量约4 200吨，出口约1 800吨。

【商品特征】主根呈类圆锥形或圆柱形，长1~6cm，直径1~4cm。表面灰褐色或灰黄色，有断续的纵皱纹和支根痕。顶端有茎痕，周围有瘤状突起。体重，质坚实，断面灰绿色、黄绿色或灰白色，木部微呈放射状排列。气微，味苦回甜。

【规格等级】分为十三个等级。

一等（20头）：每500g 20头以内，长不超过6cm，无杂质、虫蛀、霉变。

二等（30头）：每500g 30头以内，余同一等。

三等（40头）：每500g 40头以内，长不超过5cm，余同一等。

四等（60头）：每500g 60头以内，长不超过4cm，余同一等。

五等（80头）：每500g 80头以内，长不超过3cm，余同一等。

六等（120头）：每500g 120头以内，长不超过2.5cm，余同一等。

七等（160头）：每500g 160头以内，长不超过2cm，余同一等。

八等（200头）：每500g 200头以内，余同一等。

九等（大二外）：长不超过1.5cm，每500g 250头以内。余同一等。

十等（小二外）：长不超过1.5cm，每500g 300头以内。余同一等。

十一等（无数头）：长不超过1.5cm，每500g 450头以内。余同一等。

十二等（筋条）：每500g在450~600头之间。

十三等（剪口）：主要是三七的芦头（羊肠头）及煳七（未烤焦的）。

【功能与主治】散瘀止血，消肿定痛。用于咯血、吐血，衄血，便血，崩漏，外伤出血，胸腹刺痛，跌仆肿痛。

【用法与用量】3~9g；研粉吞服，一次1~3g。外用适量。

【注意事项】孕妇慎用。

🔗 知识链接 ··

"人参三七"命名的由来

由于三七同为人参属植物，而它的有效活性物质又高于和多于人参，因此又被现代中药药物学家称为"参中之王"。清朝药学著作《本草纲目拾遗》中记载：人参补气第一，三七补血第一，味同而功亦等，故称"人参三七"。

（三）金银花

【来源】忍冬科植物忍冬的干燥花蕾或带初开的花。

【产地及销售】主产于河南的称"密银花"，主产于山东的称"东银花"，皆为栽培品，销全国大部分地区，并有出口；全国其余大部分地区有产，多为野生，自产自销。金银花为我国传统常用药材，还应用于保健、饮料、化工等多个行业。年产量约为5 000吨，年出口350吨。

【商品特征】呈棒状，上粗下细，略弯曲，长2~3cm，上部直径约3mm，下部直径约1.5cm。表面黄白色或绿白色（贮久色渐深），密被短柔毛。偶见叶状苞片。花萼绿色，先端5裂，裂片有毛，长约2mm。开放者花冠筒状，先端二唇形；雄蕊5枚，附于筒壁，黄色；雌蕊1枚，子房无毛。气清香，味淡，微苦。

【规格等级】分为密银花和东银花两类。

1. 密银花

一等：花蕾呈棒状，上粗下细，略弯曲。表面绿白色，花冠厚，质稍硬，握之有顶手感。无开放花朵，破裂花蕾及黄条不超过5%。

2. 东银花

一等：花蕾呈棒状，肥壮。上粗下细，略弯曲。表面黄白色、青色。开放花朵不超过5%，无嫩蕾、黑头、枝叶。

【功能与主治】清热解毒，疏散风热。用于痈肿疔疮，喉痹，丹毒，热毒血痢，风热感冒，温病发热。

【用法与用量】6~15g。

🔗 知识链接 ⋯⋯⋯⋯⋯⋯⋯⋯⋯⋯⋯⋯⋯⋯⋯⋯⋯⋯⋯⋯⋯⋯⋯⋯⋯⋯

金银花与山银花的混用问题

山银花为忍冬科植物灰毡毛忍冬、红腺忍冬、华南忍冬或黄褐毛忍冬的干燥花蕾或带初开的花。它与金银花为近缘植物，药材性状特征相似，但仔细观察，便能发现二者形态上的细微差异，金银花表面密被茸毛，质地柔软，山银花表面无毛或茸毛稀疏，质地较稍硬。金银花的主要产区分布于山东、陕西、河南等北方几省，而山银花的主要产区分布于四川、湖南、广东等南方几省。

金银花药用来源的改变使近年来山银花的市场低迷，销售价格远低于金银花。中药材市场也存在以山银花掺入金银花进行销售的情况。此外，在金银花提取物和制剂中，部分生产企业为节约成本改用山银花投料，因此需要建立专属性强、灵敏性高的检测方法，防止此类现象发生，同时要开展专项抽检工作，以规范金银花相关行业的秩序。

（四）菊花

【来源】菊科植物菊的干燥头状花序。药材按产地和加工方法不同，分为"亳菊""滁菊""贡菊""杭菊""怀菊"。

【产地及销售】我国大部分地区有栽培。"亳菊"主产于安徽亳州、涡阳及河南商丘，在药菊中品质最佳；"滁菊"主产于安徽滁州，品质较佳；"贡菊"主产于安徽歙县、浙江德清；"杭菊"主产于浙江嘉兴、桐乡、海宁等地。此外，"怀菊"主产于河南新乡、博爱、商丘、许昌等地，为"四大怀药"之一。菊花为大宗常用中药，产销量大，并为我国重要的出口中药材。菊花产量大小悬殊，由于价格和生产上控制不力，常出现紧缺、积压现象，价格波动较大。

【商品特征】分为"亳菊""滁菊""贡菊""杭菊""怀菊"。

1. 亳菊　呈倒圆锥形和圆筒形，有时稍压扁呈扇形，直径1.5~3cm，离散。总苞蝶状；总苞片3~4层，卵形或椭圆形，草质，黄绿色或褐绿色，外面被柔毛，边缘膜质。花托半球形，无托片或托毛。舌状花数层，雌性，位于外围，类白色，劲直，上举，纵向折缩，散生金黄色腺点；管状花多数，两性，位于中央，为舌状花所隐藏，黄色，顶端5齿裂。瘦果不发育，无冠毛。体轻，质柔润，干时松脆。气清香，味甘、微苦。

2. 滁菊　呈不规则球形或扁球形，直径1.5~2.5cm。舌状花类白色，不规则扭曲，内卷，边缘皱缩，有时可见淡褐色腺点；管状花大多隐藏。

3. 贡菊　呈扁球形或不规则球形，直径1.5~2.5cm。舌状花白色或类白色，斜升，上部反折，边缘稍内卷而皱缩，通常无腺点；管状花少，外露。

4. 杭菊　呈蝶形或扁球形，直径2.5~4cm，常数个相连成片。舌状花类白色或黄色，平展或微折叠，彼此粘连，通常无腺点；管状花多数，外露。

5. 怀菊　呈不规则球形或扁球形，直径1.5~2.5cm。多为舌状花，白色或黄色，不规则扭曲，内卷，边缘皱缩，有时可见腺点；管状花大多隐藏。

【规格等级】主要分为亳菊、滁菊、贡菊、杭菊、怀菊五种规格。除怀菊分两等，其余各种规格的菊花按花朵大小、花瓣形态、色泽等各分三等。均以花序完整、颜色鲜艳、气清香者为佳；花序散碎、颜色暗淡、香气弱者为次。

【功能与主治】散风清热，平肝明目，清热解毒。用于风热感冒，头痛眩晕，目赤肿痛，眼目昏花，疮痈肿毒。

【用法与用量】5~10g。

（五）枸杞子

【来源】茄科植物宁夏枸杞的干燥成熟果实。

【产地及销售】主产于宁夏、内蒙古、甘肃、青海、新疆、陕西北部、河北北部、山西北部等地。我国中部和南部一些地区也有引种栽培。宁夏产枸杞子质量最佳，为道地药材。销全国各地并出口。枸杞子为药食两用佳品，用途广泛，国内外需求量大。

【商品特征】本品呈类纺锤形或椭圆形，长6~20mm，直径3~10mm。表面红色或暗红色，顶端有小突起状的花柱痕，基部有白色的果梗痕。果皮柔韧，皱缩；果肉肉质，柔韧。种子20~50粒，类肾形，扁而翘，长1.5~1.9mm，宽1~1.7mm，表面浅黄色或棕黄色。以粒大、色红、肉厚、质柔润、籽少、味甜者为佳。气微，味甜。

【规格等级】宁夏枸杞子一般分为5个等级。

一等：每50g 370粒以内。果实椭圆形或长卵形，色泽鲜红或红色、暗红色，质柔软，多糖质，滋润，味甜。大小均匀，无油粒、破粒、杂质、虫蛀、霉变。

二等：每50g 580粒以内。余同一等。

三等：每50g 900粒以内。果实暗红或橙红色，糖质较少。余同一等。

四等：每50g 1 120粒以内。果实暗红或橙红色，糖质少。余同一等。

五等：大小不分。果实色泽深浅不一，糖质少，味甜，有油粒，间有干籽、破籽。

出口商品分特级（贡果面）、甲级（贡果王）、乙级（贡果）、丙级（超王杞）等4个规格。

【功能与主治】滋补肝肾，益精明目。用于虚劳精亏，腰膝酸痛，眩晕耳鸣，阳痿遗精，内热消渴，血虚萎黄，目昏不明。

【用法与用量】6~12g。

二、动物类中药材

（一）鹿茸

【来源】鹿科动物梅花鹿或马鹿的雄鹿未骨化密生茸毛的幼角。前者习称"花鹿茸"，后者习称"马鹿茸"。

【产地及销售】花鹿茸主产于吉林、辽宁、河北。马鹿茸主产于黑龙江、吉林、内蒙古、新疆、青海、四川及云南。东北产者习称"东马鹿茸"，质优；西北产者习称"西马鹿茸"，为道地药材。我国养鹿历史悠久，目前养茸鹿约47万头，年产茸近百吨，有丰富的草场资源和鹿的品种资源，但由于多方面原因限制，我国未充分发挥优势，近年鹿茸产业面临着国外产茸业的严峻挑战。

【商品特征】分为花鹿茸和马鹿茸。

1. 花鹿茸　呈圆柱状分枝，具一个分枝者习称"二杠"，主枝习称"大挺"，长17~20cm，锯口直径4~5cm，离锯口约1cm处分出侧枝，习称"门庄"，长9~15cm，直径较大略细。外皮红棕色或棕色，多光润，表面密生红黄色或棕黄色细茸毛，上端较密，下端较疏；分岔间具1条灰黑色筋脉，皮茸紧贴。锯口黄白色，外围无骨质，中部密布细孔。具两个分枝者，习称"三岔"，大挺长23~33cm，直径较二杠细，略呈弓形，微扁，枝端略尖，下部多有纵棱筋及突起疙瘩；皮红黄色，茸毛较稀而粗。体轻。气微腥，味微咸。

2. 马鹿茸　较花鹿茸粗大，分枝较多，侧枝一个者习称"单门"，两个者习称"莲花"，三个者习称"三岔"，四个者习称"四岔"或更多。按产地分为"东马鹿茸"和"西马鹿茸"。

东马鹿茸"单门"大挺长25~27cm，直径约3cm。外皮灰黑色，茸毛灰褐色或灰黄色，锯口面外皮较厚，灰黑色，中部密布细孔，质嫩；"莲花"大挺长可达33cm，下部有棱筋，锯口面蜂窝状小孔稍大；"三岔"皮色深，质较老；"四岔"茸毛粗而稀，大挺下部具棱筋及疙瘩，分枝顶端多无毛，习称"捻头"。

西马鹿茸，大挺多不圆，顶端圆扁不一，长30~100cm。表面有棱，多抽缩干瘪，分枝较长且弯曲，茸毛粗长，灰色或黑灰色。锯口色较深，常见骨质。气腥臭，味咸。

【规格等级】商品有花鹿茸和马鹿茸两类，砍茸和锯茸之分。

1. 花鹿茸

（1）二杠锯茸

一等：体呈圆柱形，具有八字分岔一个，大挺、门桩相称，短粗嫩状，顶头钝圆。皮毛红棕或棕黄色。锯口黄白色，有蜂窝状细孔，无骨化圈。不拧嘴，不抽沟，不破皮、悬皮、乌皮，不存折，不臭，无虫蛀。每支重85g以上。

二等：存折不超过一处，虎口以下稍显棱纹。每支重65g以上。余同一等。

三等：间有悬皮、乌皮、破皮不露茸，存折不超过两处，虎口以下有棱纹。每支重45g以上。余同一等。

四等：体呈圆柱形，具八字分岔一个。不拧嘴，不臭，无虫蛀。兼有独挺、怪角。不符合一、二、三等者，均属此类。

（2）三岔锯茸

一等：体呈圆柱形，具分岔两个。挺圆茸质松嫩，嘴头饱满。皮毛红棕色或棕黄色。不乌皮（黑皮茸除外），不抽沟，不拧嘴，不破皮、悬皮，不存折，不怪角。下部稍有纵棱筋，骨豆不超过茸长的30%。不臭，无虫蛀。每支重250g以上。

二等：存折不超过一处，不怪角。突起纵棱筋长不超过2cm，骨豆不超过茸长的40%。不臭，无虫蛀，每支重200g以上。余同一等。

三等：稍有破皮不露茸，不悬皮，存折不超过一处，不怪角。纵棱筋、骨豆较多。每支重150g以上。余同一等。

四等：体畸形或怪角，顶端不窜尖，皮毛红乌暗。不臭，无虫蛀，凡不符合一、二、三等者，均属此类。

2. 马鹿茸

（1）锯茸

一等：体呈支岔类圆柱形。皮毛灰黑色或灰黄色。枝干粗壮，嘴头饱满。皮毛灰黑或灰黄色。质嫩的三岔、莲花、人字等茸，无骨豆，不拧嘴，不偏头，不破皮，不发头，不骨折，不臭，无虫蛀。每支重275~450g。

二等：体呈支岔类圆柱形。皮毛灰黑色或灰黄色。质嫩的四岔茸、不足275g的三岔、人字茸均可列为此等。四岔茸嘴头不超过13cm，骨豆不超过主干长度的50%。破皮长度不超过3.3cm，不拧嘴，不发头，不臭，无虫蛀。

三等：体呈支岔类圆柱形。皮毛灰黑色或灰黄色。嫩五岔和三岔老茸。骨豆不超过主干长度的60%，破皮长度不超过4cm。不窜尖，不臭，无虫蛀。

四等：体呈支岔圆柱形或畸形。皮毛灰黑色或灰黄色。老五岔、老毛杠和嫩再生茸，破皮长度不超过4cm。不臭，无虫蛀。

五等：体呈支岔圆柱形或畸形。皮毛灰黑色或灰黄色。茸皮不全的老五岔、老毛杠、老再生茸。不臭，无虫蛀。

（2）锯血茸

一等：不臭，无虫蛀，不骨化，茸内充分含血，分布均匀，肥嫩上冲的莲花、三岔茸。不偏头，不抽沟，不破皮，不畸形。主枝及嘴头无折伤，茸头饱满，不空，不瘪。每支重不低于0.5kg。

二等：不臭，无虫蛀，不骨化，茸内充分含血，分布均匀，不足一等的莲花、三岔茸及肥嫩的四岔、人字茸，不破皮，不畸形，茸头不空不瘪。每支重0.3kg以上。

三等：不臭，无虫蛀，不骨化，不折断，茸内充分含血，不足一、二等的莲花、三岔茸、四岔茸及肥嫩的畸形茸。每支重不低于0.25kg。

【功能与主治】壮肾阳，益精血，强筋骨，调冲任，托疮毒。用于肾阳不足，精血亏虚，阳痿滑精，宫冷不孕，羸瘦，神疲，畏寒，眩晕，耳鸣，耳聋，腰脊冷痛，筋骨痿软，崩漏带下，阴疽不敛。

【用法与用量】1~2g，研末冲服。

🔗 知识链接

锯茸与砍茸

锯茸：从第三年开始锯茸，二杠茸每年可采取2次，第一次在清明后45~50天（头茬茸），采后50~60天采第二次（二茬茸）；三岔茸则采1次，约在7月下旬。锯时应迅速锯下，伤口敷止血药止血。将锯下的茸立即加工或贮藏于冷藏箱里，保持温度在15~20℃的条件下保存，再适时加工。

砍茸：砍头采收带脑骨和皮的鹿茸称砍茸，通常是在需要淘汰的鹿身上进行。

（二）麝香

【来源】鹿科动物林麝、马麝或原麝成熟雄体香囊中的干燥分泌物。

【产地及销售】林麝主要分布于陕西凤县、太白县，西藏、四川等地。

野生品：主要产于西藏、四川、陕西、甘肃、贵州。此外，云南、青海、宁夏、内蒙古及东北等地亦有产。以西藏、四川产量最大，质量优。

家养品：1958年，四川省阿坝州开始了试养工作。此后在都江堰，陕西、安徽、湖北等地也进行了试养工作。如今在四川省都江堰市、马尔康、米亚罗养麝场活麝取香已获成功，已能提供商品药材。

马麝主要分布于青藏高原的高寒地带。

原麝主要分布于东北地区大兴安岭、小兴安岭、长白山，以及安徽、河北等地。

【商品特征】

1. 毛壳麝香　为扁圆形或椭圆形的囊状体，直径3~7cm，厚2~4cm。开口面皮革质、棕褐色，略平，密生白色或灰棕色短毛，从两侧围绕中心排列，中央有1小囊孔。另一面为棕褐色略带紫色的皮膜，微皱缩，偶显肌肉纤维，略有弹性，剖开后可见中层皮膜呈棕褐色或灰褐色，半透明，内层皮膜呈棕色，内含颗粒状、粉末状的麝香仁和少量细毛及脱落的内层皮膜（习称"银皮"）。

2. 麝香仁　野生者质软，油润，疏松；其中不规则圆球形或颗粒状者习称"当门子"，表面多呈紫黑色，油润光亮，微有麻纹，断面深棕色或黄棕色；粉末状者多呈棕褐色或黄棕色，并有少量脱落的内层皮膜和细毛。养殖者呈颗粒状、短条形或不规则的团块；表面不平，紫黑色或深棕色，显油性，微有光泽，并有少量毛和脱落的内层皮膜。气香浓烈而特异，味微辣、微苦带咸。

【规格等级】分毛壳麝香和净香（麝香仁）两种规格。一般均为"统货"。毛壳麝香以饱满，皮薄，有弹性，无皮肉附着，香气浓烈者为佳。麝香仁以颗粒紫黑、粉末色棕褐、质地油润，香气浓烈者为佳。

【功能与主治】开窍醒神，活血通经，消肿止痛。用于治疗闭证神昏；疮痈肿毒，咽喉肿痛；瘀血诸证；难产，死胎，胞衣不下等。

【用法与用量】入丸散剂，每次0.03~0.1g。外用适量。不入煎剂。

🔗 知识链接

麝香的地区习用品

1. 灵猫香　为灵猫科动物大灵猫、小灵猫香囊中成熟腺细胞的分泌物。鲜品为蜂蜜样的稠厚液体，呈白色或黄白色，存放日久，由黄色最终变成褐色，呈软膏状，具有麝香样气味。灵猫香功效与麝香相似。灵猫香雌雄动物均产香，雄性产香量比雌性高。

2. 麝鼠香　为田鼠科动物麝鼠雄性香囊中的分泌物。具有类似麝香的特殊香气，含有与天然麝香相同的麝香酮、降麝香酮等大环化合物。研究表明，麝鼠香具有抗炎、抑菌、降低心肌耗氧量、降血压等作用，对于治疗冠心病有较好的疗效。麝鼠原产于北美洲，其香也称"美国麝香"。

3. 人工合成麝香　以人工合成麝香酮为主，按规定比例配制而成。经药理实验研究证明，与天然麝香的性质和作用近似，并对心绞痛有明显缓解作用。

（三）牛黄

【来源】牛科动物牛干燥的胆结石，习称"天然牛黄"。在胆囊中产生的称"胆黄"或"蛋黄"，在胆管或肝管中产生的称"管黄"。

【产地及销售】主产于西北、华北、东北、西南等地区。河南、湖北、江苏、浙江、广东、广西等地亦产。产于西北及黄河的称西牛黄，产于北京、天津、内蒙古、河北的称京牛黄，产于东北的称东牛黄，产于江苏、浙江的称苏牛黄，产于广东、广西的称广牛黄。

天然牛黄货源主要依靠进口，主产区为南、北美洲以及澳大利亚。20世纪50年代以后，牛黄配伍的中成药市场畅销，每年牛黄需求量约200吨，而我国每年自产的牛黄不足一吨，牛黄药材极为紧缺。

【商品特征】多呈卵形、类球形、四方形或三角形，大小不一，直径0.6~3（4.5）cm，少数呈管状或碎片表面黄红色至棕黄色，有的表面挂一层黑色光亮的薄膜，习称"乌金衣"，有的粗糙，具疣状突起，有的具龟裂纹。体轻，质松脆，易分层剥离，断面金黄色，可见细密的同心层纹，有的夹有白心。气清香，味苦而后甘，有清凉感，嚼之易碎，不粘牙。

【规格等级】以完整、色棕黄、质松脆、断面层纹清晰而细腻者为佳。

按产地不同分为京牛黄、东牛黄、西牛黄、金山牛黄、印度牛黄等，一般为统货。按其来源和性状不同又分为胆黄和管黄两种，以胆黄为一等品，管黄为二等品。

【功能与主治】清心，豁痰，开窍，凉肝，息风，解毒。用于热病神昏，中风痰迷，惊痫抽搐，癫痫发狂，咽喉肿痛，口舌生疮，痈肿疔疮。

【用法与用量】入丸散，每次0.15~0.35g，外用适量，研细末敷患处。

知识链接

牛黄代用品

牛黄是传统的名贵中药材，许多常用中成药，如安宫牛黄丸、片仔癀等都以牛黄为主要原料。目前，我国4 500种中成药中，有650种含有牛黄，每年牛黄需求量200吨左右。牛黄药材一直靠农户宰牛时取得，而我国每年自然产的天然牛黄，还不到1吨。为满足中药产业发展需要，我国曾经依靠进口天然牛黄。到2002年，为防止疯牛病通过用药途径传入我国，国家禁止进口牛源性材料制备中成药。自此，天然牛黄资源更为匮乏。

目前研究出牛黄代用品：①人工牛黄由牛胆粉、胆酸、猪去氧胆酸、牛磺酸、胆红素、胆固醇、微量元素等加工制成，为黄色疏松粉末，味苦微甘。②体外培育牛黄是以牛科动物牛的新鲜胆汁做母液，加入去氧胆酸、胆酸、复合胆红素钙等制成。呈圆球形或类球形，直径0.3~3cm。表面光滑，呈黄红色至棕黄色，体轻质松脆，断面有同心层纹。气香，味苦后甘。有清凉感，嚼之易碎，不粘牙。

（四）蜂蜜

【来源】蜜蜂科昆虫中华蜜蜂或意大利蜂所酿的蜜。

【产地及销售】全国各地均有养殖，以广东、云南、福建、江苏等省产量较大，均为人工养殖。我国养蜂已有2 000多年的历史，是世界养蜂大国，同时也是蜂蜜生产大国、消费大国以及出口大国。蜂蜜除了直接食用外，还能加工成多种产品，以提高其利用率和附加值。国内现有蜂产品加工企业2 000多家，遍及全国。蜂产品的生产加工企业主要集中在浙江、江苏、北京等地。

【商品特征】本品为半透明、带光泽、浓稠液体，白色至淡黄色（白蜜），或橘黄色至黄褐色（黄蜜），放久或遇冷渐有白色颗粒状结晶（葡萄糖）析出。气芳香，味极甜。

本品如有结晶析出，可置于不超过60℃的水浴中，待结晶全部溶化后，搅匀，冷至25℃。

【规格等级】蜂蜜的蜜源植物众多，所以蜂蜜品质差别特别大。各地划分等级的方法也不相同，有的按蜜源花种，有的按上市季节，有的按颜色，有的按浓度（含水量的多少）分等级，有的按统货处理。现介绍几种主要的分等级方法。

1. 按蜜源植物分级　龙眼、荔枝、枇杷、荆条、椴树、洋槐、枣树等花种蜜及相当于以上的花种蜜为一等；棉花、芝麻、葵花、油菜、紫云英等花种蜜及相当于以上的花种蜜为二等；荞麦、乌桕、皂角、水莲、大葱等花种蜜及相当于以上的花种蜜为三等。

2. 按浓度分级　波美度（°Bé）是表示溶液浓度的一种方法。把波美比重计浸入所测溶液中，得到的度数叫波美度。45°Bé为一级；40°Bé为二级；以下每低1°Bé下降一级；37°Bé为九级；36°Bé及以下为等外级。

3. 按采收季节和颜色分级

（1）春蜜（多为洋槐、橙花、梨花、油菜、紫云英等花蜜）：白色至淡黄色，黏度大，气清香味甜，质量较好。

（2）伏蜜（多为枣树、椴树、葵花、瓜花等花蜜）：色泽多为淡黄色，深黄色至琥珀色，黏度大，细腻，气清香味甜，质量较次。

（3）秋蜜（多为棉花、荞麦等花蜜）：深琥珀色至暗棕色，气微臭，味稍酸，质粗，不透明，质量最次。

（4）冬蜜（多为桂树、龙眼等花蜜）：水白色或白色，质量最佳。

【功能与主治】补中，润燥，止痛，解毒；外用生肌敛疮。用于治疗中虚脘腹疼痛，肺虚燥咳，肠燥便秘，疮疡不敛，烧烫伤以及乌头类药物的解毒。另外，有补养及缓和药性作用，常用于中成药丸、膏剂的赋形剂。

【用法与用量】煎服或冲服，15~30g。入丸剂、膏剂等随方适量。外用适量。

🔗 知识链接 ···

蜂蜜资源及使用

蜂蜜既可以做食品，又可药用或作调味品，应用范围广泛。蜂蜜中含有更易被人体吸收的单糖、多种酶和微量元素，具有滋养、润燥、解毒、养颜等功效，历代本草都有记载。对于野生蜂蜜的使用，要注意避免蜜蜂采集有毒植物的花蜜。有毒蜂蜜大多有苦、麻、涩等异味，不可药用。可以通过检查蜂蜜中花粉粒的形态特征来鉴别，如发现有乌头、雷公藤或烟草等有毒植物的花粉粒存在，不可使用，以免中毒。

三、矿物类中药材

（一）朱砂

【来源】硫化物类矿物辰砂族辰砂，主要含硫化汞（HgS）。

【产地及销售】主产于湖南、贵州、四川等省，以湖南辰州（今沅陵）产的质量较好，故有"辰砂"之名。20世纪50年代，贵州万山区和湖南都发现有蕴藏量丰富、品位较高的矿源。近代知道朱砂含有硫化汞，有毒，其使用量已大大减少，如藿香正气丸、安神补气丸、脑立清等中成药已经更改处方，不再使用朱砂。由于其毒性，药用受限，一直处于供大于求状态。

【商品特征】

1. 药材　为粒状或块状集合体，呈颗粒状或块片状。鲜红色或暗红色，条痕红色至褐红色，具光泽。体重，质脆，片状者易破碎，粉末状者有闪烁的光泽。气微，味淡。

2. 饮片　朱砂粉为朱红色极细粉末，体轻，以手指搓之无颗粒状物，以磁铁吸之，无铁末。气微，味淡。

【规格等级】常分为镜面砂、豆瓣砂、朱宝砂等规格，一般为统货。以色红，有光泽、体重质脆者为佳。

【功能与主治】有毒。镇静安神，清热解毒。用于心神不安证，疮疡肿毒，咽喉肿痛，口舌生疮等。

【用法与用量】入丸散，或研末冲服，每次0.1~0.5g。不入煎剂。

朱砂的使用与人工朱砂

朱砂早在3 000年前作为炼汞原料，用于鎏金和炼丹，后来用于医治疾病，并作为防腐剂、防虫材料、颜料广泛使用。在许多著名的中成药中均有使用，如安宫牛黄丸、苏合香丸、七厘散、梅花点舌丹、紫金锭等。

历代本草所记载的丹砂、辰砂和现代的朱砂一致。人工朱砂又称"灵砂"，是以水银、硫黄为原料，经加热提炼而成，含硫化汞在99%以上。灵砂完整者呈盆状，商品多为大小不等的碎块，全体暗红色，断面层纤维柱状，习称"马牙柱"，具有宝石样或金属光泽，质地松脆易破碎。无臭，味淡。

（二）石膏

【来源】硫酸盐类矿物石膏族石膏，主含含水硫酸钙（$CaSO_4 \cdot 2H_2O$）。

【产地及销售】主产于湖北应城。

【商品特征】本品为纤维状集合体，呈长块状、板块状或不规则块状。白色、灰白色或淡黄色，有的半透明。体重，质软，纵断面具有绢丝样光泽。气微，味淡。

【规格等级】商品一般为"统货"。以色白、块大、质松脆，纵断面如丝、无夹层、无杂石者为佳。

【功能与主治】清热泻火，除烦止渴。用于外感热病，高热烦渴，肺热喘咳，胃火亢盛，头痛、牙痛。

【用法与用量】生石膏：入煎剂，先煎，15~60g；煅石膏：外用适量，研末撒敷患处。

四、其他类中药材

（一）灵芝

【来源】多孔菌科真菌赤芝或紫芝的干燥子实体。

【产地及销售】灵芝主产于华东、西南地区及河北、山西、江西、广西、广东等地。由于能够人工栽培，全国大部分地区均有生产。灵芝在我国有着悠久的应用历史，但人们对灵芝的功效长期停留在表面的认识上，应用面狭窄。20世纪60年代后，通过系统的药理和临床试验，灵芝的应用才被逐渐推广。国内年需求量约1 000吨，并有出口。

【商品特征】分为赤芝、紫芝和栽培品三种。

1. 赤芝 外形呈伞形，菌盖肾形、半圆形或近圆形，直径10~18cm，厚1~2cm。皮壳坚硬，黄褐色至红褐色，有光泽，具环状棱纹和辐射状皱纹，边缘薄而平截，常稍内卷，菌肉白色至淡棕色。菌柄圆柱形，侧生，少偏生，长7~15cm，直径1~3.5cm，红褐色至紫褐色，光亮。孢子细小，黄褐色，气微香，味苦涩。

2. 紫芝 皮壳紫黑色，有漆样光泽。菌肉锈褐色。菌柄长17~23cm。

3. 栽培品 子实体较粗壮、肥厚，直径12~22cm，厚1.5~4cm。皮壳外常被有大量粉尘样的黄褐色孢子。

【规格等级】一般为"统货"。以完整、色紫红、有光泽者为佳。

【功能与主治】补气安神，止咳平喘。用于心神不宁，失眠心悸，肺虚咳喘，虚劳气短，不思饮食。

【用法与用量】6~12g。

（二）冬虫夏草

【来源】麦角菌科真菌冬虫夏草寄生在蝙蝠蛾科昆虫幼虫上的子座和幼虫尸体的干燥复合体。

【产地及销售】主产于四川、西藏、青海、甘肃、云南、贵州，销全国并出口。虫草历来是稀有的野生药材之一，全靠野生资源供应市场，资源有限，由于无节制采挖，虫草资源正在萎缩。近年虫草的消费量急剧上升，供需矛盾严重，价格不断攀升。

【商品特征】本品由虫体与从虫头部长出的真菌子座相连而成。虫体似蚕，长3~5cm，直径0.3~0.8cm；表面深黄色至黄棕色，有环纹20~30个，近头部的环纹较细；头部红棕色；足8对，中部4对较明显；质脆，易折断，断面略平坦，淡黄白色。子座细长圆柱形，长4~7cm，直径约0.3cm；表面深棕色至棕褐色，有细纵皱纹，上部稍膨大；质柔韧，断面类白色。气微腥，味微苦。

【规格等级】冬虫夏草等级没有一个统一的标准，零售市场有"一级、特级、王级"之类的说法，但是并不通用。虫草交易市场默认以虫草的大小和条数作为规格依据。

【功能与主治】补肾益肺，止血化痰。用于肾虚精亏，阳痿遗精，腰膝酸痛，久咳虚喘，劳嗽咯血。

【用法与用量】3~9g。

◎ 课堂活动 ————————————————————————

冬虫夏草价格昂贵，近年价格又在不断攀升，是因为冬虫夏草的神奇疗效吗？

1. 中药材具有治疗作用的同时也有一定的毒副作用。

2. 中药材生产常常是一地生产、供应全国，一季生产、供应全年。

3. 中药材在经营管理上的特点是农、工、商一体，产、供、销合一。

4. "四大南药"指巴戟天、砂仁、益智仁、槟榔；"四大怀药"指怀地黄、怀牛膝、怀山药、怀菊花；"浙八味"指浙贝母、白术、白芍、杭麦冬、杭菊花、浙玄参、延胡索、温郁金；"东北药材三宝"指人参、细辛、五味子。

5. 人参分山参和园参。一等纯山参的主根粗短呈横灵体，支根八字分开（俗称武形），五形全美（芦、芋、纹、体、须相衬）。主根上部横纹紧密而深。须根清疏而长。芋帽不超过主根重量的25%；一等普通鲜参须芦齐全，浆足，每支100~150g（2~3两）；一等边条鲜参芦长、身长、腿长，体长不短于20cm。

6. 三七的规格有十三个等级。一等20头、二等30头、三等40头、四等60头、五等80头、六等120头、七等160头、八等200头、九等大二外、十等小二外、十一等无数头、十二等筋条、十三等剪口。

7. 金银花来源于忍冬科植物忍冬的干燥花蕾或带初开的花，分为密银花和东银花。

8. 冬虫夏草为虫体与从虫头部长出的真菌子座相连而成。虫体似蚕，长3~5cm，表面深黄色至黄棕色，有环纹20~30个；头部红棕色；足8对，中部4对较明显；子座长4~7cm；气微腥，味微苦。

思考题

一、 多项选择题

1. 人参的使用注意中，不得与（　　　　）同用。

    A. 丁香　　　　　　 B. 甘草　　　　　　　 C. 藜芦

    D. 五灵脂　　　　　 E. 灵芝

2. 菊花药材的规格等级，除了怀菊花外，还有（　　　　）。

    A. 亳菊　　　　　　 B. 滁菊　　　　　　　 C. 贡菊

    D. 杭菊　　　　　　 E. 野菊

3. 宁夏枸杞出口商品的规格等级可分为（　　　　　　）
   A. 特级（贡果面）　　B. 甲级（贡果王）　　C. 乙级（贡果）
   D. 丙级（超王杞）　　E. 丁级（枸杞王）
4. 矿物类药材石膏商品性状特征是（　　　　　）
   A. 颗粒状或块状集合体　　　　　　　B. 金刚样光泽
   C. 玻璃样光泽　　　　　　　　　　　D. 绢丝样光泽
   E. 纤维状集合体
5. 灵芝的性状特征为（　　　　）
   A. 外形呈伞状，菌盖肾形、半圆形或近圆形
   B. 皮壳坚硬，黄褐色或红褐色，有光泽
   C. 皮壳灰白色至灰褐色
   D. 皮壳具环状棱纹和辐射状皱纹
   E. 菌柄生于菌盖下部的中央，有漆样光泽
6. 传统中药材的"辨状论质"具有以下哪些特点（　　　　　）
   A. 直观性　　　　B. 便捷性　　　　C. 实用性
   D. 成熟性　　　　E. 经济性

二、简答题

1. 请列举"四大南药""四大怀药""浙八味""东北药材三宝"分别指哪些药材。
2. 简述人参的"一等"规格。
3. 简述冬虫夏草的商品特征。

（张春华）

第二十二章

中成药

学习目标

- 熟练掌握中成药的选用原则，学会根据患者情况指导用药。
- 掌握中成药的概念。
- 熟悉常用中成药的功能主治、用法用量、服用方法、不良反应和使用注意事项。
- 了解中成药的发展简史。
- 具有提高患者关怀、生存质量的职业道德和素质。

情境导入

情境描述：

小王是某职业院校药剂专业的二年级学生，她喜欢自己的专业，经常阅读药品说明书。一天，母亲告诉小王，近来总是腰膝酸软，头晕目眩，半夜大汗淋漓，有时还会耳鸣。刚好家附近新开了一家中医馆，小王陪母亲前去找医生治疗，母亲将自己的症状告诉医生，并表达了自己的困扰："我又不想吃西药，觉得副作用太大了；煲中药又太麻烦，我过两天还要出差。"医生诊断后，说道："你这是肾阴亏损，我给你开点六味地黄丸调理调理。"小王一听便知是中成药，虽然中成药属于中药，其不良反应也不能忽视，她叮嘱母亲要忌口不易消化食物，不能长期服用。

学前导语：

中成药是我国历代医药学家经过千百年医疗实践创造、总结的有效方剂的精华，是真正的中国创造，品牌长盛不衰。药品生产技术不断创新，剂型也逐步升级，中成药的现代剂型与西药基本一致。本章将带领同学们学习中成药基本知识，掌握中成药用药的基本技能。

第一节 中成药概述

一、中成药的概念

中成药是指在中医药理论指导下，以中药饮片为原料，以中医方剂为依据，经过药学和临床研究，获得国家相关部门批准，按规定处方和工艺成批生产，可直接供医师辨证使用，或患者根据需要可直接购买的一类制剂，简称成药。

简而言之，中成药就是经国家药品监督管理部门批准按经典古方，或者临床经验方和研制方在药厂大批量生产成为丸剂、片剂、胶囊剂等剂型后，投放市场的制剂，大家可像服用西药一样方便地服用中药。如果是医院配制的中成药称医院制剂，只能供本院临床应用，不得投放市场销售。

二、我国中成药的发展简史

中成药是真正的中国创造，品牌长盛不衰。据我国文献记载，它的最初应用约在公元前一千七百多年前的夏商时期，最早出现的剂型是"汤剂"，指将中药材煎煮或浸泡后去渣取汁得到的药液。中成药初步形成于春秋战国时期，《黄帝内经》中已有中成药的记载，剂型包括丸、散、膏、丹等。随后的各朝代中，中成药制剂的发展更为全面，方书众多，内容丰富，理论研究日趋完善。虽然在辛亥革命后，中成药的发展受到了外来西方文化和西医药学的影响和冲击，但由于中成药特有的疗效，它的生产和应用仍有一定的发展。

中华人民共和国成立后，政府高度重视中医药事业的继承和发扬，并制定了一系列相应的政策和措施，中成药发展也焕发出勃然生机。2020年版《中国药典》（一部），已收载中成药1 607种。在科研方面，中成药在方剂的整理，传统剂型的改进，新剂型、新品种的开发方向开展了研究；在生产工艺、剂型、药效、药理、毒理、质量标准和临床应用及评价等方面，取得了举世瞩目的进步。新的产品不断研制成功，剂型不断改进和更新，设备、技术和检测手段更加先进，疗效可靠而安全的法定处方不断新增。

《中华人民共和国药典》简介

《中华人民共和国药典》（以下简称《中国药典》）自1953年出版问世后，历经11版修订，2020年7月2日，由国家药品监督管理局、国家卫生健康委员会发布公告，正式颁布2020年版《中国药典》，于2020年12月30日起正式实施。

2020年版《中国药典》共收载品种5 911种，其中，新增319种，修订3 177种，不再收载10种，品种调整合并4种。一部中药收载2 711种，其中新增117种、修订452种；二部化学药收载2 712种，其中新增117种、修订2 387种；三部生物制品收载153种，其中新增20种、修订126种；新增生物制品通则2个、总论4个。四部收载通用技术要求361个，其中制剂通则38个（修订35个）、检测方法及其他通则281个（新增35个、修订51个）、指导原则42个（新增12个、修订12个）；药用辅料收载335种，其中新增65种、修订212种。

在教育方面，全国各级院校培养了大批中药学专业人才，进一步促进了中成药的科研、教学、生产和经营的发展。

尽管世界各国对中成药概念的理解及其研究内容和方法不尽相同，但"草药"及其制剂能治愈各类病症的事实，让许多草药产品，包括中成药被众多国外市场所接受。日本是除中国外最大的中成药生产国，其生产原料75%从我国进口。亚洲其他国家如朝鲜、韩国、泰国、印度、菲律宾、越南、新加坡等也在生产或销售中成药。近年来，欧洲"草药"市场的发展要快于化学药品。中成药不仅增进了我国人民的健康福祉，同时也为世界医药学作出了重要贡献。

《本草纲目》

明朝李时珍所著的《本草纲目》，载有药物1 892种，收集医方11 096个，剂型近40种，绘制精美插图1 160幅，是中国古代药物学集大成者。李时珍在继承和总结前人本草学成就的基础上，结合自己长期学习、采访所积累的大量药学知识，经过实践和钻研，历时数十年而编成。这本著作，有严密的科学分类，从它包含药物的数目之多和流畅生动的文笔来看，都远超之前任何一部本草著作，被誉为"东方药物巨典"，对人类近代科学以及医学方面影响重大，是我国医药宝库中的一份珍贵遗产。

三、中成药的用法与用量

（一）中成药的用法

中成药品种繁多，剂型复杂。继最早的汤剂后，又涌现出了酒剂、中药合剂、酊剂、流浸膏剂、浸膏剂及煎膏剂等。近年来，应用新技术、新工艺、新设备提取药材中有效部位或多种有效成分，改革和发展了如中药颗粒剂、片剂、注射剂、气雾剂、滴丸剂等多种给药途径的新剂型，更好地满足现代临床用药的需要。

中成药的使用和剂型直接相关，不同的剂型决定不同的用药方法。根据给药途径不同，中成药可分为经胃肠道给药（内服）和非胃肠道给药（外用和注射）两大类。

口服液、合剂、糖浆剂、酒剂、露剂、片剂、丸剂、胶囊剂、颗粒剂、煎膏剂等，可以采用内服的用药方法，直接口服、温水送服、热开水冲服、含化、调成糊状后调服等。

软膏剂、油剂、水剂、栓剂、外用片剂、外用散剂、丹剂等采用外用的给药方法，或涂于患处，或撒布患处，或外贴患处，或塞入腔道。

现在还有不少中成药注射剂，主要用于皮下、皮内、肌内、静脉、穴位及患处等部位注射给药。一般由医护人员按照严格的无菌操作步骤进行，以免出现医疗事故。其中肌内注射最常用，治疗急症时用静脉注射，但风险较大，有可能引起严重不良反应，甚至可形成血栓。

中成药的用法除了和剂型直接相关外，服药时间也很有讲究。无特殊规定的口服中成药一般每日2~3次，于早、晚或早、中、晚饭后0.5~1小时各服1次，但有些中成药需根据病情及药物性质确定最佳的服药时间。外用药一般没有特殊的用药时间规定。注射给药时间由医务人员根据病情、药物半衰期的长短来确定。

（二）中成药的用量

一般中成药都必须按照药品说明书规定量服用。中成药规定的用药剂量是经过长期临床实践不断总结出来的，新制剂的用量也是经过了反复的动物实验及临床验证得出。因此，我们应遵循每种中成药规定的剂量，但在实际应用时，应考虑患者的体质、病程、病势、年龄、发病季节等因素，在用量上适当增减，灵活调整。尤其要注意特殊人群如老年人、婴幼儿、孕妇和哺乳期妇女、肝功能不全者、肾功能不全者的用法用量。

老年人因各脏器的组织结构和生理功能都有不同程度的退行性改变，从而影响了药物在体内的吸收、分布、代谢和排泄过程。肝肾功能、免疫功能均较成年人降低1/3~1/2，致使药物在体内的半衰期较一般人明显延长。长期服用某些中药容易导致蓄积中毒，所以用量应该酌减。

婴幼儿机体正处于生长发育的过程中，许多器官和组织尚未发育成熟，新陈代谢旺盛，对药物敏感性强，用量也应该酌减。

孕妇的生理具有特殊性，在对这类人群用药时，要从母、婴两方面考虑，权衡利弊，以防用药不当，确保母婴安全。

哺乳期妇女用药应具有明确指征，在不影响疗效的情况下，选用进入乳汁最少、已明确对乳儿安全且无不良反应的药物。

肝脏是人体内进行解毒及药物转化和代谢的最重要器官之一。肝病患者由于肝功能减退，药物的代谢较慢，药物作用加强或作用时间延长，用药要少而精，避免加重肝脏损害。

肾功能不全者，药物代谢和排泄会受到影响，容易引起蓄积，以及加重肾脏损害。对肾功能不全者进行药物治疗时，要特别注意在品种和剂量的选择上应慎重。要注意药物相互作用，特别应避免与有肾毒性的药物合用。

除剧毒药外，老幼给药剂量可按成人服用量折算。

❓ 课堂问答

老人、儿童用药量具体如何折算呢？请查阅相关资料，找出老人、儿童用药量的计算方法。

四、中成药的不良反应

（一）不良反应的基本概念

不良反应是指按正常用法、用量应用药物预防、诊断或治疗疾病过程中，发生与治疗目的无关的有害反应。主要包括副作用、毒性作用、过敏反应、后遗效应、继发反应等。

（二）引起中成药不良反应的原因

1. **药品质量欠佳**　一方面原药材基源复杂，有的质量低劣；另一方面制剂方法不当或随意改变剂型导致不良反应发生。有的中药注射剂提取工艺不够完善，导致植物蛋白质非药杂质未能完全除尽，引发不良反应。如临床报道的复方丹参片引起过敏性哮喘，鱼腥草注射液致过敏反应等。

2. **配伍不当**　临床上中西药联合使用，可产生协同作用，加速机体康复。但中西药配伍药理作用复杂，部分能产生拮抗作用，出现不良反应。含朱砂的药物如牛黄清心丸、朱砂安神丸等与溴化物、碘化物同服产生有毒的溴化汞和碘化汞沉淀，导致药源性肠炎。

3. **个体差异**　不同个体、不同状态下对药物的反应不同，耐受性差的患者容易出现不良反应。特殊人群如儿童、老年人、孕妇以及过敏体质者，容易发生不良反应。

（三）中成药不良反应的常见临床表现

1. **皮肤症状**　各种皮肤症状，如荨麻疹、药疹、接触性皮炎、光敏性皮炎、大疱性表皮坏死松解症、药热，注射局部可出现红、肿、坏死、色素沉着、痤疮样疹等。例如六神丸可引起湿疹性皮炎样药疹；牛黄解毒片可引起荨麻疹样皮疹等。

2. **全身症状**

（1）神经系统的毒性反应：口唇麻木或全身麻木，眩晕头痛，失眠或嗜睡，严重时出现意识模糊、言语不清或障碍，甚至抽搐、惊厥、昏迷、呼吸抑制等。含强心苷、皂苷、生物碱等成分的中成药，容易引起神经系统的毒性反应，如雷公藤多苷片。

（2）消化系统的毒性反应：口干口苦，恶心、呕吐、食欲不振、腹痛、腹泻，严重者出现呕血、便血及肝脏损害等。含有生物碱、强心苷、斑蝥素等成分的中成药，容易引起消化系统的毒性反应，如复方斑蝥胶囊。

（3）循环系统的毒性反应：心悸、胸闷、面色苍白、四肢厥冷、心律不齐、血压改变、传导阻滞等。含有强心苷、皂苷、乌头类生物碱等成分的中成药，容易引起循环系统的毒性反应，如六神丸。

（4）呼吸系统的毒副反应：呼吸急促、咳嗽咯血、呼吸困难、发绀、急性肺水肿、呼吸衰竭等。含有生物碱、氰苷、硫化砷等成分的中成药，容易引起呼吸系统的毒性反应，如附子理中丸。

（5）泌尿系统的毒性反应：少尿或多尿、蛋白尿、血尿、腰痛、肾功能衰竭、酸中毒、电解质平衡失调，严重者导致尿毒症等。

此外，还有血液系统、五官功能障碍等毒性反应。

（四）中成药不良反应的预防措施

1. 加强管理，保证质量　确保质量是预防中成药不良反应发生的基本条件。中成药质量与中药材来源、炮制、加工、制剂等环节有关，各环节都必须加强管理。严格控制药材来源，遵循中药炮制规范，严格设计生产工艺。尤其中药注射剂必须达到安全、有效、可靠、稳定的要求。按照《医疗用毒性药品管理办法》的有关规定，切实加强毒性中药的收购、经营、加工、使用及保管工作。

2. 药证相符，合理用药　准确辨证用药是预防不良反应发生的重要基石。临床医生均须因人、因时辨证，根据证候确定治则治法。合理处方，药证相符，达到最佳疗效。普通患者更应避免盲目滥用中成药。

3. 严控剂量，规范用法　根据病情、年龄、体质、季节气候等因素，在医生指导下按规定剂量服用，尤其是含有毒性或药性猛烈的药物。同时注意避免中西药不合理的配伍使用，并根据药物制剂及主治病证特点，恰当选用用药方法，如对胃肠有刺激或欲使药力停留上焦较久的宜在饭后服，滋补药宜饭前空腹服。

4. 特殊人群，尤须重视　对儿童、老年人、孕妇、哺乳期妇女等特殊人群，需根据其生理特点慎重用药，避免使用对患者相关脏器有害的药物。过敏体质者，要注意易致敏中成药的使用，尤其是中药注射剂。

5. 加强监控，科学用药　注重对中成药不良反应资料的全面搜集，及时上报给国家药品不良反应监测中心。逐步明确各种毒性中药的中毒作用机制、最小有效量、极量及抢救治疗措施等，做到科学用药。

（五）中成药中毒的救治原则

一旦出现不良反应，应立即停药。临床症状较轻者，如一般过敏反应，停药或经过抗过敏反应对症处理，症状可逐渐消失。危重中毒反应要及时抢救，如采用催吐、导泻、洗胃、灌肠的方法促使毒物排出，可选用甘草、绿豆等煎汤灌服。

五、中成药的用药禁忌

（一）证候禁忌

每种中成药都有特定的适应证，存在着偏性，临床使用时，要注意药证相宜。如安宫牛黄丸为大凉药，属于开窍醒神救急之品，功能清热解毒、镇惊开窍，主治热邪内陷心包证，症见高热烦躁、神昏谵语、舌红或绛。若患者症见突然昏倒、牙关紧闭、不省人事、神昏不语、苔白脉迟，辨证属寒闭神昏者，则当用温开药苏合香丸。因此，临床应用中成药要注意辨证施治，明确药物个性特点、功效主治、用药禁忌后才能合理使用。

（二）妊娠禁忌

某些药物因能损害胎元，对孕妇不利，属于妊娠用药禁忌范围。2020年版《中国药典》收载的中成药，分为孕妇慎服、慎用、忌服、禁用几种。部分药物对孕妇及哺乳期妇女均应禁用。

（三）饮食禁忌

服用某些中成药时，必须忌食某种食物，以免药物与食物之间产生相互作用而影响药效或导致中毒，即人们通常所说的"忌口"。如人参健脾丸、人参养荣丸含人参，服用时不宜吃萝卜；服用含有使君子的中成药，不宜饮茶；服用含铁的中成药如磁朱丸等，不宜饮茶、吃柿子；脾胃虚弱的患者，服用健脾消导药如保和丸、健脾丸时，不宜食用煎炸、黏腻等不易消化的食物。

另外，为了避免食物影响中成药的疗效，服用清热类中成药应避免食用辛辣的食物；服用温里的中成药不宜食用寒凉的食物，如雪糕、西瓜等；服用泻下的中成药时，不宜食用酸涩的食物。

（四）配伍禁忌

中药在复方配伍应用中，有些药物相互配伍能产生毒副作用，如"十八反""十九畏"等。关于相反药能否同用，目前尚无定论。实际应用时，在没有充分根据及实际应用经验时，不宜使用。中成药在配伍应用时，无论中成药之间、中成药与中药药引，还是中成药与汤剂的配伍，都应避免有相反、相畏的药物。如含有乌头类的附子理中丸不宜与含川贝母的蛇胆川贝液同服；含有郁金的利胆排石片不宜与含有丁香的六应丸同时使用。

第二节　常用中成药

中成药可按病症、按功效进行分类。按病症分类即以科为纲，以病、证为目进行分类，分为内、外、妇、儿、五官、骨伤、皮肤等科，科下设病，如内科下分咳嗽、感冒、贫血等，便于临床以病索药，且有利于指导新药研发；按功效分类也是不少中成药专著常采用的方法，依据药物的主要功效，可分为解表剂、泻下剂、消食剂、驱虫剂等。如《国家基本医疗保险、工伤保险和生育保险药品目录》等即采用该方法分类。每种分类方法都各有优缺点，各法互补。以下中成药以科为纲，结合功效进行分类叙述。

一、内科用药

中医内科是中医临床各科的基础，它包括的内容甚为广泛，所用药物也甚多，大致有十七类之多，有解表剂、祛暑剂、泻下剂、清热剂、温里剂、止咳平喘剂、化痰剂、开窍剂、固涩剂、补虚剂、安神剂、和解剂、理气剂、理血剂、消导化积剂、治风剂、祛湿剂。

（一）解表剂

解表剂中成药具有发汗解表作用，主要用于治疗表证。表证多见于感冒、流行性感冒、上呼吸道感染、支气管炎、肺炎等呼吸道疾病，也见于多种感染的初期阶段。临床表现以鼻塞、流涕、喷嚏、咳嗽、头痛、恶寒、发热、全身不适为主要特征。表证有寒热之分，患者有虚实之别，应根据具体情况去选择药品。

应用解表剂中成药，服药后，宜以遍身微汗为度，切忌大汗，并注意避风邪，以免再次感冒。服药期间除用于虚人外感证的扶正解表类中成药外，应忌服滋补类中药，并忌烟、酒及油腻难消化食物，以免延误治疗。

代表中成药有感冒清热颗粒、银翘解毒丸、防风通圣丸、玉屏风颗粒等。

1. 感冒清热颗粒

【成分】荆芥穗、薄荷、防风、柴胡、紫苏叶、葛根、桔梗、苦杏仁、白芷、苦地丁、芦根。

【功能主治】疏风散寒，解表清热。用于风寒感冒，头痛发热，恶寒身痛，鼻流清涕，咳嗽，咽干。

【用法用量】开水冲服。一次1袋，一日2次。

【注意事项】服药期间忌食辛辣、油腻食物；与环孢素同用，可能引起环孢素血药浓度升高。

2. 银翘解毒丸

【成分】金银花、连翘、薄荷、荆芥、淡豆豉、牛蒡子（炒）、桔梗、淡竹叶、甘草。

【功能主治】疏风解表，清热解毒。用于风热感冒，症见发热头痛、咳嗽口干、咽喉疼痛。

【用法用量】用芦根汤或温开水送服。一次1丸，一日2~3次。

【注意事项】外感风寒及湿热病初起者禁用。

3. 防风通圣丸

【成分】防风、荆芥穗、薄荷、麻黄、大黄、芒硝、栀子、滑石、桔梗、石膏、川芎、当归、白芍、黄芩、连翘、甘草、白术（炒）。

【功能主治】解表通里，清热解毒。用于外寒内热，表里俱实，恶寒壮热，头痛咽干，小便短赤，大便秘结，风疹湿疮。

【用法用量】口服。水丸一次6g，浓缩丸一次8丸，一日2次。

【注意事项】孕妇慎用；服药后大便次数增多且不成形者，应酌情减量；发热体温超过38.5℃的患者，应去医院就诊。

4. 玉屏风颗粒

【成分】黄芪、白术（炒）、防风。

【功能主治】益气，固表，止汗。用于表虚不固，自汗恶风，面色㿠白，或体虚易感风邪者。

【用法用量】开水冲服，一次5g，一日3次。

【注意事项】宜饭前服用；热病汗出者慎用；阴虚盗汗者慎用；服药期间饮食宜选清淡之品，忌油腻食物。

（二）祛暑剂

暑湿病多发于夏季及夏秋交替之际，临床多见于中暑、胃肠型感冒、急性胃肠炎、水土不服等。治法应随证而异。代表中成药有保济丸、藿香正气系列药物、十滴水等。服药期间忌烟、酒及辛辣、生冷、油腻食物，饮食宜清淡；不宜在服药期间同时服用滋补性中药。

1. 保济丸

【成分】钩藤、菊花、蒺藜、厚朴、木香、苍术、天花粉、广藿香、葛根、化橘红、白芷、薏苡仁、稻芽、薄荷、茯苓、广东神曲。

【功能主治】解表，祛湿，和中。用于暑湿感冒，症见发热头痛、腹痛腹泻、恶心呕吐、肠胃不适；亦可用于晕车晕船。

【用法用量】口服。一次1.85~3.7g，一日3次。

【注意事项】孕妇忌服；外感燥热者不宜服用；发热体温超过38.5℃的患者，以及吐泻严重者应去医院就诊。

2. 藿香正气系列

【成分】苍术、陈皮、厚朴（姜制）、白芷、茯苓、大腹皮、生半夏、甘草浸膏、广藿香油、紫苏叶油。

【功能主治】解表化湿，理气和中。用于外感风寒、内伤湿滞或夏伤暑湿所致的感冒，症见头痛昏重、胸膈痞闷、脘腹胀痛、呕吐泄泻；胃肠型感冒见上述证候者。

【用法用量】口服。颗粒剂温开水冲服，一次1袋；滴丸一次2.5~5g，一次1~2袋；软胶囊一次2~4粒，胶囊一次4粒，片剂一次4~8片，一日2次；酊剂和口服液一次5~10ml，一日2次，用时摇匀；合剂一次10~15ml，一日3次，用时摇匀。

【注意事项】阴虚火旺者忌服；风热感冒者慎用；不宜同时服用滋补性中药；应避免和头孢类药物同时服用；对本品及乙醇过敏者禁用，过敏体质者慎用；孕妇慎用。

3. 十滴水

【成分】樟脑、干姜、大黄、小茴香、肉桂、辣椒、桉油。

【功能主治】健胃，祛暑。用于因中暑而引起的头晕、恶心、腹痛、胃肠不适。

【用法用量】口服。一次2~5ml，儿童酌减。

【注意事项】孕妇忌服；驾驶员、高空作业者慎用。

（三）泻下剂

泻下剂中成药具有通导大便、排除肠胃积滞、荡涤实热等作用，主要用于排便困难，秘结不通，排便艰涩不畅等便秘病症。常用药为麻仁润肠丸、清宁丸等。

1. 麻仁润肠丸

【成分】火麻仁、苦杏仁（炒）、大黄、木香、陈皮、白芍。

【功能主治】润肠通便。用于肠胃积热，胸腹胀满，大便秘结。

【用法用量】口服，一次1~2丸，一日2次。

【注意事项】孕妇忌服；严重器质性病变引起的排便困难者忌用。

2. 清宁丸

【成分】大黄、绿豆、车前草、白术（炒）、黑豆、半夏（制）、香附（醋制）、桑叶、桃枝、牛乳、厚朴（姜制）、麦芽、陈皮、侧柏叶。

【功能主治】清热泻火，消肿通便。用于火毒内蕴所致的咽喉肿痛，口舌生疮，头晕耳鸣，目赤牙痛，腹中胀满，大便秘结。

【用法用量】口服。大蜜丸一次1丸，水蜜丸一次6g；一日1~2次。

【注意事项】阴虚火旺者慎用；老人、儿童及素体脾胃虚寒者慎服，孕妇禁用；服药期间忌食辛辣、油腻食物；用本品治疗喉痹、口疮、口糜、牙宣、牙痛时，可配合使用外用药物，以增强疗效。

（四）清热剂

清热剂中成药具有清热泻火、清热解毒、清热祛湿等作用，主要用于里热证。症见发热、不恶寒反恶热、口渴、烦躁或心烦口苦、小便短赤、舌质红、苔黄、脉洪数或弦数有力等。常用药为牛黄解毒片（胶囊、软胶囊、丸）、板蓝根颗粒等。

1. 牛黄解毒片

【成分】人工牛黄、雄黄、石膏、大黄、黄芩、桔梗、冰片、甘草。

【功能主治】清热解毒。用于火热内盛，咽喉肿痛，牙龈肿痛，口舌生疮，目赤肿痛。

【用法用量】口服。小片一次3片，大片一次2片，一日2～3次。

【注意事项】孕妇禁用；血虚气弱、无实热者忌服。

2. 板蓝根颗粒

【成分】板蓝根。

【功能主治】清热解毒，凉血利咽。用于肺胃热盛所致的咽喉肿痛、口咽干燥；急性扁桃体炎见上述证候者。

【用法用量】开水冲服。一次5～10g(含蔗糖)，一次3～6g(无蔗糖)，一日3～4次。

【注意事项】风寒感冒者不适用；扁桃体有化脓或发热体温超过38.5℃的患者应去医院就诊。

（五）温里剂

温里剂中成药主要用于里寒证。症见畏寒肢冷、面色苍白、腰膝酸冷、大便溏泻、小便清长、舌质淡、苔白润等。本类中成药药性温热，临床应用时应注意用量不宜太过，中病即止，以免温热过甚，耗损阴液。素体阴虚或失血患者应慎用。服药期间忌烟、酒及辛辣、生冷、鱼腥、油腻类食物。常用药为附子理中丸、香砂养胃丸等。

1. 附子理中丸

【成分】附子（制）、党参、白术（炒）、干姜、甘草。

【功能主治】温中健脾。用于脾胃虚寒，脘腹冷痛，呕吐泄泻，手足不温。

【用法用量】口服，水蜜丸一次60粒（6g），小蜜丸一次9g，大蜜丸一次1丸，一日2～3次。

【注意事项】孕妇慎用；不适用于急性胃肠炎，泄泻兼有大便不畅，肛门灼热者；高血压、心脏病、肾病、咳喘、浮肿患者或正在接受其他药物治疗者应在医师指导下服用；本品有附子，服药后如有血压增高、头痛、心悸等症状，应立即停药就医。

2. 香砂养胃丸

【成分】木香、砂仁、白术、陈皮、茯苓、半夏（制）、香附（醋制）、枳实（炒）、豆蔻（去壳）、厚朴（姜制）、广藿香、甘草、生姜、大枣。

【功能主治】温中和胃。用于胃阳不足、湿阻气滞所致的胃痛、痞满，症见胃痛隐隐、脘闷不舒、呕吐酸水、嘈杂不适、不思饮食、四肢倦怠。

【用法用量】口服，一次9g，一日2次。

【注意事项】胃阴不足或湿热中阻所致的痞满、胃痛、呕吐者慎用。

（六）止咳平喘剂

止咳平喘剂中成药主要用于咳嗽、气喘等病证。咳嗽、气喘患者在服药期间忌烟、酒及辛辣、生冷、鱼腥、油腻类食物。常用药为通宣理肺丸、小青龙颗粒、橘红片（丸）等。

1. 通宣理肺丸

【成分】紫苏叶、前胡、桔梗、苦杏仁、麻黄、甘草、陈皮、半夏（制）、茯苓、枳壳（炒）、黄芩。

【功能主治】解表散寒，宣肺止嗽。用于风寒束表、肺气不宣所致的感冒咳嗽，症见发热、恶寒、咳嗽、鼻塞流涕、头痛、无汗、肢体酸痛。

【用法用量】口服，水蜜丸一次7g，大蜜丸一次2丸，一日2~3次。

【注意事项】风热或痰热咳嗽、阴虚干咳者忌用；运动员禁用；孕妇慎用；本方含有麻黄，心脏病、高血压患者慎用。

2. 小青龙颗粒

【成分】麻黄、桂枝、白芍、干姜、细辛、炙甘草、法半夏、五味子。

【功能主治】解表化饮，止咳平喘。用于风寒水饮，恶寒发热，无汗，喘咳痰稀。

【用法用量】开水冲服。一次1袋，一日3次。

【注意事项】儿童、孕妇、哺乳期妇女禁用；肝肾功能不全者禁服；内热咳喘及虚喘者慎用。

3. 橘红片（丸）

【成分】化橘红、陈皮、半夏（制）、茯苓、甘草、桔梗、苦杏仁、紫苏子（炒）、紫菀、款冬花、瓜蒌皮、浙贝母、地黄、麦冬、石膏。

【功能主治】清肺，化痰，止咳。用于痰热咳嗽，痰多，色黄黏稠，胸闷口干。

【用法用量】口服。片剂一次6片，一日2次；水蜜丸一次7.2g，小蜜丸一次12g，大蜜丸一次2丸（每丸重6g）或4丸（每丸重3g），一日2次。

【注意事项】气虚咳喘及阴虚燥咳者不适用。

（七）化痰剂

痰证的范围广，变化复杂。内伤、外感都能引起。常用药为急支糖浆、蜜炼川贝枇杷膏等。

1. 急支糖浆

【成分】鱼腥草、金荞麦、四季青、麻黄、紫菀、前胡、枳壳、甘草。

【功能主治】清热化痰，宣肺止咳。用于外感风热所致的咳嗽，症见发热、恶寒、胸膈满闷、咳嗽咽痛；急性支气管炎、慢性支气管炎急性发作见上述证候者。

【用法用量】口服，成人一次20~30ml，一日3~4次；儿童1岁以内一次5ml，1岁至3岁一次7ml，3岁至7岁一次10ml，7岁以上一次15ml，一日3~4次。

【注意事项】运动员禁用；寒证者慎用；孕妇慎用。

2. 蜜炼川贝枇杷膏

【成分】川贝母、枇杷叶、桔梗、陈皮、水半夏、北沙参、五味子、款冬花、杏仁水、薄荷脑。

【功能主治】清热润肺，止咳平喘，理气化痰。适用于风热、痰热及燥热之咳嗽，痰多，胸闷，咽喉痛痒，声音沙哑。

【用法用量】口服，一次15ml，一日3次。

【注意事项】本品适用于肺燥咳嗽。

（八）开窍剂

本类药物用于脑血管意外、流行性乙型脑炎、流行性脑脊髓膜炎、肝性脑病、冠心病心绞痛、心肌梗死，以及感染或中毒所致的高热惊厥等。常用药为清开灵颗粒（口服液）、安宫牛黄丸等。

1. 清开灵颗粒（口服液）

【成分】胆酸、猪去氧胆酸、黄芩苷、水牛角、金银花、栀子、板蓝根、珍珠母。

【功能主治】清热解毒，镇静安神。用于外感风热时毒、火毒内盛所致高热不退、烦躁不安、咽喉肿痛、舌质红绛、苔黄、脉数者；上呼吸道感染、病毒性感冒、急性扁桃体炎、急性咽炎、急性气管炎、高热等病症见上述证候者。

【用法用量】口服，颗粒剂一次3~6g，一日2~3次，开水冲服；口服液一次20~30ml，一日2次。

【注意事项】孕妇禁用；高血压、心脏病患者慎服；平素脾胃虚寒及久病体虚患者如出现腹泻时慎服。风寒感冒者不适用。

2. 安宫牛黄丸

【成分】牛黄、水牛角浓缩粉、麝香、珍珠、朱砂、雄黄、黄连、黄芩、栀子、郁金、冰片。

【功能主治】清热解毒，镇惊开窍。用于热病，邪入心包，高热惊厥，神昏谵语。中风昏迷及脑炎、脑膜炎、中毒性脑病、脑出血、败血症见上述证候者。

【用法用量】口服，成人一次1丸，一日1次；小儿3岁以内一次1/4丸，4岁至6岁一次1/2丸，一日1次，或遵医嘱。

【注意事项】本品处方中含朱砂、雄黄，不宜过量久服，肝肾功能不全者慎用；孕妇慎用；在治疗过程中如出现肢寒畏冷，面色苍白，冷汗不止，脉微欲绝，由闭证变为脱证时，应立即停药；服用前应除去蜡皮、塑料球壳及玻璃纸；本品不可整丸吞服。

（九）固涩剂

本类药物用于自汗盗汗、遗精滑泄、小便失禁、久泻久痢和崩漏带下等。常用药为金锁固精丸、四神丸等。

1. 金锁固精丸

【成分】沙苑子（炒）、芡实（蒸）、莲须、龙骨（煅）、牡蛎（煅）、莲子。

【功能主治】固精涩精。用于肾虚不固，遗精滑泄，神疲乏力，四肢酸软，腰痛耳鸣。

【用法用量】口服。一次6~9g，一日2次。空腹用淡盐水或温开水送服。

【注意事项】肝经湿热下注或阴虚火旺而致遗精者不宜使用；感冒发热勿服。

2. 四神丸

【成分】补骨脂（盐炒）、肉豆蔻（煨）、吴茱萸（制）、五味子（醋制）、大枣（去核）、生姜。

【功能主治】温肾散寒，涩肠止泻。用于肾阳不足所致的泄泻，症见肠鸣腹胀、五更溏泻、食少不化、久泻不止、面黄肢冷。

【用法用量】口服。一次9g，一日1~2次。

【注意事项】湿热痢疾、湿热泄泻者不宜使用；服药期间饮食宜清淡，忌食生冷、油腻食物。

（十）补虚剂

本类药能够补养人体气、血、阴、阳的不足，治疗各种虚证。常用药为六味地黄丸、金匮肾气丸、八珍丸等。

1. 六味地黄丸

【成分】熟地黄、山茱萸（制）、牡丹皮、山药、茯苓、泽泻。

【功能主治】滋阴补肾。用于肾阴亏损，头晕耳鸣，腰膝酸软，骨蒸潮热，盗汗遗精。

【用法用量】口服。水蜜丸一次6g，小蜜丸一次9g，大蜜丸一次1丸，一日2次；浓缩丸一次8丸，一日3次。

【注意事项】体虚及阳虚者忌服；感冒者慎用；脾虚、气滞、食少纳呆者慎用；不宜与感冒药同时服用；宜饭前服用。

2. 金匮肾气丸（片）

【成分】地黄、山茱萸（酒炙）、山药、牡丹皮、泽泻、茯苓、桂枝、附子（制）、牛膝、车前子（盐炙）。

【功能主治】温补肾阳，行气化水。用于肾虚水肿，腰膝酸软，小便不利，畏寒肢冷。

【用法用量】丸剂，口服，水蜜丸一次4~5g（20~25粒），大蜜丸一次1丸，一日2次。片剂，口服，一次4片，一日2次。

【注意事项】湿热壅盛，风水泛溢水肿者不宜用；本品含附子，不可过服、久服；服药期间饮食宜清淡，宜低盐饮食；孕妇禁用。

3. 八珍丸

【成分】党参、炒白术、茯苓、甘草、当归、白芍、川芎、熟地黄。

【功能主治】补气益血。用于气血两虚，面色萎黄，头晕目眩，食欲不振，四肢乏力，气短懒言，月经过多，舌淡苔薄白，脉细弱或虚大无力。

【用法用量】口服。水蜜丸一次6g，大蜜丸一次1丸，一日2次。

【注意事项】孕妇慎用；体实有热者慎服；感冒者慎服，以免表邪不解。

（十一）安神剂

本类药具有安定神志作用，用于心神不安的病证。本类中成药常含有朱砂等成分，长期服用可引起慢性汞中毒，故不宜多服、久服。常用药为朱砂安神丸、天王补心丸等。

1. 朱砂安神丸

【成分】朱砂（另研，水飞为衣）、黄连、生地黄、当归、甘草。

【功能主治】重镇安神，清心泻火。用于心火亢盛，阴血不足证。症见心神烦乱，失眠多梦，心悸不宁，舌尖红，脉细数。

【用法用量】口服。水蜜丸一次6g，小蜜丸一次9g，大蜜丸一次1丸，睡前温开水送服。

【注意事项】用于治疗失眠时，睡前忌吸烟，忌喝酒、茶和咖啡；孕妇慎用。

2. 天王补心丸

【成分】丹参、当归、石菖蒲、党参、茯苓、五味子、麦冬、天冬、地黄、玄参、远志（制）、酸枣仁（炒）、柏子仁、桔梗、甘草、朱砂。

【功能主治】滋阴养血，补心安神。用于心阴不足，心悸健忘，失眠多梦，大便干燥。

【用法用量】口服。水蜜丸一次6g，小蜜丸一次9g，大蜜丸一次1丸，一日2次；浓缩丸一次8丸，一日3次。

【注意事项】脾胃虚寒、胃纳欠佳或痰湿留滞者均不宜服用。服用前应除去蜡皮、塑料球壳；本品可嚼服，也可分份吞服。

（十二）和解剂

本类中成药治疗少阳病或肝脾、肠胃不和等证。常用药为小柴胡颗粒、逍遥丸等。

1. 小柴胡颗粒

【成分】柴胡、黄芩、姜半夏、党参、生姜、甘草、大枣。

【功能主治】解表散热，和解少阳。用于外感病属邪犯少阳证，症见寒热往来、胸胁苦满、食欲不振、心烦喜呕、口苦咽干。

【用法用量】颗粒剂，开水冲服。一次1~2袋，一日3次。

【注意事项】风寒感冒者肝火偏盛、肝阳上亢者慎用；过敏体质慎用。

2. 逍遥丸

【成分】柴胡、当归、白芍、白术（炒）、茯苓、薄荷、炙甘草。

【功能主治】疏肝健脾，养血调经。用于肝气不舒所致的月经不调，胸胁胀痛，头晕目眩，食欲减退。

【用法用量】口服，水丸，一次6~9g，一日2次。

【注意事项】感冒时不宜服用本药；月经过多者不宜服用本药。

（十三）理气剂

本类中成药具有疏畅气机、调整脏腑功能的作用，治疗气滞或气逆病症。大多辛温香燥，勿使过量；孕妇、气虚或阴亏火旺者须慎用。常用药为胃苏颗粒、苏子降气丸、气滞胃痛颗粒等。

1. 胃苏颗粒

【成分】陈皮、佛手、香附、香橼、枳壳、紫苏梗、槟榔、鸡内金（炙）。

【功能主治】疏肝理气，和胃止痛。用于肝胃气滞所致的胃脘痛，症见胃脘胀痛，窜及两胁，得嗳气或矢气则舒，情绪郁怒则加重，胸闷食少，排便不畅，舌苔薄白，脉弦；慢性胃炎及消化性溃疡见上述证候者。

【用法用量】用适量开水冲服，搅拌至全溶。若放置时间长有少量沉淀，摇匀即可。一次1袋，一日3次。15天为一个疗程。

【注意事项】脾胃阴虚或肝胃郁火胃痛者慎用；孕妇忌服。

2. 苏子降气丸

【成分】炒紫苏子、厚朴、前胡、甘草、姜半夏、陈皮、沉香、当归。

【功能主治】降气化痰，温肾纳气。用于上盛下虚、气逆痰雍所致的咳嗽喘息、胸膈痞塞。

【用法用量】口服，一次6g，一日1~2次。

【注意事项】阴虚，舌红无苔者忌服；有支气管扩张、肺脓疡、肺结核、肺心病的患者及孕妇，应在医师指导下服用；忌烟、酒及辛辣食物。

（十四）理血剂

本类中成药具有促进血行、消散瘀血及制止出血等作用。常用药有丹参类制剂、三七类制剂等。

1. 复方丹参片

【成分】丹参、三七、冰片。

【功能主治】活血化瘀，理气止痛。用于气滞血瘀所致的胸痹，症见胸闷、心前区刺痛；冠心病心绞痛见上述证候者。

【用法用量】口服，一日3次，一次3片。

【注意事项】孕妇慎用。

2. 速效救心丸

【成分】川芎、冰片。

【功能主治】行气活血，祛瘀止痛，增加冠状动脉血流量，缓解心绞痛。用于气滞血瘀型冠心病，心绞痛。

【用法用量】含服，一次4~6粒，一日3次；急性发作时，一次10~15粒。

【注意事项】尚不明确。

（十五）消导化积剂

本类药物具有行气宽中、消食导滞，消痞化积的作用，恢复脾胃正常功能。常用药为保和丸、健胃消食片等。

1. 保和丸

【成分】山楂（焦）、六神曲（炒）、半夏（制）、茯苓、陈皮、连翘、莱菔子（炒）、麦芽（炒）。

【功能主治】消食，导滞，和胃。用于食积停滞，脘腹胀满，嗳腐吞酸，不欲饮食。

【用法用量】口服，水丸一次6~9g，大蜜丸一次1~2丸，一日2次。

【注意事项】孕妇忌服。

2. 健胃消食片

【成分】太子参、陈皮、山药、麦芽（炒）、山楂。

【功能主治】健胃消食。用于脾胃虚弱所致的食积，症见不思饮食、嗳腐酸臭、脘腹胀满，消化不良见上述证候者。

【用法用量】口服，可以咀嚼。一次4~6片，一日3次。小儿酌减。

【注意事项】胃阴虚者不宜用。

（十六）治风剂

本类药具有疏散外风，平息内风的作用。风病多见于头痛、感冒、骨关节炎、风湿性关节炎、类风湿关节炎、原发性高血压等。风邪浅于皮表，而出现表证者，可用解表剂；风邪留于肌肉、经络、筋骨、关节等处，用治风剂。常用药为正天丸、华佗再造丸等。

1. 正天丸

【成分】白芍、白芷、川芎、当归、地黄、独活、防风、附片、钩藤、红花、鸡血藤、麻黄、羌活、桃仁、细辛。

【功能主治】疏风活血，养血平肝，通络止痛。用于外感风邪、瘀血阻络、血虚失养、肝阳上亢引起的偏头痛、紧张性头痛、神经性头痛、颈椎病型头痛、经前头痛。

【用法用量】饭后服用，一次6g，一日2~3次，15天为一个疗程。

【注意事项】严格按照用法用量服用，本品不宜长期服用。

2. 华佗再造丸

【成分】川芎、吴茱萸、冰片等。

【功能主治】活血化瘀，化痰通络，行气止痛。用于痰瘀阻络之中风恢复期和后遗症，症见半身不遂、拘挛麻木、口眼㖞斜、言语不清。

【用法用量】口服，一次4~8g，一日2~3次；重症一次8~16g，或遵医嘱。

【注意事项】孕妇忌服。

（十七）祛湿剂

本类药具有化湿利水、化浊通淋作用。常用药为五苓散、茵栀黄颗粒等。

1. 五苓散

【成分】泽泻、茯苓、猪苓、白术、桂枝。

【功能主治】温阳化气，利湿行水。用于阳不化气、水湿内停所致的水肿，症见小便不利、水肿腹胀、呕逆泄泻、渴不思饮。

【用法用量】口服，一次6~9g，一日2次。

【注意事项】阴虚津液不足之口渴、小便不利者不宜服用。

2. 茵栀黄颗粒

【成分】茵陈提取物、栀子提取物、黄芩提取物、金银花提取物。

【功能主治】清热解毒，利湿退黄。用于肝胆湿热所致的黄疸，症见面目悉黄、胸胁胀痛、恶心呕吐、小便黄赤；急、慢性肝炎见上述证候者。

【用法用量】开水冲服。一次2袋，一日3次。

【注意事项】妊娠及哺乳期妇女慎用。

二、外科用药

与西医学的分科不同，中医外科的治疗范围没有明确的界限，外科的名称是从痈疽、疮疡生于人体肌表，用肉眼可以直接诊察到这个特点而来，是相对内科而言的。历代外科著作中都有伤科疾病的叙述，伤科一直隶属于外科学科，直至元朝开始，才逐渐分立外科和伤科。外科用中成药主要用于痈疽疮疡、无名肿毒、肝胆湿热、痔疮肛裂、水火烫伤、毒蛇咬伤、瘰疬痰核、泌尿系结石等病症。

常用药为消炎利胆片、马应龙麝香痔疮膏、季德胜蛇药片、如意金黄散、口腔溃疡散、消痤丸等。

1. 消炎利胆片

【成分】穿心莲、溪黄草、苦木。

【功能主治】清热，祛湿，利胆。用于肝胆湿热引起的口苦、胁痛和急性胆囊炎、胆管炎。

【用法用量】口服，一次6片，一日3次。

【注意事项】孕妇慎用。

2. 马应龙麝香痔疮膏

【成分】人工麝香、人工牛黄、珍珠、琥珀、硼砂、冰片、炉甘石（煅）。

【功能主治】清热燥湿，活血消肿，去腐生肌。用于湿热瘀阻所致的痔疮、肛裂，症见大便出血，或疼痛，有下坠感；亦用于肛周湿疹。

【用法用量】外用，涂擦患处。

【注意事项】本品为外用药，禁止内服；用毕洗手，切勿接触眼睛、口腔等黏膜处；忌烟酒及辛辣、油腻、刺激性食物；保持大便通畅；孕妇慎用或遵医嘱；内痔出血过多或原因不明的便血应去医院就诊。

3. 季德胜蛇药片

【成分】重楼、蟾蜍皮、蜈蚣、地锦草等。

【功能主治】清热，解毒，消肿止痛。用于毒蛇、毒虫咬伤。

【用法用量】口服，第一次20片，以后每隔6小时续服10片，危急重症者将剂量增加10~20片并适当缩短服药间隔时间。不能口服药者，可行鼻饲法给药。外用，被毒虫咬伤后，以本品和水外搽，即可消肿止痛。

【注意事项】若患者并发有神志不清、牙关紧闭、颈项强直、呼吸困难及心力衰竭等中毒症状者，即为危急重症，应迅速送医院密切观察；如伤口因感染发生溃烂时，应配合外科治疗。

4. 如意金黄散

【成分】姜黄、大黄、黄柏、苍术、厚朴、陈皮、甘草、生天南星、白芷、天花粉。

【功能主治】清热解毒，消肿止痛。用于热毒瘀滞肌肤所致疮疖肿痛，症见肌肤红、肿、热、痛，亦可用于跌打损伤。

【用法用量】外用。红肿，烦热，疼痛，用清茶调敷；漫肿无头，用醋或葱酒调敷；亦可用植物油或蜂蜜调敷。一日数次。

【注意事项】本品为外用药，不可内服；用毕洗手，切勿接触眼睛、口腔等黏膜处；皮肤破溃处禁用；忌辛辣刺激性食物；疮疖较重或局部变软化脓或已破溃者应去医院就诊；全身高热者应去医院就诊；本品不宜长期或大面积使用，用药后局部出现皮疹等过敏表现者应停用。

5. 口腔溃疡散

【成分】青黛、白矾、冰片。

【功能主治】清热敛疮。用于口腔溃疡。

【用法用量】用清毒棉球蘸药擦患处，一日2~3次。

【注意事项】本品不可内服。

三、妇科用药

妇科疾病是指由于妇女生理上的特殊性而产生的一类疾病，一般分为月经、带下、怀孕、生产四个方面。

中医妇科疾病的治疗方法，也和中医其他各科一样，重在调理和恢复全身各脏腑组织的生理功能。其治疗原则是调气血、健脾胃、补肝肾等。常用药为妇科十味片、益母草膏、妇科千金片、艾附暖宫丸、八珍益母丸、乌鸡白凤丸、更年安片、洁尔阴洗液等。

1. 妇科十味片

【成分】香附（醋炙）、川芎、当归、延胡索（醋炙）、白术、甘草、大枣、白芍、赤芍、熟地黄、碳酸钙。

【功能主治】养血舒肝，调经止痛。用于血虚肝郁所致月经不调、痛经、月经前后诸证，症见行经后错，经水量少、有血块，行经小腹疼痛，血块排出痛减，经前双乳胀痛、烦躁、食欲不振。

【用法用量】口服，一次4片，一日3次。

【注意事项】忌辛辣、生冷食物；感冒发热患者不宜服用；平素月经正常，突然出现月经过少，或经期错后，或阴道不规则出血者应去医院就诊。

2. 益母草膏

【成分】益母草。

【功能主治】活血调经。用于血瘀所致的月经不调，症见经水量少。

【用法用量】口服，一次10g，一日1~2次。

【注意事项】孕妇禁用；忌食生冷食物；气血两虚引起的月经最少，色淡质稀，伴有头晕心悸，疲乏无力等不宜选用本药；平素月经量正常，突然出现经量少，须去医院就诊；各种流产后腹痛伴有阴道出血，服药一周无效者应去医院就诊。

3. 妇科千金片

【成分】千斤拔、金樱根、穿心莲、功劳木、单面针、当归、鸡血藤、党参。

【功能主治】清热除湿，益气化瘀。用于湿热瘀阻所致的带下病、腹痛，症见带下量多、色黄质稠、臭秽，小腹疼痛，腰骶酸痛，神疲乏力；慢性盆腔炎、子宫内膜炎、慢性宫颈炎见上述证候者。

【用法用量】口服。一次6片，一日3次，温开水送下。

【注意事项】忌辛辣、生冷、油腻食物；少女、孕妇、绝经后患者均应在医师指导下服用；伴有赤带者，应去医院就诊；腹痛较重者，应及时去医院就诊。

4. 艾附暖宫丸

【成分】艾叶（炭）、香附（醋制）、吴茱萸（制）、肉桂、当归、川芎、白芍（酒炒）、地黄、炙黄芪、续断。

【功能主治】理气养血，暖宫调经。用于血虚气滞、下焦虚寒所致的月经不调、痛经，症见行经后错、经量少、有血块、小腹疼痛、经行小腹冷痛喜热、腰膝酸痛。

【用法用量】口服，小蜜丸一次9g，大蜜丸一次1丸，一日2~3次。

【注意事项】孕妇禁用；感冒发热患者不宜服用；平素月经正常，突然出现月经过少，或经期错后，或阴道不规则出血者应去医院就诊；治疗痛经，宜在经前3~5天开始服药，连服1周；服药后痛经不减轻，或重度痛经者，应去医院就诊；治疗月经不调，服药1个月症状无缓解，应去医院就诊；忌生冷食物，不宜洗凉水澡。

5. 八珍益母丸

【成分】益母草、党参、白术（炒）、茯苓、甘草、当归、白芍（酒炒）、川芎、熟地黄。

【功能主治】益气养血，活血调经。用于气血两虚兼有血瘀所致的月经不调，症见月经周期错后、行经量少，精神不振，肢体乏力。

【用法用量】口服。一次6g，一日2次。

【注意事项】感冒发热患者不宜服用；平素月经正常，突然出现月经过少，或经期错后，或阴道不规则出血者应去医院就诊；忌辛辣、生冷食物。

6. 乌鸡白凤丸

【成分】乌鸡（去毛爪肠）、鹿角胶、人参、当归、白芍、熟地黄、川芎、鳖甲、黄芪、丹参、香附（醋制）、鹿角霜等20味。

【功能主治】补气养血，调经止带。用于气血两虚，身体瘦弱，腰膝酸软，月经不调，崩漏带下。

【用法用量】口服。水蜜丸一次6g，小蜜丸一次9g，大蜜丸一次1丸，一日2次。

【注意事项】孕妇忌服；感冒发热患者不宜服用；平素月经正常，突然出现月经过少，或经期错后，或阴道不规则出血者应去医院就诊；忌辛辣、生冷食物。

7. 更年安片

【成分】地黄、泽泻、麦冬、熟地黄、玄参、茯苓、仙茅、磁石、牡丹皮、珍珠母、五味子、首乌藤、制何首乌、浮小麦、钩藤。

【功能主治】滋阴清热，除烦安神。用于肾阴虚所致的绝经前后诸证，症见烘热出汗，眩晕耳鸣，手足心热，烦躁不安；更年期综合征见上述证候者。

【用法用量】口服，一次6片，一日2~3次。

【注意事项】感冒时不宜服用；伴有月经紊乱或其他疾病如：高血压、心脏病、糖尿病、肾病等患者，应在医师指导下服用；忌食辛辣，少进油腻。

8. 洁尔阴洗液

【成分】蛇床子、艾叶、独活、石菖蒲、苍术、薄荷、黄柏、黄芩、苦参、地肤子、茵陈、土荆皮、栀子、金银花。

【功能主治】清热燥湿，杀虫止痒。用于妇女湿热带下，症见阴部瘙痒红肿，带下量多、色黄或如豆渣状，口苦口干，尿黄便结；霉菌性、滴虫性及细菌性阴道病。

【用法用量】用10%浓度洗液（即取本品10ml加温开水至100ml混匀），擦洗外阴，用冲洗器将10%的洁尔阴洗液送至阴道深部冲洗阴道，一日1次。7天为一疗程。

【注意事项】寒湿带下者慎用；月经期前至经净3天内停用。

四、儿科用药

儿童体质的特点不同于成人，临床热证多见，用药亦不如成人峻猛，多选用轻宣之品，用量较成人为轻。常见疾病如感冒、咳嗽、厌食、泄泻等。常用药为小儿感冒颗粒、小儿退热口服液、宣肺止咳颗粒、小儿消食片、龙牡壮骨颗粒等。

1. 小儿感冒颗粒

【成分】广藿香、菊花、连翘、大青叶、板蓝根、地黄、地骨皮、白薇、薄荷、石膏。

【功能主治】疏风解表，清热解毒。用于小儿风热感冒，症见发热、头胀痛、咳嗽痰黏、咽喉肿痛；流感见上述证候者。

【用法用量】开水冲服。1岁以内一次6g，1~3岁一次6~12g，4~7岁一次12~18g，8~12岁一次24g，一日2次。

【注意事项】婴儿、糖尿病患儿、脾虚易腹泻者应在医师指导下服用；发热体温超过38.5℃的患者，应去医院就诊；风寒感冒者不适用；不宜在服药期间同时服用滋补类中药；忌辛辣、生冷、油腻食物。

2. 小儿退热口服液

【成分】大青叶、连翘、金银花、板蓝根、黄芩、柴胡、重楼、栀子、淡竹叶、牡丹皮、地龙、白薇。

【功能主治】疏风解表，解毒利咽。用于小儿风热感冒，发热恶风，头痛目赤，咽喉肿痛。

【用法用量】口服，5岁以下一次10ml，5~10岁一次20~30ml，一日3次。

【注意事项】风寒感冒者不适用；脾虚易腹泻者慎服；忌食辛辣、生冷、油腻食物。

3. 小儿宝泰康颗粒

【成分】连翘、地黄、滇柴胡、玄参、桑叶、浙贝母、蒲公英、南板蓝根、滇紫草、桔梗、莱菔子、甘草。

【功能主治】解表清热，止咳化痰。用于小儿风热外感，症见发热、流涕、咳嗽、脉浮。

【用法用量】温开水冲服。周岁以内一次2.6g，1~3岁一次4g，3~12岁一次8g，一日3次。

【注意事项】忌食辛辣、生冷、油腻食物；婴儿应在医师指导下服用；脾虚易腹泻者慎服；过敏体质者慎用。

4. 小儿消食片

【成分】山楂、六神曲（炒）、麦芽（炒）、鸡内金（炒）、槟榔、陈皮。

【功能主治】消食化滞，健脾和胃。用于小儿脾胃不和，消化不良，食欲不振，便秘，食滞，疳积。

【用法用量】口服，1~3岁一次2~4片，3~7岁一次4~6片，成人一次6~8片，一日3次。

【注意事项】脾虚泄泻，大便溏薄，次数多者应慎用或不用；忌食生冷辛辣食物。

5. 龙牡壮骨颗粒

【成分】党参、黄芪、山麦冬、醋龟甲、炒白术、山药、醋制五味子、龙骨、煅牡蛎、茯苓、大枣、甘草、乳酸钙、炒鸡内金、维生素D_2、葡萄糖酸钙。

【功能主治】强筋壮骨，和胃健脾。用于治疗和预防小儿佝偻病、软骨病；对小儿多汗、夜惊、食欲不振、消化不良、发育迟缓也有治疗作用。

【用法用量】开水冲服。2岁以下一次3g，2~7岁一次4.5g，7岁以上一次6g，一日3次。

【注意事项】忌辛辣、生冷、油腻食物；服药期间应多晒太阳，多食含钙及易消化的食品；本品冲服时有微量不溶物，须搅匀服下；婴儿应在医师指导下服用；感冒发热患者不宜服用。

五、五官科用药

（一）眼病

中医认为，五脏六腑的精气，皆上注于目，但与肝经关系更为密切，即所谓"肝开窍于目"。目前，眼病不论是虚证还是实证，在治疗上大多从肝考虑。

常用药为明目上清片、四味珍层冰硼滴眼液、杞菊地黄丸等。

1. 明目上清片

【成分】熟大黄、黄连、黄芩、玄参、菊花、连翘、蝉蜕、蒺藜、车前子、赤芍、麦冬、当归、天花粉、石膏、栀子、甘草、陈皮、桔梗、枳壳、薄荷脑、荆芥油。

【功能主治】清热散风，明目止痛。用于外感风热所致的暴发火眼、红肿作痛、头晕目眩、眼边刺痒、大便燥结、小便赤黄。

【用法用量】口服。片剂，一次4片，一日2次；丸剂，一次9g，一日1~2次。

【注意事项】孕妇及白内障患者忌服。

2. 四味珍层冰硼滴眼液

【成分】珍珠层粉、天然冰片、硼砂、硼酸。

【功能主治】清热解痉，去翳明目。用于肝阴不足、肝气偏盛所致的不能久视、轻度眼胀、眼痛，青少年远视力下降，青少年假性近视，视力疲劳，轻度青光眼见上述证候者。

【用法用量】滴于眼睑内，一次1~2滴，一日3~5次；必要时可酌情增加。

【注意事项】滴眼时勿使眼睫毛触及瓶口，使用后应将瓶盖拧紧，以免污染药液。

3. 杞菊地黄丸

【成分】枸杞子、菊花、熟地黄、山茱萸（制）、牡丹皮、山药、茯苓、泽泻。

【功能主治】滋肾养肝。用于肝肾阴亏，眩晕耳鸣，羞明畏光，迎风流泪，视物昏花。

【用法用量】口服。水蜜丸一次6g，小蜜丸一次9g，大蜜丸一次1丸，一日2次；浓缩丸一次8丸，一日3次。

【注意事项】忌不易消化食物；感冒发热患者不宜服用；脾胃虚寒，大便稀溏者慎用；儿童及青年患者应去医院就诊。

（二）耳病

耳是人体的听觉器官。中医认为，耳的听觉功能主要依赖肾中精气的充养，故说"肾开窍于耳"。耳部疾病多与肾、肝胆有关。常见耳病症状如耳鸣、耳聋、耳内流脓、外耳道局部红肿热痛，伴见心烦口苦、头痛目赤、眩晕等。常用药为耳聋左慈丸等。

耳聋左慈丸

【成分】磁石（煅）、熟地黄、山药、山茱萸（制）、茯苓、牡丹皮、泽泻、竹叶柴胡。

【功能主治】滋肾平肝。用于肝肾阴虚，耳鸣耳聋，头晕目眩。

【用法用量】口服。水蜜丸一次6g，小蜜丸一次9g，大蜜丸一次1丸，一日2次；浓缩丸一次8丸，一日3次。

【注意事项】突发耳鸣耳聋者禁用；凡属外耳、中耳病变而出现的耳鸣，如外耳道异物等，应去医院就诊；忌烟酒、辛辣刺激性食物；感冒时不宜服用。

（三）鼻病

鼻是嗅觉器官，鼻连于肺，是呼吸出入的门户，即鼻为肺之窍。因此，鼻病多与肺有关。症见鼻塞、流涕、多嚏等。常用药为鼻炎康片、霍胆丸（片、滴丸）等。

1. 鼻炎康片

【成分】广藿香、苍耳子、鹅不食草、野菊花、黄芩、麻黄、当归、猪胆粉、薄荷油、马来酸氯苯那敏。

【功能主治】清热解毒，宣肺通窍，消肿止痛。用于急慢性鼻炎、过敏性鼻炎等。

【用法用量】口服，一次4片，一日3次。

【注意事项】孕妇慎用；凡过敏性鼻炎属虚寒证者慎用；建议饭后服用；用药期间不宜驾驶车辆、操作机器及进行高空作业等；忌辛辣、鱼腥食物。

2. 霍胆丸（片、滴丸）

【成分】广藿香叶、猪胆粉。

【功能主治】芳香化浊，清热通窍。用于湿浊内蕴、胆经郁火所致的鼻塞、流清涕或浊涕、前额头痛。

【用法用量】口服，丸剂，一次3~6g，一日2次；片剂，一次3~5片，一日2~3次；滴丸，一次4~6粒，一日2次。

【注意事项】脾虚证见鼻涕清稀者，应遵医嘱使用；忌烟酒、辛辣、鱼腥食物。

（四）咽喉病

咽喉司饮食，行呼吸，发声音。咽与食管相连，为胃之通道；喉与气管相连，为肺之通道。因此，咽喉疾病与肺胃、全身有密切的联系。常见咽喉疾病如咽喉红肿、疼痛，吞咽时加剧，或局部有烧灼感、吞咽不利，似有异物，或口腔后部扁桃体红肿，伴有发热等。常用药为黄氏响声丸等。

黄氏响声丸

【成分】薄荷、浙贝母、连翘、蝉蜕、胖大海、大黄（酒炙）、川芎、儿茶、桔梗、诃子肉、甘草、薄荷脑。

【功能主治】疏风清热，化痰散结，利咽开音。用于风热外束、痰热内盛所致的急、慢性喉瘖。症见声音嘶哑，咽喉肿痛，咽干灼热，咽中有痰，或寒热头痛，或便秘尿赤；急慢性喉炎及声带小结、声带息肉初起见上述证候者。

【用法用量】口服。炭衣丸，一次8丸（每丸重0.1g）或6丸（每丸重0.133个），糖衣丸，一次20丸，一日3次，饭后服用，儿童减半。

【注意事项】孕妇慎用；凡声嘶、咽痛，兼见恶寒发热、鼻流清涕等外感风寒者慎用；胃寒便溏者慎用；不宜在服药期间同时服用温补性中成药；声哑、咽喉痛同时伴有其他症状，如心悸、胸闷、咳嗽气喘、痰中带血等，应及时去医院就诊；用于声带小结、息肉之初起，凡声带小结、息肉较重者应当在医生指导下使用；忌辛辣、鱼腥食物。

六、骨伤科用药

骨伤是指外力作用所致的骨、关节、软组织的损伤和体内脏器损伤。常见于骨折、脱臼、扭伤、闪挫、颈肩痛、腰腿痛、骨质增生等；本类中成药多具有活血化瘀、消肿止痛等功效。在治疗骨伤病期间，除选用内服中成药外，还可根据病情选择适当的散剂、膏药、气雾剂等外用制剂进行局部治疗，以增强疗效。常用药为云南白药胶囊、活血止痛散、麝香追风止痛膏等。

1. 云南白药胶囊

【成分】保密方。

【功能主治】化瘀止血，活血止痛，解毒消肿。用于跌打损伤，瘀血肿痛，吐血，咯血，便血，痔血，崩漏下血，疮疡肿毒及软组织挫伤，闭合性骨折，支气管扩张及肺结核等所致的咯血，溃疡病出血，以及皮肤感染性疾病。

【用法用量】口服，一次0.25~0.5g，一日4次（2~5岁按1/4剂量服用，6~12岁按1/2剂量服用）。刀、枪、跌打损伤，无论轻重，出血者用温开水送服；瘀血肿痛与未出血者用酒送服。妇科各症，用酒送服；但月经过多及红崩，用温水送服；毒疮初起，服0.25g，另取药粉，用酒调匀，敷患处，如已化脓，只需内服。其他内出血各症均可内服。凡遇较重的跌打损伤可先服保险子1粒，轻伤及其他病症不必服。

【注意事项】孕妇忌用；服药一日内，忌食蚕豆、鱼类及酸冷食物；外用前请务必清洁创面。

2. 活血止痛散

【成分】当归、三七、乳香（制）、冰片、土鳖虫、自然铜（煅）。

【功能主治】活血散瘀，消肿止痛。用于跌打损伤，瘀血肿痛。

【用法用量】用温黄酒或温开水送服，一次1.5g，一日2次。

【注意事项】孕妇禁用；忌生冷、油腻食物。

3. 麝香追风止痛膏

【成分】人工麝香追风止痛流浸膏、樟脑、冰片、水杨酸甲酯、薄荷脑、芸香浸膏、颠茄流浸膏；辅料为橡胶、松香、氧化锌、羊毛脂、凡士林、液体石蜡。

【功能主治】祛风除湿，散寒止痛。用于寒湿痹阻所致关节、肌肉疼痛，扭伤疼痛。

【用法用量】外用。一次1贴，一日1次。

【注意事项】儿童、孕妇禁用。

七、皮肤科用药

皮肤科疾病，发病原因复杂，当人体感受风邪、热邪、湿邪等侵袭，或饮食不节、七情过度导致脏腑失调、气血不和时，便会生风、生湿、化燥、致瘀、化热甚至伤阴，皮肤发生瘙痒、疼痛、肿胀，抓破流脓或表面有突起团块。常见皮肤病如湿疹、皮炎、风疹、手足癣等，在头面部还常发生粉刺、痤疮等疾病。本章主要对湿疹、粉刺等皮肤病重点阐述，内治采用清热解毒、祛风、利湿等方药，外治则通过止痒、止痛、消肿等外用方药起效。值得注意的是，皮肤病的发生发展与食用鱼、虾、蟹等海腥"发物"，以及禽类食品和葱、蒜、辣椒等刺激性食物密切相关，因此在发病期间或疾病治愈后的一段时间内，避免或过量食用。常用药为防风通圣丸、苦参片、消痤丸。

1. 防风通圣丸

【成分】防风、薄荷、大黄、栀子、桔梗、川芎、白芍、连翘、白术（炒）、荆芥穗、麻黄、芒硝、滑石、石膏、当归、黄芩、甘草。

【功能主治】解表通里，清热解毒。用于外寒内热，表里俱实，恶寒壮热，头痛咽干，小便短赤，大便秘结，瘰疬初起，风疹湿疮。

【用法用量】口服。一次6g，一日2次。

【注意事项】孕妇慎用；虚寒证者慎用；服药期间忌烟酒及辛辣、生冷、油腻食物。

2. 苦参片

【成分】苦参。

【功能主治】清热燥湿，杀虫。用于湿热蕴蓄下焦所致之痢疾、肠炎、热淋及阴肿阴痒，湿疹，湿疮等。

【用法用量】口服。一次4~6片，一日3次。

【注意事项】孕妇禁用。

3. 消痤丸

【成分】龙胆、大青叶、玄参、野菊花、黄芩、金银花、蒲公英、淡竹叶、夏枯草、紫草、竹茹、石膏、石斛、麦冬、升麻、柴胡。

【功能主治】清热利湿，解毒散结。用于湿热毒邪聚结肌肤所致的粉刺，症见颜面皮肤光亮油腻、黑头粉刺、脓疱、结节，伴有口苦、口黏，大便干；痤疮见上述证候者。

【用法用量】口服。一次30粒，一日3次。

【注意事项】脾胃虚寒者慎用；忌食辛辣、油腻食物；孕妇禁用。

痤疮的辨证治疗

痤疮多发于前额部者，辨证为心火旺盛，可选用栀子、淡竹叶、郁金等清心火的药物；多发于左颊部者，辨证为肝火旺盛，可选用野菊花、青黛等清肝火的药物，并佐以白芍等柔肝之品；多发于右颊者，辨证为肺经风热，可选用桑白皮、枇杷叶等清肺火之品；多发于鼻部及周围者，辨证为脾胃湿热，可选用生薏苡仁、白扁豆、白芷等清化湿浊之品，以及茵陈、冬瓜子等清热利湿之品；多发于下颌部者，辨证为阴虚火旺，可选用知母、黄柏、鳖甲等滋阴降火之品。

章末小结

1. 中成药是以中医药理论为指导，以中药材为原料，按规定的处方和标准制成的具有一定规格的剂型（丸、片、胶囊等），可直接用于防治疾病的制剂。
2. 使用中成药时，须注意其功能主治、用法、用量。
3. 中成药使用不当也会发生不良反应。各部门应共同协作，最大限度地避免中成药不良反应的发生，真正保障人民群众的用药安全、有效。

思考题

一、 多项选择题

1. 孕妇禁用的中成药是（   ）

   A. 益母草膏   B. 活血止痛散   C. 牛黄解毒片

   D. 通宣理肺丸   E. 清开灵颗粒

2. 孕妇忌用的中成药是（   ）

   A. 云南白药酊   B. 乌鸡白凤丸   C. 内消瘰疬丸

   D. 八珍益母丸   E. 板蓝根颗粒

3. 藿香正气水的功能有（   ）

   A. 理气   B. 解表   C. 和中

   D. 化湿   E. 生津

4. 以下属于云南白药主治病症的是（   ）
    A. 跌打损伤   B. 瘀血肿痛   C. 崩漏下血
    D. 吐血   E. 神疲乏力

5. 复方丹参片的功能是（   ）
    A. 行气化湿   B. 疏气化郁   C. 和胃止痛
    D. 活血化瘀   E. 理气止痛

6. 速效救心丸的功能是（   ）
    A. 行气活血   B. 祛瘀止痛   C. 芳香温通
    D. 益气强心   E. 理气宽胸

7. 功能消食导滞的是（   ）
    A. 健胃消食片   B. 保和丸   C. 胃舒颗粒
    D. 五苓散   E. 八珍丸

8. 肾功能不全者，会影响药物在体内的（   ）
    A. 排泄   B. 调节   C. 内分泌
    D. 解毒   E. 代谢

二、简答题

1. 请简述祛暑剂藿香正气丸的功能主治，并说出它的使用注意事项。

2. 四神丸是指哪四味药？其功能主治是什么？

3. 通宣理肺丸为什么不可用于风热咳嗽者？

（吴　剑）

第二十三章
医疗器械类医药商品

学习目标

- 掌握医疗器械的分类。
- 熟悉医疗器械的管理。
- 了解我国医疗器械的发展情况。
- 熟练掌握常用医疗器械的选购和注意事项，学会指导患者选用医疗器械的技能。
- 具有提高患者关怀、生存质量的职业道德和素质。

情境导入

情境描述：

医疗、教育、住房，一直是三大民生话题。而作为构筑医疗体系的重要支撑点，医疗器械行业越来越受到关注。2019年我国医疗器械进出口总额为554.87亿美元，较上年增长21.16%。其中，进口额267.85亿美元，同比增长20.84%；出口额287.02亿美元，同比增长21.46%。总体上看，我国医疗器械对外贸易结构继续优化，高端医疗器械产品所占比重有所增加，质量效益持续改善，比较好地适应了国际市场的需求和复杂变化，经受住了不断加剧的贸易摩擦考验。这得益于国家有关政策的支持，更得益于医疗器械行业的不断创新、众多医疗器械企业的开拓进取。

学前导语：

本章将带领大家学习医疗器械基本知识、掌握常用医疗器械基本管理技能。

第一节 医疗器械概述

一、医疗器械的概念

根据《医疗器械监督管理条例》（2021年版）的规定，医疗器械是指直接或者间接用于人体的仪器、设备、器具、体外诊断试剂及校准物、材料以及其他类似或者相关的物品，包括所需要的计算机软件；其效用主要通过物理等方式获得，不是通过药理学、免疫学或者代谢的方式获得，或者虽然有这些方式参与但是只起辅助作用，其目的是：

1. 疾病的诊断、预防、监护、治疗或者缓解。

2. 损伤的诊断、监护、治疗、缓解或者功能补偿。

3. 生理结构或者生理过程的检验、替代、调节或者支持。

4. 生命的支持或者维持。

5. 妊娠控制。

6. 通过对来自人体的样本进行检查，为医疗或者诊断目的提供信息。图23-1、彩图23-1为临床中常用的医疗器械。

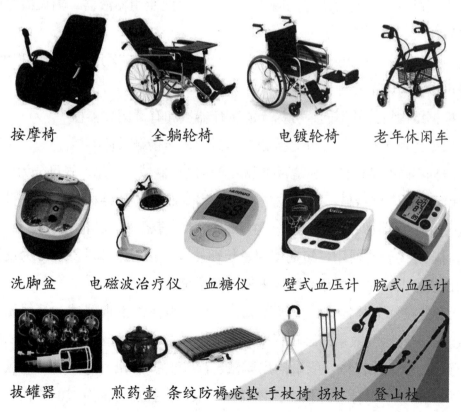

图23-1 临床常用医疗器械

二、医疗器械的分类

1. 按照风险程度分类　国家对医疗器械按照风险程度实行分类管理。按照风险程度由低到高，管理类别依次分为第一类、第二类和第三类，国务院药品监督管理部门负责制定医疗器械的分类规则和分类目录。

第一类是风险程度低，实行常规管理可以保证其安全、有效的医疗器械。

第二类是具有中度风险，需要严格控制管理以保证其安全、有效的医疗器械。

第三类是具有较高风险，需要采取特别措施严格控制管理以保证其安全、有效的医疗器械。

评价医疗器械风险程度，应当考虑医疗器械的预期目的，通过结构特征、使用形式、使用状态、是否接触人体等因素综合判定。

依据目前的分类目录，大部分手术器械、手术衣、手术帽、口罩、集尿袋、纱布绷带、创可贴、橡皮膏等属于第一类医疗器械。

体温计、血压计、针灸针、避孕套、制氧机、医用脱脂棉、医用脱脂纱布等属于第二类医疗器械。

植入式心脏起搏器、体外震波碎石机、X线治疗设备、CT设备、人工心脏瓣膜、人工肾、人工晶体、一次性使用无菌注射器、一次性使用输液器、输血器等属于第三类医疗器械。

2. 依据影响医疗器械风险程度的因素分类　依据影响医疗器械风险程度的因素，医疗器械可以分为以下几种情形。

（1）根据结构特征的不同，分为无源医疗器械和有源医疗器械。

（2）根据是否接触人体，分为接触人体器械和非接触人体器械。

（3）根据不同的结构特征和是否接触人体，医疗器械的使用形式可分为以下几种。

1）无源接触人体器械：液体输送器械、改变血液体液器械、医用敷料、侵入器械、重复使用手术器械、植入器械、避孕和计划生育器械、其他无源接触人体器械。根据使用时限分为暂时使用、短期使用、长期使用；接触人体的部位分为皮肤或腔道（口）、创伤或组织、血液循环系统或中枢神经系统。

2）无源非接触人体器械：护理器械、医疗器械清洗消毒器械、其他无源非接触人体器械。根据对医疗效果的影响程度分为基本不影响、轻微影响、重要影响。

3）有源接触人体器械：能量治疗器械、诊断监护器械、液体输送器械、电离辐射器械、植入器械、其他有源接触人体器械。根据失控后可能造成的损伤程度分为轻微损伤、中度损伤、严重损伤。

4）有源非接触人体器械：临床检验仪器设备、独立软件、医疗器械消毒灭菌设备、其他有源非接触人体器械。根据对医疗效果的影响程度分为基本不影响、轻微影响、重要影响。

医疗器械风险程度的评估，需综合考虑从医疗器械的预期目的、结构特征、使用方法等因素。医疗器械的分类规则和分类目录的制定是由国务院药品监督管理部门负责的，分类目录向全社会公布，但这些目录也不是一成不变的，国务院药品监督管理部门会随实际情况不断进行调整。

🔗 **知识链接** ....

医疗器械分类的判定原则

医疗器械的分类应当根据医疗器械分类判定表进行。有以下情形的，还应当结合下述原则进行分类。

（1）如果同一医疗器械适用两个或者两个以上的分类，应当采取其中风险程度最高的分类；由多个医疗器械组成的医疗器械包，其分类应当与包内风险程度最高的医疗器械一致。

（2）可作为附件的医疗器械，其分类应当综合考虑该附件对配套主体医疗器械安全性、有效性的影响；如果附件对配套主体医疗器械有重要影响，附件的分类应不低于配套主体医疗器械的分类。

（3）监控或者影响医疗器械主要功能的医疗器械，其分类应当与被监控、影响的医疗器械的分类一致。

（4）以医疗器械作用为主的药械组合产品，按照第三类医疗器械管理。

（5）可被人体吸收的医疗器械，按照第三类医疗器械管理。

（6）对医疗效果有重要影响的有源接触人体器械，按照第三类医疗器械管理。

（7）医用敷料如果有以下情形，按照第三类医疗器械管理，包括：预期具有防组织或器官粘连功能，作为人工皮肤，接触真皮深层或其以下组织受损的创面，用于慢性创面，或者可被人体全部或部分吸收的。

（8）以无菌形式提供的医疗器械，其分类应不低于第二类。

（9）通过牵拉、撑开、扭转、压握、弯曲等作用方式，主动施加持续作用力于人体。可动态调整肢体固定位置的矫形器械，其分类应不低于第二类。

（10）具有计量测试功能的医疗器械，其分类应不低于第二类。

（11）如果医疗器械的预期目的是明确用于某种疾病的治疗，其分类应不低于第二类。

（12）用于在内镜下完成夹取、切割组织或者取石等手术操作的无源重复使用手术器械，按照第二类医疗器械管理。

三、我国医疗器械的市场现状

当前，我国医疗器械产业已进入蓬勃发展的"黄金期"。根据《医疗器械蓝皮书：中国医疗器械行业发展报告（2020）》显示的数据，2019年我国医疗器械进出口总额为554.87亿美元，较上年增长21.16%。2020年，我国医疗器械产业市场规模持续扩大，产业技术不断取得创新和突破。

1. 生产企业多　截至2020年底，全国共有医疗器械生产企业25 000余家，经过多年的持续高速发展，我国医疗器械产业已初步建成了专业门类齐全、产业链条完善、产业基础雄厚的产业体系，成为我国国民经济的基础产业、先导产业和支柱产业。

2. 产品数量激增　截至2020年底，全国有效产品注册量达187 062件，同比增长24.7%，其中，二类产品首次注册量为15 156件，三类产品首次注册量为865件。同时，医疗器械产品的创新能力有了显著的提高，2020年企业的专利授权达到65 403件，同比增长10.79%；进入创新审批通道的产品有86件，同比增长34.3%。

3. 国产替代进口提速　在很长一段时间内，由于我国数字摄影技术、基础材料科学、医疗技术等学科的发展相对落后，导致医疗器械市场份额被国外进口产品占据了主要部分。但近年来，国产医疗器械产业在技术上得到了不断突破，越来越多的国产医疗器械开始加速研发，以加快进口替代的步伐。

4. 产业发展呈良好态势　当前，国产医疗器械的进口替代已从低端市场渗透到高端市场。尽管在高端器械产品研发方面仍存在着一定的差距，但在部分领域的研发技术已居世界前列，在同等技术条件下，"中国制造"性价比远高于进口产品。我国医疗器械对外贸易结构继续优化，高端医疗器械产品所占比重有所增加，质量效益持续改善，比较好地适应了国际市场的需求和复杂变化。

🔗 知识链接

家用医疗器械

家用医疗器械，顾名思义，就是主要适于家庭使用的医疗器械。操作简单、体积小巧、携带方便是其主要特征。

近年来，国人的生活水平和生活质量不断提高，人们的健康意识也越来越强。而随着城市人口的增长和生活节奏的加快，处于亚健康状态的人群在不断增加。与此同时，人口老龄化进程加快，老年人常见病、慢性病的日常护理和治疗以社区和家庭为主。由此，各种新型家用医疗器械，如电子血压计、电子体温计、电动牙刷、电子计步器等走入家庭，成为人们生活中必不可少的用品。

目前，我国医疗行业逐渐由治疗向康复和预防阶段过渡。家用医疗器械在整个医疗器械市场中占绝对主导地位，尽管尚处于发展初期，但已开始呈现出从医院用医疗器械向家用医疗器械的发展趋势。

第二节　医疗器械的管理

一、医疗器械产品的注册管理

《医疗器械注册管理办法》规定：在中华人民共和国境内销售、使用的医疗器械，应当按照本办法的规定申请注册或者办理备案。医疗器械备案管理属例行审查，是医疗器械备案人向药品监督管理部门提交备案资料，药品监督管理部门对提交的备案资料存档备查。医疗器械注册管理属实质性审查，是药品监督管理部门根据医疗器械注册申请人的申请，依照法定程序，对其拟上市医疗器械的安全性、有效性研究及其结果进行系统评价，以决定是否同意其申请的过程。

国家对第一类医疗器械实行产品备案管理，第二类、第三类医疗器械实行产品注册管理。

（一）注册备案所需材料

第一类医疗器械产品备案和申请第二类、第三类医疗器械产品注册，应当提交下列资料：①产品风险分析资料；②产品技术要求；③产品检验报告；④临床评价资料；⑤产品说明书及标签样稿；⑥与产品研制、生产有关的质量管理体系文件；⑦证明产品安全、有效所需的其他资料。

医疗器械注册申请人、备案人应当对所提交资料的真实性负责。

（二）注册备案程序

1. 医疗器械产品备案　第一类医疗器械产品实行备案制度，由备案人向所在地设区的市级人民政府药品监督管理部门提交备案资料。向我国境内出口第一类医疗器械的境外生产企业，由其在我国境内设立的代表机构或者指定我国境内的企业法人作为代理人，向国家药品监督管理局提交备案资料和备案人所在国（地区）主管部门准许该医疗器械上市销售的证明文件。

2. 医疗器械产品注册　第二类、第三类医疗器械产品实行注册制度。申请第二类医疗器械产品注册，注册申请资料提交所在地省、自治区、直辖市人民政府药品监督管理部门。申请第三类医疗器械产品注册，注册申请资料提交国家药品监督管理局。符合安全、有效要求的，药品监督管理部门会按照相关要求的格式制作备案凭证或发给医疗器械注册证。医疗器械注册证有效期5年。医疗器械注册证有效期届满前6个月，可向药品监督管理部门申请延续注册，并按照相关要求提交申报资料。

二、医疗器械的生产、经营、使用和广告管理

（一）医疗器械的生产管理

为保证产品的安全性和有效性，国家不但对产品实施备案或注册，对医疗器械的生产和经营也实施备案或注册管理。第一类医疗器械生产实行备案管理，第二类、第三类医疗器械生产实行审批管理。同时，放开第一类医疗器械的经营，对第二类医疗器械的经营实行备案管理，对第三类医疗器械的经营实行许可管理。

开办第一类医疗器械生产企业的，提交相关资料，向所在地设区的市级药品监督管理部门办理第一类医疗器械生产备案。药品监督管理部门当场对企业提交资料的完整性进行核对，符合规定条件的予以备案，发给第一类医疗器械生产备案凭证。

开办第二类、第三类医疗器械生产企业的，应当向所在地省、自治区、直辖市药品监督管理部门申请生产许可，并提交相关资料。省、自治区、直辖市药品监督管理部门会在规定时间内对申请资料进行审核，并按照医疗器械生产质量管理规范的要求开展现场核查。符合规定条件的，发给医疗器械生产许可证，该证有效期为5年。

（二）医疗器械的经营管理

对于医疗器械经营企业来说，经营第一类医疗器械，如口罩、集尿袋、纱布绷带、创可贴、橡皮膏、棉签等不需许可和备案；经营第二类医疗器械，如体温计、血

压计、针灸针、避孕套、制氧机、医用脱脂棉、医用脱脂纱布等需要到药监部门备案，药监部门对符合规定的企业发给备案凭证；经营第三类医疗器械，如植入式心脏起搏器、体外震波碎石机、X线治疗设备、CT设备、人工心脏瓣膜、人工肾、人工晶体、一次性使用无菌注射器、一次性使用输液器、输血器等就需要所在地设区的市级药品监督管理部门发给医疗器械经营许可证才能经营。医疗器械经营许可证有效期也是5年，需要延续的，在有效期届满6个月前，向原发证部门提出延续申请。

（三）医疗器械的使用管理

医疗器械使用单位应当有与在用医疗器械品种、数量相适应的储存场所和条件，应当加强对工作人员的技术培训，按照产品说明书、技术操作规范等要求使用医疗器械。

医疗器械经营企业、使用单位不得经营、使用未依法注册、无合格证明文件以及过期、失效、淘汰的医疗器械。否则药品监督管理部门将按照《医疗器械监督管理条例》予以处罚。

（四）医疗器械的广告管理

药品监督管理部门及相关部门依据各自的职责，不但对医疗器械的生产、经营、使用进行监督管理，还对医疗器械广告进行监督检查，医疗器械的广告也要经药品监督管理部门审查批准，并取得医疗器械广告批准文件才能发布。为了保障公众利益，广告必须真实合法，不得含有虚假、夸大、误导性的内容。

◎ 案例分析 --

案例：

某医疗器械经营公司医疗器械经营许可证的注册地址为XX市幸福路1号，因房屋租赁合同到期，搬迁至XX市教育路1号继续经营，其间未办理医疗器械经营许可证变更，该公司上述行为是否违法？若违法，违反了哪些医疗器械管理法规？

分析：

该公司上述行为是违法的。根据《医疗器械经营监督管理办法》（国家食品药品监督管理总局令第8号）第十七条规定：医疗器械经营许可证许可事项变更的，应当向原发证部门提出医疗器械经营许可证变更申请。

《医疗器械注册与备案管理办法》简介

2021年10月1日起施行的《医疗器械注册与备案管理办法》，本次修订重点方向主要有：

1. 要求医疗器械注册人、备案人应当加强医疗器械全生命周期质量管理。

2. 实行优先审批，对创新医疗器械实行特别审批，鼓励医疗器械的研究与创新，推动医疗器械产业高质量发展。

3. 提出申请人、备案人应当建立与产品相适应的质量管理体系，并保持有效运行。

4. 持续推进审评审批制度改革。

5. 要求医疗器械研制应当遵循风险管理原则，保证产品在正常使用中受益大于风险。

6. 开展医疗器械临床评价，可以通过开展临床试验，或者通过对同品种医疗器械临床文献资料、临床数据进行分析评价，证明医疗器械的安全性、有效性。

7. 对于拟做出不通过的审评结论的医疗器械注册申请，申请人可以在15日内向技术审评机构提出异议。

8. 对用于治疗罕见疾病、严重危及生命且尚无有效治疗手段的疾病和应对公共卫生事件等急需的医疗器械，药品监督管理部门可以作出附条件批准决定。

9. 提出可以申请适用优先注册程序的情形。

10. 对突发公共卫生事件应急所需且在我国境内尚无同类产品上市，或者虽在我国境内已有同类产品上市但产品供应不能满足突发公共卫生事件应急处理需要的医疗器械实施应急注册。

11. 国家药品监督管理局建立并分步实施医疗器械唯一标识制度。

12. 加大惩罚力度。

13. 医疗器械注册证编写号的编排方式的改变。

第三节 常用的医疗器械

一、常用的第一类医疗器械

（一）消毒剂涂抹材料——棉签

1. 产品描述 皮肤、创面消毒处理时，涂抹药物或消毒剂的工具。不含药物或消毒剂。棉签由棉球和柄棒组成；棉球由符合WS1-195质量标准的脱脂棉制成；柄棒采用经脱浆处理的竹、木或无毒塑料制造。

2. 预期用途 用于对手术或穿刺部位的皮肤、机械创伤及器械的局部涂抹消毒。

3. 选购和使用注意事项 选购要看产品的包装标识和产品说明书。

（二）浅表创面贴敷敷料——创可贴

1. 产品描述 由接触创面的敷垫、背贴和保护层（临用前去除）组成。不含药物。

2. 预期用途 用于真皮浅层及其以上的浅表性小创伤、擦伤等，为浅表创面、皮肤损伤提供愈合环境。

3. 选购和使用注意事项 选购首先要看产品的包装标识和产品说明书。启封后切忌用手接触中间复合垫。

（三）绷带类包扎用品——弹性绷带、弹力绷带、纱布绷带等

1. 产品描述 带状或筒状，分为弹性或非弹性材料，不与创面直接接触。

2. 预期用途 用于对创面敷料或肢体提供束缚力，以起到包扎、固定作用。

3. 选购和使用注意事项 选购医用绷带时要看产品的外观，产品应洁白、无黄斑、无污染、无严重织疵或断丝。

二、常用的第二类医疗器械

（一）医用脱脂纱布

1. 产品描述 医用脱脂棉系用纯棉花（绒）经开松、除杂、脱脂、漂白等工序加工而成，按分装重量不同分为若干规格，为非灭菌产品。医用脱脂棉还可加工成其他大小、形状、形式各异的医用敷料，如医用脱脂棉块、垫等，可以灭菌或非灭菌形式提供（用前灭菌），供临床护创、吸湿用。

2. 选购和使用注意事项 选购首先要看产品的包装标识和产品说明书。无论是以无菌还是非无菌方式出厂，厂方的产品说明书或成品包装上都应写明，以便于用户选购和使用。购买医用纱布时，要看产品的外观。产品应柔软，无臭、无味，色泽纯

白，不含有其他纤维和加工物质，在紫外灯光下不应显示强蓝色的荧光。

（二）体温计

1. 玻璃体温计

（1）产品描述：玻璃体温计用玻璃制成，具有测温留点结构，感温液为汞或其他金属液体。按型式可分为三角型棒式、新生儿棒式、元宝型棒式、内标式，每种按尺寸等不同可分为若干规格，通常的测量范围为35~42℃，温度最小分度值为0.1℃，可供临床或个人测量体温用。

但是，由于汞毒性极易危害人类健康，国家药品监督管理局已于2020年10月16日宣布自2026年1月1日起，全面禁止生产含汞体温计和含汞血压计产品。

（2）选购和使用注意事项

1）先检查玻璃泡有无裂纹，以免在应用时水银溢出，引发水银中毒。

2）测体温前要将水银柱甩到35℃以下。

3）幼儿、精神失常、高热神昏及不能用鼻呼吸者都不可测口温，而应测肛温。

4）用后须先用冷水冲洗干净，而后浸泡在70%酒精中备用。也可用肥皂水洗净后保存备用。再次使用前还须用酒精棉球擦拭消毒。

2. 医用电子体温计

（1）产品描述：医用电子体温计为间歇接触式监控患者体温的电子装置，可由塑胶外壳、电路板、温度测量部件、显示屏、电源等组成；可按设计、技术参数、附加辅助功能、预期用途等不同分为若干型号，供测量人体体温或女性监测排卵周期等用，不包括预测模式，也不包括医用红外体温计。

（2）选购和使用注意事项：市场上可供选购的电子体温计有塑料封装和玻壳封装两种类型，其中以塑料封装型最常见。此种温度计对液体的密封性稍差，用后消毒时不能将其浸在酒精里，以免液体渗进体温计内，造成电路故障。玻壳封装电子体温计市场上则较少见，其消毒时虽不用担心酒精的渗入，但其玻壳却易碎，尤其对儿童要注意使用安全。

（三）血压计

1. 汞柱式血压计

（1）产品描述：汞柱式血压计有台式、立式和挂式等型式。基本参数：测量范围为0~40kPa（0~300mmHg），儿童血压计0~20kPa（0~150mmHg）；采用双刻度标尺，最小分度值为0.5kPa（2mmHg）；示值允许误差为±0.5kPa（±3.75mmHg）；袖带可根据气囊尺寸不同分为多个规格；小儿用参数可调整；供测量人体血压用。

（2）选购和使用注意事项

1）要选水银柱上升灵活、无断开，不泄漏水银的血压计。

2）使用时充气不可过猛，搬动水银血压计应竖直（即水银槽在下面），用后及时将血压计往右倾斜45°，然后关闭水银阀。否则水银很可能溢出，造成污染。

2. 电子血压计

（1）产品描述：产品由马达、电磁阀、泄气阀、PCB、传感器，芯片、袖带（臂带或腕带）、塑胶外壳、LCD显示屏组成。血压测量范围为0~300mmHg，显示分辨率为0.133kPa（1mmHg），无论升压还是降压，在量程中的任何测量点上，袖带内压力测量的最大误差应是 ±0.4kPa（±3mmHg）。

（2）选购和使用注意事项

1）看品牌：要选品牌好的电子血压计，其产品说明书上应有计量许可标志和药品监督管理部门颁发的产品注册证，以及产品正确使用方法的详细说明。

2）看测量结果的重复性：按产品说明书的正确使用方法，在血压正常者身上重复测量几次，看结果的平均值与各次测量的误差值。误差过大，说明该产品的重复性不好。

3）看测量结果的正确性：将同一血压正常者身上测得的结果与医院测得的结果相比较，看结果的误差值。如果误差不太大，可作为今后自己测量时的参考。

知识链接

电子血压计的使用方法及注意事项

1. 电子血压计有上臂式、手腕式，不论是哪一种，测量血压时，袖带中心都应与心脏保持在同一高度，且坐姿端正，袖带绑好之后以塞进1个手指头为宜。

2. 尽可能每天在相同的时间和条件下，采用同样的姿势测量。因第1次测量影响因素较多，建议测量2~3次，以两次测值较接近的数值，取平均数，作为本次测量的数值。

3. 测量血压前保持安静状态10~20分钟。测量过程身心放松、手掌向上、不要说话，身体不要摆动。

4. 运动后不久，进食一小时内，饮酒后，刚喝过咖啡、茶，刚抽过烟等状态可能会使血压有所偏差。

5. 注意电子血压计不得摔打、不得沾水，并按说明书要求使用。

（四）自测用血糖分析仪

1. **产品描述** 自测用血糖分析仪应用电化学、光化学等原理检测人体毛细血管全血和/或静脉全血中葡萄糖浓度，通常由主机和附件组成，可按工作原理、设计、技术参数、附加辅助功能等不同分为若干型号；与相应试纸配套，供患者进行血糖监测用，不用于糖尿病诊断。

2. **选购和使用注意事项**

（1）血糖试条必须和其适配的血糖仪一起使用，患者一定要购买和自己的血糖仪相适应的试条。

（2）更换新批号试条时，一定要先用制造商提供的校准试条或质控液进行校准后再测血糖。

（3）血糖试条有使用期限，患者购买和使用时一定要注意标签上的有效期，并注意按规定温度保存。

（4）定期对仪器进行校正，检查血糖仪的准确性。制造商一般都通过设置校准代码、提供校准试片等方式方便患者进行血糖仪的校准。患者只需通过血糖仪输入校准代码，或通过测试校准试片，即可将制造商为每个批次的试纸条所设置的校准参数等信息输入到血糖仪中，从而实现血糖检测的校准。

（五）助听器

1. **产品描述** 可分为盒式助听器、耳背式助听器、耳内式助听器。主要由输入换能器、信号调理单元、输出换能器和电源等组成，多为模拟式助听器，可按设计、技术参数、预期用途、附加辅助功能等不同分为若干型号；经验配，供气导性听力损失患者补偿听力用。

2. **选购和使用注意事项**

（1）助听器是一种特殊的医疗器械产品，对患者来说不仅要注意选购，更重要的是选配，其佩戴效果不仅取决于助听器的性能和质量，更重要的是取决于有无科学、专业的验配。

（2）患者应选择具有专业水平的助听器验配中心或专营店，最好验配中心能为患者提供助听器的试戴服务，在调试过程中达到患者的最佳适应程度。

（3）首次佩戴助听器，在声音的放大量上可以设置稍低一些。佩戴时间从一天2小时逐步增加，从室内环境到室外嘈杂环境逐步过渡。

（4）助听器使用时要注意防潮、防水、防震、防宠物接近。不使用时要将电池取出。

（5）耳背式助听器要定期清洗耳膜（患者自己操作时应用中性洗涤液洗后阴干）；

耳内式助听器要定期清除耳垢，梅雨季节时要经常把助听器放入盛有干燥剂的盒内进行干燥处理。

（六）避孕套

1. 产品描述　可分为天然胶乳橡胶避孕套、聚异戊二烯合成橡胶避孕套。天然胶乳橡胶避孕套采用天然胶乳制造，聚异戊二烯合成橡胶避孕套采用聚异戊二烯橡胶制造；可按模型差异分为平面型、浮点型、螺纹型、异型；按添加成分不同分为若干种；可按标称宽度不同分为若干规格。彩色型添加食品级颜料，香味型添加食用香精，润滑型增加适量湿型润滑剂硅油用量。标称宽度、模型差异与添加成分可进行一定的组合。供男性用于避孕和预防性传播疾病。

2. 选购和使用注意事项

（1）选择时要注意挑选具有一定规模的企业的品牌，要选择有CCC认证和经过医疗器械产品注册的正规产品。

（2）在一批产品中允许存在一定数量的不合格品。所以，使用前要进行检查，按正确的方法使用，并特别注意说明书中的注意事项。

三、常用的第三类医疗器械

（一）一次性使用无菌注射器

1. 产品描述　一次性使用无菌注射针由针座、连接部、针管、护套组成，用于人体皮内、皮下、肌内、静脉注射或抽取药液。一次性使用无菌注射器一般由注射器外套、活塞、密封圈、芯杆、按手、锥头组成，是供抽吸液体或在注入液体后立即注射用的手动注射器。

2. 选购和使用注意事项　在选购时，首先要看产品包装，单包装上应标有公称容量、无菌、无热原、一次性使用、失效日期；若附注射针，应注明规格。其次观察注射器是否清洁，有无微粒和异物，不得有毛边、毛刺、塑流、缺损等缺陷，注射器内表面（包括橡胶活塞）不得有明显可见的润滑剂。

在使用前，应检查每一单包装是否破裂，如果已经破裂，必须停止使用。包装完好的产品，用后应立即予以销毁。

（二）一次性使用静脉输液针

1. 产品描述　一般由针管（公称外径0.36~1.2mm）、针柄、软管、连接座和保护帽组成，与输液器、输血器配套使用，用于建立外周静脉通路。

2. 选购和使用注意事项　选购时首先要看产品包装，单包装上应说明内装物，包括"只能重力输液"字样；应标明输液器无菌、无热原、一次性使用、失效日期；使用说明包括检查包装密封完整性和有关保护套脱落情况的警示，滴管滴出20滴或60滴蒸馏水相当于1ml ± 0.1ml（1g ± 0.1g）的说明；若配静脉针，应注明规格。再观察输液器应清洁无微粒和异物，不得有毛边、毛刺、塑流、缺损等缺陷。

使用前，应检查每一单包装是否破裂，如果已经破裂，必须停止使用。包装完好的产品，使用后应立即销毁。

知识链接 ·········

创可贴的正确使用方法

使用创可贴时，每一贴最好不要超过24小时，如创可贴贴在伤口上的时间过长，皮肤的微循环因血管受压而受阻，伤口修复所需的各种营养不能输入，皮肤组织细胞即会迅速衰老、死亡。另外，外伤后皮肤的屏障作用消失，致病菌就可能乘虚而入，衰老的细胞更是细菌繁殖的良好培养基，使创口感染机会大增。

章末小结

1. 医疗器械的质量特性——安全性和有效性。
2. 国家对医疗器械按照风险程度实行分类管理，按风险从低到高将医疗器械分为一、二、三类。
3. 第一类医疗器械实行产品备案管理，第二类、第三类医疗器械实行产品注册管理。
4. 生产第一类医疗器械的企业，需备案；生产第二类、第三类医疗器械的企业，需注册。
5. 经营第二类医疗器械实行备案管理；经营第三类医疗器械实行许可管理。
6. 医疗器械经营企业、使用单位不得经营、使用未依法注册、无合格证明文件以及过期、失效、淘汰的医疗器械。
7. 医疗器械广告应当真实合法，不得含有虚假、夸大、误导性的内容。
8. 购买医疗器械产品，首先都应看产品的包装标识和产品说明书，属第二类、第三类的医疗器械还应有产品注册证。

一、 多项选择题

1. 下列医疗器械中，国家实行第三类管理的是 (   )

   A. 通过常规管理足以保证其安全性、有效性的医疗器械

   B. 植入人体或支持维持生命的医疗器械

   C. 对其安全性、有效性应当加以控制的医疗器械

   D. 对其安全性、有效性必须严格控制的医疗器械

   E. 对人体具有潜在危险的医疗器械

2. 使用时应与伤口隔离的是 (   )

   A. 创可贴   B. 医用纱布   C. 弹性绷带

   D. 医用棉花   E. 纱布绷带

二、 简答题

1. 医疗器械按照风险程度分为哪几类？请举例。

2. 第一类医疗器械产品备案和申请第二类、第三类医疗器械产品注册，应当提交哪些材料？

（丁　方）

实训指导

实训 1　国家药品标准的查阅

一、实训目的

1. 熟悉《中国药典》（2020年版）的结构组成、有关项目和内容。

2. 通过任务引领，学会查阅《中国药典》。

二、实训器材

纸质版或电子版《中国药典》（2020年版）一部、二部、三部、四部。

三、实训指导

【方法步骤】根据实训表1-1中的任务，首先确定所需查阅的内容在《中国药典》第几部，再根据《中国药典》中的"索引"确定页码，最后查出所需内容，并记录下相关质量标准。

【注意事项】

1. 老师可根据实际情况或教学需要，对实训表1-1中的任务进行增减。

2. 学生在查阅纸质《中国药典》时，应小心翻阅，以免对书籍造成不必要的损坏。

【实训结果与思考】

实训表1-1　《中国药典》的查阅

任务一	任务内容："三七"的来源和性状
	记载位置：_____部，_____页
	查阅结果：

任务二	任务内容："安宫牛黄丸"的处方组成
	记载位置：_____部，_____页
	查阅结果：

任务三	任务内容："对乙酰氨基酚"的鉴别方法
	记载位置：＿＿＿＿部，＿＿＿＿页
	查阅结果：

任务四	任务内容："重组乙型肝炎疫苗（CHO细胞）"的成品检定
	记载位置：＿＿＿＿部，＿＿＿＿页
	查阅结果：

任务五	任务内容："碘化钾试液"的配制方法
	记载位置：＿＿＿＿部，＿＿＿＿页
	查阅结果：

任务六	任务内容（自拟）：
	记载位置：＿＿＿＿部，＿＿＿＿页
	查阅结果：

任务七	任务内容（自拟）：
	记载位置：＿＿＿＿部，＿＿＿＿页
	查阅结果：

任务八	任务内容（自拟）：
	记载位置：＿＿＿＿部，＿＿＿＿页
	查阅结果：

（丁　方）

实训2 药品的分类陈列

一、实训目的

1. 掌握药品的分类方法。

2. 通过本次实训，具备药品分类陈列的能力。

3. 提高分析能力、语言表达能力和团队合作精神。

二、实训器材

1. 本次实训活动以小组形式展开，每组4~6人为佳。

2. 本次实训地点建议选择学校的模拟药店。

3. 老师应准备足够多的药品种类和数量，以便开展药品分类和陈列的实训活动。

三、实训指导

【方法步骤】学生根据老师提供的药品，按实训表2-1中的要求进行分类。

【注意事项】实训开始前，明确药品分类陈列的要求。

【实训结果与思考】

实训表2-1　医药商品的分类陈列

类别	药品名称
按药品的剂型分类	
按药品的来源分类	

类别	药品名称
按我国药品管理制度分类	
按药品的特殊性分类	
按药理作用和临床用途分类	

（陈德方）

实训 3　基本医疗保险药品的价格调查

一、实训目的

1. 熟悉基本医疗保险药品目录中常用的药品。

2. 了解基本医疗保险药品的价格概况。

3. 通过任务引领进一步了解药品经营与管理的相关制度。

二、实训器材

1. 本次实训任务以团队的形式展开调查，3~4人为一个小组。

2. 老师将调查城市分为若干个区域，分配给各小组，并告知各区域中药品经营企业的分布情况。

3. 老师可从实训表3-1、实训表3-2中指定某几种药品作为调查目标，或由各小组自行选定药品种类。

4. 可登录"中华人民共和国国家发展和改革委员会"官方网站中的"地方物价局"，输入药品通用名和文号，即可查询到各地最新药品的政府定价。网址：https://www.ndrc.gov.cn/。

实训表3-1　常用的基本医疗保险药品（西药部分）

类别	药品通用名	剂型	类别	药品通用名	剂型
抗微生物药	阿莫西林	片剂、胶囊剂	解热镇痛药	阿司匹林	片剂、胶囊剂
	头孢氨苄	片剂、胶囊剂		布洛芬	片剂、胶囊剂
	头孢拉定	片剂、胶囊剂		对乙酰氨基酚	片剂、胶囊剂
	阿奇霉素	片剂、胶囊剂		复方对乙酰氨基酚	片剂
	罗红霉素	片剂、胶囊剂	维生素及矿物质缺乏症用药	葡萄糖酸钙	片剂
	克拉霉素	片剂		维生素 B_1	片剂
	诺氟沙星	片剂、胶囊剂		维生素 B_2	片剂
	盐酸小檗碱	片剂		维生素 B_6	片剂
	阿昔洛韦	片剂、胶囊剂		维生素 C	片剂

类别	药品通用名	剂型	类别	药品通用名	剂型
消化系统用药	复方氢氧化铝	片剂	抗变态反应药	马来酸氯苯那敏（扑尔敏）	片剂
	盐酸雷尼替丁	片剂、胶囊剂			
	奥美拉唑	胶囊剂		氯雷他定	片剂
	多潘立酮	片剂			

实训表3-2 常用的基本医疗保险药品（中成药部分）

类别	药品通用名	剂型	类别	药品通用名	剂型
解表剂	银翘解毒	片剂、丸剂	化痰止咳平喘剂	急支糖浆	糖浆剂
	羚羊感冒	片剂、胶囊剂		克咳胶囊	胶囊剂
	小柴胡颗粒	颗粒剂		蛇胆川贝枇杷膏	膏剂
清热剂	黄连上清丸	丸剂		蛇胆川贝枇杷液	合剂
	牛黄解毒	片剂、丸剂		蜜炼川贝枇杷膏	膏剂
	板蓝根颗粒	颗粒剂	扶正剂	六味地黄丸	丸剂
	穿心莲片	片剂		知柏地黄丸	丸剂
	保济丸	丸剂		补中益气丸	丸剂
	藿香正气	胶囊剂、合剂		乌鸡白凤丸	丸剂
	双黄连口服液	合剂		香砂六君丸	丸剂

三、实训指导

【方法步骤】

1. 对指定的基本医疗保险药品展开价格调查，并将相关信息记录在实训表3-3中。

2. 对各药品经营企业的价格数据展开分析，并对药品经营企业的价格制定进行评价，记录至实训表3-4中。

【注意事项】

1. 首先要熟知调查药品的名称，认清调查对象，认真记录相关数据。

2. 在对药品经营企业展开调查时，一定要注意使用文明用语，告知对方本次调查的目的及内容。

3. 遇到意外突发事件，可拨打报警电话（110）、消费者投诉电话（12315）、物价局投诉电话（12358）进行防护或维权。

【实训结果与思考】

实训表3-3　基本医疗保险药品价格调查表

通用名	商品名	厂家	规格	政府定价	实际价格	药品经营企业名称

实训表3-4　药品经营企业对基本医疗保险药品价格实施评价表

药品经营企业名称	药品经营企业地址	符合政府定价的药品数量	不符合政府定价的药品数量	合格率

（陈德方）

一、实训目的

1. 学会选择合理的药品运输工具及运输方式。

2. 尽可能为企业控制运输成本，减少损耗，保证医药商品市场供应。

3. 保证药品在运输过程中质量不发生变化。

二、实训对象

某药品经营企业购进药品的运输过程。

三、实训指导

【方法步骤】了解所购进药品的性质、特点、数量、运输工具的选择等，记录至实训表4-1中。

【注意事项】

1. 遵守企业的规章制度，保证药品的质量。

2. 严守企业的经营秘密。

【实训结果与思考】

1. 分析该企业所购进药品运输过程是否属于合理运输，为什么？

2. 该企业购进药品的运输过程存在哪些问题，该如何解决？

实训表4-1　药品的运输分析表

序号	药品名称	药品性质	药品特点	药品数量	运输工具	备注
1						
2						
3						
4						
5						
分析是否为合理运输						
运输问题的解决方式						

（陈德方）

实训 5 药品的储存方法调查

一、实训目的

1. 学会选择合理的药品储存方式及科学规范的管理。

2. 学会合理地储存药品，保证药品的质量。

二、实训对象

大型医药批发企业、冷库、常温库、相应的仓库运输工具、药品储存的各类记录数据及表格。

三、实训指导

【方法步骤】

1. 调查某药品批发企业药品的储存过程。

2. 实地观察各类药品的储存方法，记录各类药品储存的要求，记录至实训表5-1中。

实训表5-1 药品的储存方法调查表

序号	药品名称	储存要求	储存方法	温度记录	湿度记录	色标是否齐全	分区是否合理	"五防"情况
1								
2								
3								
4								
5								
6								
7								
8								
9								
10								
分析药品的储存过程是否合理								

注："五防"是指防尘、防潮、防虫、防鼠、防霉。

3. 色标是否齐全，是否分区管理。

4. 阅读各类记录数据，综合分析该药品批发企业的药品储存状况，并能说出药品储存中的问题。

【注意事项】

1. 注意各类药品的储存方法和特点。

2. 观察库房的温湿度，并进行记录。

3. 注意各类降温、保温、冷藏措施是如何实施的。

【实训结果与思考】

1. 分析药品的储存过程是否合理，为什么？

2. 通过实际调查，你认为药品的储存是如何影响药品质量的？

（梁爱华）

实训 6 药品的养护方法分析

一、实训目的

学会药品养护的基本知识，采取合理的养护措施加强养护，保证药品质量。

二、实训对象

模拟药品库房（包括药品批发仓库和零售配送中心的仓库）、各类药品（如注射剂、片剂、胶囊剂、软膏剂、栓剂、糖浆剂、丸剂、中药材等）、不同效期药品。

三、实训指导

【方法步骤】

1. 验收药品质量，结合仓库条件分类存放。

2. 安排好储存场所和仓位，合理利用仓容，注意距离。

3. 妥善进行药品堆码与苫垫，规范操作。

4. 根据药品的性能及要求，控制和调节库内温、湿度等各项条件。

5. 执行药品在库检查，注意重点养护药品，发现问题注意停售。

6. 经常维护仓库的养护设备，做好各项管理工作。

7. 记录药品库房的温湿度变化；库存药品质量记录；养护设备使用记录；认真填写实训表6-1。

【注意事项】

1. 药品在库检查的方法及注意事项。

2. 观察温湿度测量仪的使用及表示方法。

3. 药品的养护方法及记录表的填写。

【实训结果与思考】

1. 药品养护过程中容易出现哪些问题，原因是什么？有什么措施可以改进？

2. 分析药品养护的过程，建立所有药品的记录，并按时填写药品的各项养护检查记录。

实训表6-1　库存药品质量养护检查记录表

存货仓库：　　　　　　　　　　　　　　　检查日期：　　年　月　日

货号	货位	品名	规格	生产企业	批号	批准文号	有效期	单位	数量	质量情况	处理意见	养护员（签名）

注：1. 有效期应填写药品有效的终止日期，如××××年××月。

　　2. 如库存检查药品没有质量问题，则在"质量"情况一栏中，只填写"正常"两字即可。

　　3. "数量"栏填库存实数。

（梁爱华）

实训 7 医药商品的包装分析及真伪鉴别

一、实训目的

1. 学会根据医药商品包装区分药品、保健食品、医疗器械。

2. 学会根据药品包装区分处方药与非处方药。

3. 学会从医药商品的包装上获取信息。

4. 通过检查药品的内外包装、标签、说明书等，学会辨别药品包装的真伪。

5. 领会医药商品包装管理的重要意义。

二、实训器材

1. 处方药、非处方药、保健食品、医疗器械四类医药商品，每类各3个商品的包装（包括说明书），要求是不同厂家的不同品种。

2. 另外准备5个品种以上的药品包装，要求每个品种包括两个以上厂家，并要求所列品种中，掺有假冒伪劣品种。

三、实训指导

【方法步骤】

1. 区分处方药、非处方药、保健食品、医疗器械

（1）观察包装，根据包装上的信息，将集中摆放的药品、保健食品、医疗器械分开。

（2）进一步观察分开的药品包装，将药品按处方药和非处方药进行分类摆放，并将分类情况记录在实训表7-1中。

实训表7-1 商品分类情况登记表

商品类别	商品名称（药品写通用名）	生产厂家	批准文号或注册证号
药品　处方药			
非处方药			

商品类别	商品名称 （药品写通用名）	生产厂家	批准文号或注册证号
保健食品			
医疗器械			

2. 从医药商品的包装上获取信息　分别找出一个处方药、非处方药、保健食品，仔细观察包装，然后在下面的空白处填写相关信息。

（1）请找出一个非处方药：

1）商品名是＿＿＿＿＿＿，通用名是＿＿＿＿＿＿，规格是＿＿＿＿＿＿，生产厂家是＿＿＿＿＿＿＿，商标是否注册＿＿＿＿＿＿。

2）批准文号是＿＿＿＿＿＿生产日期是＿＿＿＿＿＿，生产批号是＿＿＿＿＿＿，有效期是＿＿＿＿＿＿，条形码是＿＿＿＿＿＿。

3）它的包装材料有＿＿＿＿＿＿＿＿＿＿，内标签的内容有（举出至少四项）＿＿＿＿＿＿＿＿＿＿＿＿。

4）忠告语是＿＿＿＿＿＿＿＿＿＿＿＿＿＿＿＿＿＿。

（2）请找出一个处方药：

1）商品名是＿＿＿＿＿＿，通用名是＿＿＿＿＿＿，规格是＿＿＿＿＿＿，生产厂家是＿＿＿＿＿＿＿，商标是否注册＿＿＿＿＿＿。

2）批准文号是＿＿＿＿＿＿生产日期是＿＿＿＿＿＿，生产批号是＿＿＿＿＿＿，有效期是＿＿＿＿＿＿，条形码是＿＿＿＿＿＿。

3）它的包装材料有＿＿＿＿＿＿＿＿＿＿，内标签的内容有（举出至少四项）＿＿＿＿＿＿＿＿＿＿＿＿。

4）警告语是＿＿＿＿＿＿＿＿＿＿＿＿＿＿＿＿＿＿。

（3）请找出一个保健食品：

1）它的名字是＿＿＿＿＿＿，批准文号是＿＿＿＿＿＿，生产厂家是＿＿＿＿＿＿＿，商标是否注册＿＿＿＿＿＿。

2）生产日期是_____，生产批号是_____，有效期是_____，条形码是_____。

3）它的包装材料有_____。

3. 检查药品的内外包装、标签、说明书等，辨别药品包装的真伪

（1）对另外准备的5个品种以上的药品内外包装进行检查。观察药品包装的材质、颜色、包装上的文字与图案等，检查包装标示是否符合要求。检查药品的包装和说明书所示药品的名称、规格、生产厂家、批准文号、生产批号、主要成分、装量、适应证、用法、用量、禁忌证、有效期、贮藏等是否符合规定。

（2）从所列品种中找出包装伪劣的伪品，并将伪劣药品相关信息填写于实训表7-2。

实训表7-2　伪劣药品记录表

序号	药品通用名	生产厂家	判断依据
1			
2			
3			
4			
5			

【注意事项】

（1）实训中所要求准备的医药商品的品种和数量，可由教师根据实际情况进行调整。

（2）若伪劣药品包装难以取得，教师可以考虑从网络获取图片资源，然后将图片打印出来供学生辨别。

（3）包装容易损坏，需注意保护。

【实训结果与思考】

（1）药品与保健食品如何区分？社会药房除了经营药品、保健食品和医疗器械，还经营某些食品、消毒产品、特殊用途化妆品等，又如何区分？

（2）如何通过检查药品的包装，来辨别药品的真伪？

（张春华）

实训 8　模拟网络购药

一、实训目的

1. 掌握医药商品电子商务的概念。

2. 熟悉医药商品电子商务的运作、管理的基本要求；医药商品电子商务的特点及意义。

3. 能够利用所学知识通过 B2C 网站了解医药商品相关信息，识别合法网站，通过正常程序采购药品。

二、实训器材

计算机设备、手机、互联网等。

三、实训指导

【方法步骤】

（1）查询一家 B2C 模式的医药商品电子商务网站。利用百度、360 等搜索工具查询国内 B2C 模式的医药商品电子商务网站。

（2）核实该网站的合法性。

（3）登录该网站并注册个人账户。

（4）浏览该网站所列出的医药商品信息。记录你所了解的其中五种药品的相关信息。

（5）将你感兴趣的五种药品放入购物车，完成虚拟购买药品的操作。

（6）请完成下列实训表 8-1。

实训表 8-1　网络购药记录表

1. 你所登录的 B2C 模式医药商品电子商务网站地址：

2. 网站合法性核实：

（1）是否具备国家药品监督管理局审批同意的文件？是☐　　否☐

（2）发布有关药品信息时，是否同时标明药品名称、批准文号、生产批号、药品质量检验报告、生产企业名称、注册商标等，有关适应证及用法、用量和禁忌证是否符合药品标准的有关规定？是☐　　否☐

（3）是否销售处方药？是☐　　否☐

3. 你注册的个人账户：

4. 你所了解的药品信息

通用名称	商品名称	生产厂家	药品规格	药品功效	批准文号	价格

5. 你放入购物车的药品

通用名称	药品规格	药品功效	价格

【实训结果与思考】

（1）怎样在网上获得药品的相关信息？

（2）网上购买药品有哪些步骤？

（3）如何确保网上购药的安全性？

（梁爱华）

实训 9　处方药与非处方药的分类管理

一、实训目的

1. 掌握处方药与非处方药的分类管理制度。

2. 学会区分处方药与非处方药。

3. 学会区分甲类非处方药和乙类非处方药的判断。

4. 学会区分药品与保健食品。

二、实训器材

参观零售药店或医院药房。

三、实训指导

【方法步骤】

参观零售药店或医院药房，巩固处方药与非处方药的分类管理制度，根据外包装、说明书等区分处方药与非处方药，区分药品与保健食品。

【注意事项】

1. 遵守参观企业（医院）的规章制度，确保药品的质量。

2. 严守企业（医院）的经营和管理秘密。

【实训结果与思考】

1. 在具体实训过程中，由教师给出商品名称，学生完成实训表9-1（在各商品的种类相应位置打"√"）。

实训表9-1　处方药与非处方药分类

品名（商品名）	生产厂家	药品		保健食品
		处方药	非处方药	

2. 讨论如何判断药品、保健食品以及判断甲类和乙类非处方药？请问你怎么看待药品和保健食品（提示：从药品、保健食品的本质方面）？

3. 有人说非处方药不是药，可以自行随意选购，你是如何看待的？

（李　雯）

实训 10 失眠的调研及用药指导

一、实训目的

1. 了解失眠的各种表现及诱发原因。

2. 了解精神药品的管理制度。

3. 熟悉镇静催眠药的用药指导。

4. 掌握各种治疗失眠药物的分类。

二、实训器材

参观零售药店或医院药房。

三、实训指导

【方法步骤】

1. 进行问卷调查，了解失眠的各种表现和诱发原因。

2. 参观零售药店或医院药房，了解目前市场上常用治疗失眠的药物。

【注意事项】

1. 遵守参观企业（医院）的规章制度，确保药品的质量。

2. 注意保护被调查人的隐私。

【实训结果与思考】

在具体实训过程中，由教师给出调查问卷，学生完成问卷调查（实训表 10-1）。

实训表 10-1 调查问卷模板

问题	回答
1. 性别	☐男 ☐女
2. 年龄	☐<30 岁 ☐30~45 岁 ☐45~60 岁 ☐>60 岁
3. 对自己的睡眠状况满意吗？	☐不满意 ☐一般 ☐满意
4. 你失眠过吗？	☐是 ☐否
5. 失眠的频率？	☐一直 ☐经常偶尔
6. 你什么时候开始有失眠的症状？	☐大一 ☐大二 ☐大三 ☐大四

问题	回答
7. 失眠原因？（可多选）	□环境因素　□学习压力　□躯体疾病　□情感纠纷 □不良习惯（睡前喝茶或咖啡）　□经济压力　□人际关系 □未来规划以及就业压力　□其他_____
8. 你失眠具体表现在？ （可多选）	□入睡难　□不能熟睡，睡眠时间少　□早醒，醒后无入睡
9. 你上床后多久能入睡？	□立即　□15分钟内　□15~30分钟　□30~60分钟 □超过60分钟
10. 你晚上入睡的时间？	□23:00~24:00　□24:00~01:00　□01:00~02:00 □02:00以后
11. 你入睡后中途是否 易醒？	□从不易醒　□很少易醒　□有时易醒　□常常易醒 □总是易醒
12. 入睡醒后多久才能 入睡？	□立即　□15分钟内　□15~30分钟　□30~60分钟 □超过60分钟
13. 你每周有多少个早 晨觉得自己醒得太早？	□1次　□2次　□3次　□4次　□超过4次
14. 早晨醒来时的精神 状况？	□头脑神清气爽　□头脑清醒，与平时相似　□情绪一般 □情绪稍差　□情绪很坏
15. 醒来时的身体状况？	□无疲劳感，比平时还好　□无疲劳感 □稍有疲劳感及不适　□感觉疲劳，不适明显　□很疲劳
16. 白天的身体状态？	□无疲劳感，比平时还好　□无疲劳感，与平时相似 □稍微感到不适　□感觉疲劳，不适明显　□很疲劳
17. 白天的情绪状态？	□头脑神清气爽　□头脑清醒　□情绪一般　□情绪较差 □情绪很坏
18. 你平时睡几个小时？	□>8小时　□7~8小时　□6~7小时　□<6小时
19. 失眠以后会采取什 么措施？（可多选）	□药物　□游戏娱乐　□听音乐　□看书　□什么也不做， 闭上眼　□其他_____
20. 你服用过的改善失 眠的药物有哪些？	

问题	回答
21. 服用药物后的睡眠时间是多久?	□>8小时　□7~8小时　□6~7小时　□<6小时
22. 第二天醒来的状态如何?	□无疲劳感,比平时还好　□无疲劳感,与平时相似 □稍微感到不适　□感觉疲劳,不适明显　□很疲劳
23. 你还知道哪些改善睡眠的产品?	

注:

(1)第19题选择了非药物选项后,可跳过20~22题直接回答23题。

(2)根据调查问卷统计结果讨论分析影响睡眠的主要因素是什么?常见手段有哪些?你的建议是什么?

(3)常用药物的用药注意事项是什么?

（刘　慧）

实训 11　高血压患者状况调查与合理用药方案设计

一、实训目的

1. 掌握抗高血压药的作用与适应证、不良反应。

2. 学会设计高血压合并各种并发症的合理用药方案。

3. 熟悉调查问卷的设计方法和正确的用药咨询方法。

二、实训器材

计算机设备、图纸。

三、实训指导

【实训步骤】

本实训分组进行，2人一组，每组调查5个高血压患者，建议从身边的家人、亲戚、朋友入手调查。然后根据调查结果，针对每个患者的情况制订出合理的高血压防治方案，并请求老师和临床医生验证其可行性。

1. 设计调查问卷　主要围绕高血压患者对高血压知识认知程度、高血压疾病特征、治疗及用药经历、饮食生活规律等制订调查问卷。问卷内容设计参考如下：

（1）高血压知识的了解途径。（医务人员、广播电视、报刊杂志、家人朋友等）

（2）高血压的危害性有哪些？（冠心病、脑卒中、肾功能不全、糖尿病等）

（3）高血压病患者目前通过哪种途径治疗？（医院门诊就诊、社区卫生院就诊、私人诊所就诊、自行购药、民间偏方等）

（4）高血压患者的年龄。（30~40岁，40~50岁，50~60岁，60~70岁，70~80岁，80岁以上）

（5）高血压患者的病程有多长？（1年以内，1~3年，3~5年，5年以上）

（6）患者目前采用的防治方法有哪些？（低盐饮食、戒烟限酒、适量运动等）

（7）高血压患者的用药种类有多少？（调查者根据提供的药品信息进行分类）

（8）高血压患者的血压目前控制在什么范围？

（9）高血压患者存在哪些并发症？（心脏并发症、脑卒中、血管并发症、视网膜病变等）

（10）高血压患者有什么药物过敏史？

2. 制订高血压患者的用药治疗方案　根据高血压防治原则及患者的疾病信息，制订合理的用药方案。高血压防治原则参考如下：

（1）治疗要达到目标血压：普通高血压患者血压降至140/90mmHg以下；有糖尿

病或者肾病的高血压患者的血压降至130/80mmHg以下。

（2）小剂量开始给药：逐步增加剂量以达到疗效最佳而不良反应最低的要求。

（3）坚持长期用药：不可随意停药和更换药物，如需更换药物需要有过渡期，否则易引起反跳现象。

（4）合理联合用药：单一药物疗效较差时，可使用2种或2种以上药物联合治疗。常用抗高血压药分为：① 血管紧张素转换酶抑制剂或血管紧张素Ⅱ受体阻滞剂；② β受体拮抗剂；③ 钙通道阻滞剂；④ 噻嗪类利尿剂。有合并症高血压的患者，联合用药需参考临床高血压用药指南。

（5）每组完成1名高血压患者的饮食、运动等非药物治疗方案的个性化制定。（参考《中国高血压防治指南》2018年修订版）

【注意事项】

1. 调查问卷问题要简洁明了，问题以6~10个为宜，字数不宜过多。

2. 高血压防治方案分药物治疗和非药物治疗。

3. 严格掌握高血压合并其他并发症与用药禁忌。

4. 调查过程要严谨认真，调查结果真实记录。

【实训结果与思考】

1. 总结调查结果，根据患者的身体状况制订合理的药物治疗与非药物治疗方案。

2. 高血压合并糖尿病、肾病、心血管重构、心律失常、心绞痛、高脂血症如何合并药物治疗？

3. 如何指导高血压患者养成科学的防治习惯？

（周　敏）

实训 12　参观药品储存仓库

一、实训目的

1. 掌握药品储存仓库的基本区域划分。

2. 掌握不同药品仓库储存的基本条件设置。

3. 熟悉药品仓库储存的基本流程。

4. 具备一定药品储藏的基本技能。

二、实训器材

参观医药公司、药厂或医院的药品储存仓库。

三、实训指导

【方法步骤】

参观医药公司、药厂或医院的药品储存仓库，熟知药品仓库储存的基本流程、区域划分和药品储存条件。

【注意事项】

1. 遵守参观单位的规章制度，确保药品的质量。

2. 严守实训单位的经营和管理秘密。

【实训结果与思考】

1. 在具体实训过程中，实际操作演练药品的储存与养护，并观察实训单位的储存养护是否标准规范。

2. 讨论如何较好地控制药品仓储的条件？

3. 自己在实际工作中遇到操作不规范、不标准时应该如何处理？

（杨艳娟）

实训 13　认识常见中药材

一、实训目的

1. 掌握人参、金银花、菊花、灵芝等常见中药材的商品特征。

2. 熟悉人参、三七、菊花、枸杞子等常见中药材的规格等级。

3. 学会判断人参、三七、枸杞子的规格等级；灵芝、菊花的种类；金银花的来源。

4. 锻炼学生的思维，从而提高学生自身的分析能力和鉴定能力。

二、实训器材

1. 本次实训活动以小组形式展开，每组4~6人为佳。

2. 本次实训地点可选择在中药鉴定室或模拟药房中进行。

3. 老师应事先准备好人参、三七、金银花、菊花、枸杞子、灵芝等常见中药材，其中，人参、三七、枸杞子应选用一定的规格等级，灵芝、菊花、金银花应选用赤芝、紫芝、亳菊、滁菊、贡菊、杭菊、金银花、山银花以备学生进行来源和种类鉴定。

三、实训指导

【方法步骤】

1. 根据老师所提供的人参商品，首先巩固人参的商品特征，鉴定其种类（山参、园参），再进一步分析其规格等级，判断是否属于一等品，并将相关信息填写至实训表13-1中。

2. 根据老师所提供的三七商品，首先巩固三七的商品特征，再进一步分析其规格等级，并将相关信息填写至实训表13-2中。

3. 根据老师所提供的金银花、山银花商品，通过巩固金银花的商品特征，鉴定该商品，并将相关信息填写至实训表13-3中。

4. 根据老师所提供的菊花商品，通过巩固菊花的商品特征，鉴定菊花的种类，并将相关信息填写至实训表13-4中。

5. 根据老师所提供的枸杞子商品，首先巩固枸杞子的商品特征，再进一步分析其规格等级，并将相关信息填写至实训表13-5中。

6. 根据老师所提供的灵芝商品，通过巩固灵芝的商品特征，鉴定灵芝的种类，并将相关信息填写至实训表13-6中。

【注意事项】

1. 老师可根据课堂时间或教学条件，对上述实训内容进行增减。

2. 由于该实训内容涉及的知识点较多，学生应提前进行复习与预习。

3. 对于部分贵重药材，学生应小心鉴定，以免造成不必要的浪费。

【实训结果与思考】

实训表 13-1　人参的商品鉴定

小组编号：	商品编号：

人参的品种：□山参　□园参　□普通鲜参　□边条鲜参

该人参商品是否属于一等品：□是　□否

判断依据：

实训表 13-2　三七的商品鉴定

小组编号：	商品编号：

该三七商品的等级：□一等　□二等　□三等　□四等　□五等　□六等　□七等
□八等　□九等　□十等　□十一等　□十二等　□十三等

判断依据：

实训表 13-3　金银花的商品鉴定

小组编号：	商品编号：

该商品是否属于金银花：□是　□否

判断依据：

实训表 13-4　菊花的商品鉴定

小组编号：	商品编号：

该菊花的品种：□亳菊　□滁菊　□贡菊　□杭菊

判断依据：

实训表 13-5　枸杞子的商品鉴定

小组编号：	商品编号：

该枸杞子商品的等级：□一等　□二等　□三等　□四等　□五等

判断依据：

实训表 13-6　灵芝的商品鉴定

小组编号：	商品编号：

该灵芝的品种：□赤芝（□野生　□栽培品）

　　　　　　　□紫芝（□野生　□栽培品）

判断依据：

（张春华）

实训 14　常见中成药的合理应用

一、实训目的

初步培养学生运用所学中成药知识，根据患者情况指导用药的能力。

二、实训器材

模拟药房，货柜存放有常用中成药（空药盒也可），附有使用说明书及外包装盒。

三、实训指导

【方法步骤】

（1）角色扮演法，小组讨论法：学生分组，每组由一位学生模拟患者，同组其他同学扮演药店工作人员。

当购药者来到柜台前，首先确认患者姓名、年龄、性别、职业，然后进一步查询。

（2）由患者讲述自己的病史，药店工作人员根据患者的主诉和问诊情况，运用所学的中成药知识判断患者的疾病，合理进行用药指导。推荐哪些中成药进行治疗？服用剂量是多少？使用过程中，应注意哪些事项？

文明用语："您好！您想看点什么？""请稍等一下，我就来。""您好！欢迎您光临。""这是您要的东西，请看一下。""请多多关照。""请慢走，祝您健康。"等等。

（3）教师到各组巡查指导，根据学生扮演情况小组互评和教师点评。

案例1：王某，女，32岁。昨天下班时淋了雨，今天早上感觉发热、畏寒、头身疼痛，伴有咳嗽、鼻塞、流清鼻涕。王某走进药店寻求帮助。

讨论：以上症状提示王某可能患有什么疾病？为哪种证型？应该使用哪种药物治疗？服用剂量是多少？使用过程中，应注意哪些事项？

案例2：黄某，女，42岁，已婚。患者发现近一个月来面部起黄褐斑，月经不调和痛经，已两月余。每次月经提前两天，至时小腹胀痛，连及两胁及乳房胀痛。经前爱发脾气，饮食少。舌淡红，苔薄白，脉弦缓。黄某走进药店寻求帮助。

讨论：以上症状提示黄某可能患有什么疾病？为哪种证型？应该使用哪种药物治疗？服用剂量是多少？使用过程中，应注意哪些事项？

案例3：张某，女，36岁。患者平素胆怯，前天看到一场车祸，现症见：心悸不宁，善惊易恐，坐卧不安，不寐多梦而易惊醒，食少纳呆，苔薄白，脉细数弦。张某走进药店寻求帮助。

讨论：以上症状提示张某可能患有什么疾病？为哪种证型？应该使用哪种药物治疗？服用剂量是多少？使用过程中，应注意哪些事项？

案例4：刘某，男，45岁。最近咳嗽，痰黄稠，咯痰不爽，口干咽痛，鼻流黄涕，发热汗出，恶风，头痛。刘某走进药店寻求帮助。

讨论：以上症状提示刘某可能患有什么疾病？为哪种证型？应该使用哪种药物治疗？服用剂量是多少？使用过程中，应注意哪些事项？

案例5：陈某，男，50岁，建筑工人。患者长期从事体力活，腰膝酸楚，近两年症状逐渐加重，出现双下肢肌肉萎缩，肢体痿软无力，不能久立，腰膝酸软，眩晕耳鸣，舌咽干燥，遗精。陈某走进药店寻求帮助。

讨论：以上症状提示陈某可能患有什么疾病？为哪种证型？应该使用哪种药物治疗？服用剂量是多少？使用过程中，应注意哪些事项？

【实训结果与思考】

怎样才能做到合理使用中成药？

（吴　剑）

参考文献

1. 周浓.实用临床中成药学[M].北京：中国中医药出版社，2010.

2. 国家药典委员会.中华人民共和国药典临床用药须知（中药成方制剂卷）[M].北京：中国医药科技出版社，2017.

3. 国家药品监督管理局执业药师资格认证中心.国家执业药师资格考试应试指南药学综合知识与技能[M].北京：中国中医药出版社，2021.

4. 徐世军.中成药临床对证选用速查[M].北京：人民卫生出版社，2012.

5. 周容.医药商品学[M].北京：中国医药科技出版社，2016.

6. 王雁群.医药商品学[M].3版.北京：中国医药科技出版社，2021.

7. 徐晶.医药商品学[M].北京：中国中医药出版社，2017.

8. 陈新谦，金有豫，汤光.陈新谦新编药物学[M].18版.北京：人民卫生出版社，2018.

9. 刘勇.医药商品学[M].4版.北京：中国医药科技出版社，2019.

10. 汪复，张婴元.抗菌药物临床应用指南[M].3版.北京：人民卫生出版社，2020.

11. 苏湲淇，熊存全，邹艳萍.临床药物治疗学[M].北京：高等教育出版社，2020.

12. 万仁甫.药事管理与法规[M].3版.北京：人民卫生出版社，2018.

13. 凌沛学.医药商品学[M].北京：中国轻工业出版社，2014.

14. 罗跃娥，樊一桥.药理学[M].3版.北京：人民卫生出版社，2018.

15. 李峰，蒋桂华.中药商品学[M].2版.北京：中国医药科技出版社，2018.

思考题参考答案

第一章

一、多项选择题

1. ABC 2. AB 3. ABCDE

二、实例分析题

答题要点：前两者是假冒伪劣事件，后者是不良反应事件。反映药品生产企业生产管理存在疏忽，以及某些企业为追求利润擅自改变工艺，药品生产利润偏低。

第二章

一、多项选择题

1. ABCD 2. ABCDE 3. ABCDE

二、简答题

1. 答：医药商品的特殊性主要表现在：专属性、两重性、质量的重要性、限时性、价格的不敏感性、不可替代性。

2. 答：必须是临床必需、安全有效、价格合理、使用方便、市场能够保证供应的药品，并且具备下列条件之一：①《中华人民共和国药典》收载的药品；②符合国家药品监督管理部门颁发标准的药品；③国家药品监督管理部门批准正式进口的药品。

3. 答：处方药和非处方药的关系不是一成不变的。非处方药主要来自处方药。几乎每年都有一些处方药转为非处方药。当处方药转为非处方药后，在适应证及剂量上都有所改变，甚至同一药品，由于剂型与剂量的不同，也可分为处方药与非处方药。与此同时，非处方药也可能被转换为处方药，经过临床监测评价不符合标准的已上市的非处方药，为保障安全有效，将被转换为处方药，不过这种情况较少出现。

第三章

一、简答题

1. 答：①适用性要求；②安全卫生性要求；③审美性要求；④性价比要求；⑤信息性要求。

2. 答：（1）计划阶段（P）：①分析现状，找出质量问题；②分析产生问题的原因；③从各种原因中找出影响质量的主要原因；④制订计划，制定措施。

（2）实施阶段（D）：执行计划，落实措施。

（3）检查阶段（C）：检查计划执行情况和措施实行效果。

（4）处理阶段（A）：①把有效措施纳入各种标准或规程中加以巩固，无效的不再实施；②将遗留问题转入下一个循环继续解决。

3. 答：①制定、执行药品标准；②制定国家基本药物；③实行新药审批制度，生产药品审批制度，进口药品检验、批准制度，负责药品检验工作；④药品不良反应监测报告；⑤药品品种的整顿和淘汰；⑥对药品生产企业、经营企业、医疗机构和中药材市场的药品进行抽查、检验，及时处理药品质量问题；⑦指导药品生产企业、经营企业的药品检验机构和人员的业务工作；⑧调查及处理药品质量问题，调查及处理药品的中毒事故；⑨对药品实行处方药和非处方药管理等。

二、分析题

略。

第四章

一、多项选择题

1. AB 2. ABCD 3. ABCD 4. ABE 5. AB

二、简答题

1. 答：关键人员有企业负责人和质量管理负责人；企业负责人应当具有大学专科以上学历或者中级以上专业技术职称，经过基本的药学专业知识培训，熟悉有关药品管理的法律法规及《药品经营质量管理规范》。企业质量负责人应当具有大学本科以上学历、执业药师资格和3年以上药品经营质量管理工作经历，在质量管理工作中具备正确判断和保障实施的能力。

2. 答：①严格的法律法规；②特殊的使用对象；③专业的销售人员；④药品供货的特殊性。

第五章

一、多项选择题

1. ACD 2. BCDE 3. ABC 4. AC

二、简答题

1. 答：距离短；时间少；整合好；质量高；费用省；安全、准确、环保。

2. 答：良好包装；适当环境；合理堆码；妥善苫盖；轻装轻卸。

三、分析题

略。

第六章

一、多项选择题

1. ACD　2. ABCDE　3. BDE

二、判断题

1. √　2. ×　3. ×　4. √　5. √

第七章

1. 答：医药商品包装指在流通过程中保护医药商品、方便医药商品储运、促进医药商品销售，按一定技术方法而采用的容器、材料及辅助物等的总称；也指为了达到上述目的而采用容器、材料和辅助物的过程中施加一定技术方法的操作活动。

2. 答：医药商品包装的作用主要有容纳功能、保护功能、方便应用、促进销售等。

3. 答：医药商品常用的包装材料有玻璃、塑料、纸制品、金属、木材、复合材料、橡胶制品、可服用的医药包装材料等。

4. 答：药品说明书的内容主要有药品名称、适应证或功能主治、用法用量、不良反应、禁忌、注意事项、孕妇及哺乳期妇女用药、儿童用药、老年用药、药物相互作用、规格、贮藏、有效期、批准文号、生产批号、生产企业等。

第八章

1. 答：商标是指能够将自然人、法人或者其他组织的商品与他人的商品区别开的标志，包括文字、图形、字母、数字、三维标志、颜色组合和声音等，以及上述要素的组合。

2. 答：商标具有标志性、区别性、财产性、竞争性、表彰性等主要特征。

3. 答：商标注册是指商标所有人为了取得商标专用权，将其使用的商标，依照国家规定的注册条件、原则和程序，向商标局提出注册申请，商标局经过审核，准予注册的法律事实。

第九章

一、多项选择题

1. BCD　2. ABCD　3. ABD　4. ABCE　5. ABCD

二、简答题

1. 答：不得发布广告的药品有以下几种：①麻醉药品、精神药品、医疗用毒性药品、放射性药品、药品类易制毒化学品，以及戒毒治疗的药品、医疗器械；②军队特需药品、军队医疗机构配制的制剂；③医疗机构配制的制剂；④依法停止或者禁止生产、销售或者使用的药品、医疗器械、保健食品和特殊医学用途配方食品；⑤法律、行政法规禁止发布广告的情形。

2. 答题要点：①利用名义或者形象、军队装备、设施；②违反科学规律，明示或者暗示可以治疗所有疾病、适应所有症状、适应所有人群；③公众误解不使用该产品会患某种疾病或者加重病情的内容；④含有"安全""安全无毒副作用""热销、抢购、试用""无效退款、保险公司保险"等内容；⑤含有医疗机构的名称等医疗服务的内容；⑥法律、行政法规规定不得含有的其他内容。

3. 答：药品广告审批程序为：①广告申请；②广告受理；③广告审查。

第十章

一、多项选择题

1. ACD　2. BCDE　3. ABC　4. ABE　5. ABCE

二、实例分析题

略。

第十一章

1. 答：医药商品市场信息收集前的准备工作包括：明确问题、目标；确定信息收集的内容、来源；设计收集信息的问卷；确定信息收集的进度、预算。

2. 答：医药商品信息是指反映医药品生产与经营活动的信息、情报、数据资料。如药品的供应量、需求量、价格、品种数、市场占有率、知名度等。

3. 答：首先具有明确的来源和目的性；其次是医药商品信息具有复杂性和多样性；三是医药商品信息具有较强的可传递性；四是时效性；五是较强的专业性。

第十二章

一、多项选择题

1. ABCD 2. ABC

二、简答题

1. 答：新药研发的风险可以分为技术风险、财务风险、管理风险、生产风险、环境风险、市场风险6类。

2. 答：医药新产品一般具有以下特点：具有新的原理、构思和设计；采用新的原料；具有新的用途和新的功能，能满足消费者新的需求；能推广应用和提高经济效益。

3. 答题要点见《药品注册管理》目录下"新药的分类"的内容。

第十三章

实例分析题

答题要点：抗生素的合理使用。

第十四章

1. 答：解热镇痛抗炎药主要是通过抑制环氧合酶而使体内组织中的前列腺素合成减少，起到解热、镇痛的作用，除此之外，该类药物中许多还有抗炎、抗风湿作用。

2. 答：阿司匹林的主要药理作用和临床用途有：①解热作用，用于治疗感冒、流感等引起的发热；②镇痛作用，用于治疗头痛、牙痛、神经痛、肌肉痛、月经痛和痛风等；③抗炎、抗风湿作用，用于治疗风湿热、风湿性关节炎、类风湿性关节炎等；④抑制血小板聚集作用，可用于预防暂时性脑缺血发作、心肌梗死、心房颤动，以及人工心脏瓣膜、动静脉瘘或其他手术后的血栓形成。

3. 答：抗痛风药主要是通过抑制尿酸的生成和促进尿酸的排泄，降低尿酸沉积所引起的不良反应。常用的药物有丙磺舒、别嘌醇、秋水仙碱等。其中丙磺舒主要用于慢性痛风和高尿酸血症的治疗；别嘌醇主要用于慢性原发性及继发性痛风的治疗，而对急性痛风无效；秋水仙碱主要用于急性痛风、白血病、皮肤癌、乳腺癌、贝赫切特综合征的治疗。

第十五章

1. 答：①小剂量兴奋大脑皮层，振奋精神；较大剂量直接兴奋延髓呼吸中枢及血管运动中枢，加快呼吸运动，用于解救因急性感染中毒及催眠药、麻醉药、镇痛药中毒引起的呼吸、循环衰竭；②收缩脑血管，减少脑血管搏动；配伍解热镇痛药制成复方制剂用于一般性头痛；可与麦角胺合用治疗偏头痛。

2. 答：与吗啡相比，哌替啶的作用特点是：无镇咳、缩瞳、止泻等作用，不延长产程，镇痛作用比吗啡弱，成瘾性低。

3. 答：地西泮中毒的表现：过量时可导致急性中毒，表现为昏迷，呼吸抑制。其解救措施为立即催吐导泻，并用氟马西尼进行解救。

4. 答：癫痫大发作首选苯妥英钠，次选苯巴比妥、卡马西平；癫痫小发作首选乙琥胺，次选氯硝西泮等；精神运动性发作首选卡马西平，次选苯妥英钠；癫痫持续状态首选静脉注射地西泮，癫痫单纯局限性发作首选苯妥英钠，次选卡马西平。癫痫大发作合并小发作首选丙戊酸钠。

5. 答：氯丙嗪的不良反应及防治措施：①一般不良反应，直立性低血压、嗜睡、口干、过敏反应等，出现直立性低血压可用去甲肾上腺素治疗；②锥体外系反应，表现为帕金森综合征、静坐不能、急性肌张力障碍、迟发性运动障碍等，前三种症状可用苯海索缓解，迟发性运动障碍可用抗多巴胺药氯氮平等治疗；③急性中毒，应立即停药，对症治疗。

第十六章

一、多项选择题

1. ABCDE　　2. ABCD　　3. ABCE

二、简答题

1. 答：一是硝酸酯类，如硝酸甘油；二是β受体拮抗剂，如普萘洛尔、美托洛尔等；三是钙通道阻滞药，如硝苯地平、氨氯地平等。

2. 答：分为四类，Ⅰ类钠通道阻滞剂，如奎尼丁、利多卡因、氟卡尼等。Ⅱ类β受体拮抗剂，如普萘洛尔等。Ⅲ类选择性延长复极药，如胺碘酮等。Ⅳ类钙通道阻滞剂，如维拉帕米等。

第十七章

分析题

药物选择合适，言之有理即可。

第十八章

病例分析题

合理，两药合用优点答到要点即可。

第十九章

病例分析题

选择正确，言之有理即可。

第二十章

一、多项选择题

1. ABCD　2. ACDE　3. ADE

二、简答题

1. 答：维生素E能促进性激素分泌，提高生育能力，用于治疗不育症、习惯性流产；能清除体内氧自由基和过氧化物，有助于防治心脑血管疾病；辅助治疗白癜风、银屑病和胃溃疡；祛除黄褐斑、减少黑色素生成；能防止血小板过度凝集，改善血液循环，降低心血管疾病的发病概率。

2. 答：自身免疫性疾病可以使用免疫抑制药缓解症状，如环孢素、环磷酰胺、硫唑嘌呤等。

三、案例分析题

根据患儿症状，初步判断该患儿与缺乏维生素D有关。维生素D能促进钙的吸收，保持血钙浓度，用于防治骨质疏松症、软骨症及缺乏钙质的相关疾病。但大量使用就会引起低热、惊厥、厌食、体重下降、肝大、肾脏损害、骨骼硬化等病症。

第二十一章

一、多项选择题

1. CD　2. ABCD　3. ABCD　4. DE　5. ABD　6. ABCD

二、简答题

1. 答题要点：

四大南药：巴戟天、砂仁、益智仁、槟榔

四大怀药：怀地黄、怀牛膝、怀山药、怀菊花

浙八味：浙贝母、白术、白芍、杭麦冬、杭菊花、浙玄参、延胡索、温郁金

东北药材三宝：人参、细辛、五味子

2. 答题要点：

一等山参：干货。纯山参的根部，主根粗短呈横灵体，支根八字分开（俗称武形），五形全美（芦、艼、纹、体、须相衬）。

一等园参：鲜货。根呈圆柱形，有分枝，须芦齐全，浆足。每支100~150g（2~3两）。

一等边条参：鲜货。根呈长圆柱形，芦长、身长、腿长，有分枝2~3个。须芦齐全，体长不短于20cm（6寸）。浆足丰满，芋帽不超过15%。每支重125g（2.5两）以上。

3. 答题要点：

本品由虫体与从虫头部长出的真菌子座相连而成。虫体似蚕；表面深黄色至黄棕色，有环纹20~30个；头部红棕色；足8对，中部4对较明显；质脆，易折断，断面略平坦，淡黄白色。子座细长圆柱形；表面深棕色至棕褐色，有细纵皱纹，上部稍膨大；质柔韧，断面类白色。气微腥，味微苦。

第二十二章

一、多项选择题

1. ABCE　2. ABC　3. ABCD　4. ABCD　5. DE　6. AB　7. AB　8. AE

二、简答题

略。

第二十三章

一、多项选择题

1. BDE　2. CE

二、简答题

1. 答：国家对医疗器械按照风险程度实行分类管理。按照风险程度由低到高，管理类别依次分为第一类（低风险）、第二类（中度风险）和第三类（较高风险）。第一类包括大部分手术器械、手术衣、手术帽、口罩等，第二类包括体温计、血压计、针灸针等，第三类包括植入式心脏起搏器、体外震波碎石机、X线治疗设备、CT设备。

2. 答：第一类医疗器械产品备案和申请第二类、第三类医疗器械产品注册，应当提交下列资料：①产品风险分析资料；②产品技术要求；③产品检验报告；④临床评价资料；⑤产品说明书及标签样稿；⑥与产品研制、生产有关的质量管理体系文件；⑦证明产品安全、有效所需的其他资料。

医药商品基础课程标准

（供药剂、制剂技术应用专业用）

一、课程任务

医药商品学是研究药品、保健食品、医疗器械等与人类健康相关产品作为商品的使用价值及流通过程中实现使用价值的一门应用型学科。医药商品基础是中等职业教育药剂、制药技术应用等专业学生必修的一门专业课程，本课程涉及的知识面比较广泛，与药理学、药事法规、天然药物学、医药电子商务、医药市场营销等课程密切相关。本课程着重围绕医药商品的经营管理、质量控制及市场调研的普遍规律，常见药物的作用与应用、不良反应及用药指导的基本知识和基本实践技能进行教学。旨在培养学生具备处理医药商品流通中各环节业务、协助经营管理医药商品的岗位实践能力，具有较强的知识运用能力和开拓创新能力。为学生今后适应岗位变化，主动学习相关专业知识和技能，实现职业生涯可持续发展奠定良好基础。

二、课程目标

（一）知识目标

1. 掌握医药商品学的基本概念和基本理论。

2. 掌握医药商品的经营管理、质量控制及市场调研的普遍规律、基本原理和一般方法。

3. 掌握常见药物的作用与应用及不良反应。

4. 熟悉医药商品的运输、保管、养护、商标、广告等专业知识。

5. 了解医药商品的开发、商标、广告等一般知识；化学药的别名、用药指导。

6. 了解中药材的来源、别名、产地及销售、商品特征、规格等级等；中成药的成分、注意事项等。

（二）技能目标

1. 学会常见医药商品质量控制方法，药品的运输、储存与养护方法，提高医药商品的管理技能。

2. 熟练掌握药品的运输、保管、养护、商标和广告等专业技能。

（三）职业素质和态度目标

1. 具有从事药剂工作应有的良好职业道德、科学工作态度、严谨细致的工作作风。

2. 具有对医药商品正确的认识，培养热爱自然、尊重自然、保护自然、实事求是的态度。

3. 具有较好的信息收集、实践调查和归纳整理的能力。

4. 具有良好的人际沟通能力和团结协作精神。

三、教学时间分配

教学内容	学时数		
	理论	实践	合计
上篇 总论			
概论	2		2
药品的性质与分类	2		2
医药商品的质量与管理	4	2	6
医药商品的经营与管理	2	4	6
医药商品的运输	2		4
药品的储存与养护	2	4	6
医药商品的包装	2	2	4
医药商品的商标	2		2
医药商品的广告宣传	2		2
医药商品的电子商务	2	2	4
医药商品信息	2		2
医药新产品的开发	2		2
下篇 各论			
常用抗感染及抗肿瘤药	8	2	10
解热镇痛抗炎与抗痛风药	2		2
中枢神经系统药	6	2	8
心血管系统药	10	2	12
呼吸系统药	3		3
泌尿、消化系统药	5	2	7
激素及影响内分泌药	4		4

教学内容	学时数		
	理论	实践	合计
其他药物	2		2
中药材	4	2	6
中成药	6	2	8
医疗器械类医药商品	4		4
合计	80	28	108

四、教学内容与要求

单元	教学内容	教学要求	教学活动（参考）	学时（参考）	
				理论	实践
第一章 概论	第一节　概述			1	
	一、药品与商品	掌握	问题导入		
	二、医药商品与医药商品学	熟悉	多媒体演示		
	三、医药商品与商品的关系	了解	课堂讲授		
	第二节　医药商品学的研究对象及内容	了解		1	
	一、医药商品学的研究内容和任务	掌握	课堂讲授		
	二、医药商品学的研究方法	了解	课堂讲授		
	三、学习医药商品课程的意义	了解	课堂大讨论		
第二章 药品的性质与分类	第一节　药品的性质			0.5	
	一、药品的化学组成	了解	课堂讲授		
	二、药品的特殊性	掌握	复习与提问		
	第二节　药品的分类			1.5	
	一、按药品的剂型分类	掌握	同步测试		
	二、按药品的来源分类	掌握	同步测试		
	三、按我国药品管理制度分类	掌握	同步测试		

单元	教学内容	教学要求	教学活动（参考）	学时（参考） 理论	实践
第二章 药品的性质与分类	四、按药品的特殊性分类	掌握	同步测试		
	五、按药理作用和临床用途分类	掌握	同步测试		
	六、其他分类	了解	课堂大讨论		
第三章 医药商品的质量与管理	第一节 商品质量管理			2	
	一、商品质量的基本概念	熟悉	复习与提问		
	二、商品质量的基本要求	熟悉	课堂讲授		
	三、商品质量评价	熟悉	多媒体演示		
	四、商品质量管理与质量保证体系	掌握	多媒体演示		
	第二节 医药商品质量管理			2	
	一、医药商品的质量特性	掌握	课堂大讨论		
	二、医药商品质量监督管理	熟悉	多媒体演示		
	三、医药商品的质量标准	掌握	课堂讲授		
	实训1 国家药品标准的查阅	熟练掌握			2
第四章 医药商品的经营与管理	第一节 医药商品经营概况			1	
	一、医药商品经营企业	掌握	多媒体演示		
	实训2 药品的分类陈列	熟练掌握			2
	二、医药商品的价格	了解	课堂大讨论		
	实训3 基本医疗保险药品的价格调查	掌握			2
	第二节 药品经营质量管理	掌握	复习与提问	1	
	一、《药品经营质量管理规范》概述	掌握	课堂讲授		
	二、《药品经营质量管理规范》重点摘要	掌握	同步测试		

单元	教学内容	教学要求	教学活动（参考）	学时（参考）理论	学时（参考）实践
第五章 医药商品的运输	第一节　医药商品的流通			1	
	一、物流和商流	了解	多媒体演示		
	二、医药商品的装卸和搬运	了解	多媒体演示		
	第二节　医药商品的运输管理	熟悉	课堂讲授	1	
	一、医药商品的运输	掌握	课堂讲授		
	实训4　药品的运输分析	熟悉			2
	二、医药商品的收发及质量保护	熟悉	课堂大讨论		
第六章 药品的储存与养护	第一节　影响药品质量的因素			1	
	一、影响药品质量的内在因素	掌握	多媒体演示		
	二、影响药品质量的外在因素	掌握	多媒体演示		
	第二节　药品的储存与养护常识			1	
	一、药品的储存常识	掌握	同步测试		
	实训5　药品的储存方法调查	掌握			2
	二、药品的养护常识	掌握	同步测试		
	实训6　药品的养护方法分析	掌握			2
第七章 医药商品的包装	第一节　概述			1	
	一、医药商品包装的概念与作用	熟悉	多媒体演示		
	二、医药商品包装的分类	熟悉	示教		
	三、医药商品常用的包装材料及容器	掌握	同步测试		
	第二节　医药商品的包装解读		复习与提问	1	
	一、医药商品包装上的标志和编码	了解	课堂讲授		
	二、药品说明书的内容	熟悉	实物展示		
	三、药品的标签与说明书管理规定	掌握	多媒体演示		

单元	教学内容	教学要求	教学活动（参考）	学时（参考）理论	学时（参考）实践
	实训7 医药商品的包装分析及真伪鉴别	掌握			2
第八章 医药商品的商标	第一节 概述			1	
	一、商标的概念、分类及意义	掌握	多媒体演示		
	二、商标法规知识		多媒体演示		
	第二节 医药商品的商标设计和注册原则	熟悉		1	
	一、医药商品的商标设计原则	掌握	课堂讲授		
	二、医药商品的商标注册原则	掌握	复习与提问		
第九章 医药商品的广告宣传	第一节 概述	掌握		1	
	一、广告的概念		多媒体演示		
	二、广告宣传的意义	熟悉	示教		
	三、《中华人民共和国广告法》简介	掌握	复习与提问		
	第二节 药品广告	熟悉	同步测试	1	
	一、药品广告申报	掌握	案例		
	二、药品广告审查管理和标准	了解	课堂讲授		
第十章 医药商品的电子商务	第一节 概述			1	
	一、医药商品电子商务的概念	熟悉	多媒体演示		
	二、医药商品电子商务的特点	熟悉	复习与提问		
	三、医药商品电子商务的意义	了解	课堂大讨论		
	第二节 我国医药商品电子商务			1	
	一、我国医药商品电子商务发展现状	掌握	案例		
	二、医药商品电子商务的运作与管理	熟悉	课堂讲授		
	实训8 模拟网络购药	熟悉			2

单元	教学内容	教学要求	教学活动（参考）	学时（参考） 理论	学时（参考） 实践
第十一章 医药商品信息	第一节　概述			1	
	一、医药商品信息的概念	掌握	多媒体演示		
	二、医药商品信息的分类	掌握	案例		
	第二节　医药商品信息收集、处理方法			1	
	一、医药商品信息的收集方法	熟悉	复习与提问		
	二、医药商品信息的处理方法	熟悉	课堂大讨论		
第十二章 医药新产品的开发	第一节　医药新产品概述	熟悉	课堂讲授	0.5	
	第二节　医药新产品的开发与管理			1.5	
	一、医药新产品开发概述	熟悉	多媒体演示		
	二、医药新产品开发原理	熟悉	课堂讲授		
	三、药品注册管理	掌握	同步测试		
第十三章 常用抗感染及抗肿瘤药	第一节　抗生素类药	掌握		3	
	一、β-内酰胺类抗生素	掌握	多媒体演示		
	二、氨基糖苷类抗生素	掌握	多媒体演示		
	三、大环内酯类抗生素	掌握	复习与提问		
	四、四环素类抗生素	掌握	同步测试		
	五、酰胺醇类抗生素	掌握	课堂讲授		
	六、其他类抗生素	熟悉	多媒体演示		
	第二节　人工合成抗菌药			1	
	一、喹诺酮类	掌握	多媒体演示		
	二、磺胺类	掌握	多媒体演示		
	三、甲氧苄啶类	掌握	复习与提问		
	四、硝基咪唑类	熟悉	同步测试		
	五、硝基呋喃类	熟悉	课堂大讨论		

续表

单元	教学内容	教学要求	教学活动（参考）	学时（参考）理论	实践
第十三章 常用抗感染 及抗肿瘤药	第三节　抗结核药与抗麻风病药			0.5	
	一、抗结核药	掌握	多媒体演示		
	二、抗麻风病药	掌握	多媒体演示		
	第四节　抗真菌药	掌握	复习与提问	0.5	
	第五节　抗病毒药	掌握	同步测试	0.5	
	第六节　抗寄生虫药			0.5	
	一、抗疟药	掌握	案例		
	二、抗阿米巴药	了解	课堂大讨论		
	三、抗血吸虫药	了解	课堂大讨论		
	四、驱肠虫药	熟悉	案例		
	第七节　抗恶性肿瘤药			2	
	一、常用烷化剂	熟悉	多媒体演示		
	二、干扰核酸合成药	熟悉	多媒体演示		
	三、抗肿瘤抗生素	熟悉	复习与提问		
	四、抗肿瘤植物药	了解	同步测试		
	五、抗肿瘤激素药	了解	课堂大讨		
	六、其他类	了解	课堂大讨		
	实训9　处方药与非处方药的分类 管理	熟练 掌握			2
第十四章 解热镇痛抗 炎药与抗痛 风药	第一节　解热镇痛抗炎类药	掌握	案例	1	
	第二节　抗痛风药	掌握	示教	1	
第十五章 中枢神经系 统类药	第一节　中枢兴奋药			1	
	一、主要兴奋大脑皮层的药物	熟悉	多媒体演示		
	二、兴奋延髓呼吸中枢的药物	熟悉	多媒体演示		
	三、促进大脑功能恢复的药物	熟悉	多媒体演示		

单元	教学内容	教学要求	教学活动（参考）	学时（参考）理论	学时（参考）实践
第十五章 中枢神经系统类药	第二节　镇痛药			2	
	一、阿片生物碱类	掌握	示教		
	二、人工合成阿片类	掌握	示教		
	三、其他类	熟悉	课堂大讨论		
	第三节　镇静催眠药			1	
	一、苯二氮䓬类	掌握	课堂讲授		
	二、巴比妥类	掌握	讲授、讨论		
	三、其他类	熟悉	课堂大讨论		
	第四节　抗癫痫药	熟悉	案例	1	
	第五节　抗精神失常药			1	
	一、抗精神分裂药	熟悉	课堂讲授		
	二、抗躁狂药	熟悉	课堂讲授		
	三、抗抑郁药	掌握	案例、讲授		
	实训10　失眠的调研及用药指导	熟悉			2
第十六章 心血管系统类药	第一节　抗高血压药			2	
	一、血管紧张素转化酶抑制剂	掌握	课堂讲授		
	二、血管紧张素Ⅱ受体阻滞剂	掌握	多媒体演示		
	三、钙通道阻滞剂	掌握	案例		
	第二节　抗心绞痛药			2	
	一、硝酸酯类	掌握	案例		
	二、钙通道阻滞剂	掌握	多媒体演示		
	三、β受体拮抗剂	掌握	案例		

单元	教学内容	教学要求	教学活动（参考）	理论	实践
第十六章 心血管系统类药	第三节　抗心律失常药	熟悉	课堂讲授，多媒体演示，案例	2	
	第四节　抗心力衰竭药物	熟悉	多媒体演示	1	
	第五节　调血脂药	掌握	多媒体演示	2	
	第六节　溶血栓药及抗凝血药	了解	课堂大讨论	1	
	一、常用溶血栓药				
	二、常用抗凝血药	了解	案例		
	实训11　高血压患者状况调查与合理用药方案设计	掌握			2
第十七章 呼吸系统药	第一节　祛痰药	熟悉	多媒体演示	0.5	
	第二节　镇咳药			0.5	
	一、中枢性镇咳药	熟悉	多媒体演示		
	二、外周性镇咳药	了解	多媒体演示		
	三、其他镇咳药	了解	课堂讲授		
	第三节　平喘药			2	
	一、β受体激动剂	掌握	案例		
	二、M受体拮抗剂	掌握	案例		
	三、磷酸二酯酶抑制剂	了解	多媒体演示		
	四、过敏介质阻释剂	了解	多媒体演示		
	五、肾上腺素皮质激素	掌握	案例		
第十八章 泌尿、消化系统药	第一节　利尿药			1	
	一、高效利尿药	掌握	案例		
	二、中效利尿药	熟悉	多媒体演示		
	三、低效利尿药	熟悉	多媒体演示		

单元	教学内容	教学要求	教学活动（参考）	学时（参考）理论	实践
第十八章 泌尿、消化 系统药	第二节　脱水药	熟悉	课堂讲授	0.5	
	第三节　尿崩症用药	了解	课堂讲授	0.5	
	第四节　消化性溃疡药			1	
	一、抗酸药	掌握	示教		
	二、胃酸分泌抑制剂	掌握	多媒体演示		
	三、胃黏膜保护剂	掌握	启发提问		
	第五节　胃肠解痉药	熟悉	多媒体演示	0.5	
	第六节　胃肠促动药	熟悉	课堂大讨论	0.5	
	第七节　助消化药	掌握	案例	0.5	
	第八节　泻药与止泻药			0.5	
	一、泻药	熟悉	案例		
	二、止泻药	掌握	启发提问		
	实践12　参观药品储存仓库	熟悉			2
第十九章 激素及影响 内分泌药	第一节　糖皮质激素类药			2	
	一、糖皮质激素的药理作用	掌握	多媒体演示		
	二、糖皮质激素的应用	掌握	多媒体演示		
	三、糖皮质激素的不良反应	掌握	示教		
	四、临床常用代表药	掌握	课堂讲授		
	第二节　胰岛素及其他降血糖药			1	
	一、胰岛素	掌握	启发提问		
	二、促胰岛素分泌药	掌握	课堂讲授		
	三、胰岛素增敏剂	熟悉	课堂讲授		
	四、肠道葡萄糖吸收抑制剂	了解	课堂讲授		
	五、其他新型降血糖药	熟悉	案例		

单元	教学内容	教学要求	教学活动（参考）	学时（参考）理论	实践
第十九章 激素及影响 内分泌药	第三节　甲状腺激素类及抗甲状腺药			1	
	一、甲状腺激素类药	熟悉	多媒体演示		
	二、抗甲状腺药	熟悉	课堂大讨论		
第二十章 其他药物	第一节　免疫功能调节药			1	
	一、免疫抑制药	掌握	多媒体演示		
	二、免疫增强药	掌握	课堂大讨论		
	第二节　维生素、矿物质、微量元素及营养药			1	
	一、维生素	熟悉	启发提问		
	二、矿物质与微量元素	熟悉	启发提问		
	三、肠内外营养药	熟悉	课堂讲授		
第二十一章 中药材	第一节　中药材概述			2	
	一、中药材的特征	熟悉	课堂讲授		
	二、传统中药材的品质评价	熟悉	示教		
	三、道地药材	掌握	启发提问		
	四、我国中药材市场	掌握	多媒体演示		
	第二节　市场常见的中药材			2	
	一、植物类中药材	熟悉	多媒体演示		
	二、动物类中药材	熟悉	多媒体演示		
	三、矿物类中药材	了解	多媒体演示		
	四、其他类中药材	了解	课堂讲授		
	实训13　认识常见中药材	熟悉			2

单元	教学内容	教学要求	教学活动（参考）	学时（参考）理论	学时（参考）实践
第二十二章 中成药	第一节　中成药概述			2	
	一、中成药的概念	掌握	多媒体演示		
	二、我国中成药的发展简史	了解	多媒体演示		
	三、中成药的用法与用量	熟悉	启发提问		
	四、中成药的不良反应	了解	启发提问		
	五、中成药的用药禁忌	熟悉	启发提问		
	第二节　常用中成药			4	
	一、内科用药	熟悉	实物讲授		
	二、外科用药	熟悉	实物讲授		
	三、妇科用药	熟悉	实物讲授		
	四、儿科用药	熟悉	实物讲授		
	五、五官科用药	熟悉	实物讲授		
	六、骨伤科用药	了解	课堂讨论		
	七、皮肤科用药	了解	课堂讨论		
	实训14　常见中成药的合理应用	熟悉			2
第二十三章 医疗器械类 医药商品	第一节　医疗器械概述			1	
	一、医疗器械的概念	熟悉	课堂讲授		
	二、医疗器械的分类	掌握	启发提问		
	三、我国医疗器械的市场现状	了解	课堂讲授		
	第二节　医疗器械的管理			1	
	一、医疗器械的注册管理	了解	多媒体演示		
	二、医疗器械的生产、经营、使用和广告管理	了解	多媒体演示		
	第三节　常用的医疗器械			2	
	一、常用的第一类医疗器械	熟悉	启发提问		
	二、常用的第二类医疗器械	熟悉	启发提问		
	三、常用的第三类医疗器械	熟悉	启发提问		

五、课程标准说明

（一）参考学时

本课程标准供中等卫生职业教育药剂、制药技术应用专业教学使用，总学时为108学时，其中理论教学80学时，实践教学28学时。

（二）教学要求

对理论部分教学要求分为掌握、熟悉、了解3个层次，掌握是指学生对所学的知识和技能能熟练应用，能综合分析和解决从事药品储运、医药商品购销等工作中的实际问题；熟悉是指学生对所学的知识基本掌握和会应用所学的技能；了解是指学生能记忆和理解所学知识；技能实践部分设计了14个项目，要求能独立或者团队创新完成。

（三）教学建议

1. 本课程标准立足培养符合国家发展需要的现代化卫生职业人才，坚持"以学生为中心、以能力为本位、以就业为导向"，体现"五个对接"的职业教育理念，课堂讲授融合数字教学资源，采用PPT、视频等多种教学方式，增加学生的感性认识，提高课堂教学效果。

2. 突出医药商品的陈列、经营、运输、储存养护、包装分析、电子商务、新药开发、分类管理、用药指导的知识与方法，丰富学生专业知识储备。

3. 实践教学注重培养学生的基本操作技能，着重培养学生岗位工作的实际操作能力、分析问题、解决问题的能力。

4. 学生的知识水平和能力水平，可通过随堂检测、作业、实验报告、课后练习、考试等多种形式综合考评，使学生更好地适应职业岗位培养的需要。

常见化学药品类医药商品通用名称索引

彩　图

甲类非处方药（红色）可
在医院、药店销售

乙类非处方药（绿色）
可在医院、药店、超市、
宾馆等地方销售

彩图2-1　非处方药专有标识

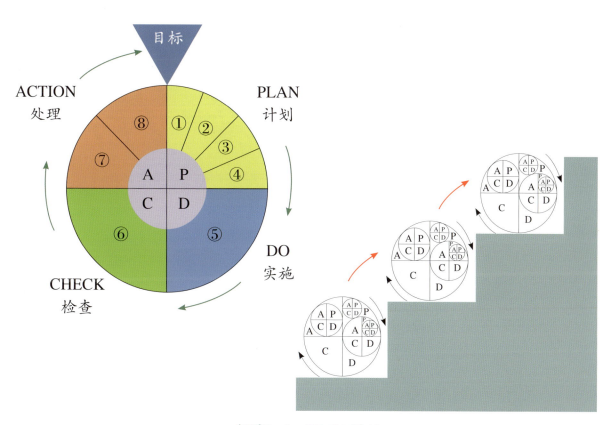

彩图3-1　PDCA循环

保健食品
国食健注 G201＊＊＊＊＊
国家市场监督管理总局批准

保健食品
国食健注 J201＊＊＊＊＊
国家市场监督管理总局批准

2016年以后的国产保健食品 2016年以后的进口保健食品
批准文号、保健食品标识 批准文号、保健食品标识

彩图7-1 保健食品标识

精神药品 外用药品 麻醉药品 毒性药品

彩图7-2 药品专有标识

按摩椅 全躺轮椅 电镀轮椅 老年休闲车

洗脚盆 电磁波治疗仪 血糖仪 壁式血压计 腕式血压计

拔罐器 煎药壶 条纹防褥疮垫 手杖椅 拐杖 登山杖

彩图23-1 临床常用医疗器械

70检